Visual Basic 6
für Dummies

W0044872

Wallace Wang

Visual Basic 6 für Dummies

SONDERAUSGABE

Übersetzung aus dem Amerikanischen
von Reinhard Engel

Fachkorrektur von Winfried Schöttler
sfr GmbH, Köln

mitp

Die Deutsche Bibliothek –
CIP-Einheitsaufnahme

Ein Titeldatensatz für diese Publikation ist
bei Der Deutschen Bibliothek erhältlich

ISBN 3-8266-3067-X
1. Auflage 2002

Sonderauflage des überarbeiteten Titels »Visual Basic 6 für Dummies«, 2. Auflage,
ISBN 3-8266-2863-2, mitp-Verlag, Bonn

Übersetzung der amerikanischen Originalausgabe:
Wallace Wang: Visual Basic 6 For Dummies

Printed in Germany

Cartoons im Überblick

von Rich Tennant

Seite 29

Echte Programmierer mögen es nicht, wenn man sie beim Arbeiten stört.

Seite 77

Sie sind kein Cyberholic ... wenn Sie im Format-Menü nachsehen, welche Tagessuppe es gibt.

Seite 183

Seite 367

Seite 421

»Warte mal, Jörg! Du hast da ein Monster-Nasenhaar. Hier, nimm meine ...

... * Schweizer Armee-Maus!«

* Erste Hilfe für Programmierer

Seite 453

Seite 323

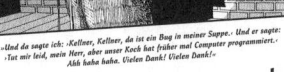

Seite 227

Echte Programmierer

Echte Programmierer HASSEN koffeinfreien Kaffee.

Seite 341

Fax: 001-978-546-7747
Internet: www.the5thwave.com
E-Mail: richtennant@the5thwave.com

Inhaltsverzeichnis

Kapitel 6
Formulare und Schaltflächen 105

Kapitel 7
Mit Kästchen und Knöpfen entscheiden 125

Teil III
Menüs erstellen 183

Kapitel 11
Menüs erstellen und attraktiv gestalten 185

Kapitel 12
Untermenüs, wachsende Menüs und Kontextmenüs 201

Kapitel 20
Fehler ausmerzen (Debuggen)

Teil V
Entscheidungen treffen
(etwas, mit dem Sie aufhören, sobald Sie geheiratet haben)

Kapitel 21
Die Befehle If-Then und If-Then-Else

Kapitel 22
Select Case und verschachtelte Kontrollstrukturen

Teil VI
Schleifen über Schleifen

Teil VII
Unterprogramme schreiben
(damit Sie nicht auf einen Schlag verrückt werden)

Kapitel 27
Allgemeine Prozeduren (Unterprogramme, die jeder benutzen kann)

Kapitel 28
Argumente übergeben

Kapitel 29
Funktionen: eine spezielle Art von Unterprogramm

Kapitel 30
Klassen und objektorientierte Programmierung

Kapitel 34
Informationen mit Ihrem Programm drucken — 445

Teil IX
Der Top-Ten-Teil — 453

Kapitel 35
Visual Basic-Themen, die sonst nirgends hineingepasst haben — 455

Einführung

Willkommen zur Computer-Programmierung mit Visual Basic. Wenn Sie jemals versucht haben zu programmieren, es aber zu kompliziert fanden, können Sie sich jetzt entspannen. Wenn Sie auf einem Stück Papier herumkritzeln können, können Sie auch ein Programm in Visual Basic 6 schreiben. (Kein Scherz!)

Im Gegensatz zu anderen Büchern, die Sie möglicherweise in die Hand genommen und sofort fallengelassen haben, weil sie so dick und schwer waren, habe ich beim Schreiben dieses Buches eine unkonventionelle Art gewählt, um über das Programmieren zu sprechen: Ich schreibe normales Deutsch. Neben den Kern treffenden deutschen Erklärungen vermittle ich interessante Einzelheiten über das Programmieren, Beispielprogramme und Schritt-für-Schritt-Anweisungen zum Schreiben von Programmen in Visual Basic 6.

Programmieren muss wirklich nicht schwer sein. Es kann sogar viel Spaß machen. Sie sollen sich beim Lesen gut unterhalten, daher schafft dieses Buch eine spielerische Atmosphäre. Schließlich haben die meisten Leute ihren Computer ursprünglich aus diesem Grund gekauft – um Spaß zu haben. (Ich frage Sie:»Kauft jemand *wirklich* einen Computer, nur um ein Budget auszugleichen?«)

Über dieses Buch

Betrachten Sie dieses Buch als einen freundlichen Führer zur Visual Basic-Programmierung für Windows 95, 98 und NT. Obwohl Visual Basic nicht schwierig zu erlernen ist, kann es schwierig sein, sich die vielen kleinen Einzelheiten zu merken, die man zum Schreiben eines interessanten Programmes braucht. Hier sind einige Beispiele der Themen, die Sie in diesem Buch finden:

✔ Speichern Ihres Programmes

✔ Entwerfen der Benutzeroberfläche

✔ Erstellen von Pulldown-Menüs

✔ Beseitigen von Fehlern in Ihrem Programm

✔ Informationen drucken

Auch wenn viele Leute meinen, dass das Programmieren eines Computers Jahre der Ausbildung in fortgeschrittener Mathematik und Technik erfordert, brauchen Sie keine Angst zu haben. Wenn Sie jemandem beschreiben können, wie er vom Arbeitsplatz zu Ihrem Haus kommt, dann können Sie mit Sicherheit auch einem Computer sagen, was er tun soll. Dieses Buch will Ihr Gehirn nicht mit technischen Details und Erklärungen vollstopfen, sondern Ihnen Schritt für Schritt zeigen, wie Sie Visual Basic-Programme schreiben können, und Ihnen das nötige Selbstvertrauen geben, es dann auch zu tun.

Und grandioserweise gibt es auf der CD zu der 2. Auflage von *Visual Basic 6 für Dummies* (Sie halten sie gerade in den Händen) eine vollwertige Working-Model-Version von Visual Basic 6.

Mit dieser Version können Sie direkt loslegen und Ihre ersten Programme testen.

Wie Sie dieses Buch nutzen sollten

Dieses Buch beschreibt Schritt für Schritt, wie Sie ein praktisches, funktionsfähiges Windows-Programm mit Visual Basic erstellen können. Sie werden lernen, eine Benutzeroberfläche zu erstellen und den BASIC-Code für ein Programm zu schreiben, das auf jede Aktion reagiert, die sich auf der Benutzeroberfläche ereignet (wie z.B. das Anklicken einer Schaltfläche und das Drücken bestimmter Tasten).

Code wird in einer Schrift mit konstantem Zeichenabstand wie folgt dargestellt:

```
Printer.DrawWidth = Value
```

Wegen der Seitenbegrenzungen in diesem Buch brechen manche Code-Zeilen in die nächste Zeile um. Das Unterstreichungszeichen am Ende einer Zeile bedeutet, dass der Code in der folgenden Zeile fortgesetzt wird:

```
Sub Form_MouseUp(Button As Integer, Shift As Integer, X _
                 As Single, Y As Single)
```

Auf Ihrem Computer können Sie diese Zeilen ohne Zeilenumbruch als eine einzige Zeile eingeben.

Visual Basic unterscheidet nicht zwischen Groß- und Kleinschreibung. Sie können deshalb alles in Großbuchstaben, Kleinbuchstaben oder beiden Buchstabengrößen eingeben. Aber damit das, was auf Ihrem Bildschirm erscheint, den Abbildungen in diesem Buch entspricht, benutzen Sie bitte Großbuchstaben und Kleinbuchstaben so, wie sie in den Beispielen dieses Buches angezeigt werden.

Außerdem werden Ihnen einige kryptisch aussehende Tabellen begegnen, wie beispielsweise:

Objekt	Eigenschaft	Einstellung
Form	Name	frmHello
	Caption	Hallo, Welt!
Option2	Name	optSmile
	Caption	Mir geht es gut.

Wenn Sie eine Benutzeroberfläche entwerfen (was in größerem Detail in Kapitel 3 beschrieben wird), müssen Sie die Eigenschaften (engl. *Properties*) jedes Objekts (wie beispielsweise einer Befehlsschaltfläche oder eines Kontrollkästchens) definieren. Die voranstehende Tabelle nennt Ihnen die Namen der Objekte (wie beispielsweise *Form* oder *Option2*), die Sie anpassen müssen, die speziellen Eigenschaften (wie beispielsweise *Name* oder *Caption*), die Sie ändern müssen, und die genaue Einstellung (wie beispielsweise *frmHello* oder *optSmile*), die Sie bei jeder einzelnen Property benutzen sollen.

Um Ihren Lernerfolg zu testen, sind einfache Quizfragen über das ganze Buch verstreut. Diese Quizfragen sollen Sie nicht runtermachen, sondern Ihr Selbstvertrauen stärken. Alle Antwortmöglichkeiten bis auf eine liegen so daneben, dass es für Sie leicht sein wird, die richtige zu wählen. Die Fragen sollen nicht nur den Stoff wiederholen, sondern die falschen Antworten sollen Sie auch zum Schmunzeln bringen.

Wie ich Sie mir vorstelle

Ich gehe davon aus, dass Sie einen Computer ein- und ausschalten können und bereits wissen, wie man eine Maus und eine Tastatur bedient. Außerdem nehme ich an, dass Sie Ihre eigenen Programme schreiben wollen, um Spaß zu haben, Geld zu verdienen oder zu arbeiten (Arbeit macht nicht immer Spaß und bringt nicht immer Geld). Wenn dies der Fall ist, sind Sie bereit, das Programmieren mit Visual Basic 6 zu lernen.

Zusätzlich haben Sie eine Kopie von Visual Basic 6 und wollen gerne wissen, wie man damit programmiert. Falls Sie immer noch Zweifel an Ihren Fähigkeiten, Programmieren zu lernen, hegen, denken Sie an Albert Einstein. Albert Einstein (der berühmte Physiker, der die Relativitätstheorie erfunden hat) hatte einmal einen Grundschullehrer, der Einstein für zurückgeblieben hielt. Möglicherweise als Reaktion darauf sagte Albert Einstein später einmal: »Phantasie ist wichtiger als Wissen.« (Einige Leute behaupten ebenfalls, dass Einstein auch sagte: »Wenn mein Grundschullehrer so viel wusste, wo ist dann sein Nobelpreis?«)

Wenn Sie also eine bestimmte Vision verfolgen, über einen Personalcomputer verfügen und die Working-Model-Version oder sogar die Vollversion von Visual Basic 6 installiert haben, haben Sie bereits mehr als genug, um mit dem Schreiben von Programmen in Visual Basic 6 anzufangen.

Wie dieses Buch aufgebaut ist

Dieses Buch enthält neun Hauptteile. Jeder Teil enthält mehrere Kapitel; und jedes Kapitel enthält mehrere modular aufgebaute Abschnitte. Wenn Sie Hilfe benötigen, brauchen Sie nur das Buch zu nehmen und anfangen zu lesen. Die neun Teile haben folgenden Inhalt:

Teil I: Ein Visual Basic 6-Programm erstellen

Teil I enthält eine kurze Einführung in alle Haupteigenschaften von Visual Basic 6. Wenn der Gedanke daran, einen Computer zu programmieren, Ihnen bisher Angstschweiß auf die Stirn getrieben hat, können Sie hier Ihre Ängste überwinden und Ihr Selbstvertrauen stärken.

Teil II: Benutzeroberflächen entwerfen

Eine Benutzeroberfläche bestimmt, wie Ihr Programm aussieht. Hier werden Sie Ihren Spaß haben und das Aussehen Ihres Programmes so häßlich oder elegant gestalten, wie Sie wollen. In Teil II werden Sie Kreise zeichnen, Linien ziehen und über den ganzen Bildschirm kritzeln. Am Computer ist das unverfänglich; aber wenn Sie dies als Erwachsener ohne Computer machen, könnten die Leute denken, Sie hätten Ihren Verstand verloren und sehnten sich nach der Fingermalerei im Kindergarten zurück.

Teil III: Menüs erstellen

In Teil III werden Sie schicke Pulldown-Menüs erstellen, wie sie heutzutage in allen teuren Programmen benutzt werden. Wenn Sie mit Ihrem Programm Ihre Freunde beeindrucken und Leute beeinflussen wollen, können Sie hier lernen, wie man das macht.

Teil IV: Code schreiben - die Grundlagen

In Teil IV lernen Sie, BASIC-Programme von echtem Schrot und Korn zu schreiben, die der Computer versteht und ausführt. Vielleicht können Sie ja den Computer schon durch die passenden Schimpfwörter zur Räson bringen. Hier lernen Sie, wie Sie Ihrem Computer mit der BASIC-Sprache sagen, was er tun soll.

Teil V: Entscheidungen treffen (etwas, mit dem Sie aufhören, sobald Sie geheiratet haben)

In Teil V lernen Sie, wie Sie dem Computer beibringen, seine eigenen Entscheidungen zu treffen und etwas Nützliches zu tun, statt sich darauf zu verlassen, dass Sie alles erledigen. Diejenigen von Ihnen, die Kinder großziehen, finden die Vorstellung, die Eigenständigkeit zu entwickeln, möglicherweise besonders anziehend.

Teil VI: Mit Schleifen arbeiten

Schleifen sind eine weitere Methode, den Computer anzuweisen, etwas so lange zu tun, bis das Ergebnis stimmt. In Teil VI lernen Sie verschiedene Methoden kennen, mit denen Sie den Computer veranlassen können, bestimmte Aufgaben zu wiederholen.

Teil VII: Unterprogramme schreiben (damit Sie nicht auf einen Schlag verrückt werden)

Viele Leute geraten bei dem Gedanken, ein großes Programm zu schreiben, in Panik. In Teil VII erfahren Sie das Geheimnis, wie Sie Ihre geistige Gesundheit erhalten können, wenn Sie viele kleine Programme schreiben, die zusammenarbeiten, um ein großes Programm zu bilden.

Teil VIII: Datenbankprogramme und Drucken

Teil VIII heißt *Datenbankprogramme und Drucken*, aber lassen Sie sich durch den Titel nicht einschüchtern. Datenbankprogramme sind nur eine bestimmte Methode, Informationen mithilfe von Computern zu organisieren. Leute speichern ihre Informationen in Schubladen, Akten und Schränken, Computer benutzen dazu Datenbanken. Nichts Besonderes also. Außerdem lernen Sie, wie Sie Ihre wertvollen Programme auf Papier drucken können, damit die Welt sie sehen und bewundern kann.

Teil IX: Der Top-Ten-Teil

Teil IX enthält mehrere Kapitel mit verschiedenartigen Informationen, die für Sie nützlich oder interessant sein können, einschließlich Tipps zu Add-Ons (Zusätzen) für Visual Basic und Hinweise auf weitere Informationen über das Programmieren in Visual Basic.

Symbole, die in diesem Buch benutzt werden

Dieses Symbol weist auf technische Einzelheiten hin, die informativ (und manchmal interessant), aber nicht notwendig sind. Überspringen Sie die Information, wenn Sie wollen.

Dieses Symbol zeigt nützliche oder hilfreiche Informationen an, die das Programmieren noch einfacher machen.

Missachten Sie diese sanften Erinnerungshilfen nicht – sie zeigen wichtige Informationen an!

Seien Sie vorsichtig, wenn Sie auf dieses Symbol stoßen. Es warnt Sie vor Dingen, die Sie nicht tun sollten.

 Dieses Symbol zeigt Schritt-für-Schritt-Anweisungen und Erklärungen an.

 Dieses Symbol bedeutet, dass eine Datei auf der beiliegenden CD gespeichert ist. Sie können darauf zurückgreifen und brauchen die Datei nicht neu einzutippen.

 Dieses Symbol hebt Features hervor, die nur in Visual Basic 6 zu finden sind. Wenn Sie bereits mit einer vorangegangenen Version von Visual Basic vertraut sind, brauchen Sie nur nach diesen Symbolen zu suchen, um herauszufinden, wie Sie diese neuen Visual Basic 6-Features benutzen können.

Wie geht es weiter?

Jetzt geht es zur Sache! Computer-Programmierung in Visual Basic kann ein Vergnügen sein. Und wenn es für einen Außenstehenden manchmal wie Kritzelei und nach Spielerei statt nach Arbeit aussieht, können Sie ihn (oder sie) mit Ihrem neuen Wissen über Visual Basic 6-Programmierung beeindrucken!

 Im Bemühen, Visual Basic den Massen nahezubringen, bietet Microsoft verschiedene Ausgaben von Visual Basic an: die *Learning Edition*, die *Standard Edition*, die *Professional Edition* und die *Enterprise Edition*. Wenn Sie die Learning Edition (eine eingeschränkte, billige Version, die dazu dient, das Programm so preiswert wie möglich so vielen Programmierern wie möglich nahezubringen) oder die Standard Edition benutzen, werden Sie wahrscheinlich nicht alle Beispiele nachvollziehen können, die ich in den späteren Kapiteln dieses Buches beschreibe.

Teil I

Ein Visual Basic-Programm erstellen

The 5th Wave

By Rich Tennant

»Kevin leitet unser Entwicklungsteam für Windows-Software. Im Moment arbeitet er gerade an einem Tabellenkalkulationsprogramm, das eine Art Kreuzung zwischen Lotus 1-2-3 und FrankenWolf darstellt.«

Ein eigenes Programm zu schreiben, ist eigentlich nicht schwer. Wenn Sie sich schon immer für Computer-Programmierung interessiert haben, aber sich nicht herangetraut haben, weil die Bücher zu schwierig waren, die Software nicht tat, was sie sollte, oder die »Experten« Sie verwirrt haben, dann haben Sie das richtige Buch in der Hand.

Wir wollen Sie hier nicht mit hochgestochenen mathematischen Theorien über die Computer-Programmierung beeindrucken, sondern Ihnen mit diesem Buch (und mit Visual Basic 6) helfen, Ihre eigenen Erfahrungen zu sammeln und herauszufinden, worum es beim Programmieren geht.

Und Sie können dabei noch Ihren Spaß haben. Holen Sie sich deshalb einen Kaffee, und lesen Sie weiter ...

Wie Visual Basic funktioniert

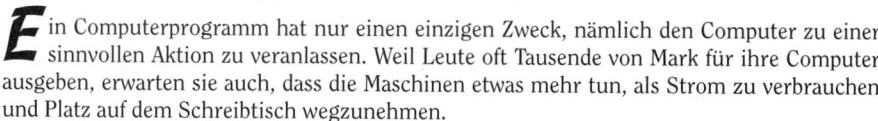

In diesem Kapitel

✔ Der Visual Basic-Entwicklungszyklus

✔ Eine Visual Basic-Benutzeroberfläche erstellen

✔ Definieren, was BASIC-Code tut

*E*in Computerprogramm hat nur einen einzigen Zweck, nämlich den Computer zu einer sinnvollen Aktion zu veranlassen. Weil Leute oft Tausende von Mark für ihre Computer ausgeben, erwarten sie auch, dass die Maschinen etwas mehr tun, als Strom zu verbrauchen und Platz auf dem Schreibtisch wegzunehmen.

Ehe Sie in die Welt des Programmierens eintauchen, sollten Sie sich zwei Dinge klarmachen: Erstens, jeder kann ein Programm schreiben. Programmieren ist nur eine bestimmte Fähigkeit, vergleichbar mit Schwimmen, Segeln oder Ladendiebstähle begehen. Wenn Sie sich jemals ein neues Hobby oder eine neue Fähigkeit beigebracht haben, können Sie sich auch das Schreiben eines Programms beibringen, ohne dass Sie dafür einen umfangreichen mathematischen Hintergrund oder einen beeindruckenden Universitätsabschluss benötigen, der Ihr Schuldenkonto auf Jahre hinaus belastet.

Zweitens, der Schlüssel zum Programmieren liegt darin, genau zu definieren, was Ihr Programm tun soll. Wenn Sie dies tun, haben Sie die halbe Schlacht bereits gewonnen (eine Schlacht, die Regierungen und große Unternehmen immer wieder routinemäßig verlieren). Die andere Hälfte der Schlacht besteht darin, sich die Zeit zu nehmen, um das Programm zu schreiben und sicherzustellen, dass es korrekt funktioniert. (Dieser Teil der Schlacht ist ein weiteres Gebiet, auf dem Regierungen und große Unternehmen ziemlich häufig Schiffbruch erleiden.)

Sie können Ihren Computer dazu bringen, fast alles zu tun, was Sie wünschen. Nur Atomraketen auf Ihre Nachbarn wird er nicht abschießen. (Natürlich, falls Sie für die Air Force arbeiten, könnten Sie möglicherweise sogar dies programmieren.)

Wie Sie Ihr Programm schreiben

Es gibt nicht *den* richtigen Weg, ein Programm zu schreiben. Theoretisch gibt es Millionen verschiedener Wege, ein Programm richtig zu schreiben, genau wie es Millionen verschiedener Wege gibt, um von Hamburg nach München zu reisen. Einige Leute fliegen gern mit dem Flugzeug, weil sie schnell reisen wollen, andere fahren gerne mit dem Zug, weil sie die Landschaft genießen möchten, und wieder andere nehmen lieber den Bus, weil das besonders kostengünstig ist. Ähnlich gibt es Millionen verschiedener Wege, um ein Programm zu schreiben, das die gleichen Ergebnisse liefert.

Als Programmierer haben Sie die Aufgabe, ein Programm so zu schreiben, dass es korrekt funktioniert und einfach zu bedienen ist. Wenn Ihr Programm nicht funktioniert, kann es niemandem nutzen (obwohl Sie zunächst durchaus einige tausend Kopien an gutgläubige Leute verkaufen können). Wenn Ihr Programm nicht einfach zu bedienen ist, wird es niemand haben wollen, auch wenn es perfekt funktioniert.

Ob Ihr Programm funktioniert, ist normalerweise leicht festzustellen. Wenn Ihr Programm Adreßaufkleber drucken soll, aber stattdessen alle Dateien von Ihrer Festplatte löscht, liegt es auf der Hand, dass es nicht funktioniert.

Ob Ihr Programm einfach zu bedienen ist, ist dagegen etwas schwieriger zu testen. Was Sie als leicht betrachten, mag für eine andere Person fast unmöglich nachzuvollziehen sein.

Um Sie dabei zu unterstützen, Programme zu schreiben, die jeder Benutzer leicht bedienen kann, stellt Visual Basic Bedienelemente zur Verfügung, die auch in Windows 95-/98-/NT-Programmen vorkommen. Visual Basic unterstützt Sie dabei, Programme zu schreiben, die wie andere Programme auf dem Markt aussehen und sich wie diese verhalten.

Wenn Sie das Aussehen und Verhalten Ihres Programms dem Aussehen und Verhalten anderer Programme anpassen, helfen Sie anderen, die Bedienung Ihres Programms schneller zu erlernen. So können z.B. die meisten Leute einen Toyota oder einen Ford ohne Probleme fahren. Das Lenkrad und die Bremse befinden sich in beiden Fahrzeugen an der gleichen Stelle, selbst wenn das für die Scheibenwischer und die Hupe nicht gelten sollte. Dasselbe gilt für Programme. Befehle werden normalerweise in Pulldown-Menüs am oberen Rand des Bildschirms angezeigt. Und die Maus dient immer dazu, auf bestimmte Objekte zu zeigen und sie zu markieren. Obwohl verschiedene Programme mit unterschiedlichen Befehlen arbeiten, haben sie doch eine gemeinsame, vertraute Gesamtstruktur.

Der Visual Basic-Entwicklungszyklus

Ehe Sie damit beginnen, ein Visual Basic-Programm (oder ein Programm in einer anderen Programmiersprache) zu schreiben, schalten Sie Ihren Computer aus, und planen Sie Ihr Programm auf altmodische Art und Weise mit Papier und Bleistift. Nachdem Sie wissen, was Ihr Programm tun soll, und wie es aussehen soll, können Sie mit dem Schreiben des Programms beginnen. Diesen entscheidenden ersten Schritt zu überspringen, ist vergleichbar damit, ein Haus ohne Konstruktionspläne zu bauen. Man kann es tun, aber wahrscheinlich dauert es länger.

Hier sind die neun notwendigen Schritte, um ein Visual Basic-Programm zu schreiben – es sind drei Schritte weniger, als notwendig sind, um eine Sucht zu überwinden! Programmierer bezeichnen die ersten acht Schritte als *Entwicklungszyklus* und den neunten Schritt als *Arbeitsplatzsicherung*.

1. Legen Sie fest, was der Computer machen soll.

2. Legen Sie fest, wie Ihr Programm auf dem Bildschirm aussehen soll. (Das Erscheinungs-bild eines Programms auf dem Bildschirm wird als *Benutzeroberfläche* bezeichnet.)

3. Entwerfen Sie Ihre Benutzeroberfläche. Benutzen Sie dazu Standardkomponenten wie Fenster, Menüs und Schaltflächen. (Die Komponenten der Benutzeroberfläche werden als *Objekte* oder *Steuerelemente* bezeichnet.)

4. Legen Sie den Namen, die Farbe, die Größe und das Erscheinungsbild der Objekte Ihrer Benutzeroberfläche fest. (Diese Attribute eines Objekts werden als seine *Eigenschaften* bezeichnet.)

5. Schreiben Sie Anweisungen in BASIC, um die Objekte der Benutzeroberfläche mit be-stimmten Aktionen zu verknüpfen. (Die BASIC-Anweisungen werden als *Befehle* be-zeichnet.)

6. Führen Sie das Programm aus, um zu prüfen, ob es funktioniert.

7. Weinen Sie, wenn Ihr Programm nicht perfekt funktioniert. (Notwendiger Schritt.)

8. Korrigieren Sie die Fehler (oder *Bugs*) in Ihrem Programm.

9. Wiederholen Sie die Schritte 6 bis 8, bis Sie keine Lust mehr haben, weitere Fehler zu suchen.

Sie brauchen die neun Schritte nicht auswendig zu lernen, aber Sie müssen sie Schritt für Schritt befolgen. Leider gibt es keine Abkürzung. Wenn Sie versuchen sollten, vom ersten Schritt direkt zum vierten zu springen, dann ist das so, als ob Sie Ihr Auto mit einem Tritt auf das Gaspedal starten wollten, ohne vorher den Zündschlüssel einzustecken. Sie können es zwar versuchen, doch von der Stelle kommen Sie damit nicht.

Ob Sie es glauben oder nicht, der erste Schritt ist zugleich der schwerste und der wichtigste. Wenn Sie festgelegt haben, was der Computer tun soll, brauchen Sie nur herauszufinden, wie er es tun soll. Mit Ausdauer und Kreativität kommen Sie weiter – und natürlich mit Unmengen koffeinhaltiger Getränke und vielen schlaflosen Nächten vor Ihrem Computer-Bildschirm.

Warum Programme nicht funktionieren (Teil 1)

Ein Programm zu schreiben, das immer 100prozentig korrekt funktioniert, ist mathematisch unmöglich. Erstens: Wenn Sie ein Programm schreiben, das heute 100prozentig korrekt funktioniert, dann können Sie dennoch nicht ga-rantieren, dass dieses Programm auf zukünftigen Computern 100prozentig korrekt funk-tionieren wird. Weil die Computer-Hersteller laufend neue Computer, Prozessoren und Peripheriegeräte auf den Markt bringen, können Sie niemals garantieren, dass Ihr Pro-gramm mit allen Hardware-Typen korrekt funktioniert, weil es unmöglich ist, jede mögli-che Computer-Konfiguration auf der Welt erschöpfend zu testen.

Zweitens: Sie müssen nicht nur bedenken, dass Ihr Programm mit jeder möglichen Computermarke und allen möglichen Zubehörteilen auf dem Markt (einschließlich derjenigen, die zum Zeitpunkt der Programmerstellung noch gar nicht erfunden waren) funktionieren muss, sondern Sie müssen auch an die buchstäblich unendliche Anzahl von Situationen denken, mit denen Ihr Programm tagtäglich konfrontiert wird.

So muss sich Ihr Programm beispielsweise korrekt verhalten, wenn der Benutzer auf eine beliebige Taste drückt und dann mit der Maus irgendwo auf den Bildschirm klickt. Was passiert, wenn der Benutzer aus Versehen auf die Maus klickt, während er auf die Taste drückt? Was ist, wenn er aus Frustration auf der Tastatur herumhämmert? Wie soll das Programm reagieren, wenn zufällig ein anderes Programm gleichzeitig auf den Speicher des Computers zugreifen will? Was, was, was ... (Fragen über Fragen)?

Da kein Programmierer die unendliche Anzahl möglicher Probleme und Situationen vorwegnehmen kann, mit denen ein Programm während seiner Existenz zu tun hat, ist es unmöglich, ein Programm zu schreiben, das immer 100prozentig korrekt funktioniert.

Was diese Erkenntnis so erschreckend macht, ist die Tatsache, dass sie für jedes Betriebssystem (wie z.B. Windows 95/98/NT) auf der Welt gilt, was bedeutet, dass Sie immer Programme schreiben werden, die unter Betriebssystemen laufen, die selbst nicht immer 100prozentig korrekt funktionieren. Die Situation ist vergleichbar damit, ein Haus auf Treibsand zu bauen und sich dann zu wundern, warum es auseinanderbricht.

Weil niemand über unendlich viel Zeit verfügt, um eine unendlich große Anzahl möglicher Probleme zu testen, haben Computer-Programme immer (jawohl: _immer_) Fehler, die verhindern, dass sie immer 100prozentig korrekt funktionieren. Das gilt für jedes Programm, das Sie schreiben, und für alle Programme, die von Microsofts Millionen-Dollar-Programmierern geschrieben werden. Deshalb sollten Sie, wenn Sie Programme schreiben, viel Zeit dafür reservieren, die Programme zu testen, um alle potenziell gefährlichen Fehler auszumerzen, ehe Sie das Programm an andere Leute weitergeben.

So, jetzt wissen Sie, dass Sie beim nächsten Mal, wenn Sie ein Programm benutzen, das nicht richtig funktioniert, allen Grund haben, nicht sich selbst, sondern den Programmierern die Schuld dafür zu geben.

Eine ansprechende Benutzeroberfläche erstellen

Die Benutzeroberfläche ist das, was der Benutzer sieht, wenn Ihr Programm abläuft. Jedes Programm verfügt in der einen oder anderen Form über eine Benutzeroberfläche. Einige Programme arbeiten mit aufwendigen, bunten Fenstern, die auf dem Bildschirm explodieren. Andere Programme sehen sehr unscheinbar aus – fast so, als hätte der Programmierer Angst gehabt, dass eines Tages der Bildschirmphosphor knapp werden könnte.

Die Benutzeroberfläche eines Visual Basic-Programmes besteht aus Formularen und Objekten. Ein _Formular_ ist nichts anderes als ein Fenster, das auf dem Bildschirm angezeigt wird.

Jedes Visual Basic-Programm verfügt über mindestens ein Formular, obwohl die meisten Programme mit mehreren Formularen arbeiten.

Objekte sind Bildelemente, die auf einem Formular angezeigt werden (siehe Abbildung 1.1). Dazu zählen z.B. Schaltflächen, Bildlaufleisten und Optionsfelder. Mit den Objekten kann der Benutzer Ihrem Programm Anweisungen geben. Wenn Sie wirklich wollten, könnten Sie natürlich auch ein Programm mit einem einzigen Formular ganz ohne Objekte schreiben – aber das wäre weder sehr nützlich noch interessant.

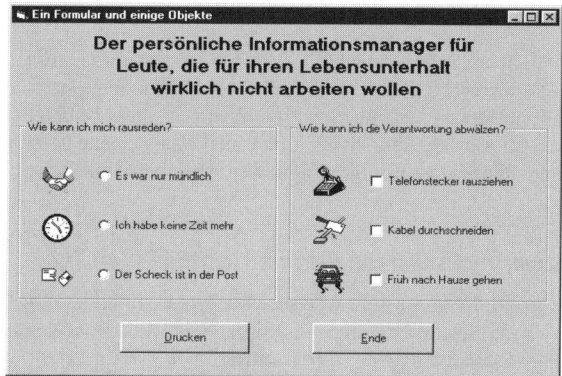

Abbildung 1.1: Ein typisches Formular mit Objekten.

Eigenschaften machen Ihre Benutzeroberfläche attraktiv

Nachdem Sie die Benutzeroberfläche Ihres Visual Basic-Programmes entworfen haben, legen Sie im nächsten Schritt die Eigenschaften jedes Formulars und jedes Objekts fest. Die Eigenschaften eines Objekts definieren seinen Namen, seine Farbe sowie seine Größe, Position und Erscheinungsform auf dem Bildschirm.

Die verschiedenen Objekte haben unterschiedliche Eigenschaften. Jedes neue Objekt, das Sie erstellen, wird von Visual Basic mit bestimmten Standardeigenschaften ausgestattet. Oft können Sie diese Standardwerte übernehmen, manchmal müssen Sie jedoch einige von ihnen an Ihr Programm anpassen. Kapitel 3 bietet Ihnen eine schnelle Einführung, wie Sie die Eigenschaften eines Objekts ändern können.

BASIC-Code schreiben

Wenn Sie mit dem Aussehen Ihrer Benutzeroberfläche zufrieden sind, besteht der nächste Schritt darin, BASIC-Befehle (den so genannten *Code*) zu schreiben, um Ihr Programm zum Laufen zu bringen. (Wenn Sie es sich anders überlegen und das Aussehen Ihrer Benutzeroberfläche ändern wollen, können Sie jederzeit zurückgehen und die Änderungen durchführen.)

Der einzige Zweck des Visual Basic-Codes besteht darin, den Objekten auf einem Formular mitzuteilen, was sie tun sollen, wenn der Benutzer eine Aktion ausführt. Wenn der Benutzer z.B. mit der Maus auf die Schaltfläche *OK* oder *Abbrechen* klickt, passiert nichts, es sei denn, Sie haben BASIC-Befehle geschrieben, die Ihrem Computer genau sagen, was er tun soll.

Jedesmal, wenn der Benutzer auf eine Taste drückt, die Maus bewegt oder auf eine Maustaste drückt, findet ein so genanntes *Ereignis* statt. Und jedesmal, wenn ein Ereignis stattfindet, sagen Ihre BASIC-Befehle dem Computer: »Wach auf, Faulpelz, gerade ist was passiert. Wir müssen uns darum kümmern!«

Im wesentlichen besteht das Schreiben eines Visual Basic-Programmes aus folgenden Schritten: Entwerfen Sie Ihre Benutzeroberfläche auf dem Bildschirm, und schreiben Sie dann den BASIC-Code, damit sie so funktioniert, wie Sie es wollen. Wenn Sie diese beiden Schritte bewältigen, ohne dabei verrückt zu werden, können Sie mit Visual Basic eigene Programme entwickeln. Kapitel 4 bietet Ihnen eine kurze Einführung in das Schreiben praktischen BASIC-Codes.

Warum Programme nicht funktionieren (Teil II)

Die meisten Programme werden von professionellen Programmierern geschrieben, die das Programmieren möglicherweise jahrelang studiert haben. Bedeutet dies, dass jedes Programm, das diese Programmierer schreiben, immer funktioniert? Natürlich nicht. Ich möchte Sie daran erinnern, dass wir uns in der Welt der Computer befinden, in der nichts richtig funktioniert.

Neben der Tatsache, dass sich die Fähigkeiten professioneller Programmierer sehr stark voneinander unterscheiden können, werden professionelle Programmierer oft dazu herangezogen, Programme zur Lösung von Problemen zu schreiben, von denen sie selbst keine Ahnung haben. Beispielsweise werden Programmierer, die nichts von Buchhaltung verstehen, engagiert, um ein Programm zur Steuerung eines elektronischen Buchhaltungssystems einer Bank zu schreiben. Oder Programmierer, die keine Fähigkeiten und Erfahrungen im Fliegen haben, werden beauftragt, ein Programm zu schreiben, das die Landung, den Start und den Flug eines 747 Jumbojets steuert. Programmierer ohne medizinische Kenntnisse werden angestellt, um ein Programm zu schreiben, das ein medizinisches Gerät steuert, mit dem Krebspatienten radioaktiv bestrahlt werden. Wie kann man auf einem Gebiet arbeiten, auf dem man keine Erfahrung hat, und trotzdem sehr viel Geld verdienen? Ganz einfach – werden Sie Programmierer.

Einen Programmierer zu engagieren, der keine Ahnung von der Aufgabe hat, die er lösen soll, ist vergleichbar damit, einen Übersetzer zu engagieren, der einen griechischen Text ins Französische übertragen soll, ohne dass er eine der beiden Sprachen lesen oder schreiben kann. Ist es bei diesem Paradoxon in der Programmierungswelt ein Wunder, dass Flugzeuge abstürzen, Banken Geld verlieren und Hotels mit unseren Reservierungen nicht klarkommen?

Die Visual Basic-Benutzeroberfläche

In diesem Kapitel

▶ Visual Basic laden

▶ Die Visual Basic-Benutzeroberfläche kennenlernen

▶ Fenster öffnen, schließen und verschieben

▶ Visual Basic verlassen

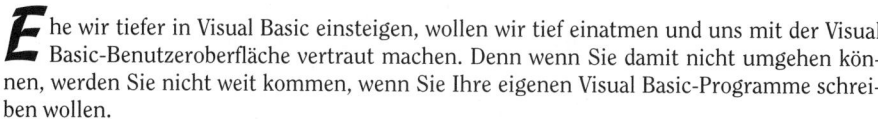

E he wir tiefer in Visual Basic einsteigen, wollen wir tief einatmen und uns mit der Visual Basic-Benutzeroberfläche vertraut machen. Denn wenn Sie damit nicht umgehen können, werden Sie nicht weit kommen, wenn Sie Ihre eigenen Visual Basic-Programme schreiben wollen.

Um Visual Basic benutzen zu können, müssen Sie die folgenden drei Vorgänge beherrschen:

✔ Visual Basic von Windows 95/98/NT aus laden

✔ Mit Visual Basic Programme schreiben

✔ Visual Basic verlassen

Visual Basic laden

Um Visual Basic zu laden, gehen Sie folgendermaßen vor:

1. **Klicken Sie auf die Start-Schaltfläche am linken Rand der Task-Leiste von Windows 95/ 98/NT.**

   Ein Popup-Menü wird angezeigt.

2. **Markieren Sie *Programme*, dann den Ordner *Microsoft Visual Basic 6.0*, und klicken Sie dann auf *Microsoft Visual Basic 6.0*.**

   Visual Basic zeigt das Dialogfeld *Neues Projekt* an (siehe Abbildung 2.1).

 Um Visual Basic schnell zu laden, erstellen Sie eine Verknüpfung auf dem Desktop, indem Sie folgende Schritte ausführen: Rechtsklicken Sie auf den Windows-Desktop, klicken Sie auf *Neu*, klicken Sie auf *Verknüpfung*, klicken Sie auf die Schaltfläche <u>D</u>urchsuchen, suchen Sie nach der Datei VB6.EXE, klicken Sie auf die Schaltfläche <u>W</u>eiter, tippen Sie *Visual Basic 6* ein, und klicken Sie dann auf die Schaltfläche *Fertig stellen*.

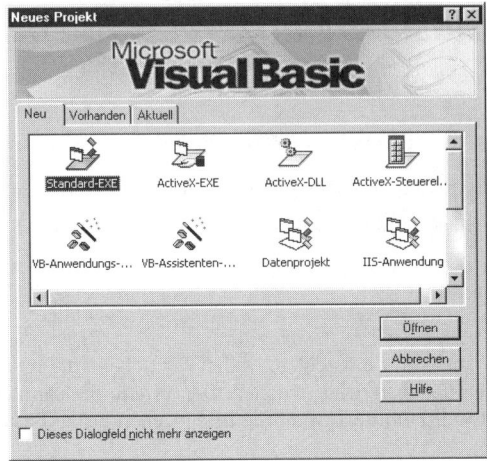

Abbildung 2.1: Das Dialogfeld Neues Projekt, *das direkt nach dem Laden von Visual Basic angezeigt wird.*

Wenn das Dialogfeld *Neues Projekt* angezeigt wird, haben Sie folgende Optionen:

✔ Sie können ein neues Programm erstellen.

✔ Sie können ein vorhandenes Programm laden und ändern.

Ein neues Programm erstellen

Im Dialogfeld *Neues Projekt* können Sie unter mehreren verschiedenen Programmtypen wählen (die *Learning Edition* und die *Standard Edition* von Visual Basic zeigen nicht alle der folgenden Programmtypen im Dialogfeld *Neues Projekt* an):

✔ *Standard-EXE:* Erstellt ein neues selbständiges Programm, das Sie kopieren, weitergeben oder verkaufen können. Beispiele für selbständige Programme sind *Microsoft Word, Lotus 1-2-3* und *Netscape Navigator.* Selbständige Programme haben die Dateierweiterung *EXE.*

✔ *ActiveX-DLL:* Erstellt eine Datei mit der Dateierweiterung *DLL.* ActiveX-DLL-Dateien können nicht selbständig benutzt werden, sondern enthalten Unterprogramme, die als Bausteine für selbständige Programme benutzt werden.

✔ *ActiveX-EXE:* Erstellt eine Datei mit der Dateierweiterung *EXE.* Im Gegensatz zu selbständigen EXE-Dateien dienen ActiveX-EXE-Dateien als so genannte *OLE-Server.* Das sind Programme, die speziell dafür entworfen wurden, um Informationen mit anderen Programmen auszutauschen.

✔ *ActiveX-Steuerelement:* Erstellt eine Datei mit der Dateierweiterung *OCX*. Im Gegensatz zu ActiveX-DLL- oder ActiveX-EXE-Dateien stellen ActiveX-Steuerelemente normalerweise sowohl Unterprogramme als auch eine Benutzeroberfläche zur Verfügung, die Sie in anderen Programmen wiederverwenden können.

✔ *ActiveX-Dokument-DLL:* Erstellt eine Datei mit der Dateierweiterung *DLL*. Eine ActiveX-Dokument-DLL-Datei dient dazu, Programme zu unterstützen, die auf einer Website laufen.

✔ *ActiveX-Dokument-EXE:* Erstellt eine Datei mit der Dateierweiterung *EXE*. Eine ActiveX-Dokument-EXE-Datei kann ein Visual Basic-Formular in einem Internet-Browser anzeigen.

✔ *Add-In:* Erstellt ein spezielles Programm, das mit der Visual Basic-Benutzeroberfläche zusammenarbeitet.

✔ *VB-Anwendungsassistent:* Hilft Ihnen, schnell und leicht das Gerüst eines selbständigen, funktionsfähigen Visual Basic-EXE-Programms zu erstellen.

Datenprojekt: Erstellt ein Programm zur Entwicklung eines Datenbankberichts, mit dem Sie Datenbankinformationen in formatierter Form anzeigen können.

✔ *DHTML-Anwendung:* Diese Option ist neu in Visual Basic 6. Sie dient dazu, DHTML-Dokumente (Dynamic Hypertext Markup Language) zu erstellen, die auf einer Website veröffentlicht werden können.

✔ *IIS-Anwendung:* Diese Option ist ebenfalls neu in Visual Basic 6. Sie dient dazu, Programme für den Microsoft Internet Information Server (IIS) zu entwickeln.

Um eine dieser Optionen im Dialogfeld *Neues Projekt* zu wählen, klicken Sie einfach auf das entsprechende Symbol, und klicken Sie dann auf *OK*.

Wenn Sie D<small>ATEI</small>/N<small>EUES</small> P<small>ROJEKT</small> wählen (oder auf ⌨ Strg + N drücken), zeigt Visual Basic das Dialogfeld *Neues Projekt* ohne weitere Registerkarten an.

Das Erstellen von ActiveX-, DHTML-, IIS- und Datenprojekt-Dateien ist ziemlich fortgeschrittener Stoff, um den Sie sich hier nicht zu kümmern brauchen, bis Sie in der Lage sind, einfache Visual Basic-Programme vom Standard-EXE-Typ zu erstellen.

Ein vorhandenes Programm laden

Meistens werden Sie ein bereits vorhandenes Programm laden, um es zu bearbeiten. Klicken Sie zu diesem Zweck auf die Registerkarte *Vorhanden*. Visual Basic zeigt verschiedene Ordner an, damit Sie das gewünschte Visual Basic-Programm wählen können.

Wenn Sie ein Programm laden wollen, das Sie erst kürzlich bearbeitet haben, klicken Sie auf die Registerkarte *Aktuell*. Visual Basic zeigt eine Liste der Programme an, mit denen Sie vor kurzem gearbeitet haben. Klicken Sie auf das gewünschte Programm und dann auf *Öffnen*.

 Wenn Sie D<small>ATEI</small>/P<small>ROJEKT</small> ÖFFNEN wählen (oder auf $\boxed{\text{Strg}}$+$\boxed{\text{O}}$ drücken), zeigt Visual Basic das Dialogfeld *Projekt öffnen* ohne weitere Registerkarten an.

Die Visual Basic-Benutzeroberfläche kennenlernen

Nachdem Sie gewählt haben, ob Sie ein neues Programm erstellen oder ein vorhandenes Programm öffnen wollen, wird die Visual Basic-Benutzeroberfläche angezeigt. Natürlich müssen Sie, bevor Sie damit anfangen können, die Benutzeroberfläche Ihres Programms zu zeichnen und Visual Basic-Code zu schreiben, wissen, wie man die Visual Basic-Benutzeroberfläche selbst benutzt. Die acht Hauptkomponenten der Visual Basic-Benutzeroberfläche werden in Abbildung 2.2 gezeigt. Es müssen nicht immer alle Komponenten gleichzeitig sichtbar sein.

✔ *Pulldown-Menüs*: geben Ihnen Zugriff auf jeden verfügbaren Visual Basic-Befehl, obwohl diese Menüs recht einschüchternd wirken können.

✔ *Symbolleiste*: zeigt Symbole an, welche die häufigsten Visual Basic-Befehle repräsentieren – auch das kann noch sehr einschüchternd wirken.

✔ *Werkzeugsammlung*: zeigt die Objekttypen an (wie z.B. Schaltflächen oder Kontrollkästchen), die Sie in einem Formular verwenden können. Die Werkzeugsammlung zeigt möglicherweise nicht alle Objekte an, die Sie in einem Formular verwenden können. Eine komplette Liste aller verfügbaren Objekte erhalten Sie, wenn Sie in der Werkzeugsammlung auf $\boxed{\text{Strg}}$+$\boxed{\text{T}}$ drücken.

✔ *Projekt-Explorer*: zeigt alle Dateien an, die zu einem einzelnen Visual Basic-Programm gehören.

✔ *Eigenschaftenfenster*: zeigt die Eigenschaften des aktuell gewählten Formulars oder Objekts an.

✔ *Formular-Layout-Fenster*: ermöglicht Ihnen, die Position Ihres Fensters auf dem Bildschirm festzulegen.

✔ *Formular*: stellt ein Fenster bereit, in dem Sie die Objekte der Benutzeroberfläche Ihres Programms zeichnen können.

✔ *Überwachungsfenster*: ermöglicht Ihnen, Ihr Visual Basic-Programm zu testen.

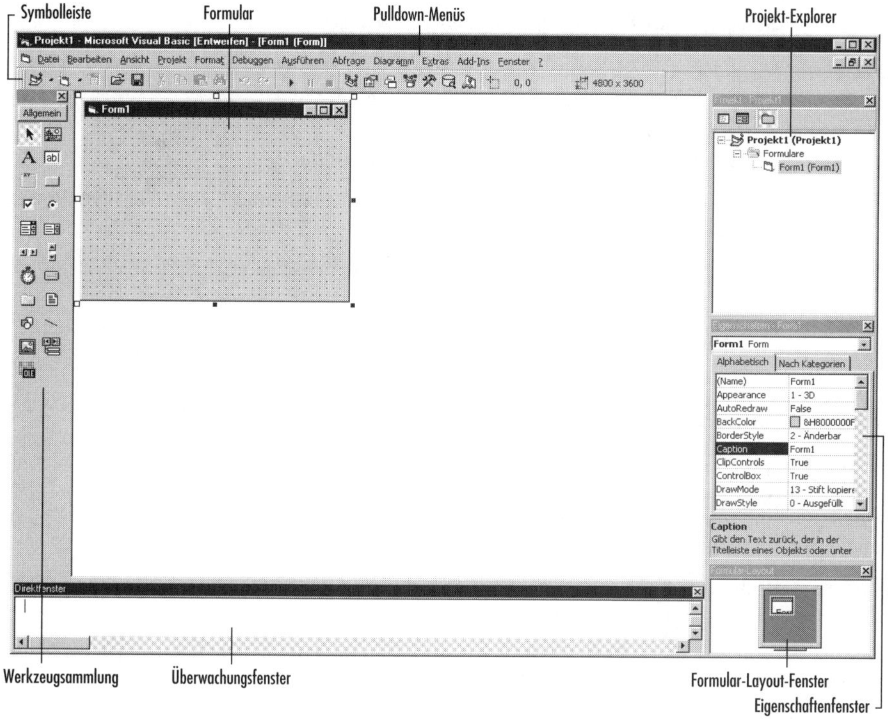

Symbolleiste · Formular · Pulldown-Menüs · Projekt-Explorer

Abbildung 2.2: Die Visual Basic-Benutzeroberfläche.

Werkzeugsammlung · Überwachungsfenster · Formular-Layout-Fenster · Eigenschaftenfenster

Wenn Sie die Benutzeroberfläche entwerfen, benutzen Sie die Werkzeugsammlung, um Objekte in einem Formular zu zeichnen. Danach ändern Sie das Erscheinungsbild der Objekte mit dem Eigenschaftenfenster, bis die Benutzeroberfläche Ihren Erfordernissen entspricht. Schließlich positionieren Sie das Formular mit dem Form-Layout-Fenster auf dem Bildschirm.

Wenn Sie mehr von der Visual Basic-Benutzeroberfläche sehen wollen, ändern Sie Ihre Bildschirmauflösung folgendermaßen:

1. **Klicken Sie auf die *Start*-Schaltfläche in der Task-Leiste von Windows 95/ 98/NT.**

2. **Wählen Sie *Einstellungen/Systemsteuerung*.**

   Das Dialogfeld *Systemsteuerung* wird angezeigt.

3. **Doppelklicken Sie auf das Symbol *Anzeige*.**

   Alternativ zu den Schritten 1 bis 3 können Sie auch mit der rechten Maustaste auf eine leere Stelle Ihres Windows 95/98/NT-Desktops klicken und dann im Kontextmenü auf *Eigenschaften* klicken.

4. **Klicken Sie auf die Registerkarte *Einstellungen*.**

5. **Klicken Sie auf den Schieberegler *Auflösung*, und ziehen Sie den Regler nach rechts.**

   Unter dem Schieberegler wird die Bildschirmauflösung (wie z.B. *800x600*) angezeigt.

6. **Klicken Sie auf OK.**

Fenster schließen und öffnen

Wenn Ihnen die Visual Basic-Benutzeroberfläche zu unübersichtlich ist, können Sie sie an Ihre Bedürfnisse anpassen. Da die meisten Komponenten der Benutzeroberfläche aus Fenstern bestehen, können Sie diese schließen, um mehr Platz auf dem Bildschirm zu schaffen, und wieder öffnen, wenn Sie sie benötigen.

Um ein Fenster der Visual Basic-Benutzeroberfläche zu schließen, klicken Sie auf die Schaltfläche *Schließen* (X) des Fensters.

Um ein Fenster der Visual Basic-Benutzeroberfläche wieder zu öffnen, wählen Sie im Menü *Ansicht* den Namen des betreffenden Fensters.

Fenster verschieben und ihre Größe ändern

Statt ein Fenster zu schließen, so dass es vom Bildschirm verschwindet, können Sie es auch verschieben oder seine Größe ändern.

Um die Größe eines Fensters zu ändern, fahren Sie mit dem Mauszeiger auf eine Ecke des Fensters, bis er die Form eines Doppelpfeils annimmt. Drücken und halten Sie dann die linke Maustaste nieder, und ziehen Sie die Maus. Lassen Sie die Maustaste wieder los, wenn das Fenster die gewünschte Form hat (siehe Abbildung 2.3).

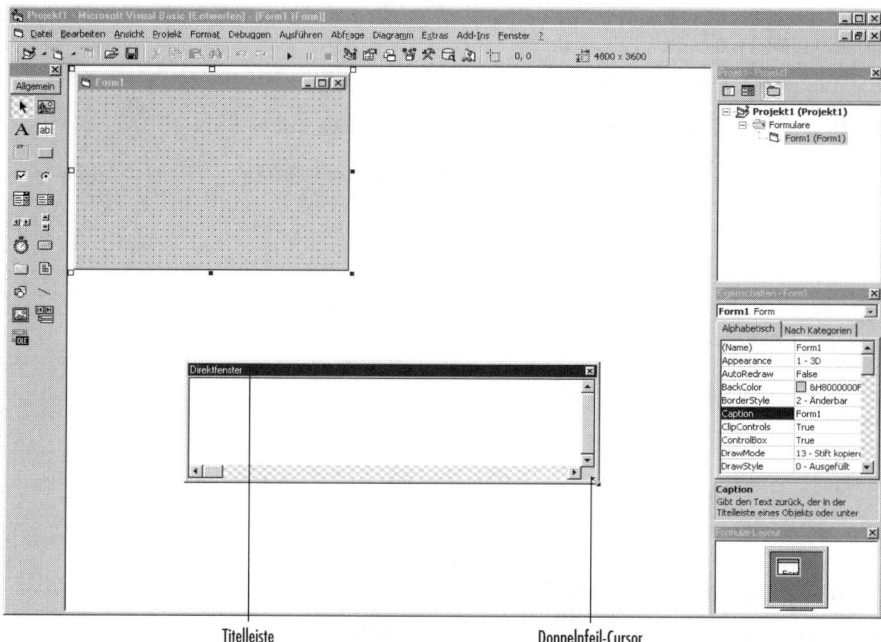

Titelleiste   Doppelpfeil-Cursor

Abbildung 2.3: Ein Fenster umformen.

Um ein Fenster zu verschieben, fahren Sie mit dem Mauszeiger auf die Titelleiste des Fensters. Drücken und halten Sie dann die linke Maustaste nieder, und ziehen Sie die Maus. Lassen Sie die Maustaste wieder los, wenn das Fenster an der gewünschten Position steht.

Fenster verankern

Um zu vermeiden, dass sich die vielen Fenster überlappen und gegenseitig stören, bietet Visual Basic zusätzlich die Möglichkeit, die Fenster zu verankern.

Verankern bedeutet einfach, dass Visual Basic die Fenster für Sie ordentlich auf einer Seite des Bildschirms anordnet. Um ein Fenster zu verankern (oder seine Verankerung zu lösen), führen Sie folgende Schritte aus:

1. **Gehen Sie mit dem Mauszeiger auf die Titelleiste des Fensters, das Sie verankern (oder dessen Verankerung Sie lösen) wollen.**

2. **Doppelklicken Sie mit der linken Maustaste.**

   Visual Basic führt die entsprechende Aktion aus.

Falls Sie nicht mit verankerten Fenstern arbeiten wollen, können Sie diese Funktion fensterspezifisch folgendermaßen abschalten:

1. Wählen Sie den Menübefehl EXTRAS/OPTIONEN.

Das Dialogfeld _Optionen_ wird angezeigt (siehe Abbildung 2.4).

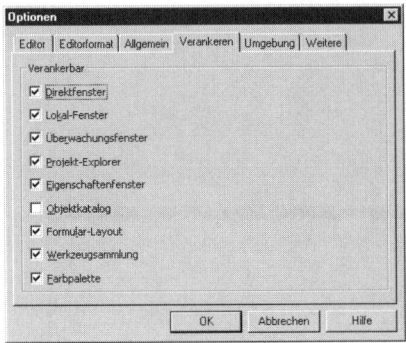

Abbildung 2.4: Das Dialogfeld Optionen.

2. Klicken Sie auf die Registerkarte _Verankern_.

3. Aktivieren oder deaktivieren Sie die Kontrollkästchen der Fenster.

Ein Häkchen bedeutet, dass das betreffende Fenster verankert werden kann. Ein leeres Kontrollkästchen bedeutet, dass das betreffende Fenster nicht verankert werden kann.

4. Klicken Sie auf _OK_.

Visual Basic verlassen

Um Visual Basic zu verlassen, können Sie eine der folgenden drei Methoden verwenden:

✔ Wählen Sie den Menübefehl DATEI/BEENDEN.

✔ Drücken Sie auf [Alt]+[Q].

✔ Klicken Sie in der Visual Basic-Titelleiste auf die Schaltfläche _Schließen_.

Wenn Sie das gegenwärtig angezeigte Programm noch nicht gespeichert haben, zeigt Visual Basic ein Dialogfeld an, um Ihnen die Möglichkeit zu geben, Ihre Arbeit zu speichern, bevor sie verloren ist. Klicken Sie auf _Ja_, wenn Sie das Programm speichern, oder auf _Nein_, wenn Sie es verwerfen wollen.

Visual Basic wird beendet, und Sie befinden sich wieder auf Ihrer Windows 95/98/NT-Benutzeroberfläche.

Die Entwicklung Ihrer ersten Benutzeroberfläche

3

In diesem Kapitel

▶ Die Komponenten der Benutzeroberfläche kennenlernen

▶ Die Benutzeroberfläche zeichnen

▶ Die Eigenschaften der Benutzeroberfläche ändern

---

*D*er erste Schritt, um ein Visual Basic-Programm zu erstellen, besteht in der Erstellung der Benutzeroberfläche. Dabei müssen Sie die folgenden Schritte ausführen:

✔ Zeichnen Sie die Benutzeroberfläche

✔ Definieren Sie die Eigenschaften der Benutzeroberfläche

✔ Schreiben Sie BASIC-Code

Bevor Sie also Ihr erstes Programm in Visual Basic schreiben können, müssen Sie wissen, wie man eine Benutzeroberfläche erstellt.

Gemeinsame Komponenten einer Benutzeroberfläche

Trotz ihrer Unterschiede sehen graphische Benutzeroberflächen ähnlich aus, weil sie aus ähnlichen Komponenten bestehen. Jede graphische Benutzeroberfläche zeigt Informationen in einem *Fenster* an. Ein Fenster kann den ganzen Bildschirm oder nur einen Teil davon bedecken. Zwei oder mehr Fenster können gleichzeitig auf dem Bildschirm angezeigt werden, wobei sie sich entweder wie Spielkarten überlappen oder wie Kacheln Seite an Seite liegen können. In Visual Basic werden Fenster als *Formulare* bezeichnet.

Wenn Sie ein neues Formular erstellen, ist es vollkommen leer. Um Ihr Formular nützlich zu machen, müssen Sie so genannte *Objekte* in das Formular einfügen. Ein Objekt kann ein Bild, ein Rahmen, eine Schaltfläche oder ein Kontrollkästchen sein. Der Benutzer kommuniziert mit Ihrem Programm, indem er die Objekte anklickt, Daten in sie eingibt oder in anderer Form manipuliert.

Auf sich allein gestellt, machen Objekte absolut nichts. Um sie zu veranlassen, etwas zu tun, müssen Sie BASIC-Code schreiben (worüber Sie in Kapitel 4 mehr erfahren).

Eine kurze Geschichte der Benutzeroberflächen

In der Frühzeit der Computer (damals in den Fünfzigern) musste man einen Computer öffnen und einige Drähte umstecken, wenn man ihn dazu bringen wollte, etwas Nützliches zu tun. Man musste wissen, wie ein Computer programmiert wird, und man musste wissen, wie man Drähte verbindet, ohne sich dabei durch einen elektrischen Schlag umzubringen.

Um einen Computer in den Sechzigern zu benutzen, hat man ihn mit einem Stapel Lochkarten gefüttert. Wenn der Computer auf Befehle reagierte, druckte er etwas auf Papier aus, ein Vorgang, der Stunden oder gar Tage dauern konnte. Deshalb war die Benutzung eines Computers immer noch langsam, mühsam und langweilig.

Die Siebziger verbanden eine Tastatur mit einem Fernsehapparat und nannten das ganze Ding Computer-Terminal. Zum ersten Mal konnte man einen Befehl direkt in den Computer eintippen und sofort vom Computer eine Antwort erhalten. Diese Möglichkeit hätte die Bedienung der Computer eigentlich erleichtern und zur Abwechslung auch mal etwas angenehmer machen sollen.

Doch diese ersten primitiven Benutzeroberflächen bestanden nur aus einem leeren Bildschirm und einem blinkenden Punkt, der als Cursor bezeichnet wurde. Um den Computer dazu zu bringen, irgend etwas zu tun, musste man die passenden Befehle eintippen können. Leider verweigerte der Computer die Zusammenarbeit, wenn man nicht die richtigen Befehle kannte und nicht wusste, auf welche Tasten man drücken sollte, so dass man sich ziemlich dumm vorkam. Und wieder war die Benutzung eines Computers langsam, mühsam und langweilig.

In einem verzweifelten Versuch, die Bedienung von Computern zu vereinfachen, erfanden Programmierer bald danach etwas, das als _Graphical User Interface_ oder _GUI_ (wird so ausgesprochen wie es geschrieben wird) bezeichnet wurde. Ein GUI besteht im wesentlichen aus Menüs und Symbolen, die der Benutzer mit der Maus anklicken kann, um Befehle auszuführen.

Der Apple-Macintosh hatte das erste populäre GUI, aber Microsoft zog schnell nach und führte unter dem Namen _Microsoft Windows_ ein sehr erfolgreiches GUI ein. Leider kann auch die Benutzung eines GUIs auf einem Computer langsam, mühsam und total langweilig sein. Jetzt wissen Sie, dass die Computerindustrie die Schuld daran hat. Das löst zwar die Probleme nicht, behebt aber vielleicht für einen Moment Ihre Sorgen.

Objekte mit Visual Basic erstellen

Objekte in einem Formular werden mit der Werkzeugsammlung erstellt, die auf der linken Seite des Bildschirms angezeigt wird. Diese Werkzeugsammlung enthält kleine Zeichnungen, welche die verschiedenen Objekte repräsentieren, die Sie auf ein Formular zeichnen können (siehe Abbildung 3.1).

Zwei Methoden, um eine Benutzeroberfläche zu erstellen

Visual Basic bietet Ihnen zwei Methoden, um eine Benutzeroberfläche zu erstellen:

✔ Sie können die Benutzeroberfläche mit dem Visual Basic-Anwendungs-assistenten automatisch erstellen.

✔ Sie können die Benutzeroberfläche manuell neu erstellen.

Welche Methode ist besser? Wenn Sie ein Programm für Windows 95/98/NT mit den Standardmenüs *Datei*, *Bearbeiten*, *Fenster* und *Hilfe* erstellen wollen, lassen Sie Visual Basic die Arbeit für Sie erledigen.

Aber wenn Sie nur ein einfaches Programm ohne Pulldown-Menüs erstellen wollen, geht es manuell leichter.

Welchen Weg Sie auch wählen, Sie können Ihre Benutzeroberfläche später jederzeit modifizieren.

Abbildung 3.1: Die Visual Basic-Werkzeugsammlung.

Um ein Objekt auf einem Formular zu erstellen, gehen Sie immer folgendermaßen vor:

1. **Klicken Sie auf das Objekt in der Werkzeugsammlung, das Sie zeichnen wollen.**

2. **Gehen Sie mit dem Mauszeiger an die Stelle des Formulars, an der Sie das Objekt zeichnen wollen.**

3. **Drücken und halten Sie die linke Maustaste nieder, und ziehen Sie die Maus. Damit zeichnen Sie das Objekt auf dem Formular.**

Um ein Objekt schnell auf einem Formular zu zeichnen, doppelklicken Sie auf das Symbol des Objekts in der Werkzeugsammlung. Visual Basic erstellt dann das betreffende Objekt automatisch auf dem Formular.

Der Entwurf einer Benutzeroberfläche hat viel mit Zeichnen zu tun. In Teil II erfahren Sie mehr über bestimmte Objekte, ihr Einsatzgebiet und ihre Funktion. Hier und jetzt ist es wichtig, dass Sie zwei Dinge verstehen: Alle Ihre Programme brauchen eine Benutzeroberfläche; und Visual Basic stellt Ihnen die Komponenten zur Verfügung, mit denen Sie ein Programm schnell und einfach zusammensetzen können.

Die erste Benutzeroberfläche manuell neu erstellen

 Falls Sie die folgenden 14 Schritte nicht manuell eingeben wollen, enthält die beiliegende CD die Datei HELLO1.VBP im Verzeichnis *Kapitel 3*, die Sie öffnen und studieren können.

Damit Sie jetzt gleich mit Visual Basic vertraut werden, finden Sie hier einige Schritte, mit denen Sie eine lebensechte Benutzeroberfläche erstellen können:

1. **Starten Sie Visual Basic unter Windows 95/98/NT, falls Sie das noch nicht getan haben. Falls Visual Basic bereits läuft, wählen Sie den Menübefehl DATEI/NEUES PROJEKT.**

   Visual Basic zeigt das Dialogfeld *Neues Projekt* an und fragt Sie, welche Art von Programm Sie erstellen wollen.

2. **Klicken Sie auf *Standard-EXE* und dann auf *Öffnen*.**

   Visual Basic zeigt ein leeres Formular mit dem Titel *Form1* an. (Wenn Sie den Visual Basic-Anwendungsassistenten aktivieren wollen, um die Benutzeroberfläche mit seiner Hilfe automatisch zu erstellen, klicken Sie an dieser Stelle auf sein Symbol, aber nicht jetzt. Am Ende dieses Kapitels erfahren Sie, wie Sie den Visual Basic-Anwendungsassistenten benutzen können.)

3. **Fahren Sie mit dem Mauszeiger auf das kleine Quadrat (einen so genannten *Ziehpunkt*) in der rechten unteren Ecke des Formulars, so dass er die Form eines doppelköpfigen Pfeils annimmt. Drücken und halten Sie die linke Maustaste nieder, und ziehen Sie die Maus, um das Formular zu vergrößern.**

4. **Wählen Sie den Menübefehl ANSICHT/WERKZEUGSAMMLUNG, um die Werkzeugsammlung anzuzeigen.**

   (Überspringen Sie diesen Schritt, falls die Werkzeugsammlung bereits auf dem Bildschirm sichtbar ist.)

5. **Klicken Sie in der Werkzeugsammlung auf das *Befehlsschaltfläche*-Symbol (QuickInfo *CommandButton*; siehe Abbildung 3.2).**

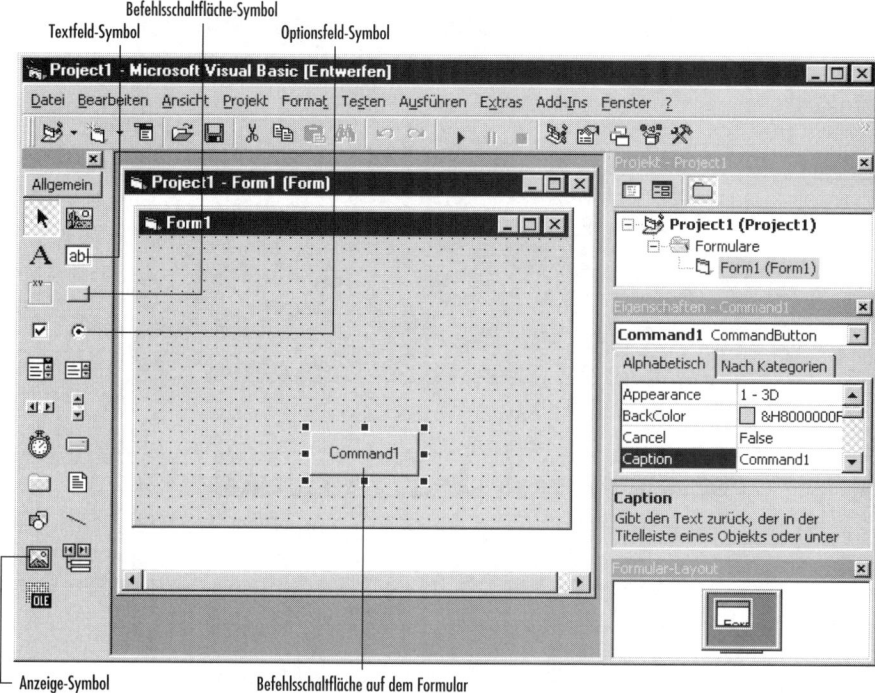

Befehlsschaltfläche-Symbol
Textfeld-Symbol
Optionsfeld-Symbol

Anzeige-Symbol
Befehlsschaltfläche auf dem Formular

Abbildung 3.2: Das Befehlsschaltfläche-*Symbol in der Werkzeugsammlung und eine Schaltfläche auf dem Formular.*

6. **Ziehen Sie die Maus über das Formular, so dass die Schaltfläche aussieht, wie in Abbildung 3.2 auf dem Formular abgebildet.**

7. **Klicken Sie in der Werkzeugsammlung auf das *Optionsfeld*-Symbol, und zeichnen Sie ein Optionsfeld.**

   Wiederholen Sie diesen Vorgang noch zweimal, um insgesamt drei Optionsfelder zu erstellen (siehe Abbildung 3.3).

8. **Klicken Sie in der Werkzeugsammlung auf das *Anzeige*-Symbol, und zeichnen Sie einen Bilderrahmen.**

   Wiederholen Sie diesen Vorgang noch zweimal, um insgesamt drei Bilderrahmen zu erstellen (siehe Abbildung 3.4).

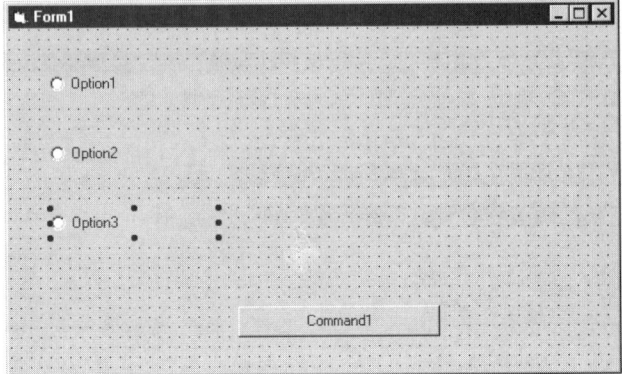

Abbildung 3.3: Drei Optionsfelder auf dem Formular.

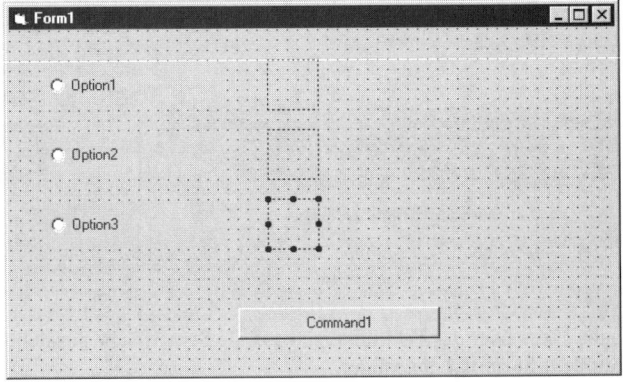

Abbildung 3.4: Drei Bilderrahmen auf dem Formular.

9. **Klicken Sie in der Werkzeugsammlung auf das *Textfeld*-Symbol, und zeichnen Sie ein Textfeld.**

Wiederholen Sie diesen Vorgang noch zweimal, um insgesamt drei Textfelder zu erstellen (siehe Abbildung 3.5).

10. **Wählen Sie den Menübefehl <u>D</u>ATEI/<FORMULAR> SPEICHERN, oder drücken Sie auf ⌷Strg⌷ + ⌷S⌷.**

Das Dialogfeld *Datei speichern unter* erscheint und fragt Sie, wie Sie Ihre Datei nennen wollen. (Sie können vor dem Speichern im Kombinationsfeld *Speichern in* den Ordner wählen, in dem Sie Ihr Visual Basic-Projekt und Ihre Formulare speichern wollen.

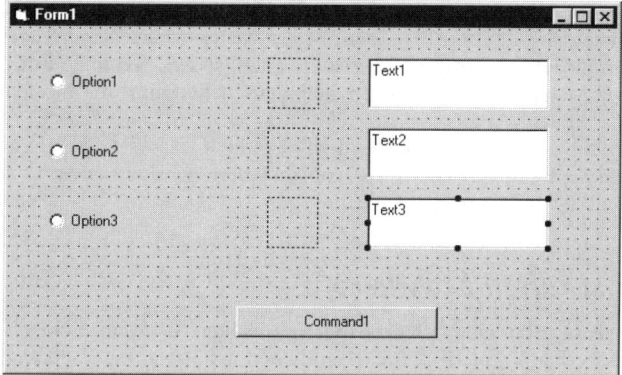

Abbildung 3.5: Drei Textfelder auf dem Formular.

11. Tippen Sie *HELLO* ein, und klicken Sie auf *Speichern*.

Damit wird Ihr Formular in einer Datei namens HELLO.FRM gespeichert.

12. Wählen Sie den Menübefehl *Datei/Projekt speichern*.

Das Dialogfeld *Datei speichern unter* erscheint und fragt Sie, wie Sie Ihr Projekt nennen wollen.

13. Tippen Sie *HELLO* ein, und klicken Sie auf *Speichern*.

Damit wird Ihr Visual Basic-Projekt in einer Datei namens HELLO.VBP gespeichert.

14. Wählen Sie den Menübefehl *Datei/Beenden*, oder drücken Sie auf $\boxed{\text{Alt}}$ + $\boxed{\text{Q}}$, wenn Sie Visual Basic beenden wollen.

Glückwunsch! Sie haben gerade eine generische Visual Basic-Benutzeroberfläche erstellt. Wenn sie nicht besonders eindrucksvoll aussieht, liegt das daran, dass die Benutzeroberfläche nicht an Ihr Programm angepasst wurde.

Um eine Visual Basic-Benutzeroberfläche anzupassen, müssen Sie für jedes Objekt *Eigenschaften* (engl. *properties*) definieren.

Definieren Sie die Eigenschaften Ihrer ersten Benutzeroberfläche

Das Zeichnen der Benutzeroberfläche ist der erste Schritt beim Schreiben eines Visual Basic-Programms. Der zweite Schritt besteht darin, die Eigenschaften für jedes Objekt Ihrer Benutzeroberfläche zu definieren.

Ist es wirklich notwendig, die Eigenschaften zu definieren? Ja und nein. Visual Basic weist den Eigenschaften aller Objekte Ihrer Benutzeroberfläche automatisch bestimmte Standardwerte zu. Damit sehen Ihre Programme jedoch ziemlich häßlich aus. Wenn Sie Ihre Benutzeroberfläche attraktiver gestalten wollen, müssen Sie Eigenschaften für Ihre Objekte definieren.

 Obwohl jedes Objekt zehn bis dreißig veränderbare Eigenschaften besitzt, brauchen Sie nicht jede einzelne davon zu ändern. Meistens ändern Sie nur ein oder zwei Eigenschaften jedes Objekts.

Was Eigenschaften bewirken

Ehe Sie die Eigenschaften eines Objekts ändern, möchten Sie wahrscheinlich wissen, wozu Eigenschaften überhaupt gut sind. Im wesentlichen definieren Eigenschaften das Erscheinungsbild eines Objekts auf dem Bildschirm und den Namen des Objekts.

 Der Name eines Objekts dient nur Ihrer Bequemlichkeit. Visual Basic gibt Objekten automatisch langweilige Namen wie _Text1_ oder _Command1_. Wenn Sie BASIC-Code schreiben, machen Sie sich die Arbeit viel leichter, wenn Sie jedem Objekt einen aussagekräftigen Namen geben, um die Objekte in Ihrem Programm zu identifizieren. (In Teil IV lernen Sie, BASIC-Code zu schreiben.)

Das Erscheinungsbild eines Objekts umfasst seine Größe, Farbe und Position auf dem Bildschirm. Es lässt Ihre Benutzeroberfläche gut aussehen.

Werte von Eigenschaften ändern

Sie können den Wert von Eigenschaften zu zwei verschiedenen Zeiten ändern:

✔ Zur Entwurfszeit

✔ Zur Laufzeit

Die _Entwurfszeit_ ist der Zeitraum, in dem Sie Ihre Benutzeroberfläche entwerfen, also der Zeitraum ehe Sie Ihr Programm tatsächlich ausführen.

 Meistens werden Sie die Werte der Eigenschaften eines Objekts zur Entwurfszeit ändern. Wenn Sie den Namen eines Objekts ändern wollen, müssen Sie dies zur Entwicklungszeit tun.

Die _Laufzeit_ ist die Zeit, in der Ihr Programm ausgeführt wird und die Werte der Eigenschaften eines Objekts mit BASIC-Code ohne Ihren Eingriff geändert werden. Ehe Ihr Programm die Eigenschaften eines Objekts ändern kann, müssen Sie dem Programm natürlich mit BASIC-Code genau vorschreiben, welche Eigenschaften eines Objekts geändert werden sollen.

Durch die Änderung einer Eigenschaft zur Laufzeit können Sie Animationen ablaufen lassen oder Meldungen auf dem Bildschirm anzeigen. Dazu zählen z.B. Fehlermeldungen, Programm-Statusanzeigen oder Meldungen, die den Benutzer daran erinnern, Ihr Programm zu bezahlen.

Wie Sie Eigenschaftswerte zur Entwurfszeit ändern

Jedes Objekt hat zehn oder mehr Eigenschaften (siehe Abbildung 3.6). Um die Eigenschaften eines Objekts zu ändern, stellen Sie sicher, dass ein Formular angezeigt wird, und führen Sie dann folgende Schritte aus:

1. **Klicken Sie auf das Objekt, dessen Eigenschaften Sie ändern wollen.**

2. **Öffnen Sie das Eigenschaftenfenster, und klicken Sie auf die Eigenschaft, die Sie ändern wollen.**

   Wenn das Eigenschaftenfenster nicht sichtbar ist, drücken Sie auf $\boxed{\text{F4}}$, um das Fenster zu öffnen.

3. **Geben Sie den neuen Wert dieser Eigenschaft ein.**

Abbildung 3.6: Das Eigenschaftenfenster mit mehreren Eigenschaften des Textfelds Text3.

Einfach, nicht wahr? Wenn Sie die Eigenschaftswerte für ein oder mehrere Objekte ändern müssen, zeigt dieses Buch eine Tabelle, die folgendermaßen aussieht:

Objekt	Eigenschaft	Wert
Form	Name	frmHello
	Caption	Hallo Welt!

Die Tabelle sagt Ihnen Folgendes:

1. **Klicken Sie auf das Formular.**

2. **Klicken Sie im Eigenschaftenfenster auf die Eigenschaft** _Name._

3. **Ändern Sie den Wert, indem Sie** _frmHello_ **eintippen.**

4. **Klicken Sie im Eigenschaftenfenster auf die Eigenschaft** _Caption._

5. **Ändern Sie den Wert, indem Sie** _Hallo Welt!_ **eingeben.**

Testen Sie Ihr neu erworbenes Wissen

1. **Was sind die zwei allgemeinen und in fast jeder Benutzeroberfläche enthaltenen Komponenten?**

   a) Die leicht bedienbare Benutzeroberfläche und ein 500-Seiten-Handbuch, das erklärt, wie einfach die Benutzeroberfläche zu benutzen ist.

   b) Menüs, die niemand versteht, und eine Maus, die niemand benutzen kann.

   c) Nutzlose Symbole, deren Funktion unklar ist, und Text, der nichts aussagt.

   d) Formulare und Objekte.

2. **Wie können Sie Eigenschaftswerte ändern?**

   a) Gar nicht. Die Eigenschaften müssen selbst den Wunsch haben, sich zu ändern.

   b) Durch permanente Drohungen und Einschüchterungen.

   c) Indem Sie das Eigenschaftenfenster benutzen, nachdem Sie die Benutzeroberfläche entworfen haben (zur so genannten _Entwurfszeit_), oder indem Sie BASIC-Code schreiben, um die Werte zu ändern, wenn das Programm ausgeführt wird (zur so genannten _Laufzeit_).

   d) Indem Sie einen Magneten an eine Seite Ihres Bildschirms halten und beobachten, wie sich die Bilder verzerren und Ihr Monitor kaputtgeht.

Wie Sie die Eigenschaften Ihrer ersten Benutzeroberfläche definieren

 Falls Sie die folgenden 17 Schritte nicht manuell nachvollziehen wollen, können Sie die Datei HELLO2.VBP aus dem Ordner _Kapitel 3_ von der beiliegenden CD laden und studieren.

Sie können die Eigenschaften Ihrer Benutzeroberfläche definieren, indem Sie folgende Schritte ausführen:

1. **Starten Sie Visual Basic unter Windows 95/98/NT.** Falls Visual Basic bereits läuft, wählen Sie den Menübefehl *Datei/Neu*.

   Visual Basic zeigt das Dialogfeld *Neues Projekt* an.

2. **Klicken Sie auf die Registerkarte *Aktuell*.**

3. **Klicken Sie auf die Datei *HELLO.VBP* und dann auf *Öffnen*.**

   Visual Basic zeigt das Formular *HELLO.FRM* auf dem Bildschirm an.

4. **Klicken Sie auf das Optionsfeld *Option1*, um es zu markieren. Die Markierung besteht aus kleinen schwarzen Rechtecken an den Ecken und Rändern des Objekts.**

5. **Klicken Sie im Eigenschaftenfenster auf die Eigenschaft *Name*, und tippen Sie *optGrin* ein. Klicken Sie auf die Eigenschaft *Caption*, und geben Sie *Ich bin glücklich!* ein.**

6. **Klicken Sie auf das Feld *Image1* (am oberen Rand des Formulars).**

7. **Klicken Sie im Eigenschaftenfenster auf die Eigenschaft *Name*, und tippen Sie *imgGrin* ein.**

8. **Klicken Sie im Eigenschaftenfenster auf die Eigenschaft *Picture*. Klicken Sie auf die drei Punkte (...).**

   Visual Basic zeigt das Dialogfeld *Bild laden* an (siehe Abbildung 3.7).

9. **Öffnen Sie den Ordner *Icons*. (Es könnte sein, dass Sie sich erst den Ordner *Graphics* suchen müssen.) Öffnen Sie dann den Ordner *Misc* im Ordner *Icons*.**

10. **Doppelklicken Sie auf das Symbol *Face03.ico*.**

    Visual Basic zeigt ein wirklich glückliches Gesicht in dem Bilderrahmen an.

11. **Klicken Sie auf die Eigenschaft *Visible*. Klicken Sie dann auf den Pfeil in dem Wertfeld, und wählen Sie *False*.**

12. **Klicken Sie auf das Feld *Text1*.**

13. **Klicken Sie auf die Eigenschaft *BorderStyle*. Klicken Sie auf den Pfeil in dem Wertfeld, und wählen Sie *0 - Kein*.**

14. **Klicken Sie auf die Eigenschaft *Name*, und tippen Sie *txtGrin* ein.**

15. **Doppelklicken Sie auf die Eigenschaft *Text*. Drücken Sie auf die `Rück`-Taste, um der Eigenschaft *Text* eine Leerzeile zuzuweisen.**

16. **Ändern Sie die Eigenschaften für die anderen Objekte gemäß Tabelle 3.1.**

17. **Wählen Sie den Menübefehl *Datei/Speichern*, um Ihre Änderungen zu speichern.**

Glückwunsch! Sie haben gerade alle notwendigen Eigenschaften für Ihre erste Benutzeroberfläche definiert.

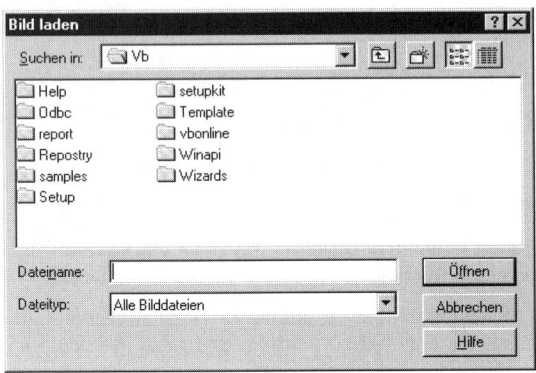

Abbildung 3.7: Das Dialogfeld Bild laden.

Objekt	Eigenschaft	Wert
Form	Name	frmHello
	Caption	Hallo Welt!
Option2	Name	optSmile
	Caption	Mir geht es gut.
Option3	Name	optFrown
	Caption	Ich bin traurig.
Image2	Name	imgSmile
	Picture	Face02
	Visible	False
Image3	Name	ImgFrown
	Picture	Face01
	Visible	False
Text2	Name	txtSmile
	BorderStyle	0 - Kein
	Text	(Leer)
Text3	Name	txtFrown
	BorderStyle	0 - Kein
	Text	(Leer)
Command1	Name	cmdExit
	Caption	Ende

Tabelle 3.1: Eigenschaften, die Sie ändern müssen, um den Entwurf Ihrer Benutzeroberfläche fertigzustellen.

Die Benutzeroberfläche mit Visual Basic automatisch erstellen

Wenn Sie die Schritte zur Erstellung der Benutzeroberfläche manuell nachvollzogen haben, haben Sie einen Eindruck davon bekommen, wie mühsam und zeitaufwendig dieser Prozess sein kann. Weil Computer doch eigentlich dazu da sind, Zeit einzusparen (damit Sie mehr Computerspiele spielen können), enthält Visual Basic den so genannten *Visual Basic-Anwendungsassistenten*.

Der Visual Basic-Anwendungsassistent erstellt das Gerüst eines kompletten Programms mit Pulldown-Menüs, Symbolleisten und Dialogfeldern. Wenn Sie ein Programm erstellen wollen, das der Benutzeroberfläche von Microsoft Word, Excel oder PowerPoint entsprechen soll, können Sie Zeit sparen, indem Sie die Benutzeroberfläche mit dem Visual Basic-Anwendungsassistenten erstellen.

Um zu sehen, wie der Visual Basic-Anwendungsassistent funktioniert, führen Sie die folgenden Schritte aus:

1. **Starten Sie Visual Basic unter Windows 95/98/NT. Falls Visual Basic bereits läuft, wählen Sie den Menübefehl DATEI/NEUES PROJEKT.**

   Visual Basic öffnet das Dialogfeld *Neues Projekt*.

2. **Klicken Sie auf das Symbol *VB-Anwendungsassistent* und dann auf *Öffnen*.**

   Das Einführungsfenster des Anwendungsassistenten wird angezeigt (siehe Abbildung 3.8). Dieses Fenster fordert Sie auf, ein Profil einzugeben. *Profile* sind Gerüste mit Standardeinstellungen, mit denen Sie den VB-Anwendungsassistenten anpassen können. Wählen Sie im Moment die vorgegebene Einstellung *(Keine)*.

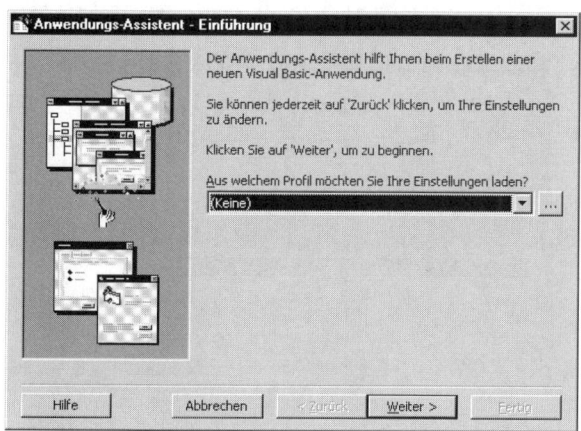

Abbildung 3.8: Das Einführungsfenster des Anwendungsassistenten.

3. Klicken Sie auf *Weiter*.

Das Fenster *Schnittstellentyp* des Anwendungsassistenten wird angezeigt (siehe Abbildung 3.9).

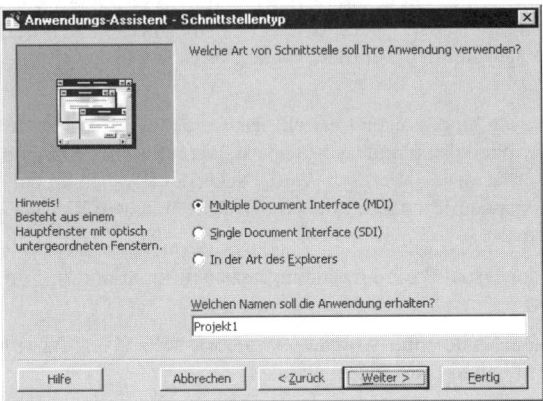

Abbildung 3.9: Das Fenster Schnittstellentyp *des Anwendungsassistenten.*

4. Markieren Sie das Optionsfeld *Multiple Document Interface (MDI)*, und klicken Sie dann auf *Weiter*.

Das Fenster *Menüs* des Anwendungsassistenten wird angezeigt (siehe Abbildung 3.10). (Falls Sie wollen, wählen Sie in Schritt 4 ein anderes Optionsfeld, um herauszufinden, wie die Optionen *Single Document Interface (SDI)* oder *In der Art des Explorers* aussehen.)

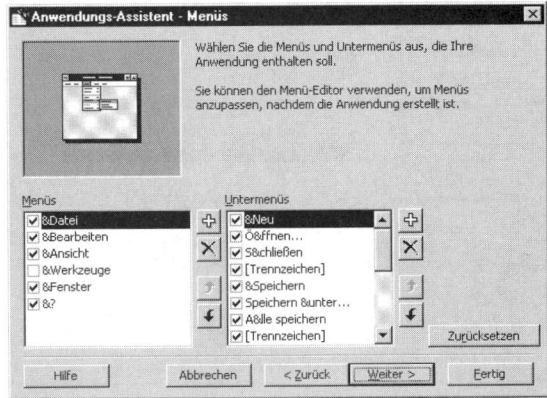

Abbildung 3.10: Das Fenster Menüs *des Anwendungsassistenten.*

5. Klicken Sie auf _Weiter_, um die Standardauswahl zu übernehmen.

Das Fenster *Symbolleiste anpassen* des Anwendungsassistenten wird angezeigt (siehe Abbildung 3.11). Per Drag & Drop können Sie aus den Symbolen eigene Symbolleisten zusammenstellen.

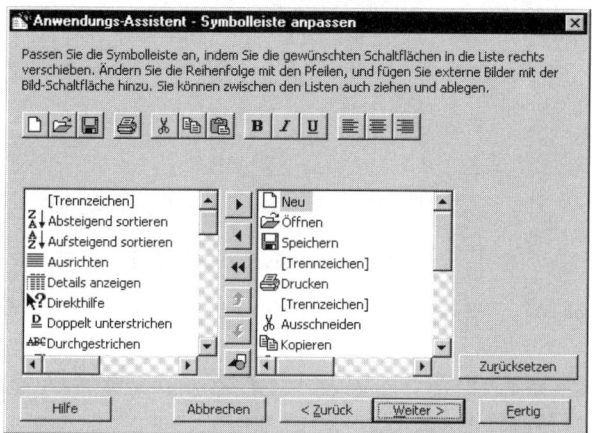

Abbildung 3.11: Das Fenster Symbolleiste anpassen *des Anwendungsassistenten.*

6. Klicken Sie auf _Weiter_, um die Standardauswahl zu übernehmen.

Das Fenster *Ressourcen* des Anwendungsassistenten wird angezeigt (siehe Abbildung 3.12). Mithilfe von Ressourcendateien können Sie fremdsprachige Versionen Ihres Programms erstellen. Statt die Ausdrücke der anderen Sprachen direkt in den Programmtext (beispielsweise in den Menüs und in Dialogfeldtiteln) eingeben zu müssen, können Sie diese Informationen mithilfe von Ressourcendateien separat speichern und benötigen für jede Sprache nur eine entsprechende Ressourcendatei.

7. Klicken Sie auf _Weiter_, um die Standardauswahl zu übernehmen.

Das Fenster *Internet-Verbindung* des Anwendungsassistenten wird angezeigt (siehe Abbildung 3.13). An dieser Stelle können Sie die Home-Page für Ihre Anwendung spezifizieren.

8. Klicken Sie auf _Weiter_, um die Standardauswahl zu übernehmen.

Das Fenster *Standardformulare* des Anwendungsassistenten wird angezeigt (siehe Abbildung 3.14).

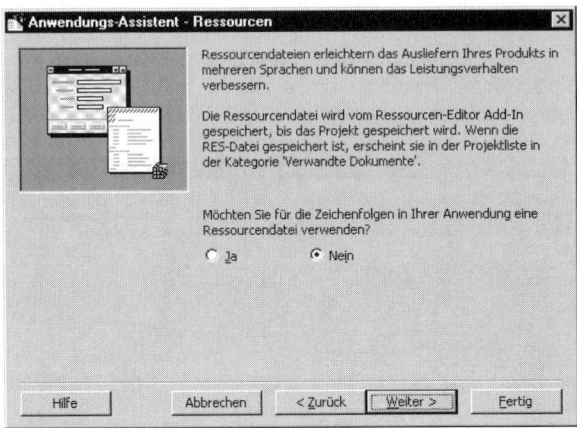

Abbildung 3.12: Das Fenster Ressourcen *des Anwendungsassistenten.*

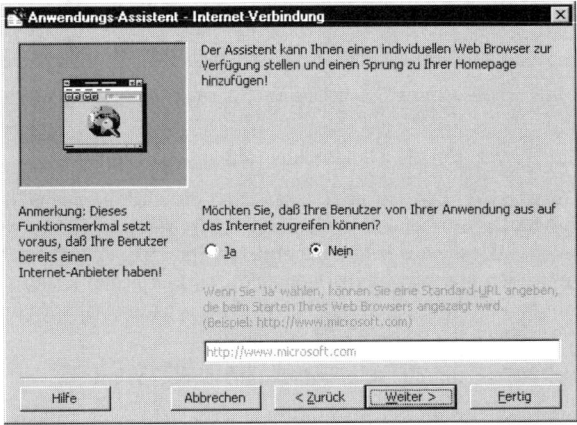

Abbildung 3.13: Das Fenster Internet-Verbindung *des Anwendungsassistenten.*

9. Aktivieren Sie das Kontrollkästchen _Info-Feld_, und klicken Sie dann auf _Weiter_.

Das Fenster *Datenzugriffsformulare* des Anwendungsassistenten wird angezeigt (siehe Abbildung 3.15). An dieser Stelle können Sie spezifizieren, mit welcher Datenbank Sie in Ihrem Programm arbeiten wollen.

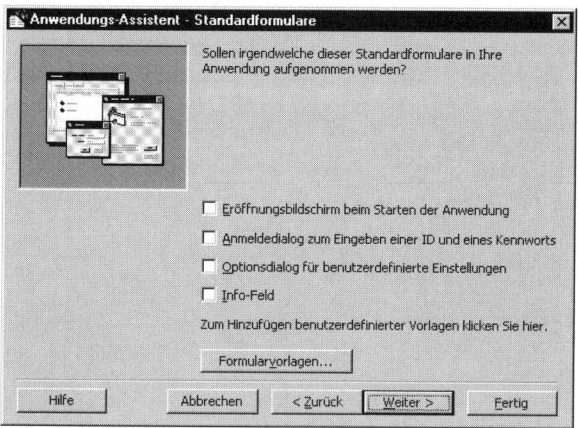

Abbildung 3.14: Das Fenster Standardformulare *des Anwendungsassistenten.*

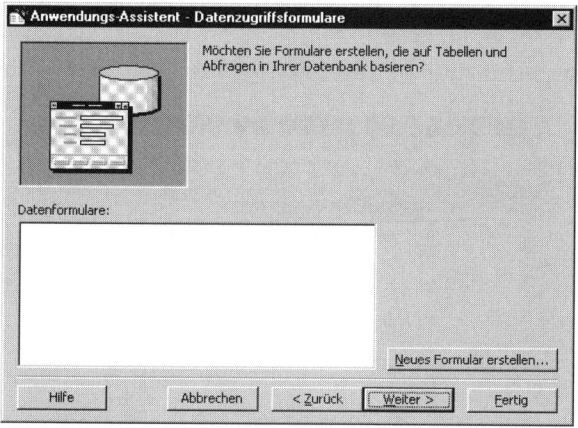

Abbildung 3.15: Das Fenster Datenzugriffsformulare *des Anwendungsassistenten.*

10. Klicken Sie auf _Weiter_, um die Standardauswahl zu übernehmen.

Das Fenster *Fertig!* des Anwendungsassistenten wird angezeigt (siehe Abbildung 3.16).

11. Klicken Sie auf *Fertig*.

Visual Basic erstellt die Anwendung und zeigt die zugehörigen Fenster an.

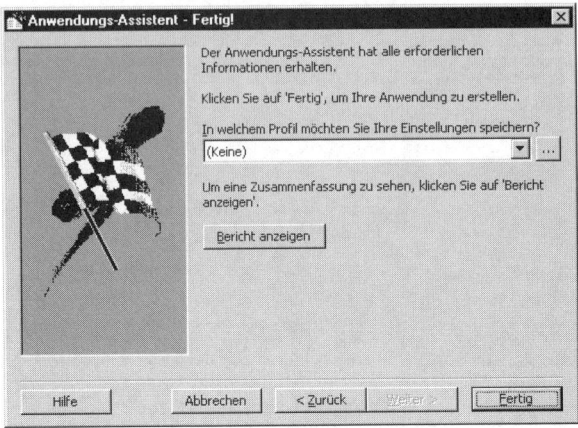

Abbildung 3.16: Das Fenster Fertig! *des Anwendungsassistenten.*

12. Drücken Sie auf F5 **, um das Programmgerüst auszuführen, das der Visual Basic-An-wendungsassistent für Sie erstellt hat.**

Das Programm wird in einem separaten Fenster angezeigt (siehe Abbildung 3.17).

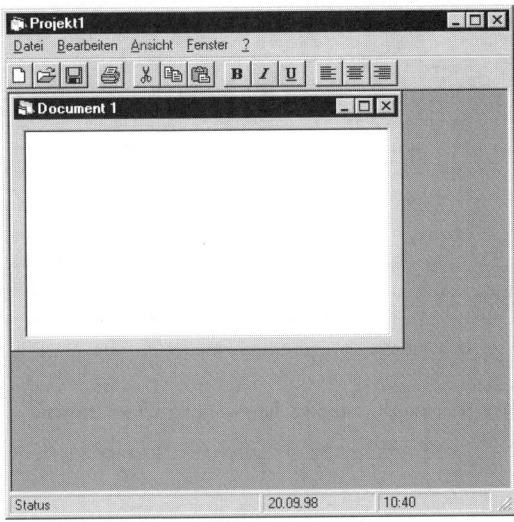

Abbildung 3.17: Das Programmgerüst, das von dem Anwendungsassistenten erstellt wurde.

13. Wählen Sie den Menübefehl ?/INFO.

Das Dialogfeld *Info Projekt1* wird angezeigt.

14. Klicken Sie auf *OK*.

15. Klicken Sie auf ein beliebiges Symbol in der Symbolleiste, oder wählen Sie einen beliebigen Menübefehl, um zu sehen, was passiert.

16. Wählen Sie den Menübefehl DATEI/BEENDEN, wenn Sie sich mit dem Programmgerüst vertraut gemacht haben.

17. Wählen Sie den Menübefehl DATEI/NEUES PROJEKT.

Ein Dialogfeld wird angezeigt, das Sie fragt, ob Sie Ihr neu erstelltes Projekt speichern wollen.

18. Klicken Sie auf *Nein*.

Wie Sie sehen, können Sie mit dem Visual Basic-Anwendungsassistenten schnell eine neue Benutzeroberfläche erstellen. Trotzdem müssen Sie die Benutzeroberfläche noch an Ihre Erfordernisse anpassen und BASIC-Code schreiben, um mit dem Programm eine nützliche Funktion zu erfüllen. Der Visual Basic-Anwendungsassistent hilft Ihnen nur dabei, schneller in die Gänge zu kommen.

BASIC-Code schreiben

In diesem Kapitel

▶ Die Grundlagen über BASIC-Code

▶ Wie man ein Objekt wählt und eine Prozedur schreibt

▶ Wie Sie BASIC-Code für Ihr Programm schreiben

*U*m den Computer zu veranlassen, etwas zu tun, müssen Sie ihm Schritt-für-Schritt Anweisungen geben. Wenn Sie einen Schritt auslassen oder ihm unklare Anweisungen geben, weiß Ihr Computer nicht, was er tun soll. (Genaugenommen weiß er schon, was er tun soll, nur ist es nicht das, was Sie wollen.)

✔ Programmierer bezeichnen eine einzelne Anweisung als *Befehl*. Ein typischer BASIC-Befehl kann wie folgt aussehen:

```
Steuern = Einkommen * SteuerSatz
```

✔ Eine Folge von Befehlen wird als *Code* bezeichnet. Eine typische Folge von Befehlen kann wie folgt aussehen:

```
Einkommen = 90000
SteuerSatz = 0.35
Steuern = Einkommen * SteuerSatz
```

✔ Eine Sammlung von Code, die Ihren Computer veranlasst, etwas Nützliches zu tun (z.B. ein Spiel zu spielen, Ihre Steuern zu berechnen oder fliegende Toaster auf Ihrem Bildschirm anzuzeigen), wird als *Programm* bezeichnet.

Wenn Sie die Sprache der Programmierer sprechen wollen (obwohl Programmierer berüchtigt dafür sind, selten viel zu sagen), müssen Sie eine gewisse Programmieretikette lernen.

Sie schreiben niemals ein *Programm*; Sie schreiben *Code*. Sagen Sie bloß nicht: »Lass mich mal deine Folge von Befehlen sehen.« Ihr Fauxpas lässt coole Programmierer erröten. Sagen Sie stattdessen: »Lass mich mal deinen Code sehen.«

Was ist BASIC-Code?

Um Ihren Computer zu veranlassen, etwas zu tun, müssen Sie ihm Anweisungen geben, die er verstehen kann. Zunächst müssen Sie entscheiden, welche Sprache Sie verwenden wollen. Wenn Sie mit Visual Basic arbeiten, ist dies die Sprache BASIC.

Wie alle Computer-Sprachen hat BASIC besondere Befehle, die als _reservierte Schlüsselwörter_ bezeichnet werden. Einige Beispiele reservierter Schlüsselwörter lauten wie folgt:

Loop	Function	Sub	End
Do	Integer	Case	If
Else	Select	Then	For

BASIC-Code besteht in weiten Teilen aus reservierten Schlüsselwörtern, die kreativ aneinander gereiht sind, um ein Programm zu bilden. Immer wenn der Computer ein Schlüsselwort sieht, denkt er automatisch: »Aha, dies ist eine bestimmte Anweisung, bei der ich weiß, was ich machen muss.«

Ein Programm kann ganz kurz sein und aus einem einzigen reservierten Schlüsselwort bestehen. Es kann auch sehr, sehr lang sein und mehrere Millionen reservierter Schlüsselwörter enthalten. Im Allgemeinen leisten kurze Programme selten etwas Interessanteres, als eine Meldung wie _Hallo Welt!_ auf dem Bildschirm anzuzeigen. Lange Programme machen gewöhnlich viel mehr, aber oft sind sie genauso verwirrend wie ein Steuerformular.

Theoretisch können Sie ein langes Programm schreiben, das aus Millionen oder mehr reservierten Schlüsselwörtern besteht. Doch wird wahrscheinlich jeder Programmierer, der dies versucht, lange bevor er damit fertig wird, verrückt.

Ein Programm Schritt für Schritt erstellen

Um das Programmieren einfacher zu machen, zerlegen die meisten Programmierer ein großes Programm in mehrere kleinere Programme. Nachdem Sie jedes der kleineren Programme geschrieben haben, setzen Sie die Teile zu einem kompletten Programm zusammen.

✔ Wenn Sie ein großes Programm in mehrere kleine Programme zerlegen, werden diese kleineren Programme als _Unterprogramme_ bezeichnet. Im Visual Basic-Sprachgebrauch werden Unterprogramme als _Prozeduren_ bezeichnet (obwohl einige Programmierer sie auch als _Unterroutinen_ bezeichnen). Visual Basic enthält neben Prozeduren auch spezielle Unterprogramme, die als Funktionen (siehe Kapitel 29) und als allgemeine Prozeduren (siehe Kapitel 27) bezeichnet werden.

✔ Prozeduren schreiben den Objekten auf Ihrem Formular vor, wie sie auf Aktionen des Benutzers reagieren sollen. Ein Objekt kann null oder mehr Prozeduren haben.

So kann z.B. eine Prozedur dem Computer sagen, was er tun soll, wenn der Benutzer ein Objekt mit der Maus anklickt. Und eine andere Prozedur kann dem Computer sagen, was er tun soll, wenn der Benutzer auf eine bestimmte Taste drückt, während ein Objekt markiert ist.

Nicht jedes Objekt benötigt Prozeduren. Die einzigen Objekte, die Prozeduren benötigen, sind diejenigen, die der Benutzer anklicken oder markieren kann, wie z.B. Schaltflächen, Kontrollkästchen oder Optionsfelder.

Objekte und Ereignisse wählen

Ehe Sie eine Prozedur schreiben können, müssen Sie Visual Basic zwei Dinge mitteilen:

✔ Den Namen des Objekts, das Sie benutzen wollen

✔ Das Ereignis, auf welches das Objekt reagieren soll

Visual Basic bietet Ihnen zwei Methoden, um das Objekt zu wählen:

✔ Der einfachste Weg besteht darin, das Objekt (wie beispielsweise eine Schaltfläche) auf Ihrem Formular anzuklicken und das Code-Fenster durch Drücken von [F7] zu öffnen. Visual Basic zeigt dann die am häufigsten angewendete Prozedur für dieses Objekt an.

✔ Der zweite Weg ist fast ebenso einfach. Jedesmal, wenn Sie ein Objekt auf einem Formular zeichnen, speichert Visual Basic den Namen dieses Objekts in einer Liste mit dem Namen *Objektliste* (siehe Abbildung 4.1). Die Objektliste wird am oberen Rand des Code-Fensters angezeigt. Klicken Sie auf den Pfeil rechts neben dem Listenfeld, um die Liste zu öffnen. Sie können dann in der Liste blättern, bis Sie das Objekt finden, für das Sie eine Prozedur schreiben wollen.

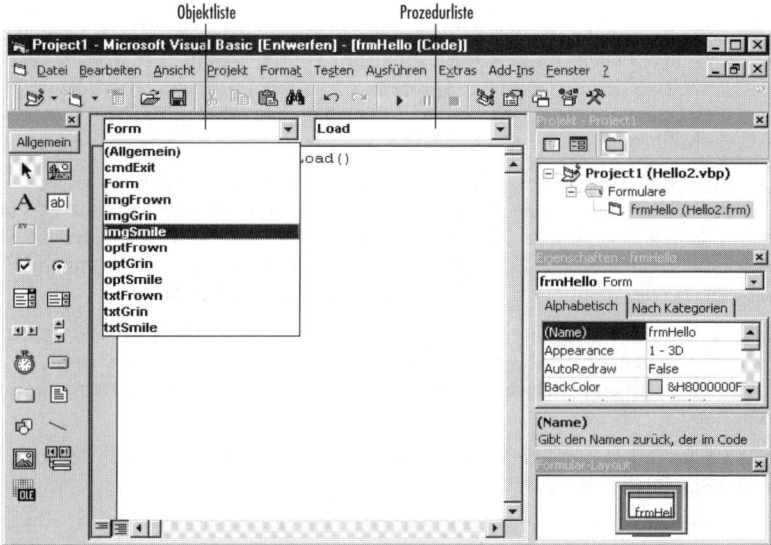

Abbildung 4.1: Die Objektliste und die Prozedurliste.

Um ein Ereignis zu wählen, benutzen Sie eine weitere Liste, die als *Prozedurliste* bezeichnet und ebenfalls am oberen Rand des Code-Fensters neben der Objektliste angezeigt wird. Die Prozedurliste enthält alle möglichen Ereignisse, für die Sie eine Prozedur schreiben können.

Blättern Sie einfach in der Liste, bis Sie das Ereignis finden, für das Sie eine Prozedur schreiben wollen. Das häufigste Ereignis ist das *Click*-Ereignis.

Nachdem Sie ein Objekt aus der Objektliste und ein Ereignis aus der Prozedurliste gewählt haben, zeigt Visual Basic die erste und letzte Zeile der Prozedur an. Sie können jetzt damit beginnen, den Code für diese Prozedur zu schreiben.

Visual Basic-Prozeduren schreiben

Ehe Sie irgendeine Visual Basic-Prozedur schreiben können, müssen Sie einige Objekte auf Ihrem Formular zeichnen.

Dann müssen Sie die Eigenschaften der Objekte ändern, um ihnen Namen zu geben, die Sie leicht behalten können. Wenn Sie diesen Schritt auslassen, müssen Sie sich mit den Standardnamen wie beispielsweise *Option1* oder *Text3* herumschlagen, die Visual Basic standardmäßig für jedes Objekt vergibt.

 Wissen Sie, was passiert, wenn Sie eine Prozedur für ein bestimmtes Objekt schreiben und dann später den Namen dieses Objekts ändern? Visual Basic wird verwirrt und denkt, Sie hätten ein nagelneues Objekt erstellt. Das bedeutet, dass mit dem neuen Objekt keine Ereignisprozeduren verknüpft sind, während zu den bereits vorhandenen Ereignisprozeduren kein Objekt mehr gehört. Wenn Sie also ein Objekt umbenennen wollen, tun Sie dies, bevor Sie dafür Ereignisprozeduren schreiben.

Um eine Visual Basic-Prozedur zu schreiben, klicken Sie auf das Objekt, für das Sie die Prozedur schreiben wollen, und öffnen dann das Code-Fenster. (Sie können das Code-Fenster öffnen, indem Sie auf F7 drücken, den Menübefehl Ansicht/Code wählen oder auf das Objekt doppelklicken.) Wenn das Code-Fenster angezeigt wird, können Sie damit beginnen, die Prozedur oder den Code einzutippen. Abbildung 4.2 zeigt das Code-Fenster.

Doch halt! Visual Basic zeigt nicht einfach ein leeres Fenster an. Visual Basic zeigt automatisch *Private Sub*, danach den Namen des Objekts, einen Unterstrich, ein Ereignis (wie z.B. *Click*) und ein Paar Klammern () an, das leer sein oder Argumente enthalten kann. (Argumente werden in Kapitel 28 behandelt.)

Wenn Sie auf das Objekt mit dem Namen *cmdExit* klicken und dann das Code-Fenster öffnen, zeigt Visual Basic Folgendes an:

```
Private Sub cmdExit_Click()
End Sub
```

✔ Die erste Zeile einer Visual Basic-Prozedur beginnt mit *Private Sub*, was in Kurzform ausdrückt, dass ein Unterprogramm ausschließlich zu einem bestimmten Objekt gehört. In diesem Fall gehört das Unterprogramm zu dem Objekt mit dem Namen *cmdExit*.

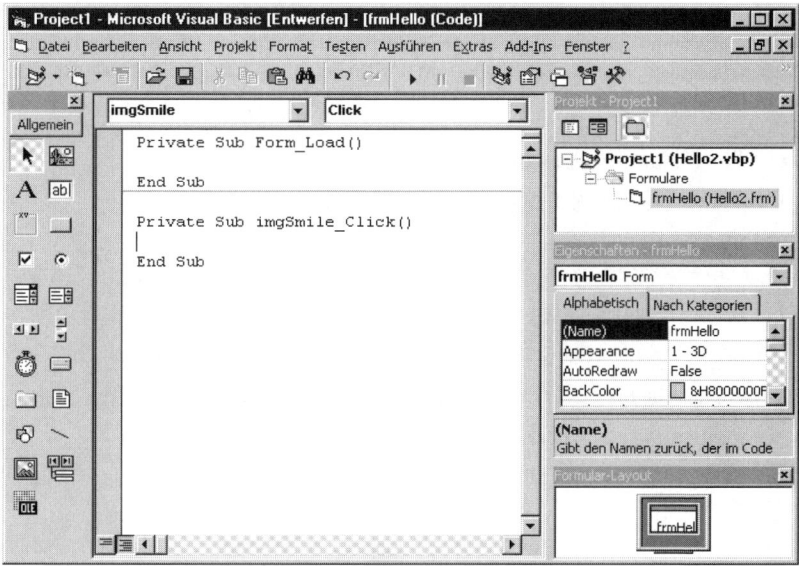

Abbildung 4.2: Das Code-Fenster.

✔ Danach zeigt Visual Basic den Namen Ihres Objekts an. Wenn Sie vergessen haben, die Eigenschaft *Name* Ihres Objekts zu ändern, benutzt Visual Basic einen Standardnamen wie *Text2*. Andernfalls zeigt Visual Basic den Namen, den Sie dem Objekt gegeben haben (wie z.B. *cmdExit*).

✔ Auf den Namen des Objekts folgt ein Unterstrich, der den Namen Ihres Objekts von seinem Ereignis trennt. Ein *Ereignis* ist etwas, das der Benutzer tut, um mit dem Computer zu kommunizieren.

✔ Danach folgt ein Paar leerer Klammern. Normalerweise enthalten die Klammern Daten, die das Unterprogramm von der Routine übernimmt, die dieses Unterprogramm aufgerufen hat. Ein leeres Klammernpaar bedeutet, dass dieses Unterprogramm keine besonderen Daten benötigt.

Wenn man diese Prozedur ins Deutsche übersetzt, bedeutet die erste Zeile: »Dies ist ein Unterprogramm für das Objekt mit dem Namen *cmdExit*; und das Unterprogramm sagt dem Computer, was er tun soll, wenn der Benutzer auf das Objekt *cmdExit* klickt.«

Die letzte Zeile dieser Visual Basic-Prozedur besteht aus zwei Wörtern: *End* und *Sub*. Diese Zeile teilt dem Computer mit: »Dies ist das Ende aller Befehle, die zu diesem Unterprogramm gehören.« Statt dies so ausführlich zu sagen, benutzt Visual Basic einfach

```
End Sub
```

Bis jetzt tut diese Visual Basic-Prozedur nichts. Um die Prozedur zu veranlassen, etwas zu tun, müssen Sie zwischen die erste und letzte Zeile Befehle einfügen. Ehe Sie damit anfangen, Befehle hinzuzufügen, müssen Sie wissen, was BASIC-Befehle (auch Code genannt) tun können.

Testen Sie Ihr neu erworbenes Wissen

1. Was sind reservierte Schlüsselwörter?

    a) Wörter, die Sie aussprechen, wenn Sie eine Reservierung in einem eleganten Restaurant haben, wo ein Glas Wasser 20 Euro kostet.

    b) Das, was schüchterne Leute gerne aussprechen möchten.

    c) Besondere Anweisungen, die in jeder Programmiersprache vorkommen.

    d) Wörter, die Sie gerne jemand ins Gesicht sagen würden, den Sie nicht mögen.

2. Wie können Sie ein Programm schreiben, ohne verrückt zu werden?

    a) Zerlegen Sie es in Unterprogramme, die in Visual Basic als Prozeduren bezeichnet werden.

    b) Passen Sie auf, wie andere es tun, und stehlen Sie dann deren Hausaufgaben.

    c) Schreiben Sie einfach ein kurzes Programm, machen Sie davon mehrere Kopien, und hoffen Sie, dass niemand es merkt.

    d) Wenn Sie daran denken, ein großes Programm zu schreiben, sind Sie wahrscheinlich schon verrückt.

Was kann BASIC-Code tun?

BASIC-Code kann Folgendes tun:

✔ Ein Ergebnis berechnen.

✔ Die Eigenschaften (Erscheinungsform) eines Objekts verändern.

Wenn Sie die Anzahl der Leute berechnen wollen, die in Segelbooten leben, die _GEO_ abonniert haben und die Katzen besitzen, kann Visual Basic das tun, wenn Sie die notwendigen Daten bereitstellen.

Wenn Sie ein Ergebnis berechnet haben, wollen Sie es wahrscheinlich auf dem Bildschirm anzeigen. Um dies zu tun, müssen Sie die Eigenschaften eines Objekts Ihrer Benutzeroberfläche ändern. Wenn Sie z.B. eine Meldung auf dem Bildschirm anzeigen wollen, müssen Sie zunächst ein _Textfeld_-Objekt auf einem Visual Basic-Formular zeichnen.

Dann müssen Sie diesem Textfeld einen Namen wie *txtMessage* geben. Und schließlich, um etwas in diesem Textfeld anzuzeigen, müssen Sie die Eigenschaft *Text* des Textfeldes *txtMessage* etwa wie folgt ändern:

```
txtMessage.Text = "Das ist schwer zu sagen."
```

Dieser Befehl zeigt die Meldung *Das ist schwer zu sagen.* im Textfeld *txtMessage* auf dem Bildschirm an (siehe Abbildung 4.3).

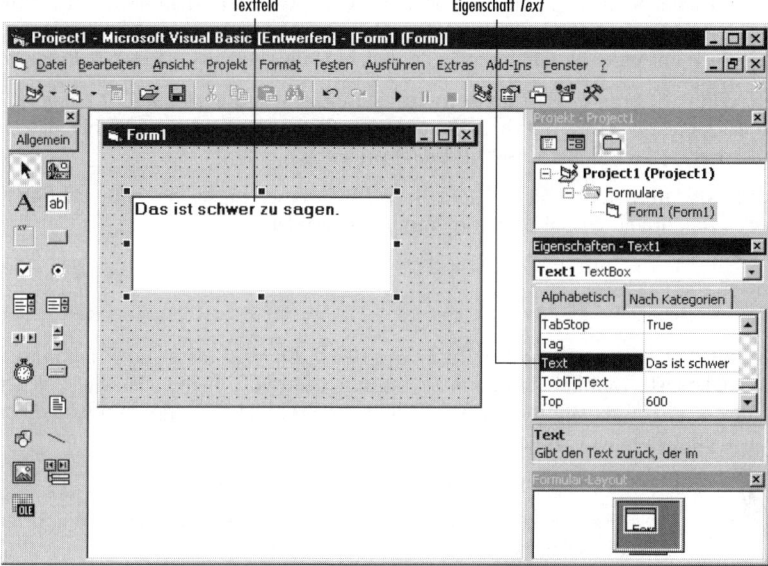

Abbildung 4.3: Die Eigenschaft Text eines Textfeld-*Objekts ändern.*

Natürlich kann Visual Basic-Code nicht alle Eigenschaften eines Objekts ändern. Einige Eigenschaften können nur zur Entwurfszeit über das Eigenschaftenfenster des Objekts geändert werden. Ein Beispiel dafür ist der Name eines Objekts, den Sie nur über sein Eigenschaftenfenster ändern können.

Wie eine Visual Basic-Prozedur funktioniert

In Visual Basic werden Anweisungen nur ausgeführt, wenn ein bestimmtes Ereignis eintritt, z.B. wenn der Benutzer ein Objekt anklickt. Derselbe Satz von Befehlen kann wieder und wieder ablaufen, und zwar jedesmal, wenn der Benutzer ein Objekt anklickt. Der einzige Zeitpunkt, an dem ein Visual Basic-Programm aufhört zu laufen, ist der Punkt, an dem die Prozeduren eines Objekts ihm ausdrücklich die Anweisung geben, mit seiner Arbeit aufzuhören.

Betrachten Sie als Beispiel die einfachste Visual Basic-Prozedur, die bei jedem Programm notwendig ist, um es vollständig zu beenden. Bei einem einfachen »Hallo Welt!«-Programm sieht diese Prozedur wie folgt aus:

```
Private Sub cmdExit_Click()
    Unload Me
End Sub
```

Der Code in dieser Prozedur besteht nur aus dem reservierten Schlüsselwort *Unload* und einer Variablen mit dem Namen *Me*, die das Formular repräsentiert. Deshalb weist diese Prozedur Visual Basic an:»Entferne dieses Formular aus dem Speicher.« Weil dieses Programm nur aus einem einzigen Formular besteht, beendet der Befehl in diesem Fall das gesamte Programm.

Diese Prozedur wird nur ausgeführt, wenn der Benutzer das Objekt *cmdExit* anklickt. Wenn Sie sich das Objekt *cmdExit* auf Ihrer Benutzeroberfläche anschauen, sehen Sie, dass es sich um eine Schaltfläche mit der Aufschrift *Ende* handelt.

Als Alternative zu dem Befehl *Unload Me* können Sie auch den Befehl *End* benutzen, um ein Visual Basic-Programm zu beenden:

```
Private Sub cmdExit_Click()
    End
End Sub
```

Welche Methode sollte man also benutzen? Der Befehl *End* veranlasst Ihr Programm, sofort anzuhalten. Das ist so ähnlich, wie wenn Sie Ihr Auto dadurch anhalten, dass Sie es gegen eine Wand fahren. Für einen sanfteren, freundlicheren Programm-Stopp empfiehlt Microsoft nachdrücklich, den Befehl *Unload Me* zu verwenden.

Wenn Sie dieses Programm ausführen, passiert Folgendes:

1. Visual Basic zeigt Ihre Benutzeroberfläche auf dem Bildschirm an. Sie enthält auch die Schaltfläche mit der Aufschrift *Ende*.

2. Das Anklicken der Schaltfläche *Ende* veranlasst Visual Basic zu fragen:»He, was ist der Name dieses Objekts, das der Benutzer gerade angeklickt hat?«

3. Verärgert stellt Visual Basic schnell fest, dass die Schaltfläche *Ende* den Namen *cmdExit* hat.

4. Dann fragt Visual Basic:»Gibt es hier irgendwelche Anweisungen für mich, die mir sagen, was ich tun soll, wenn der Benutzer das Objekt *cmdExit* anklickt?« Glücklicherweise findet Visual Basic die Prozedur *Private Sub cmdExit_Click()*.

5. Visual Basic untersucht den ersten Befehl der Prozedur *cmdExit_Click()*. In diesem Falle lautet der Befehl *Unload Me*, was Visual Basic anweist, das Formular zu entladen. Weil es das einzige Formular im Programm ist, wird das Programm dadurch beendet.

6. Visual Basic beendet das Programm und entfernt es vom Bildschirm. Natürlich passiert dies alles blitzschnell; und es sieht so aus, als würde Ihr Computer sofort reagieren.

BASIC-Code für Ihr erstes Visual Basic-Programm schreiben

 Wenn Sie direkt mit dem Programm arbeiten wollen, ohne den ganzen Code einzutippen, können Sie die Datei HELLO.VBP aus dem Ordner des vierten Kapitels von der beiliegenden CD laden und studieren.

Weil Erfahrung immer der beste Lehrmeister ist, zeigen Ihnen die folgenden Schritte, wie Sie lebensechten BASIC-Code schreiben können, um damit Ihre Freunde zu beeindrucken. Sie lernen, den BASIC-Code für das Programm HELLO.VBP aus Kapitel 3 zu schreiben.

Machen Sie sich keine Sorgen, wenn Sie beim Eintippen nicht alles verstehen. Der Zweck dieser Übung besteht darin, Ihnen zu zeigen, wie einfach das Erstellen eines Programms in Visual Basic sein kann.

1. **Starten Sie Visual Basic unter Windows, falls Sie das noch nicht getan haben. (Oder wählen Sie den Menübefehl DATEI/PROJEKT ÖFFNEN.)**

   Visual Basic zeigt das Dialogfeld *Neues Projekt* an.

2. **Klicken Sie auf die Registerkarte *Aktuell*, klicken Sie auf *Hello*, und klicken Sie dann auf *Öffnen*.**

   Wenn das Formular *HELLO.FRM* nicht auf dem Bildschirm erscheint, klicken Sie im Projekt-Fenster auf das Formular *frmHello*, und klicken Sie dann auf das Symbol *Objekt anzeigen*. (Sie können diesen Schritt überspringen, wenn das Formular noch aus Kapitel 3 auf Ihrem Bildschirm steht.)

3. **Klicken Sie auf das Optionsfeld *optGrin*, das in der linken oberen Ecke des Formulars angezeigt wird. (Es handelt sich um die Schaltfläche, die sagt:»Ich bin glücklich!«)**

4. **Öffnen Sie das Code-Fenster, indem Sie auf ⌑F7⌑ drücken oder den Menübefehl ANSICHT/ CODE wählen.**

5. **Tippen Sie die Prozedur *Private Sub optGrin_Click()* so ein, dass sie wie folgt aussieht:**

```
Private Sub optGrin_Click()
    imgFrown.Visible = False
    imgSmile.Visible = False
    imgGrin.Visible = True
    txtSmile.Text = ""
    txtGrin.Text = "Ich fahre nach DisneyWorld!"
    txtFrown.Text = ""
End Sub
```

6. **Klicken Sie auf den nach unten gerichteten Pfeil in der Objektliste am oberen Rand des Code-Fensters, und wählen Sie dann das Objekt _optSmile_.**

Visual Basic zeigt die leere Prozedur _Private Sub optSmile_Click()_ an.

7. **Tippen Sie die Prozedur _Private Sub optSmile_Click()_ so ein, dass sie wie folgt aussieht:**

```
Private Sub optSmile_Click()
    imgFrown.Visible = False
    imgSmile.Visible = True
    imgGrin.Visible = False
    txtSmile.Text = "Hallo Welt!"
    txtGrin.Text = ""
    txtFrown.Text = ""
End Sub
```

8. **Klicken Sie auf den nach unten gerichteten Pfeil in der Objektliste am oberen Rand des Code-Fensters, und wählen Sie dann das Objekt _optFrown_.**

Visual Basic zeigt die leere Prozedur _Private Sub optFrown_Click()_ an.

9. **Tippen Sie die Prozedur _Private Sub optFrown_Click()_ so ein:**

```
Private Sub optFrown_Click()
    imgFrown.Visible = True
    imgSmile.Visible = False
    imgGrin.Visible = False
    txtSmile.Text = ""
    txtGrin.Text = ""
    txtFrown.Text = "Ade, grausame Welt."
End Sub
```

10. **Klicken Sie auf die Objektliste am oberen Rand des Code-Fensters, und wählen Sie dann das Objekt _cmdExit_.**

Visual Basic zeigt die leere Prozedur _Private Sub cmdExit_Click()_ an.

11. **Tippen Sie die Prozedur _Private Sub cmdExit_Click()_ so ein, dass sie wie folgt aussieht:**

```
Private Sub cmdExit_Click()
    Unload Me
End Sub
```

12. **Drücken Sie auf [F5], um Ihr Programm auszuführen, oder wählen Sie den Menübefehl AUSFÜHREN/STARTEN.**

Wenn Sie alles richtig eingetippt haben, zeigt Visual Basic Ihre Benutzeroberfläche, wie in Abbildung 4.4 gezeigt, auf dem Bildschirm an.

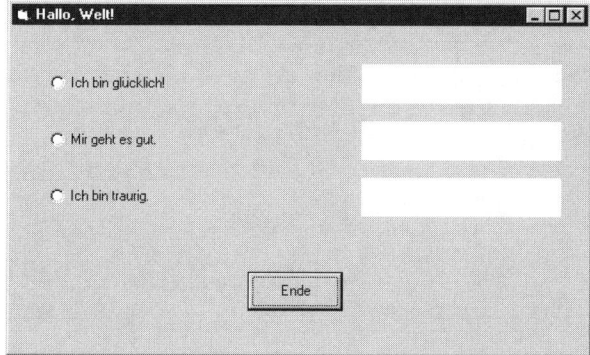

Abbildung 4.4: Das Programm Hallo Welt!

13. Klicken Sie auf das Optionsfeld neben der Bezeichnung *Ich bin traurig.*

Visual Basic zeigt auf dem Bildschirm ein Gesicht und die Meldung *Ade, grausame Welt* an (siehe Abbildung 4.5).

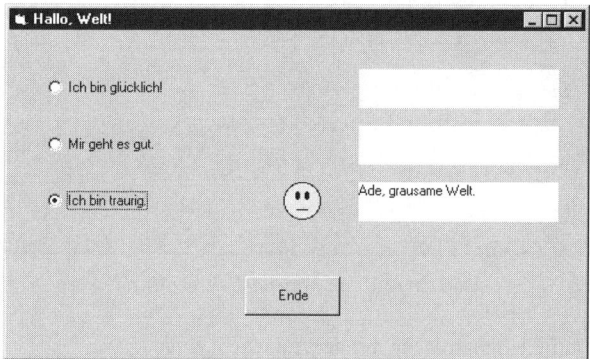

Abbildung 4.5: Ade, grausame Welt.

14. Klicken Sie auf das Optionsfeld neben der Bezeichnung *Mir geht es gut.*

Visual Basic zeigt auf dem Bildschirm ein Gesicht und die Meldung *Hallo Welt!* an (siehe Abbildung 4.6).

15. Klicken Sie auf das Optionsfeld neben der Bezeichnung *Ich bin glücklich!*

Visual Basic zeigt auf dem Bildschirm ein wirklich fröhliches Gesicht und die Meldung *Ich fahre nach DisneyWorld!* an (siehe Abbildung 4.7).

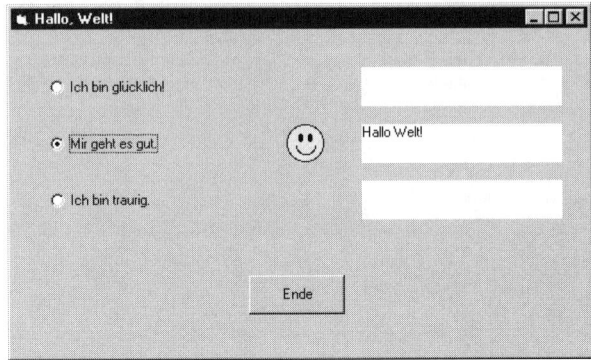

Abbildung 4.6: Hallo Welt!

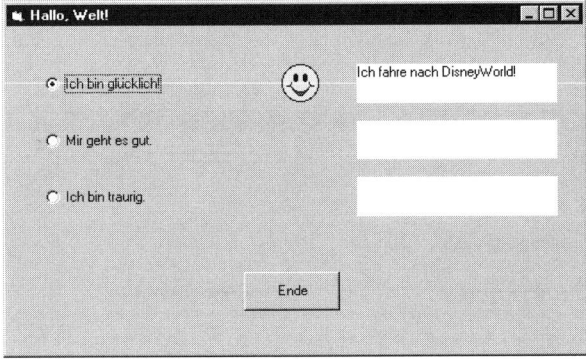

Abbildung 4.7: Ich fahre nach DisneyWorld!

16. Klicken Sie auf die Schaltfläche mit der Aufschrift *Ende*.

Visual Basic beendet Ihr Programm und kehrt in die Entwicklungsumgebung zurück.

Sie haben das Beispiel *Hallo Welt!* erfolgreich fertiggestellt. Jetzt wissen Sie, wie Sie Visual Basic dazu benutzen können, eine freundliche Benutzeroberfläche schnell und einfach zu erstellen.

Teil II

Entwurf einer Benutzeroberfläche

The 5th Wave — By Rich Tennant

Re'al Pro'gram·mers

Echte Programmierer mögen es nicht,
wenn man sie beim Arbeiten stört.

In diesem Teil ...

Der Zweck einer Benutzeroberfläche liegt darin, einem Benutzer das Arbeiten mit Ihrem Programm zu ermöglichen. Je unhandlicher die Benutzeroberfläche ist, desto schwieriger wird es sein, Ihr Programm zu benutzen. Wenn Sie also eine brauchbare Benutzeroberfläche entwerfen, wird Ihr Programm leichter zu bedienen sein.

Dies ist der Teil des Buches, der Spaß macht. Sie brauchen keinen Code zu schreiben, keine geheimen Befehle zu lernen und keine bizarren Tastenkombinationen einzupauken. In diesem Teil können Sie unter dem Vorwand, eine Programmiersprache zu lernen, nach Herzenslust malen und herumkritzeln.

Einführung in das Schnittstellendesign

In diesem Kapitel

▶ Tipps zum Entwurf einer Benutzeroberfläche

▶ Objekte auf der Benutzeroberfläche zeichnen

▶ Objekte verschieben, löschen und kopieren

▶ Den Zugriff auf Objekte sperren

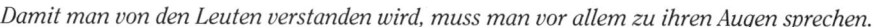

Damit man von den Leuten verstanden wird, muss man vor allem zu ihren Augen sprechen.

Napoleon Bonaparte

*G*rundsätzlich sollten Sie sich darüber im klaren sein, dass niemand Ihr Programm wirklich benutzen will. Die meisten Leute würden lieber am Strand liegen, fernsehen oder ausgehen. Trotzdem möchten die Leute die Ergebnisse haben, die Ihr Programm liefern kann. Wenn sie dieses Ergebnis auf andere Weise mit weniger Arbeit erhalten könnten, würden sie das tun. Bloß weil sie dies nicht können, sind sie bereit, Ihr Programm zu benutzen.

Das bedeutet, dass die Leute am liebsten ein Programm hätten, das ihre Gedanken liest und dann auf magische Weise das tut, was sie erreichen müssen. Weil dies nicht möglich ist, können Sie nur darauf hinarbeiten, Ihr Programm so einfach wie möglich zu gestalten. Wenn ein absolut inkompetenter Volldiot (Ihr Chef) Ihr Programm benutzen kann, werden die meisten anderen Leute dies auch schaffen.

Ehe Sie mit dem Design der Benutzeroberfläche anfangen

Eine Benutzeroberfläche zu entwerfen heißt nicht einfach, einige hübsche Bilder in einem bunten Fenster zusammenzuwürfeln und zu hoffen, dass der Benutzer rausfindet, wie Ihr Programm funktioniert. Die Benutzeroberfläche Ihres Programms muss die Bedienung Ihres Programms vereinfachen. Beim Entwurf einer Benutzeroberfläche sollten Sie die folgenden Punkte berücksichtigen:

Lernen Sie Ihren Benutzer kennen

Fragen Sie sich vor dem Entwurf Ihrer Benutzeroberfläche, wer Ihr Programm benutzen soll. Handelt es sich bei den typischen Benutzern um Datentypisten oder Datentypistinnen, die mit Computern umgehen können, oder um Manager, die nur die Arbeit mit Papier kennen und keine Ahnung haben, wie sie sich die Arbeit mit Computern erleichtern können?

Wenn Sie Ihre Benutzergruppe abgegrenzt haben, entwerfen Sie Ihre Benutzeroberfläche so, dass sie die gewohnten Arbeitsabläufe der Benutzer widerspiegelt. Dabei spielt es keine Rolle, ob diese Benutzeroberfläche für andere Leute ineffizient oder seltsam aussehen mag. Buchhalter haben keine Probleme mit Tabellenkalkulationen, weil das Zeilen-und-Spalten-Format ihren Buchungsjournalen sehr ähnlich ist. Ebenso arbeiten Schreibkräfte ohne Probleme mit Textverarbeitungsprogrammen, weil ein solches Programm ein leeres Blatt Papier nachbildet.

Aber stellen Sie sich vor, was passieren würde, wenn alle Textverarbeitungsprogramme wie Tabellenkalkulationen mit Zeilen und Spalten aussehen würden. Eine Schreibkraft, die mit einem solchen Textverarbeitungsprogramm arbeiten wollte, käme sich bald verloren und verwirrt vor (wohingegen ein Buchhalter sich wahrscheinlich wie zu Hause fühlte.)

Je genauer eine Benutzeroberfläche die Art und Weise nachbildet, in der die Benutzer gegenwärtig arbeiten, desto größer ist die Wahrscheinlichkeit, dass sie auch benutzt und akzeptiert wird. Die einzige Person, die wirklich mit der Benutzeroberfläche zufrieden sein muss, ist der Benutzer.

Bieten Sie dem Benutzer Orientierungshilfe

Es ist nicht verwunderlich, dass Leute sich verlaufen, wenn Sie durch die heutigen Supereinkaufszentren schlendern, die viele Ebenen und zwei verschiedene Zeitzonen haben. Wie fühlt man sich, wenn man nicht weiß, wo man gerade ist und wohin man vom gegenwärtigen Standort aus gehen kann?

Dieses Gefühl der Hilflosigkeit ist der Grund, warum Kinder, die sich verlaufen haben, unkontrolliert heulen und verwirrte Computerbenutzer Flüche in ihren Bart murmeln. (Aus diesem Grund gibt es auch in Einkaufszentren Tafeln mit einem großen, roten X, das zeigt: »Sie sind hier.«)

Eine gute Benutzeroberfläche hilft den Benutzern bei der Orientierung, so dass sie wissen, wo sie sich in Ihrem Programm befinden und wie sie dort herauskommen, wenn sie es wollen. Einige Benutzeroberflächen zeigen eine Meldung am unteren Rand des Bildschirms an, z.B. _Seite 2 von 5_. In diesem Fall weiß der Benutzer genau, wie viele Seiten insgesamt angezeigt werden können und welche Seite im Augenblick auf dem Bildschirm erscheint.

Ihre Benutzeroberfläche ist ein Lageplan Ihres Programms. Achten Sie darauf, dass Ihre Benutzeroberfläche genau so viele Informationen zeigt, wie der Benutzer zur Orientierung benötigt, und nicht mehr, denn das würde ihn nur verwirren.

Verdeutlichen Sie die Wahlmöglichkeiten

Eine brauchbare Benutzeroberfläche zeigt dem Benutzer nicht nur, an welcher Stelle des Programmes er sich befindet, sondern verdeutlicht ihm auch, welche Optionen er an dieser Stelle hat. Wenn Ihre Benutzeroberfläche am unteren Rand des Bildschirms anzeigt _Seite 4 von 25_, woher weiß der Benutzer dann, was er tun muss, um die vorhergehende oder nachfolgende

Seite anzuzeigen? Eine Lösung könnte darin bestehen, in den unteren Ecken der Seite Pfeile anzuzeigen, die vorwärts und rückwärts weisen. Eine andere Lösung könnte darin bestehen, Schaltflächen mit den Aufschriften *Seite vor* und *Seite zurück* zu verwenden. Abbildung 5.1 zeigt einige mögliche Lösungen.

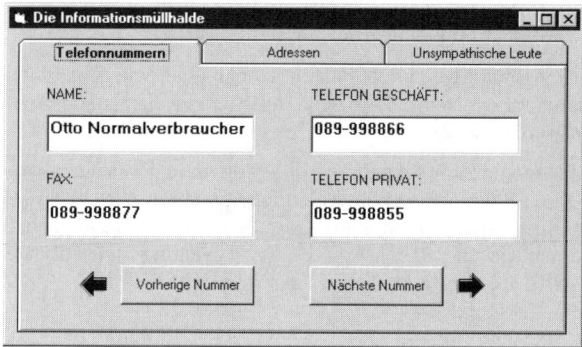

Abbildung 5.1: Anzeige der Benutzeroptionen durch Symbole und Schaltflächen.

Solange Ihr Programm dem Benutzer zeigt, welche Optionen er als nächstes wählen kann, auf welche Tasten er drücken muss oder wo er mit der Maus klicken muss, hat der Benutzer ein Gefühl der Kontrolle und des Vertrauens, wenn er Ihr Programm benutzt.

Seien Sie nachsichtig

Der Schlüssel heißt hier *Feedback*. Wenn Ihr Programm eine arrogante Einstellung erkennen lässt und herabsetzende Meldungen wie *Befehl oder Dateiname nicht erkannt* anzeigt, wenn der Benutzer auf eine falsche Taste drückt oder mit der Maus auf die falsche Stelle klickt, dann fühlt sich der Benutzer durch Ihr Programm eingeschüchtert. Eine Fehlermeldung sollte den Fehler erklären und dem Benutzer sagen, wie er den Fehler vermeiden und beheben kann.

 Seien Sie deshalb freundlich. Verstecken oder deaktivieren Sie in Ihrem Programm alle Schaltflächen oder Menübefehle, die für Benutzer im Augenblick nicht verfügbar sind. Wenn der Benutzer auf eine falsche Taste drückt oder mit der Maus auf die falsche Stelle klickt, zeigen Sie in Ihrem Programm ein Fenster an, in dem Sie dem Benutzer sagen, welche Optionen er hat. Ihre Benutzer schätzen ein Programm, das sie unterstützt; und Sie brauchen viel weniger Zeit, um am Telefon technische Hilfestellung zu leisten.

Gestalten Sie es einfach

Viele Programme bieten dem Benutzer zwei oder mehr Wege an, um einen bestimmten Befehl auszuführen. Sie können auf eine Schaltfläche klicken, einen Befehl aus den Menüs auswählen oder eine bestimmte Tastenkombination (beispielsweise `Strg`+`F2`) drücken. Von diesen drei Methoden ist das direkte Klicken auf den Bildschirm am einfachsten zu merken, das Drücken einer bizarren Tastenkombination am schwierigsten.

Achten Sie darauf, dass häufig benutzte Befehle schnell über eine Schaltfläche oder ein Menü ausgeführt werden können. Nicht alle Befehle müssen eine Tastenkombination haben, über die sie ausgeführt werden können.

Tastenkombinationen sind zwar schneller in der Bedienung, brauchen aber am Anfang mehr Lernaufwand. Wählen Sie möglichst Tastenkombinationen, die leicht zu behalten sind. Ein Speicherbefehl mit der Tastenkombination `Strg`+`S` ist leichter zu behalten als abstrakte Tastenkombinationen wie z.B. `Umschalt`+`F12`. Man kann sich leicht daran erinnern, dass *S* für *Speichern* steht; aber wofür um alles in der Welt steht *F12*?

Der Entwurf Ihrer Visual Basic-Benutzeroberfläche

Wenn Sie ein Visual Basic-Programm schreiben, müssen Sie zuerst seine Benutzeroberfläche entwerfen. Im wesentlichen besteht die Benutzeroberfläche eines Visual Basic-Programmes aus Objekten, die Sie auf dem Bildschirm anzeigen und dabei so anordnen, dass der Bildschirm übersichtlich aussieht.

Die Hauptelemente einer Visual Basic-Benutzeroberfläche werden in Abbildung 5.2 gezeigt. Dabei handelt es sich um folgende Elemente:

✔ Formulare (auch *Fenster* genannt)

✔ Schaltflächen oder Befehlsschaltflächen

✔ Textfelder, Optionsfelder und Kontrollkästchen

✔ Bezeichnungsfelder

✔ Bildfelder (Icons, Grafiken und andere dekorative Elemente)

Um Ihre Benutzeroberfläche zu entwerfen, gehen Sie folgendermaßen vor:

1. **Erstellen Sie ein leeres Formular.**

2. **Wählen Sie das Objekt, das Sie zeichnen wollen, aus der Werkzeugsammlung aus (siehe Tabelle 5.1).**

3. **Zeichnen Sie das Objekt auf dem Formular.**

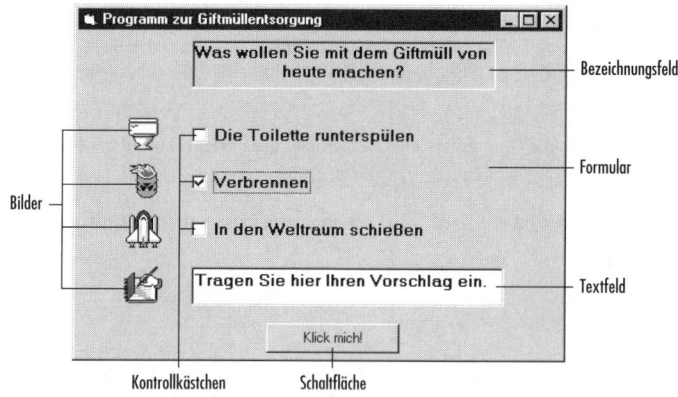

Abbildung 5.2: Die Komponenten einer typischen Visual Basic-Benutzeroberfläche.

Symbol	Werkzeugname	Funktion
	Zeiger	Wählt ein Objekt
	Bildfeld	Zeichnet einen Kasten zur Anzeige einer Grafik
	Bezeichnungsfeld	Zeichnet einen Kasten zur Anzeige von Text
	Textfeld	Zeichnet einen Kasten zur Anzeige und Eingabe von Text
	Rahmen	Fasst zwei oder mehr Objekte zu einer Gruppe zusammen
	Befehlsschaltfläche	Zeichnet eine Befehlsschaltfläche
	Kontrollkästchen	Zeichnet ein Kontrollkästchen
	Optionsfeld	Zeichnet ein Optionsfeld
	Kombinationsfeld	Zeichnet ein Kombinationsfeld

Symbol	Werkzeugname	Funktion
	Listenfeld	Zeichnet ein Listenfeld
	Horizontale Bildlaufleiste	Zeichnet eine horizontale Bildlaufleiste
	Vertikale Bildlaufleiste	Zeichnet eine vertikale Bildlaufleiste
	Zeitgeber	Zeichnet einen Zeitgeber
	Laufwerklistenfeld	Zeichnet ein Laufwerklistenfeld zur Anzeige aller verfügbaren Laufwerke
	Verzeichnislistenfeld	Zeichnet ein Verzeichnislistenfeld zur Anzeige der Verzeichnisse auf einem bestimmten Laufwerk
	Dateilistenfeld	Zeichnet ein Dateilistenfeld zur Anzeige der Dateien eines bestimmten Verzeichnisses
	Figur	Zeichnet eine geometrische Figur (Kreis, Rechteck usw.)
	Linie	Zeichnet eine Linie
	Anzeige	Zeichnet einen Kasten zur Anzeige einer Grafik
	Datensteuerelement	Zeichnet ein Steuerelement zur Verbindung des Programms mit einer Datenbank
	OLE	Zeichnet einen Kasten zum Einfügen eines OLE-Objekts

Tabelle 5.1: Werkzeuge in der Werkzeugsammlung von Visual Basic.

Objekte zeichnen

Um ein Objekt zu zeichnen, gehen Sie folgendermaßen vor:

1. **Klicken Sie auf das Symbol in der Visual Basic-Werkzeugsammlung, welches das Objekt repräsentiert, das Sie zeichnen wollen (Schaltfläche, Bildfeld, Bezeichnungsfeld usw.).**

2. Verschieben Sie die Maus an die Stelle auf dem Formular, an der Sie das Objekt zeichnen wollen.

Dabei nimmt der Zeiger die Form eines Fadenkreuzes an.

3. Drücken Sie die auf linke Maustaste um die linke obere Ecke des Objekts festzulegen, und ziehen Sie die Maus bis das Objekt die gewünschte Größe hat. Lassen Sie dann die Maustaste los.

 Wenn Sie ein Objekt sehr schnell erstellen wollen, doppelklicken Sie in der Werkzeugsammlung einfach auf sein Symbol. Wenn Sie beispielsweise schnell eine Schaltfläche erstellen wollen, doppelklicken Sie einfach auf das Symbol *Schaltfläche* in der Werkzeugsammlung, und Visual Basic zeichnet die Schaltfläche automatisch auf dem Formular.

Das Eigenschaftenfenster benutzen

Nachdem Sie ein Objekt auf einem Formular gezeichnet haben, definieren Sie im nächsten Schritt seine Eigenschaften mithilfe des Eigenschaftenfensters. Falls das Fenster nicht auf Ihrem Bildschirm zu sehen ist, können Sie eine der folgenden drei Methoden verwenden, um es anzuzeigen:

✔ Drücken Sie auf F4.

✔ Wählen Sie den Menübefehl ANSICHT/EIGENSCHAFTENFENSTER.

✔ Klicken Sie auf das Symbol *Eigenschaftenfenster* in der Symbolleiste.

Das Eigenschaftenfenster kann die Eigenschaften auf zwei verschiedene Weisen anzeigen (siehe Abbildung 5.3).

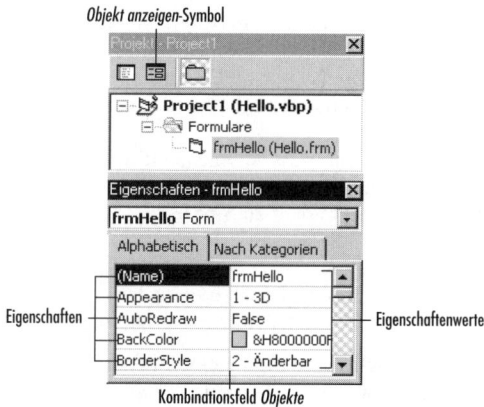

Abbildung 5.3: Das Eigenschaftenfenster kann die Eigenschaften alphabetisch oder nach Kategorien anzeigen.

✔ Alphabetisch: **Die Eigenschaften eines Objekts werden alphabetisch von A–Z angezeigt.**

✔ Nach Kategorien: **Die Eigenschaften werden zu Kategorien zusammengefasst, wie z.B. _Darstellung, Position, Verhalten_ usw.**

Wenn Sie das Eigenschaftenfenster geöffnet haben, befolgen Sie die folgenden Schritte, um die Eigenschaften jedes Objekts in Ihrem Visual Basic-Programm zu studieren:

1. **Öffnen Sie das Fenster des Projekt-Explorers mit einer der folgenden Methoden:**

   ◆ Drücken Sie auf ⌈Strg⌉+⌈R⌉.

   ◆ Wählen Sie den Menübefehl A̲NSICHT/P̲ROJEKT-E̲XPLORER.

   ◆ Klicken Sie auf das Symbol _Projekt-Explorer_ in der Symbolleiste.

2. **Klicken Sie im Fenster des Projekt-Explorers auf den Namen des Formulars, welches das gewünschte Objekt enthält, das Sie sich ansehen wollen, und klicken Sie auf das Symbol _Objekt anzeigen_.**

3. **Klicken Sie auf den nach unten gerichteten Pfeil in dem Kombinationsfeld _Objekte_.**

4. **Doppelklicken Sie auf den Namen der Eigenschaft, die Sie ändern wollen.**

 Wenn Sie auf ein Objekt in einem Formular klicken, zeigt das Eigenschaftenfenster automatisch die Eigenschaften des Objekts an.

Objekte benennen

Jedes Objekt, das Sie zeichnen, hat eine Eigenschaft _Name_, mit der Visual Basic das Objekt identifiziert. (Aus demselben Grund haben Ihre Eltern Ihnen einen Namen gegeben – damit die Leute nicht immer sagen: »Hallo, du da!«, wenn sie Ihre Aufmerksamkeit erregen wollen.) Wenn Sie auf die Registerkarte _Alphabetisch_ im Eigenschaftenfenster klicken, wird die Eigenschaft _Name_ in der Form _(Name)_ am Anfang der Liste angezeigt.

 Jedes Visual Basic-Objekt muss einen eindeutigen Namen haben. Wenn Sie versuchen, zwei verschiedenen Objekten denselben Namen zu geben, protestiert Visual Basic und hindert Sie daran, es zu tun.

Wenn Sie ein Objekt erstellen, gibt Visual Basic ihm automatisch einen langweiligen, generischen Namen. So gibt Visual Basic beispielsweise der ersten Schaltfläche, die Sie erstellen, den Namen _Command1_. Die zweite Schaltfläche erhält den Namen _Command2_ usw.

 Der Name eines Objekts wird nie auf dem Bildschirm angezeigt. Namen dürfen bis zu 40 Zeichen lang sein. Sie dürfen keine Satzzeichen oder Leerzeichen enthalten. Sie können den Namen frei wählen, aber Microsoft empfiehlt, dass alle Visual Basic-Programmierer weltweit dieselben Präfixe aus drei Buchstaben benutzen, die in Tabelle 5.2 gezeigt werden, weil es dadurch einfacher wird, Programme anderer Leute zu lesen und zu ändern.

Objekt	Englisch	Präfix	Beispiel
Anzeige	Image	img	imgPrettyDrawing
Befehlsschaltfläche	Command Button	cmd	cmdOpenSesame
Bezeichnungsfeld	Label	lbl	lblFakeName
Bildfeld	Picture box	pic	picPrettyPictures
Dateilistenfeld	File list box	fil	filDocuments
Daten	Data	dat	datBiblio
Figur (Kreise, Quadrat, Oval, Rechteck, abgerundetes Rechteck und abgerundetes Quadrat)	Shape	shp	shpUpOrShipOut
Formular	Form	frm	frmFileOpen
Horizontale Bildlaufleiste	Horizontal scroll bar	hsb	hsbTemperature
Kombinationsfeld	Combo box	cbo	cboCrimesCommitted
Kontrollkästchen	Check box	chk	chkCareerChoice
Laufwerklistenfeld	Drive list box	drv	drvHardDisk
Linie	Line	lin	linBorder
Listenfeld	List box	lst	lstCandidates
Menü	Menu	mnu	mnuHamAndEggs
Optionsfeld	Radio button	opt	optStation101
Rahmen	Frame	fra	fraGroupedButtons
Textfeld	Text box	txt	txtWarning
Vertikale Bildlaufleiste	Vertical scroll bar	vsb	vsbMoneyRaised
Verzeichnislistenfeld	Directory list box	dir	dirTree

Tabelle 5.2: Namenskonventionen für Visual Basic-Objekte

Um den Namen eines Objekts zu ändern, gehen Sie folgendermaßen vor:

1. **Klicken Sie an einer beliebigen Stelle auf das Objekt, das Sie benennen wollen.**

   Das Objekt wird durch kleine schwarze Ziehpunkte eingerahmt. (Um ein Formular zu benennen, klicken Sie auf eine beliebige Stelle des Formulars, klicken Sie jedoch nicht auf ein Objekt auf dem Formular.)

2. **Öffnen Sie das Eigenschaftenfenster, indem Sie auf** ⌐F4⌐ **drücken, den Menübefehl A**N-SICHT/**E**IGENSCHAFTENFENSTER **wählen oder auf das Symbol *Eigenschaften* in der Symbolleiste klicken.**

3. **Doppelklicken Sie auf die Eigenschaft *(Name)*, und tippen Sie einen neuen Namen ein.**

Die Eigenschaft *Caption* von Objekten

Zusätzlich zu einem Namen haben die meisten (aber nicht alle) Objekte eine so genannte *Caption*. (A.d.Ü.: Die amerikanische Bezeichnung *Caption* wird in der Visual Basic-Dokumentation von Microsoft nicht ins Deutsche übersetzt. Das Wort entspricht ungefähr dem deutschen Wort *Aufschrift*.) Die Caption ist das, was Sie auf dem Bildschirm sehen. Einige Captions werden in Abbildung 5.4 gezeigt.

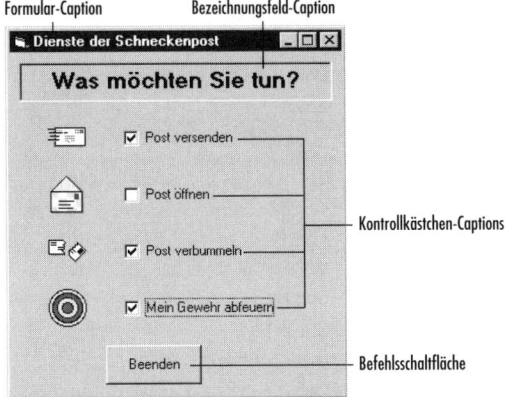

Abbildung 5.4: Captions für verschiedene Objekte.

Standardmäßig sind Captions und Namen von Objekten gleich, bis Sie eins von beiden ändern. Wenn Sie also ein Kontrollkästchen auf dem Bildschirm zeichnen, erhält es die langweilige Caption *Check1*, und sein Name lautet ebenfalls *Check1*.

Die Caption eines Formulars wird in seiner Titelleiste angezeigt. Die Caption eines Objekts (wie z.B. einer Befehlsschaltfläche, eines Bezeichnungsfeldes, eines Kontrollkästchens oder eines Textfeldes) erscheint direkt auf diesem Objekt, während die Captions für Kontrollkästchen oder Optionsfelder normalerweise rechts von den betreffenden Objekten angezeigt werden.

Captions sollen dem Benutzer helfen, sich zurechtzufinden. Eine Caption kann leer oder bis zu 255 Zeichen lang sein. Die Caption von Bezeichnungsfeldern ist sogar beliebig lang. Sie darf Leerzeichen, Satzzeichen und Schimpfwörter enthalten. Die folgenden Beispiele zeigen gültige Captions:

✔ *Hallo*

✔ *Hallo, Dummkopf!*

✔ *Weiß ich wirklich, was ich tue?*

Um die Caption eines Objekts zu ändern, gehen Sie folgendermaßen vor:

1. **Klicken Sie auf das Objekt, dessen Caption Sie ändern wollen, so dass es durch die schwarzen Ziehpunkte eingerahmt wird.**

   (Um ein Formular zu wählen, klicken Sie auf eine beliebige Stelle des Formulars, klicken Sie jedoch nicht auf ein Objekt auf dem Formular.)

2. **Öffnen Sie das Eigenschaftenfenster, indem Sie auf** F4 **drücken.**

3. **Klicken Sie auf die Eigenschaft** *Caption*, **und tippen Sie eine neue Caption ein.**

   Beachten Sie, dass Visual Basic Ihre Caption beim Tippen auf dem Bildschirm anzeigt.

Testen Sie Ihr neu erworbenes Wissen

1. **Warum ist es wichtig zu wissen, welche Art von Leuten wahrscheinlich mit Ihrem Programm arbeiten werden?**

   a) Damit Sie falsche Erwartungen wecken und Ihre Benutzer verwirren können.

   b) Um Ihre Benutzeroberfläche an deren Erwartungen und Erfahrungen anpassen zu können.

   c) Weil jemand Freunde in höheren Positionen haben könnte.

   d) Das ist unwichtig, solange die Leute mein Programm in bar bezahlen.

2. **Eine Benutzeroberfläche muss wie ein Lageplan funktionieren. Erklären Sie diesen Satz.**

   a) Warum sollte ich ihn erklären. Schließlich haben Sie ihn geschrieben.

   b) Der Meyers-Verlag vertreibt jetzt Software.

   c) Dieser Satz ist ein Gleichnis. Das ist eine kreative Art, Analogien auszudrücken.

   d) Die Benutzeroberfläche muss dem Benutzer stets zeigen, an welcher Stelle er sich in Ihrem Programm befindet.

Zugriffstasten in Captions definieren

Zusätzlich zu ihrer Funktion, die Benutzeroberfläche ansprechend zu gestalten und Informationen für den Benutzer anzuzeigen, können Sie Captions dazu verwenden, *Zugriffstasten* zu definieren, mit denen der Benutzer ein Objekt wählen kann, ohne es mit der Maus anzuklicken.

Um eine Caption mit einer Zugriffstaste zu verbinden, müssen Sie ein kaufmännisches *Und*-Zeichen (&) in die Caption eines Objekts einfügen. Vielleicht fragen Sie sich:»Warum um alles in der Welt soll ich so ein häßliches Symbol verwenden?« Die Antwort darauf lautet: »Um dem Benutzer noch eine Methode zur Verfügung zu stellen, auf Ihre Knöpfe zu drücken.«

Es gibt zwei Methoden, um auf eine Schaltfläche zu drücken:

✔ Klicken Sie die Schaltfläche mit der Maus an.

✔ Drücken Sie auf die `Tab`-Taste, bis die Schaltfläche markiert ist, und drücken Sie dann auf die Leertaste oder die Eingabetaste (ziemlich einleuchtend, nicht wahr?).

Wenn Sie ein kaufmännisches Und-Zeichen (&) benutzen, kann der Benutzer auf eine Schaltfläche drücken, indem er die `Alt`-Taste niederdrückt und dann auf die Taste mit dem Zeichen drückt, vor dem das kaufmännische *Und*-Zeichen steht. Wenn z.B. eine Befehlsschaltfläche die Caption *&Ende* hat, wird die Caption auf der Schaltfläche mit einem unterstrichenen *E* angezeigt, also als *Ende*. Um diese Schaltfläche zu aktivieren, brauchen Sie nur auf `Alt`+`E` zu drücken. Wenn die Befehlsschaltfläche jedoch die Caption *E&nde* hat, wird die Caption auf der Schaltfläche mit einem unterstrichenen *n* angezeigt, also als *Ende*; und um diese Schaltfläche zu aktivieren, müssen Sie dann auf `Alt`+`N` drücken (siehe Abbildung 5.5).

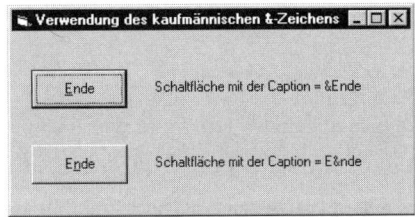

Abbildung 5.5: Zwei Befehlsschaltflächen, welche die Verwendung des &-Zeichens zeigen.

Die Schriftart der Caption eines Objekts ändern

Wenn Sie eine Caption erstellen, zeigt Visual Basic sie auf dem Bildschirm in einer gewöhnlichen Schrift an. Wenn Sie zu den kreativen Typen zählen, die ihre Caption jazziger gestalten wollen, können Sie die Schriftart, den Schriftschnitt und die Buchstabengröße der Captions ändern, um ihnen mehr Power zu verleihen.

Schriftarten (engl. *Fonts*) sind eine Möglichkeit, um Text auf verschiedene Weise anzuzeigen. Normalerweise benutzt Visual Basic die Schriftart MS Sans Serif; aber Sie können jede Schriftart verwenden, die in Ihrem Computer gespeichert ist. (MS Sans Serif sieht ähnlich aus wie die Schriftart Helvetica; und die Visual Basic-Schriftart MS Serif sieht ähnlich aus wie die Schriftart Times Roman.)

Um die Schriftart einer Caption zu ändern, gehen Sie folgendermaßen vor:

1. Klicken Sie auf das Objekt, dessen Caption Sie ändern wollen.

2. **Öffnen Sie das Eigenschaftenfenster, indem Sie auf** F4 **drücken oder den Menübefehl** Ansicht/Eigenschaftenfenster **wählen oder auf das Symbol** *Eigenschaftenfenster* **in der Symbolleiste klicken.**

3. **Doppelklicken Sie auf die Eigenschaft** *Font.*

    Visual Basic zeigt ein Dialogfeld mit einer Liste aller Schriftarten an, die Sie verwenden können (siehe Abbildung 5.6).

4. **Klicken Sie auf die gewünschte Schriftart.**

    Visual Basic ändert die Schriftart der Caption sofort.

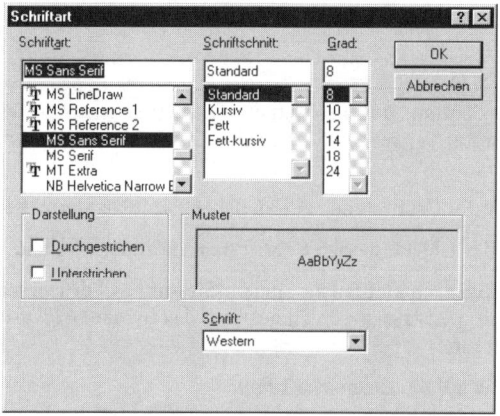

Abbildung 5.6: Das Dialogfeld Schriftart.

Schriftarten bieten Ihnen die Möglichkeit, kreativ zu sein, Sie können den Benutzer aber auch verwirren, wenn Sie bizarr und unnatürlich aussehende Schriftarten verwenden. Um Verwirrung zu vermeiden, sollten Sie bei der Visual Basic-Standardschriftart *MS Sans Serif* bleiben, es sei denn, Sie haben einen wirklich guten Grund dafür, eine andere Schriftart zu verwenden.

 Falls Sie eine wirklich bizarre Schrift verwenden, kann es passieren, dass diese Schrift nicht auf dem Computer des Benutzers verfügbar ist. Verwenden Sie deshalb gebräuchliche Schriften, sonst besteht die Gefahr, dass die Captions Ihrer Programme wirklich seltsam aussehen.

Die Größe der Caption eines Objekts ändern

Sie können auch die Größe Ihrer Caption ändern und sie verkleinern oder vergrößern, damit sie in Ihr Objekt passt. Abhängig von der Schriftart, die Sie wählen, bietet Ihnen Visual Basic eine Auswahl verschiedener Schriftgrade an.

Wenn Sie z.B. die Schriftart _MS Sans Serif_ wählen, bietet Ihnen Visual Basic die folgenden Schriftgrade zur Auswahl an:

✔ 8

✔ 10

✔ 12

✔ 14

✔ 18

✔ 24

Es ist klar, dass Ihre Captions umso seltsamer aussehen, je mehr verschiedene Schriftgrade Sie verwenden. Am besten verwenden Sie nur eine Größe, um den Benutzer nicht unnötig zu verwirren.

Um den Schriftgrad Ihrer Captions zu ändern, gehen Sie folgendermaßen vor:

1. **Klicken Sie auf das Objekt, dessen Schriftgrad Sie ändern wollen.**

2. **Öffnen Sie das Eigenschaftenfenster, indem Sie auf F4 drücken oder den Menübefehl ANSICHT/EIGENSCHAFTENFENSTER wählen oder auf das Symbol _Eigenschaftenfenster_ in der Symbolleiste klicken.**

3. **Doppelklicken Sie auf die Eigenschaft _Font_.**

   Visual Basic zeigt ein Dialogfeld zur Änderung der Schrift an (siehe oben Abbildung 5.6).

4. **Wählen Sie den gewünschten Schriftgrad, und klicken Sie auf _OK_.**

Den Schriftschnitt der Caption eines Objekts ändern

Wenn die Änderung der Schriftart und der Größe Ihrer Captions noch nicht genug Aufregung für einen Tag gebracht hat, können Sie mit Visual Basic auch den Schriftschnitt Ihrer Captions ändern. Die Anzahl der verfügbaren Schriftschnitte hängt von der Schriftart ab, die Sie für Ihre Caption verwenden.

Wenn Sie z.B. die Schriftart MS Sans Serif wählen, bietet Ihnen Visual Basic die folgenden Schriftschnitte zur Auswahl an:

✔ Normal

✔ _Kursiv_

✔ **Fett**

✔ *Fett und kursiv*

✔ Unterstrichen

✔ ~~Durchgestrichen~~

Diese verschiedenen Schriftschnitte werden in Abbildung 5.7 gezeigt. Sie können sogar zwei und mehr Schriftschnitte miteinander kombinieren, um den Effekt zu verstärken.

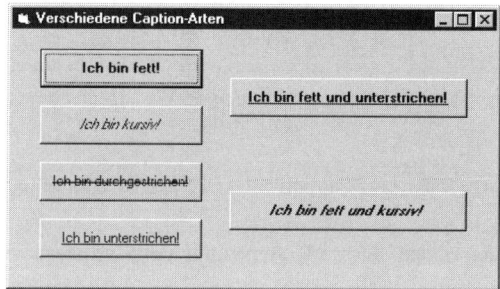

Abbildung 5.7: Befehlsschaltflächen mit verschiedenen Schriftschnitten.

Um eine oder mehr Auszeichnungen zu ändern, gehen Sie folgendermaßen vor:

1. **Klicken Sie auf das Objekt, dessen Schriftgrad Sie ändern wollen.**

2. **Öffnen Sie das Eigenschaftenfenster, indem Sie auf** ⌐F4⌐ **drücken oder den Menübefehl** Ansicht/Eigenschaftenfenster **wählen oder auf das Symbol** *Eigenschaftenfenster* **in der Symbolleiste klicken.**

3. **Doppelklicken Sie auf die Eigenschaft** *Font.*

    Visual Basic zeigt ein Dialogfeld zur Änderung der Schrift an (siehe oben Abbildung 5.7).

4. **Wählen Sie den gewünschten Schriftschnitt, und klicken Sie auf OK.**

    Visual Basic ändert die Erscheinung der Caption sofort.

Hintergrund- und Vordergrundfarbe von Captions ändern

Captions werden normalerweise in einem langweiligen Schwarz und Weiß oder in Grautönen angezeigt. Um Ihre Captions farbig hervorzuheben, können Sie die Vordergrundfarben und Hintergrundfarben ändern. Die Eigenschaft *BackColor* eines Objekts bestimmt seine Hintergrundfarbe; und die Eigenschaft *ForeColor* bestimmt seine Vordergrundfarbe (siehe Abbildung 5.8).

Befehlsschaltflächen haben im Gegensatz zu anderen Objekttypen nur eine Eigenschaft *BackColor*. Die Eigenschaft *BackColor* ändert einfach die Farbe, die die Caption umgibt, wenn die Befehlsschaltfläche markiert ist.

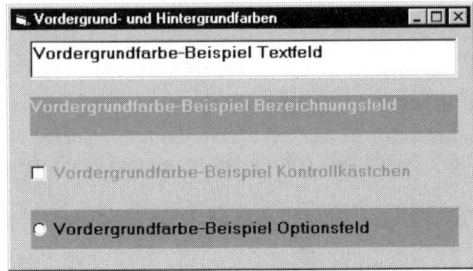

_Abbildung 5.8: Die Buchstaben erscheinen in der Vordergrundfarbe. Alles andere
hat die Hintergrundfarbe._

Um die Farbe zu ändern, welche die Caption eines Objekts umgibt, gehen Sie folgendermaßen
vor:

1. **Klicken Sie auf das Objekt, dessen Hintergrundfarbe Sie ändern wollen.**

2. **Öffnen Sie das Eigenschaftenfenster, indem Sie auf** F4 **drücken oder den Menübefehl**
   Ansicht/Eigenschaftenfenster **wählen oder auf das Symbol** _Eigenschaftenfenster_ **in der**
   Symbolleiste klicken.

3. **Doppelklicken Sie auf die Eigenschaft** _BackColor_ **(oder Eigenschaft** _ForeColor_**), und**
   klicken Sie dann auf die Registerkarte _Palette_**.**

   Visual Basic zeigt eine Farbpalette an.

4. **Wählen Sie die gewünschte Farbe.**

   Visual Basic passt die Farbe sofort an.

Objekte auf dem Bildschirm verschieben

Objekte können an beliebiger Stelle auf dem Bildschirm angezeigt werden. Visual Basic bietet
Ihnen zwei Methoden an, um die Position eines Objekts auf dem Formular zu definieren:

✔ Mit der Maus

✔ Durch Änderung der Eigenschaften _Left_ und _Top_ im Eigenschaftenfenster

Um die Position eines Objekts mit der Maus zu ändern, gehen Sie folgendermaßen vor:

1. **Klicken Sie auf das Objekt, das Sie verschieben wollen, so dass es durch schwarze Zieh-**
   punkte eingerahmt wird.

2. **Drücken Sie die linke Maustaste nieder, und ziehen Sie die Maus an die Stelle, an der Sie**
   Ihr Objekt anzeigen wollen.

3. **Lassen Sie die Maustaste los.**

Falls Sie es bis jetzt noch nicht bemerkt haben: Visual Basic zeigt ein Objekt standardmäßig an der Stelle an, an der Sie es beim Erstellen gezeichnet haben. Benutzen Sie die Maus, wenn Sie ein Objekt schnell verschieben wollen und keinen Wert auf seine genaue Position legen.

Um ein Objekt genauer zu positionieren, können Sie im Eigenschaftenfenster die Werte für die Eigenschaften *Left* und *Top* eingeben.

Bei Objekten gibt die Eigenschaft *Left* den Abstand des linken Rands des Objekts vom linken Rand des Formulars an. Die Eigenschaft *Top* gibt den Abstand des oberen Rands des Objekts vom oberen Rand des Formulars an.

Bei Formularen gibt die Eigenschaft *Left* den Abstand des linken Rands des Formulars vom linken Rand des Bildschirms an. Die Eigenschaft *Top* gibt den Abstand des oberen Rands des Formulars vom oberen Rand des Bildschirms an.

Um die Position eines Objekts mit dem Eigenschaftenfenster zu ändern, gehen Sie folgendermaßen vor:

1. **Klicken Sie auf das Objekt, dessen Position Sie ändern wollen, so dass es durch schwarze Ziehpunkte eingerahmt wird.**

   (Um die Position eines Formulars zu definieren, klicken Sie auf eine beliebige Stelle des Formulars, aber klicken Sie nicht auf ein Objekt auf dem Formular.)

2. **Öffnen Sie das Eigenschaftenfenster, indem Sie auf F4 drücken oder den Menübefehl** A**NSICHT**/E**IGENSCHAFTEN** **wählen oder auf das Symbol *Eigenschaftenfenster* in der Symbolleiste klicken.**

3. **Doppelklicken Sie auf die Eigenschaft *Left*, und geben Sie einen neuen Wert ein.**

4. **Doppelklicken Sie auf die Eigenschaft *Top*, und geben Sie einen neuen Wert ein.**

Objekte von der Bildfläche verschwinden lassen

Manchmal zeichnen Sie ein Objekt, um dann festzustellen, dass Sie es gar nicht brauchen.

Um ein Objekt zu löschen, gehen Sie folgendermaßen vor:

1. **Klicken Sie auf das Objekt, das Sie löschen wollen.**

2. **Drücken Sie auf Entf, oder wählen Sie den Menübefehl** B**EARBEITEN**/L**ÖSCHEN.**

Wenn Sie unmittelbar nach dem Löschen auf Strg + Z drücken, können Sie den Löschvorgang rückgängig machen.

Objekte kopieren, weil Sie zu faul sind, neue zu zeichnen

Wenn Sie ein Objekt gezeichnet haben, das genau die richtige Größe hat, ist es einfacher, das Objekt zu kopieren, als ein neues zu zeichnen und seine Größe mühsam wieder zu ändern.

Um ein Objekt zu kopieren, gehen Sie folgendermaßen vor:

1. **Klicken Sie auf das Objekt, das Sie kopieren wollen.**

2. **Drücken Sie auf Strg+C, oder wählen Sie den Menübefehl** BEARBEITEN/KOPIEREN**.**

3. **Drücken Sie auf Strg+V, oder wählen Sie den Menübefehl** BEARBEITEN/EINFÜGEN**.**

   Visual Basic zeigt ein Dialogfeld an, das Sie fragt, ob Sie ein Feld aus Steuerelementen erstellen wollen. Wenn Sie wissen, was ein Feld aus Steuerelementen ist, und Sie ein solches Feld erstellen wollen, klicken Sie auf *Ja*, sonst klicken Sie auf *Nein*. Visual Basic zeigt eine Kopie Ihres Objekts in der oberen linken Ecke des Formulars an.

    Mit einem *Steuerlementefeld* können Sie zwei oder mehr Objekte unter demselben Namen anlegen. Auf diese Weise können zwei oder mehr Objekte dieselbe Ereignisprozedur verwenden. Falls dies für Sie keinen Sinn ergibt, vergessen Sie diesen Absatz, oder lesen Sie ein Buch für Fortgeschrittene über Visual Basic, wie beispielsweise die *Visual Basic 6 Bibel* von MITP.

4. **Verschieben Sie die Kopie an eine beliebige Stelle auf Ihrem Formular.**

Mehr als ein Objekt auf einmal verschieben, kopieren oder löschen

Ehe Sie ein Objekt verschieben, kopieren oder löschen können, müssen Sie es durch Anklicken wählen. Wenn Sie *mehr als ein* Objekt gleichzeitig verschieben, kopieren oder löschen wollen, können Sie zwei Methoden anwenden:

✔ Wählen Sie mit der Maus mehrere Objekte.

✔ Drücken Sie auf Strg oder Umschalt, und klicken Sie auf mehrere Objekte.

Um mit der Maus mehrere Objekte zu wählen, gehen Sie folgendermaßen vor:

1. **Positionieren Sie die Maus in die linke obere Ecke der Gruppe von Objekten, die Sie wählen möchten (aber nicht direkt auf eins der Objekte, die Sie wählen wollen).**

2. **Drücken Sie auf die linke Maustaste, und ziehen Sie die Maus zur rechten unteren Ecke der Gruppe von Objekten, die Sie auswählen möchten (siehe Abbildung 5.9).**

   Visual Basic rahmt alle Objekte, die Sie ausgewählt haben, mit einer gepunkteten Linie ein.

3. **Lassen Sie die Maustaste los.**

   Visual Basic rahmt alle Objekte, die Sie ausgewählt haben, mit einem grauen Rechteck ein.

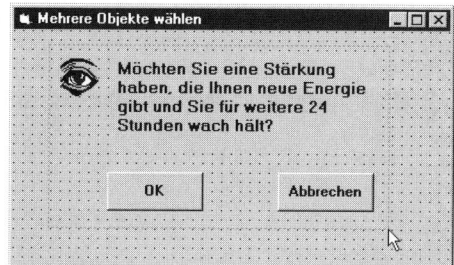

Abbildung 5.9: Mehrere Objekte mit der Maus auswählen.

Um mehrere Objekte zu wählen, während ⟨Strg⟩ oder ⟨Umschalt⟩ gedrückt sind, gehen Sie folgendermaßen vor:

1. **Klicken Sie auf das erste Objekt, das Sie wählen wollen.**

   Visual Basic rahmt das Objekt durch schwarze Ziehpunkte ein.

2. **Zeigen Sie mit der Maus auf das zweite Objekt, das Sie auswählen wollen.**

3. **Drücken Sie auf ⟨Strg⟩ oder ⟨Umschalt⟩, während Sie auf das zweite Objekt klicken.**

   Visual Basic rahmt dieses Objekt und alle vorher gewählten Objekte durch ein graues Rechteck ein.

4. **Wiederholen Sie die Schritte 2 und 3, bis Sie alle gewünschten Objekte ausgewählt haben.**

Die Größe von Objekten ändern

Nachdem Sie ein Objekt erstellt haben, besteht der nächste Schritte darin, seine Größe zu definieren. Visual Basic stellt Ihnen zwei Methoden zur Verfügung, um die Größe eines Objekts zu ändern:

✔ Verwenden Sie die Maus.

✔ Ändern Sie die Eigenschaften *Heigth* und *Width* im Eigenschaftenfenster (Height = Höhe, Width = Breite).

Um die Größe eines Objekts mit der Maus zu ändern, gehen Sie folgendermaßen vor:

1. **Klicken Sie auf das Objekt, dessen Größe Sie ändern wollen.**

   Das Objekt wird durch kleine schwarze Ziehpunkte eingerahmt.

2. **Gehen Sie mit der Maus so auf den Rand des Objekts, dass der Mauszeiger die Form eines Doppelpfeils annimmt (siehe Abbildung 5.10).**

3. **Drücken Sie die linke Maustaste nieder, und ziehen Sie die Maus. Wenn das Objekt die gewünschte Form hat, lassen Sie die Maustaste los.**

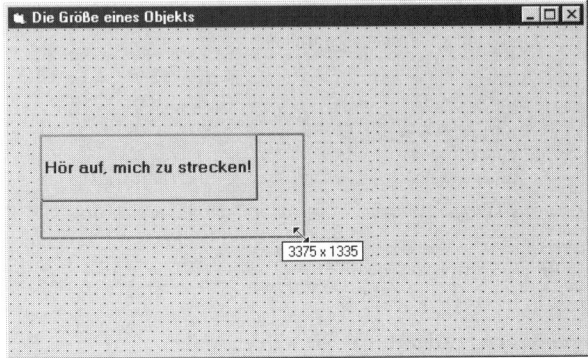

Abbildung 5.10: Die Größe eines Objekts verändern.

Um die Größe eines Objekts mit dem Eigenschaftenfenster zu ändern, gehen Sie folgendermaßen vor:

1. **Klicken Sie auf das Objekt, dessen Größe Sie ändern wollen.**

2. **Öffnen Sie das Eigenschaftenfenster, indem Sie auf ⌐F4⌐ drücken oder den Menübefehl Ansicht/Eigenschaftenfenster wählen oder auf das Symbol *Eigenschaftenfenster* in der Symbolleiste klicken.**

3. **Doppelklicken Sie auf die Eigenschaft *Height* (= Höhe), und geben Sie einen neuen Wert ein.**

4. **Doppelklicken Sie auf die Eigenschaft *Width* (= Breite), und geben Sie einen neuen Wert ein.**

Benutzen Sie die Mausmethode, wenn die genaue Größe Ihres Objekts nicht so wichtig ist. Ändern Sie die Eigenschaften *Height* und *Width* manuell, wenn Sie absolute Präzision bevorzugen oder wenn Sie auch die Sachen gerne sorgfältig erledigen, die anderen gleichgültig sind.

Die Eigenschaft *TabIndex* Ihrer Objekte definieren

Die Eigenschaft *TabIndex* legt die Reihenfolge fest, in der Visual Basic Schaltflächen markiert, wenn der Benutzer auf eine der folgenden sechs Tasten drückt: ⌐Tab⌐, ⌐↑⌐, ⌐↓⌐, ⌐←⌐, ⌐→⌐ und ⌐Umschalt⌐+⌐Tab⌐.

✔ Die Tasten [Tab], [↓] und [→] markieren das Objekt mit dem nächstgrößeren *TabIndex*-Wert.

✔ Die Tasten [Umschalt]+[Tab], [↑] und [←] markieren das Objekt mit dem nächst kleineren *TabIndex*-Wert.

✔ Die [Leer]-Taste oder die [Eingabe]-Taste wählt das markierte Objekt aus.

Einige Objekte, wie beispielsweise Bild- oder Menü-Objekte, verfügen nicht über die Eigenschaft *TabIndex*, daher können sie nicht über die Tastatur markiert werden.

Ein Objekt, dessen *TabIndex*-Eigenschaft den Wert 0 hat, wird markiert, sobald Sie Ihr Programm starten. Wenn der Benutzer auf die [Tab]-Taste drückt, wird als nächstes das Objekt mit der *TabIndex*-Eigenschaft 1 markiert; und so geht es weiter.

Das erste Objekt, das Sie erstellen, hat die *TabIndex*-Eigenschaft 0. Das zweite Objekt, das Sie erstellen, hat die *TabIndex*-Eigenschaft 1 usw.

Das Drücken der [Tab]-Taste und der Mausklick sind die einzigen Möglichkeiten, ein Objekt in einem Rahmen zu markieren (siehe *Befehlsschaltflächen gruppieren* in Kapitel 6). Wenn ein Objekt in einem Rahmen markiert ist, können Sie mit den Tasten [↑], [↓], [←] und [→] nur die anderen Befehlsschaltflächen in demselben Rahmen markieren.

Obwohl die meisten Leute Objekte mit der Maus wählen und markieren, gibt es einige, die dies nicht tun, sondern lieber die Tastatur dafür benutzen.

Um die Eigenschaft *TabIndex* eines Objekts zu ändern, gehen Sie folgendermaßen vor:

1. **Klicken Sie auf das Objekt, das Sie ändern wollen.**

2. **Öffnen Sie das Eigenschaftenfenster, indem Sie auf [F4] drücken oder den Menübefehl** Ansicht/Eigenschaftenfenster **wählen oder auf das Symbol *Eigenschaftenfenster* in der Symbolleiste klicken.**

3. **Doppelklicken Sie auf die Eigenschaft *TabIndex*, und geben Sie eine Zahl (wie z.B. 1 oder 4) ein.**

Wenn Sie die Eigenschaft *TabIndex* einer Schaltfläche ändern, numeriert Visual Basic die Eigenschaft *TabIndex* Ihrer anderen Schaltflächen automatisch um. So wird vermieden, dass zwei Schaltflächen denselben *TabIndex*-Wert haben.

Wenn Sie viele Objekte erstellt haben, können Sie deren Eigenschaft *TabIndex* schnell und leicht folgendermaßen ändern:

1. **Klicken Sie auf das Objekt, das als letztes markiert werden soll (das Objekt, dessen Eigenschaft *TabIndex* den größten Wert haben soll).**

2. **Öffnen Sie das Eigenschaftenfenster, indem Sie auf [F4] drücken oder den Menübefehl** Ansicht/Eigenschaftenfenster **wählen oder auf das Symbol *Eigenschaftenfenster* in der Symbolleiste klicken.**

3. **Klicken Sie auf die Eigenschaft *TabIndex*, und geben Sie *0* ein.**

4. **Klicken Sie auf das Objekt, das als vorletztes markiert werden soll.**

5. **Wiederholen Sie die Schritte 2 bis 4, bis Sie die Eigenschaft *TabIndex* für alle Objekte auf 0 gesetzt haben.**

Wenn Sie diese Schritte ausgeführt haben, hat das letzte angeklickte Objekt den TabIndex 0, das vorletzte den TabIndex 1 usw.

Wenn Sie aus einem bestimmten Grund verhindern wollen, dass der Benutzer ein Objekt mittels der [Tab]-Taste aktivieren kann, können Sie die Eigenschaft *TabStop* des Objekts auf den Wert *False* setzen.

Objekte deaktivieren

Wenn Sie verhindern wollen, dass ein Benutzer ein bestimmtes Objekt (wie z.B. eine Befehlsschaltfläche, ein Kontrollkästchen oder ein Bildfeld) anklickt, können Sie das Objekt deaktivieren. Deaktivierte Objekte werden abgeblendet dargestellt (siehe Abbildung 5.11). Ein abgeblendetes Objekt sagt dem Benutzer: »Manchmal können Sie mich benutzen. Aber im Moment stehe ich nicht zur Verfügung.«

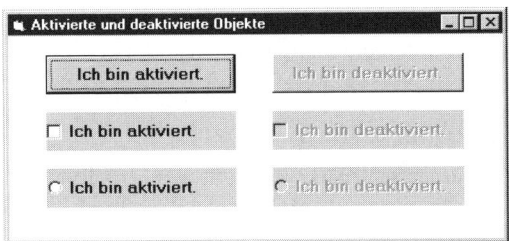

Abbildung 5.11: Aktivierte (= normale) und deaktivierte (= abgeblendete) Befehlsschaltflächen, Kontrollkästchen und Optionsfelder.

Um ein Objekt zu deaktivieren, gehen Sie folgendermaßen vor:

1. **Klicken Sie auf das Objekt, das Sie deaktivieren wollen.**

2. **Öffnen Sie das Eigenschaftenfenster, indem Sie auf [F4] drücken oder den Menübefehl** A̲NSICHT/E̲IGENSCHAFTENFENSTER **wählen oder auf das Symbol *Eigenschaftenfenster* in der Symbolleiste klicken.**

3. **Klicken Sie auf die Eigenschaft *Enabled*, und wählen Sie den Wert *False*.**

Ein deaktiviertes (= abgeblendetes) Objekt hat keine Funktion. Der Benutzer kann das Objekt erst dann (wieder) benutzen, wenn Sie es bei einem bestimmten Ereignis zur Laufzeit mit BASIC-Code aktivieren oder reaktivieren.

Um Ihnen einen kleinen Vorgeschmack davon zu geben, wie unglaublich mächtig BASIC-Code ist, sehen Sie hier, wie BASIC eine Schaltfläche aktiviert und deaktiviert. Um eine Schaltfläche zu aktivieren, setzen Sie die Eigenschaft *Enabled* der Schaltfläche auf *True*. Das folgende Beispiel aktiviert eine Befehlsschaltfläche mit dem Namen *cmdEnde*:

```
cmdEnde.Enabled = True
```

Um eine Schaltfläche mit BASIC-Code zu deaktivieren, setzen Sie die Eigenschaft *Enabled* der Schaltfläche auf *False*. Das folgende Beispiel deaktiviert eine Befehlsschaltfläche mit dem Namen *cmdEnde*:

```
cmdEnde.Enabled = False
```

Sie können Schaltflächen nur mit BASIC-Code und nur zur Laufzeit aktivieren und deaktivieren. Auf diese Weise können Sie Schaltflächen in Abhängigkeit von den Aktionen des Benutzers aktivieren und deaktivieren. (Text eintippen, Maus verschieben, hilflos auf die Tastatur hämmern usw.)

Objekte unsichtbar machen

Statt ein Objekt zu deaktivieren (was darauf hinausläuft, dass Sie den Benutzer verspotten: denn das Objekt ist zwar vorhanden, aber nicht benutzbar), können Sie das Objekt ganz unsichtbar machen.

Um ein Objekt unsichtbar zu machen, gehen Sie folgendermaßen vor:

1. **Klicken Sie auf das Objekt, das Sie unsichtbar machen wollen.**

2. **Öffnen Sie das Eigenschaftenfenster, indem Sie auf** $\boxed{\text{F4}}$ **drücken oder den Menübefehl** ANSICHT/EIGENSCHAFTEN **wählen.**

3. **Klicken Sie auf die Eigenschaft *Visible*, und wählen Sie den Wert *False*.**

Sie können ein Objekt auch mit BASIC-Code unsichtbar machen, indem Sie die Eigenschaft *Visible* des Objekts auf *False* setzen. Das folgende Beispiel macht eine Befehlsschaltfläche mit dem Namen *cmdNew* unsichtbar:

```
cmdNew.Visible = False
```

Wie deaktivierte Objekte sind unsichtbare Objekte nutzlos, wenn sie nicht bei Bedarf sichtbar gemacht werden können. Um ein Objekt wieder sichtbar zu machen, müssen Sie seine Eigenschaft *Visible* mit BASIC-Code auf *True* setzen. Das folgende Beispiel macht eine Befehlsschaltfläche mit dem Namen *cmdNew* sichtbar:

```
cmdNew.Visible = True
```

Ein Objekt mit einer QuickInfo versehen

Trotz der standardisierten Benutzeroberfläche von Windows 95/98/NT haben viele Leute keine Ahnung, was die verschiedenen Objekte Ihres Programms tatsächlich bewirken. Statt in zufälliger Reihenfolge auf die Objekte zu klicken (und dabei möglicherweise ihre Daten zu ruinieren), sitzen die meisten Leute wie vor Angst gelähmt da und benutzen viele Teile eines Programms überhaupt nicht.

Um diese Hemmung zu überwinden, können Sie die Objekte mit QuickInfos versehen. Eine _QuickInfo_ ist einfach ein kurzer Text, der die Funktion eines Objekts erklärt. Die QuickInfo wird erst dann angezeigt, wenn der Benutzer mit dem Mauszeiger auf ein Objekt fährt und dort einen Moment lang stehenlässt. Dann kann Ihr Visual Basic-Programm zu Hilfe eilen und den Text der QuickInfo anzeigen (siehe Abbildung 5.12).

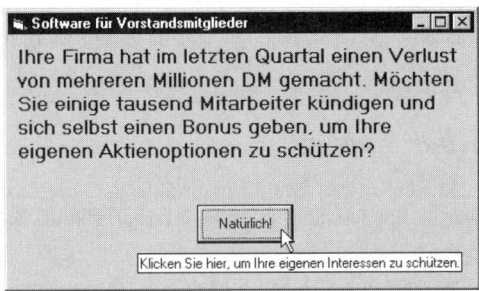

Abbildung 5.12: Die QuickInfo eines Objekts anzeigen.

Um eine QuickInfo für ein Objekt zu erstellen, gehen Sie folgendermaßen vor:

1. **Klicken Sie auf das betreffende Objekt auf dem Formular.**
2. **Öffnen Sie das Eigenschaftenfenster, indem Sie auf** F4 **drücken.**
3. **Doppelklicken Sie auf die Eigenschaft** _ToolTipText_.
4. **Geben Sie einen kurzen Text ein, der angezeigt werden soll, wenn der Benutzer den Mauszeiger auf dem Objekt stehenlässt.**

Probieren Sie es selbst

Mit dem folgenden Beispielprogramm können Sie die Caption des Formulars ändern, indem Sie eine neue Caption in ein Textfeld eingeben und auf die Befehlsschaltfläche _cmdCaption_ klicken. Erstellen Sie einfach die Benutzeroberfläche anhand der folgenden Tabelle, und erfahren Sie selbst, wie erstaunlich mächtig Visual Basic ist.

Objekt	Eigenschaft	Wert
Form	Caption	Die unglaublich wandlungsfähige Caption
	Height	3480
	Left	4740
Label1	Name	lblHeadline
	Caption	Diese Caption können Sie ändern, wenn Sie auf die untenstehende Befehlsschaltfläche klicken.
	Height	600
	Left	840
	Top	480
	Width	5200
Label2	Caption	Geben Sie hier eine neue Caption ein:
	Height	300
	Left	840
	Top	1320
	Width	4455
Text1	Name	txtCaption
	Left	840
	Multiline	True
	Text	(Leer)
	Top	1920
	Width	5175
Command1	Name	cmdCaption
	Caption	Caption ändern
	Left	2400
	Top	2760
	Width	1695

 Wenn Sie das Programm nicht manuell eintippen wollen, können Sie die Datei CAPTION.VBP aus dem Ordner des fünften Kapitels von der beiliegenden CD laden und studieren.

```
Private Sub cmdCaption_Click()
    lblHeadline.Caption = txtCaption.Text
End Sub
```

Wenn Sie dieses Programm ausführen, geben Sie einfach eine neue Caption in das Textfeld ein und klicken dann auf die Befehlsschaltfläche mit der Aufschrift *Caption ändern*. Visual Basic zeigt die neu eingetippte Caption sofort in dem oberen Bezeichnungsfeld an.

Formulare und Schaltflächen

In diesem Kapitel

▶ Formulare erstellen und Rahmen zeichnen

▶ Die Reihenfolge festlegen, in der Formulare angezeigt werden

▶ Schaltflächen erstellen

Die Hauptkomponente einer Benutzeroberfläche ist ein Fenster, das in Visual Basic als *Formular* bezeichnet wird. Jedes Visual Basic-Programm muss wenigstens ein Formular haben, aber die meisten Programme arbeiten mit zwei oder mehr Formularen.

So benutzt z.b. ein typisches Programm ein Formular, um eine Liste mit Befehlsschaltflächen anzuzeigen. Wenn der Benutzer eine Befehlsschaltfläche anklickt, wird ein zweites Formular präsentiert, auf dem Informationen wie z.b. Namen, Adressen und Telefonnummern der Leute angezeigt werden, denen Sie Geld schulden.

Die beiliegende CD-ROM enthält ein einfaches Visual Basic-Programm, das Ihnen zeigt, wie Sie den Hintergrund eines Formulars ändern können. Experimentieren Sie mit diesem Programm, und finden Sie heraus, wie einfach es ist, das Aussehen eines Formulars zu ändern.

Ein Formular erstellen

Visual Basic bietet zwei Methoden, um ein Formular zu erstellen:

✔ Erstellen Sie ein leeres Formular.

✔ Benutzen Sie eine Formular-Vorlage.

Das Erstellen eines leeren Formulars ist dann angebracht, wenn Sie das Erscheinungsbild des Formulars komplett selbst bestimmen wollen. Schneller geht es, wenn Sie eine vorgefertigte Formular-Vorlage für einige Standardzwecke, wie z.B. *Tipp des Tages*, *Eröffnungsbildschirm* oder *Info-Dialog*, benutzen.

Wenn Sie eine Formular-Vorlage benutzen, müssen Sie das Formular immer noch an Ihr Programm anpassen, aber wenigstens brauchen Sie nicht alle Objekte auf dem Formular neu zu erstellen. Abbildung 6.1 zeigt Ihnen eine Reihe von Formularen, die Visual Basic für Sie erstellen kann.

✔ *Formular*: Erstellt ein leeres Formular.

✔ *Dialog*: Erstellt das Gerüst eines Dialogfelds mit den Befehlsschaltflächen OK und Abbrechen.

✔ *Info-Dialogfeld*: Zeigt Informationen über Ihr Programm an.

✔ *Anmelde-Dialog*: Zwingt den Benutzer, eine Benutzer-ID und ein Kennwort einzugeben, bevor er das Programm benutzen kann.

✔ *Optionen-Dialog*: Zeigt ein Dialogfeld mit Registern, mit dem Sie in Ihrem Programm Optionen zur Anpassung des Programms präsentieren können.

✔ *Begrüßungsbildschirm*: Zeigt beim Laden Ihres Programms den Namen des Programms und ein Logo an.

✔ *Tipp und Tricks*: Präsentiert Tipps zur Benutzung des Programms.

✔ *ODBC-Anmeldung*: Zeigt Optionen zur Verbindung Ihres Programms mit einer Datenbank an.

✔ *Web-Browser*: Fügt einen Web-Browser in Ihr Programm ein.

✔ *VB-Datenformular-Assistent*: Erstellt automatisch ein Formular zur Anzeige von Datenbankinformationen.

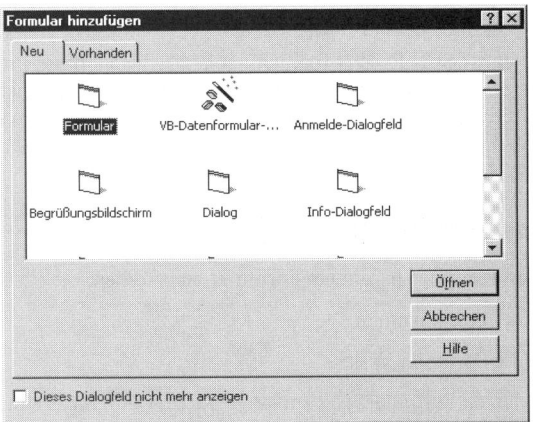

Abbildung 6.1: Formular-Vorlagen in Visual Basic.

Um ein Formular für Ihr Programm zu erstellen, gehen Sie folgendermaßen vor:

1. **Wählen Sie den Menübefehl PROJEKT/FORMULAR HINZUFÜGEN, oder klicken Sie auf das Symbol** *Formular hinzufügen* **in der Symbolleiste (siehe Abbildung 6.2).**

   Das Dialogfeld *Formular hinzufügen* wird angezeigt.

2. **Klicken Sie im *Formular hinzufügen*-Dialogfeld auf ein Symbol, wie z.B.** *Tipp des Tages, Eröffnungsbildschirm* **oder** *Info-Dialog*, **um die Art des gewünschten Formulars zu wählen, und klicken Sie dann auf** *Öffnen*.

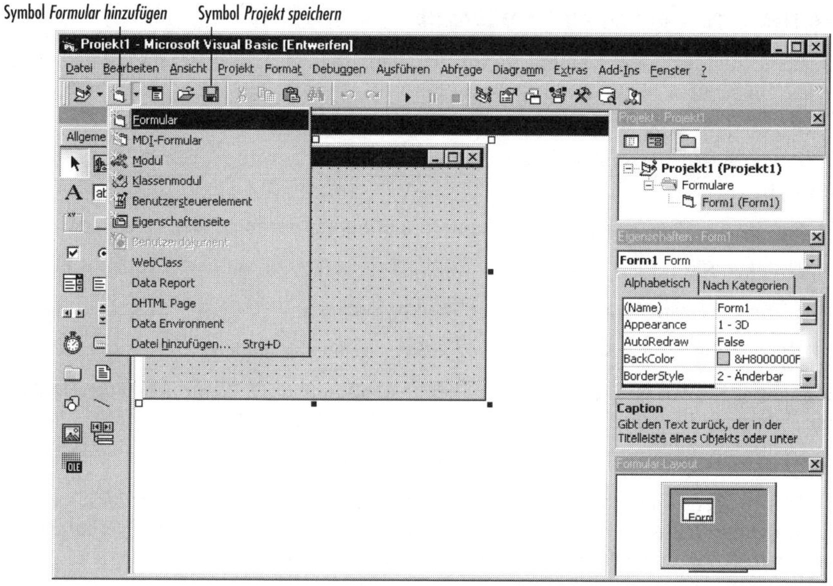

Symbol *Formular hinzufügen*   Symbol *Projekt speichern*

Abbildung 6.2: Ein Formular zu einem Programm hinzufügen.

Formulare speichern

Wenn Sie ein Formular erstellt haben, sollten Sie dieses speichern, so dass Sie später nicht noch einmal von vorne anfangen müssen. Um ein Formular zu speichern, können Sie in Visual Basic zwei Methoden anwenden:

✔ Wählen Sie den Menübefehl DATEI/<FORMULAR> SPEICHERN.

✔ Drücken Sie auf Strg + S .

Wenn zwei oder mehr Formulare auf dem Bildschirm stehen und Sie die Änderungen in allen Formularen speichern wollen, wählen Sie den Menübefehl DATEI/PROJEKT SPEICHERN, oder klicken Sie auf das Symbol PROJEKT SPEICHERN in der Symbolleiste (siehe oben Abbildung 6.2). Dieser Befehl speichert automatisch alle Dateien (die in der VBP-Projektdatei stehen), aus denen Ihr komplettes Visual Basic-Programm besteht.

Machen Sie es sich zur Gewohnheit, Ihre Formulare periodisch zu speichern. Wenn Ihr Computer kaputtgeht, der Strom ausfällt oder Terroristen Ihr Haus überfallen und Ihren Computer mit Kugeln durchlöchern, verlieren Sie nur die Änderungen seit dem letzten Speichern des Formulars.

Verschiedene Formulare anzeigen

Die meisten Visual Basic-Programme, die Sie erstellen, brauchen zwei oder mehr Formulare. Damit der Bildschirm nicht durch mehrere Formulare unübersichtlich wird, zeigt Visual Basic immer nur ein Formular zu einem gegebenen Zeitpunkt an.

Wenn Sie von einem Formular zu einem anderen wechseln wollen, führen Sie folgende Schritte aus:

1. **Öffnen Sie das Fenster des Projekt-Explorers mit einer der folgenden Methoden:**

   ◆ Drücken Sie auf [Strg] + [R].

   ◆ Wählen Sie den Menübefehl ANSICHT/PROJEKT-EXPLORER.

   ◆ Klicken Sie auf das Symbol *Projekt-Explorer* in der Symbolleiste.

2. **Betrachten Sie den Ordner *Formulare* (siehe Abbildung 6.3). Wenn neben dem Ordner *Formulare* ein Pluszeichen steht, klicken Sie auf das Pluszeichen.**

   Visual Basic zeigt eine Liste aller Formulare in Ihrem Programm.

3. **Klicken Sie im Fenster des Projekt-Explorers auf den Namen des Formulars, welches das Objekt enthält, das Sie sich ansehen wollen, und klicken Sie auf das Symbol *Objekt anzeigen*. (Oder doppelklicken Sie einfach auf den Formularnamen.)**

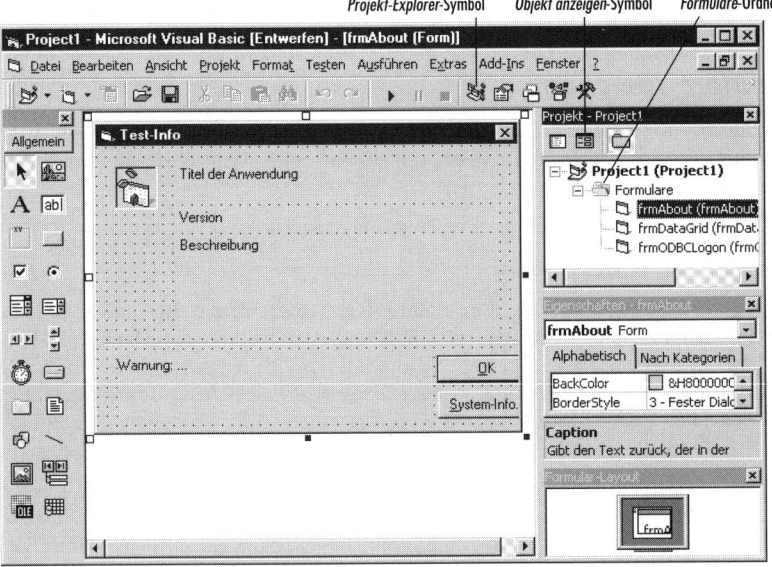

Abbildung 6.3: Ein anderes Formular anzeigen.

Ein Formular mit dem Layout-Fenster positionieren

Mit dem Formular-Layout-Fenster können Sie festlegen, wo Ihr Formular auf dem Bildschirm angezeigt werden soll, wenn das Programm ausgeführt wird (siehe Abbildung 6.4). Falls Sie das Formular-Layout-Fenster nicht sehen können, führen Sie eine der beiden folgenden Aktionen aus:

✔ Wählen Sie den Menübefehl A̲NSICHT/F̲ORMULAR-LA̲YOUT-F̲ENSTER.

✔ Klicken Sie auf das Symbol *Formular-Layout-Fenster* in der Symbolleiste.

Das Formular-Layout-Fenster zeigt Ihre Formulare auf einem winzigen Computer-Bildschirm an. Um ein Formular zu verschieben, führen Sie folgende Schritte aus:

1. **Setzen Sie im Formular-Layout-Fenster den Mauszeiger auf das Formular, das Sie verschieben wollen.**

   Der Mauszeiger nimmt die Form eines vierköpfigen Pfeils an.

2. **Drücken und halten Sie die linke Maustaste nieder, und ziehen Sie das Formular an seine neue Position.**

3. **Lassen Sie die Maustaste los.**

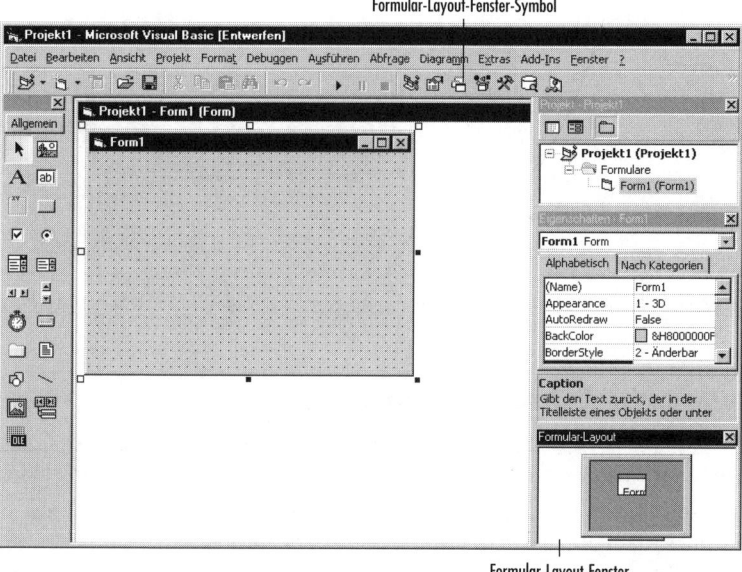

Formular-Layout-Fenster-Symbol

Formular-Layout-Fenster

Abbildung 6.4: Mit dem Formular-Layout-Fenster können Sie festlegen, wo die Formulare zur Laufzeit auf dem Bildschirm stehen sollen.

Egal, wo Ihr Formular beim Editieren auf dem Bildschirm steht, das Formular-Layout-Fenster steuert die richtige Position Ihres Formulars, wenn das Programm ausgeführt wird.

Um die Position eines Formulars im Formular-Layout-Fenster zu ändern, rechts-klicken Sie im Formular-Layout-Fenster auf ein Formular, wählen Sie den Sie den Menübefehl Sᴛᴀʀᴛᴘᴏsɪᴛɪᴏɴ, und dann wählen Sie eine Option aus dem Untermenü (siehe Abbildung 6.5). Alternativ können Sie den Wert der Eigenschaft _StartUp-Position_ direkt im Eigenschaftenfenster festlegen.

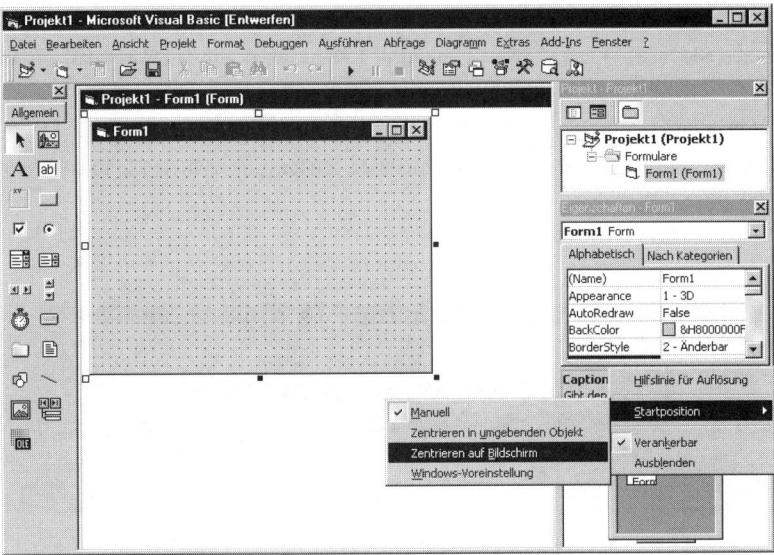

Abbildung 6.5: Wenn Sie in einem Formular des Formular-Layout-Fensters rechts-klicken, erscheint ein Popup-Menü.

Formulare mit Rahmen versehen

Rahmen verbessern das Aussehen eines Formulars. Mit der Eigenschaft _BorderStyle_ können Sie einem Formular einen von sechs möglichen Rahmentypen zuweisen (siehe Abbildung 6.6).

Der Rahmentyp beeinflusst nicht nur das Aussehen Ihres Formulars, sondern er legt auch fest, ob der Benutzer das Formular verschieben oder in der Größe ändern kann.

✔ Der Rahmentyp _0 - Kein_ macht das Formular unsichtbar, die Objekte auf Ihrem Formular bleiben jedoch sichtbar. Der Benutzer kann diese Art von Formular nicht verschieben, in der Größe verändern oder minimieren (hauptsächlich, weil er das Formular nicht sieht).

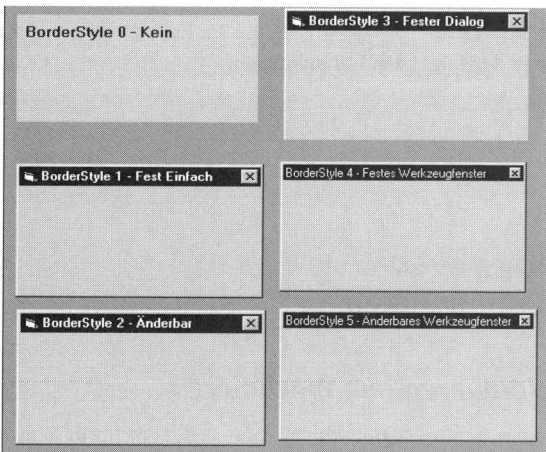

Abbildung 6.6: Vergleich aller sechs Rahmentypen.

✔ Der Rahmentyp *1 – Fest Einfach* enthält ein Systemmenüfeld, eine Titelleiste und die Schaltfläche *Schließen*. Der Benutzer kann diese Art von Formular verschieben, aber nicht in der Größe ändern.

✔ Der Rahmentyp *2 - Änderbar* ist der Standardrahmentyp. Er hat ein Systemmenüfeld, eine Titelleiste und die Schaltflächen *Minimieren, Maximieren* und *Schließen*. Der Benutzer kann diese Art von Formular verschieben, in der Größe ändern, minimieren und maximieren.

✔ Der Rahmentyp *3 - Fester Dialog* enthält ein Systemmenüfeld, eine Titelleiste und die Schaltfläche *Schließen*. Der Benutzer kann diese Art von Formular verschieben, aber nicht in der Größe ändern, minimieren oder maximieren.

✔ Der Rahmentyp *4 - Festes Werkzeugfenster* enthält eine Titelleiste und die Schaltfläche *Schließen*. Der Benutzer kann diese Art von Formular verschieben, aber nicht in der Größe ändern, minimieren oder maximieren.

✔ Der Rahmentyp *5 - Änderbares Werkzeugfenster* enthält eine Titelleiste und die Schaltfläche *Schließen*. Der Benutzer kann diese Art von Formular verschieben und in der Größe ändern.

Um den Rahmen Ihres Formulars mit dem Eigenschaftenfenster zu ändern, gehen Sie folgendermaßen vor:

1. **Klicken Sie an einer beliebigen Stelle auf das Formular. (Klicken Sie jedoch nicht auf ein Objekt auf dem Formular.)**

2. **Öffnen Sie das Eigenschaftenfenster, indem Sie auf** F4 **drücken.**

3. **Klicken Sie auf die Eigenschaft *BorderStyle*.**

4. **Wählen Sie einen der folgenden Rahmentypen:**

   - 0 - Kein

   - 1 - Fest Einfach

   - 2 - Änderbar

   - 3 - Fester Dialog

   - 4 - Festes Werkzeugfenster

   - 5 - Änderbares Werkzeugfenster

Formulare minimieren und maximieren

Formulare können einen Teil des Bildschirms oder den ganzen Bildschirm bedecken. Wenn ein Formular den ganzen Bildschirm bedeckt, wird es als *maximiert* bezeichnet. Andererseits können Formulare geschrumpft und auf dem Bildschirm als Symbol angezeigt werden. Wenn ein Formular als Symbol angezeigt wird, wird es als *minimiert* bezeichnet. Ein Formular, das nur einen Teil des Bildschirms bedeckt, wird als *normal* bezeichnet. Jeder, der jetzt denkt, dass es beim Programmieren zu viele Definitionen gibt, ist ebenfalls normal. Abbildung 6.7 zeigt die drei Größen von Formularen.

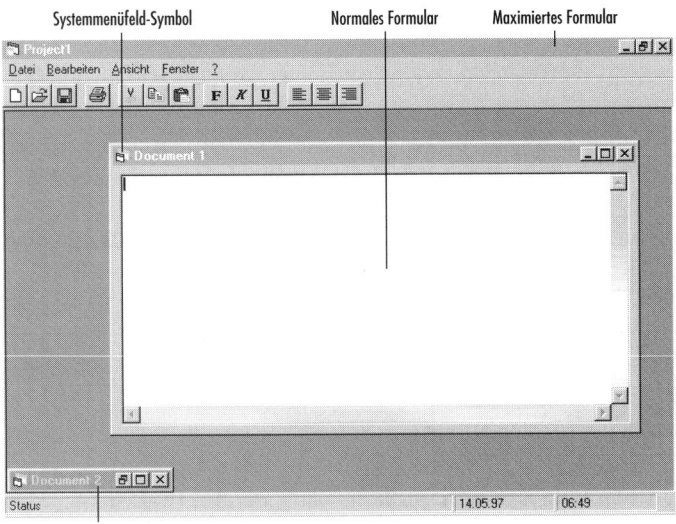

Abbildung 6.7: Normales, minimiertes und maximiertes Formular.

Wenn Sie die Eigenschaft *BorderStyle* auf *0 - Kein, 1 - Fest Einfach, 3 - Fester Dialog, 4 - Festes Werkzeugfenster* oder *5 - Änderbares Werkzeugfenster* setzen, können Sie das Formular nicht minimieren oder maximieren.

Um ein Formular zur Laufzeit normal, minimiert oder maximiert anzuzeigen, gehen Sie folgendermaßen vor:

1. **Klicken Sie an einer beliebigen Stelle auf das Formular. (Klicken Sie jedoch nicht auf ein Objekt auf dem Formular.)**

2. **Öffnen Sie das Eigenschaftenfenster, indem Sie auf** F4 **drücken.**

3. **Klicken Sie auf die Eigenschaft *WindowState*.**

4. **Wählen Sie einen der folgenden Werte:**

   ◈ 0 - Normal

   ◈ 1 - Minimiert

   ◈ 2 - Maximiert

Sie können dem Benutzer auch die Möglichkeit geben, ein Formular zu minimieren oder zu maximieren. Dazu muss Ihr Formular die Schaltflächen *Minimieren* und *Maximieren* anzeigen.

Um die Schaltflächen *Minimieren* und *Maximieren* anzuzeigen, gehen Sie folgendermaßen vor:

1. **Klicken Sie an einer beliebigen Stelle auf das Formular. (Klicken Sie jedoch nicht auf ein Objekt auf dem Formular.)**

2. **Öffnen Sie das Eigenschaftenfenster, indem Sie auf** F4 **drücken.**

3. **Klicken Sie im Eigenschaftenfenster auf die Eigenschaft *MinButton* oder *MaxButton*, und wählen Sie *True* oder *False*.**

 Abhängig vom Rahmentyp, den Sie für Ihr Formular gewählt haben, kann der Standardwert für die Eigenschaft *MinButton* oder *MaxButton* den Wert *True* oder *False* haben.

Formulare entfernen

Wenn Sie ein bestimmtes Formular doch nicht benötigen und aus Ihrem Visual Basic-Programm entfernen wollen, gehen Sie folgendermaßen vor:

1. **Öffnen Sie das Fenster des Projekt-Explorers mit einer der folgenden Methoden:**

   ◈ Drücken Sie auf Strg + R .

   ◈ Wählen Sie den Menübefehl A<small>NSICHT</small>/P<small>ROJEKT</small>-E<small>XPLORER</small>.

   ◈ Klicken Sie auf das Symbol *Projekt-Explorer* in der Symbolleiste.

2. **Klicken Sie auf das Formular, das Sie entfernen wollen.**

3. **Wählen Sie den Menübefehl** Projekt/Entfernen von <Formular>, **oder rechtsklicken Sie auf den Formularnamen, und wählen Sie** Entfernen von <Formular>.

 Wenn Sie ein vorher gespeichertes Formular entfernen, existiert das Formular noch auf Ihrer Festplatte. Es ist nur nicht mehr Bestandteil Ihres Visual Basic-Programms. Um eine Formulardatei auch physisch zu löschen, verwenden Sie den Windows-Explorer.

Das Systemmenüfeld

Die Benutzer können ein Formular mit der Maus verschieben oder in der Größe ändern. Um ein Formular zu minimieren oder zu maximieren, klicken Sie einfach auf die Schaltflächen *Minimieren* oder *Maximieren*. Für Benutzer, die nicht auf dem neuesten Stand der Technik sind oder die sich weigern, eine Maus zu benutzen, stellt jedes Formular ein Systemmenüfeld zur Verfügung.

 Wenn Sie die Eigenschaft *BorderStyle* auf *0 - Kein, 4 - Festes Werkzeugfenster* oder *5 - Änderbares Werkzeugfenster* setzen, enthält das Formular kein Systemmenüfeld.

Um das Systemmenüfeld zu öffnen, während das Programm ausgeführt wird, klicken Sie auf das betreffende Symbol, drücken Sie auf [Alt]+[Leer]-Taste. Dann erscheint ein Menü, mit dem der Benutzer das Formular verschieben, in der Größe ändern, minimieren oder maximieren kann.

Ein Systemmenüfeld entfernen

Das Systemmenüfeld erscheint auf allen Formularen. Aber wenn es Ihnen nicht gefällt und Sie es entfernen wollen, gehen Sie folgendermaßen vor:

1. **Klicken Sie an einer beliebigen Stelle auf das Formular. (Klicken Sie jedoch nicht auf ein Objekt auf dem Formular.)**

2. **Öffnen Sie das Eigenschaftenfenster, indem Sie auf** [F4] **drücken.**

3. **Klicken Sie im Eigenschaftenfenster auf die Eigenschaft** *ControlBox*.

4. **Wählen Sie** *False*.

(Abhängig vom Rahmentyp, den Sie für Ihr Formular gewählt haben, kann der Standardwert *True* oder *False* betragen.)

Symbole für minimierte Formulare anzeigen

Symbole (engl. *Icons*) sind besondere grafische Symbole mit der Dateierweiterung *ICO*. Normalerweise zeigt Visual Basic minimierte Formulare auf dem Bildschirm mit einem Standardsymbol an, das wie ein im Wind flatterndes Segel aussieht (siehe oben Abbildung 6.7). Um ein Symbol mit dem Eigenschaftenfenster zu ändern, gehen Sie folgendermaßen vor:

1. **Klicken Sie an einer beliebigen Stelle auf das Formular. (Klicken Sie jedoch nicht auf ein Objekt auf dem Formular.)**

2. **Öffnen Sie das Eigenschaftenfenster, indem Sie auf** `F4` **drücken.**

3. **Doppelklicken Sie im Eigenschaftenfenster auf die Eigenschaft *Icon*.**

    Visual Basic zeigt das Dialogfeld *Symbol laden* an.

4. **Wählen Sie das Symbol, das Sie benutzen wollen, und klicken Sie auf *Öffnen*.**

Welches Formular zeigt Visual Basic zuerst an?

Beim Ausführen zeigt Ihr Programm im Allgemeinen das erste Formular an, das Sie erstellt haben. Wenn Ihr Programm ein anderes Formular an erster Stelle anzeigen soll, gehen Sie folgendermaßen vor:

1. **Wählen Sie den Menübefehl** PROJEKT/EIGENSCHAFTEN VON \<PROJEKT\>. **(\<*Projekt*\> meint hier den entsprechenden Namen Ihres Visual Basic-Projekts.)**

    Visual Basic zeigt das Dialogfeld *Projekteigenschaften* an (siehe Abbildung 6.8).

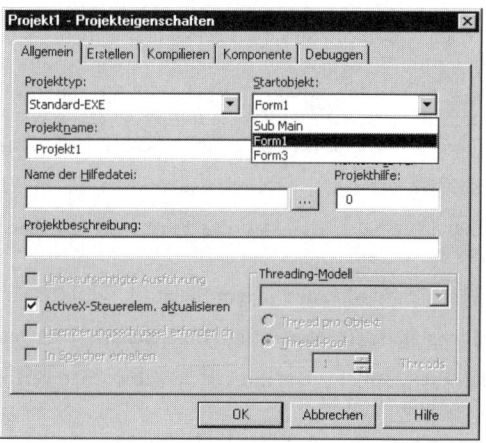

Abbildung 6.8: Die erste Datei wählen, die beim Start eines Programms angezeigt werden soll.

2. Klicken Sie auf die Registerarte _Allgemein_.

3. Klicken Sie in dem Kombinationsfeld _Startobjekt_ auf den nach unten gerichteten Pfeil, um eine Liste mit allen Dateien Ihres Projekts anzuzeigen.

4. Wählen Sie die Datei, die Sie zuerst anzeigen wollen, und klicken Sie auf _OK_.

Maßeinheiten eines Formulars definieren

Formulare dienen dazu, Objekte aufzunehmen. Vielleicht haben Sie bemerkt, dass jedes Formular ein Gitter anzeigt, das Ihnen hilft, Objekte auszurichten.

Standardmäßig benutzt jedes Formular eine Maßeinheit, die als _Twip_ bezeichnet wird.

Falls es Sie wirklich interessiert: 1440 Twips ergeben ein Zoll (= 2,54 cm). Wenn Sie statt Twips eine andere Maßeinheit bevorzugen, bietet Ihnen Visual Basic folgende sieben Möglichkeiten:

✔ Twips (1440 Twips = 1 Zoll = 2,54 cm)

✔ Points (72 Points = 1 Zoll = 2,54 cm)

✔ Pixels (Die Anzahl der Pixel, die ein Zoll ergeben, hängt von der Auflösung Ihres Monitors ab.)

✔ Zeichen (Ein Zeichen ist 1/6 Zoll hoch und 1/12 Zoll breit.)

✔ Zoll (1 Zoll = 1 Zoll – erstaunlich, nicht wahr?)

✔ Millimeter (25,4 mm = 1 Zoll)

✔ Zentimeter (2,54 cm = 1 Zoll)

 Hartgesottene Programmierer schätzen es, dass sie in Visual Basic sogar ihr eigenes, persönliches Koordinatensystem definieren können. Falls Sie so etwas in Erwägung ziehen, sollten Sie nicht dieses Buch, sondern stattdessen lieber ein Buch wie _Visual Basic für hartgesottene Programmiergenies_ lesen. Für Normalsterbliche sind die sieben in Visual Basic verfügbaren Maßeinheiten mehr als ausreichend.

Um die Maßeinheit des Gitternetzes eines Formulars zu ändern, gehen Sie folgendermaßen vor:

1. Klicken Sie an einer beliebigen Stelle auf das Formular. (Klicken Sie jedoch nicht auf ein Objekt auf dem Formular.)

2. Öffnen Sie das Eigenschaftenfenster, indem Sie auf [F4] drücken.

3. Klicken Sie im Eigenschaftenfenster auf die Eigenschaft _ScaleMode_.

4. Klicken Sie auf den Pfeil, um die Liste mit den verschiedenen verfügbaren Maßeinheiten anzuzeigen (siehe Abbildung 6.9).

5. Wählen Sie die Maßeinheit, die Ihr Formular benutzen soll.

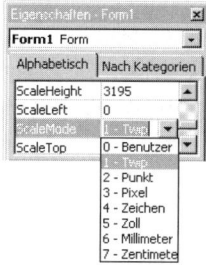

Abbildung 6.9: Die Maßeinheit wählen.

Auf Knöpfe drücken

Auf einen Knopf zu drücken ist so einfach, dass jeder es kann. Sogar Kinder können auf Knöpfe drücken, was ihnen die Fähigkeit gibt, ein Würstchen in den Mikrowellenherd zu werfen und vor Freude zu jauchzen, wenn es vor ihren Augen explodiert.

Jeder drückt auf Knöpfe. Ihr Diskettenlaufwerk hat wahrscheinlich einen Knopf, mit dem Sie eine Diskette auswerfen können. Ihr Bildschirm hat einen Knopf zum Ein- und Ausschalten. Sogar Ihre Maus hat einen Knopf (oder zwei oder drei).

Weil Knöpfe so vertraut und einfach zu bedienen sind, zeigen viele Programme Knöpfe auf dem Bildschirm an, die Sie mit der Maus anklicken können; allerdings werden die Knöpfe hier als *Schaltflächen* bezeichnet. Statt Sie zu zwingen, durch verschiedene Menüs zu waten, um den richtigen Befehl zu finden, zeigen Schaltflächen Ihnen die Optionen in bequemer Form direkt vor Ihren Augen an. Sie brauchen nur herauszufinden, auf welche Schaltfläche Sie drücken müssen.

Schaltflächen kommen in fast jedem Programm vor. Deshalb beschäftigt sich der Rest dieses Kapitels nur damit, wie Sie Ihre eigenen Schaltflächen erstellen, ändern und anklicken können.

Arten von Schaltflächen

Im Grunde genommen ist eine Schaltfläche nichts anderes als ein Teil des Bildschirms, den der Benutzer mit der Maus anklicken kann. Wenn eine Schaltfläche gedrückt (angeklickt) wird, führt sie einen Befehl aus. (Deshalb wird sie auch als *Befehlsschaltfläche* bezeichnet.) In Visual Basic können Sie zwei Arten von Schaltflächen erstellen: Befehlsschaltflächen und Bildschaltflächen.

Eine *Befehlsschaltfläche* hat eine Aufschrift. Aufschriften können phantasielos *OK, Abbruch* oder *Ende* lauten. Oder Sie können bestimmte Befehle wie *Datei löschen, Nächstes Fenster* oder *Herrn Johnsons Flugreservierung stornieren* anzeigen.

Befehlsschaltflächen werden oft in Dialogfeldern zur Anzeige von Meldungen (wie beispielsweise: »Möchten Sie wirklich Ihre Steuererklärung abgeben, um eine Strafverfolgung zu vermeiden?«) benutzt. Mögliche Antworten wären _Ja_ oder _Nein_.

Im Gegensatz zu einer Befehlsschaltfläche, die ein Bild und eine Caption anzeigen kann, kann eine Bildschaltfläche nur ein Bild anzeigen.

Der Vorteil einer Bildschaltfläche besteht darin, dass sie kleiner sein kann als eine Befehlsschaltfläche. Ihr Nachteil besteht darin, dass der Benutzer ihre Funktion kennen muss. Wenn er nicht weiß, welcher Befehl durch eine Bildschaltfläche ausgelöst wird, kann er sie nicht richtig benutzen. Befehlsschaltflächen und Bildschaltflächen werden in Abbildung 6.10 gezeigt.

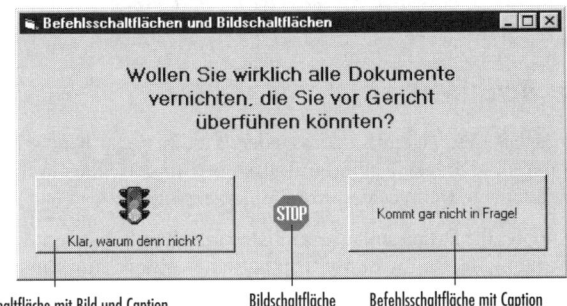

Abbildung 6.10: Beispiele für Befehlsschaltflächen und Bildschaltflächen.

Weil Bildschaltflächen nicht so selbsterklärend sind wie Befehlsschaltflächen, ist es sinnvoll, eine kurze Beschreibung der Funktion der Schaltfläche in der Eigenschaft _ToolTippText_ anzugeben (siehe Kapitel 5).

Wenn beispielsweise der einzige Weg, Ihr Programm zu verlassen, darin besteht, auf eine Bildschaltfläche mit einer offenen Tür zu klicken, gibt es wahrscheinlich Leute, die diesen Zusammenhang nicht verstehen und stattdessen ihren Computer abschalten, um Ihr Programm zu verlassen. (Und danach werden sie wahrscheinlich Ihr Programm nicht mehr benutzen.)

Schaltflächen erstellen

Um eine Befehlsschaltfläche zu erstellen, gehen Sie folgendermaßen vor:

1. **Klicken Sie auf das Symbol** _CommandButton_ **in der Visual Basic-Werkzeugsammlung.**

2. **Gehen Sie mit der Maus an die Stelle auf dem Formular, an der Sie die Befehlsschaltfläche zeichnen wollen.**

3. **Drücken und halten Sie die linke Maustaste nieder, und ziehen Sie die Maus, um die Befehlsschaltfläche zu zeichnen.**

4. Lassen Sie linke Maustaste los, um den Vorgang zu beenden.

Visual Basic zeigt eine langweilige Aufschrift wie *Command1* auf der Befehlsschaltfläche an.

Obwohl Befehlsschaltflächen für Benutzer sehr leicht zu sehen und anzuklicken sind, können Sie zusätzlich Bildschaltflächen erstellen, um Ihrem Programm einen multimedialen Charakter zu geben. Um eine Bildschaltfläche zu erstellen, gehen Sie folgendermaßen vor:

1. Klicken Sie in der Visual Basic-Werkzeugsammlung auf das Symbol *Image*.

2. Gehen Sie mit der Maus an die Stelle auf dem Formular, an der Sie das Bild anzeigen wollen.

3. Öffnen Sie das Eigenschaftenfenster, indem Sie auf $\boxed{\text{F4}}$ drücken.

4. Doppelklicken Sie im Eigenschaftenfenster auf die Eigenschaft *Picture*.

Visual Basic zeigt das Dialogfeld *Bild laden* an.

5. Wählen Sie eine beliebige Grafikdatei (Bitmap, Symbol oder Metafile).

Visual Basic zeigt dieses Symbol als Ihre Bildschaltfläche an.

 Nachdem Sie eine Befehlsschaltfläche oder eine Bildschaltfläche erstellt haben, müssen Sie noch den BASIC-Code schreiben, damit die Schaltflächen etwas Nützliches tun, wenn der Benutzer darauf klickt.

Bilder auf Schaltflächen anzeigen

Obwohl die meisten Schaltflächen einfach nur eine Caption, wie z.B. *OK*, *Abbrechen*, *Ja* oder *Nein*, anzeigen, können Sie in Visual Basic 6 zusätzlich ein Bild auf einer Schaltfläche präsentieren. Bilder können den Zweck einer Schaltfläche verdeutlichen. Statt z.B. nur eine Schaltfläche mit der Caption *OK* anzuzeigen, könnten Sie zusätzlich eine grüne Verkehrsampel auf der Schaltfläche abbilden.

Wenn Sie ein Symbol in eine Schaltfläche einfügen wollen, können Sie folgende Eigenschaften definieren:

✔ *Style:* wählen Sie *1 - Grafisch*

✔ *Picture:* definiert das Symbol, das auf der Schaltfläche angezeigt werden soll

✔ *DownPicture:* definiert das Symbol, das angezeigt werden soll, wenn der Benutzer auf die Schaltfläche klickt

✔ *DisabledPicture:* definiert das Symbol, das angezeigt werden soll, wenn die Schaltfläche deaktiviert ist

Die Eigenschaften _DownPicture_ und _DisabledPicture_ sind optional, wenn Sie ein Symbol auf einer Schaltfläche anzeigen wollen.

Um ein Bild in eine Schaltfläche einzufügen, gehen Sie folgendermaßen vor:

1. **Klicken Sie im Formular auf die Schaltfläche, der Sie ein Bild hinzufügen wollen.**

2. **Öffnen Sie das Eigenschaftenfenster, indem Sie auf ⌷F4⌷ drücken.**

3. **Klicken Sie auf die Eigenschaft _Style_, klicken Sie dann auf den nach unten gerichteten Pfeil, und wählen Sie _1 – Grafisch_.**

4. **Doppelklicken Sie auf die Eigenschaft _Picture_, um das Bild zu wählen, das im Normalzustand auf der Schaltfläche angezeigt werden soll.**

   Visual Basic zeigt das Dialogfeld _Bild laden_ an.

5. **Wählen Sie eine beliebige Grafikdatei (Bitmap, Symbol oder Metafile), und klicken Sie auf _Öffnen_.**

6. **Doppelklicken Sie auf die Eigenschaft _DownPicture_, um das Bild zu wählen, das angezeigt werden soll, wenn der Benutzer die Schaltfläche angeklickt hat.**

7. **Wählen Sie eine beliebige Grafikdatei (Bitmap, Symbol oder Metafile), und klicken Sie auf _Öffnen_.**

8. **Doppelklicken Sie auf die Eigenschaft _DisabledPicture_, um das Bild zu wählen, das angezeigt werden soll, wenn die Schaltfläche deaktiviert ist.**

9. **Wählen Sie eine beliebige Grafikdatei (Bitmap, Symbol oder Metafile), und klicken Sie auf _Öffnen_.**

Die Größe einer Bildschaltfläche ändern

In Visual Basic können Sie eine Bildschaltfläche so groß oder klein machen, wie Sie wollen. Wenn Ihre Grafik jedoch nicht auf die Bildschaltfläche passt, wird die Grafik beschnitten.

Um zu erreichen, dass die Grafik sich in der Größe an die Größe der Bildschaltfläche anpasst, müssen Sie den Wert ihrer Eigenschaft _Stretch_ auf _True_ setzen. (Der Standardwert der Eigenschaft _Stretch_ ist _False_.)

So hat z.B. die Eigenschaft _Stretch_ der Bildschaltfläche in der oberen linken Ecke der Abbildung 6.11 den Wert _False_, so dass das Bild unabhängig von der Größe des Bildfeldes immer dieselbe Größe hat. Bei den drei anderen Bildschaltflächen ist der Wert der Eigenschaft _Stretch_ auf _True_ gesetzt; deshalb passen diese Grafiken sich an die Größe der Bildschaltfläche an.

Abbildung 6.11: Einfluss der Eigenschaft Stretch *auf die Größe der Grafik in Bildschaltflächen.*

Eine Standardschaltfläche erstellen

Die *Standardschaltfläche* ist die Schaltfläche, die der Benutzer sofort durch Drücken der
[Eingabe]-Taste wählen kann. Der Zweck einer Standardschaltfläche besteht darin, den Benutzer die wahrscheinlichste Wahl so schnell wie möglich treffen zu lassen. Wenn Sie dem Benutzer einen Befehl vorschlagen wollen, müssen Sie eine Standard-Befehlsschaltfläche erstellen.

Wenn der Benutzer z.B. den Befehl gibt, Atomraketen auf ein anderes Land abzuschießen,
könnte ein Dialogfeld erscheinen, das den Benutzer fragt:»Würden Sie nicht lieber ein schö-
nes Schachspiel spielen?« Wenn die Standard-Befehlsschaltfläche *Ja* wäre, könnte der Benutzer ohne Nachdenken auf [Eingabe] drücken und die Welt vor einer atomaren Katastrophe
bewahren.

 Nur eine Befehlsschaltfläche kann als Standardschaltfläche definiert werden. Bild-
schaltflächen können nicht als Standard-Befehlsschaltflächen definiert werden.

Es gibt zwei Wege, um eine Standard-Befehlsschaltfläche zu erstellen:

✔ Setzen Sie den Wert der Eigenschaft *TabIndex* der Befehlsschaltfläche auf den Wert *Null*.
Dadurch wird die Befehlsschaltfläche markiert, die als Standard-Befehlsschaltfläche dienen soll.

✔ Setzen Sie die Eigenschaft *Default* der Standard-Befehlsschaltfläche auf *True*. Dies funktioniert nur, wenn kein anderes Objekt eine Eigenschaft *TabIndex* mit dem Wert *Null* hat.

Um eine Standard-Befehlsschaltfläche mit der Eigenschaft *TabIndex* zu erstellen, gehen Sie
folgendermaßen vor:

1. **Klicken Sie auf die Befehlsschaltfläche, die Sie zur Standard-Befehlsschaltfläche ma-
    chen wollen.**

2. **Öffnen Sie das Eigenschaftenfenster, indem Sie auf [F4] drücken.**

3. **Klicken Sie auf die Eigenschaft *TabIndex*, und tippen Sie *0* ein.**

Wenn keine andere Befehlsschaltfläche Ihres Formulars eine Eigenschaft _TabIndex_ mit dem Wert Null hat, können Sie eine Standard-Befehlsschaltfläche dadurch definieren, dass Sie ihre Eigenschaft _Default_ auf _True_ setzen.

Um eine Standard-Befehlsschaltfläche mit der Eigenschaft _Default_ zu definieren, gehen Sie folgendermaßen vor:

1. **Klicken Sie auf die Befehlsschaltfläche, die Sie zur Standard-Befehlsschaltfläche machen wollen.**

2. **Öffnen Sie das Eigenschaftenfenster, indem Sie auf F4 drücken.**

3. **Klicken Sie auf die Eigenschaft _Default_, und setzen Sie ihren Wert auf _True_.**

4. **Stellen Sie sicher, dass kein anderes Objekt auf dem Formular einen TabIndex mit dem Wert _Null_ hat.**

 Was passiert, wenn eine Befehlsschaltfläche eine Eigenschaft _TabIndex_ mit dem Wert _Null_ hat und die Eigenschaft _Default_ einer anderen Befehlsschaltfläche auf den Wert _True_ gesetzt ist? Die Befehlsschaltfläche, deren Eigenschaft _TabIndex_ den Wert Null hat, ist die Standard-Befehlsschaltfläche. Das ist alles.

Eine Schaltfläche Abbrechen erstellen

Wenn Benutzer auf Esc hämmern, wollen sie normalerweise ihren letzten Befehl rückgängig machen oder das Programm verlassen. Eine Schaltfläche, die dem Benutzer diese Möglichkeit bietet, sollte als Schaltfläche _Abbrechen_ gekennzeichnet sein. Nur eine Schaltfläche kann als Schaltfläche _Abbrechen_ definiert werden. (Ein anderer passender Name für die Schaltfläche _Abbrechen_ wäre Schaltfläche _Panik_, aber das würde die Illusion zerstören, dass Programmieren eine höhere Wissenschaft statt eines groben Handwerks ist.)

Um eine Schaltfläche _Abbrechen_ zu erstellen, gehen Sie folgendermaßen vor:

1. **Klicken Sie auf die Schaltfläche, die Sie als Schaltfläche _Abbrechen_ definieren wollen.**

2. **Öffnen Sie das Eigenschaftenfenster, indem Sie auf F4 drücken.**

3. **Klicken Sie auf die Eigenschaft _Cancel_, und setzen Sie ihren Wert auf _True_. Ändern Sie die Eigenschaft _Caption_ der Schaltfläche auf _Abbrechen_ oder etwas Ähnliches.**

Schaltflächen gruppieren

In Visual Basic können Sie zusammengehörige Schaltflächen zu Gruppen zusammenfassen (siehe Abbildung 6.12).

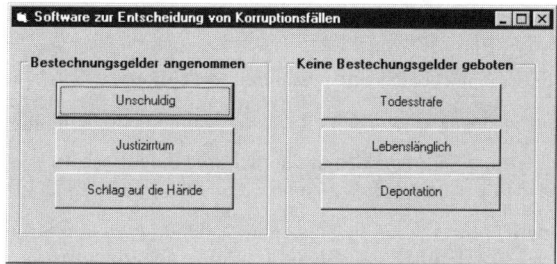

Abbildung 6.12: Gruppierte Befehlsschaltflächen.

Um eine Gruppe von Schaltflächen zu erstellen, gehen Sie folgendermaßen vor:

1. **Klicken Sie auf das Symbol *Frame* in der Visual Basic-Werkzeugsammlung.**

2. **Gehen Sie mit der Maus an die Stelle auf dem Formular, an der Sie den Rahmen zeichnen wollen.**

3. **Drücken und halten Sie die linke Maustaste nieder, und ziehen Sie die Maus, um einen Rahmen zu zeichnen.**

4. **Lassen Sie die linke Maustaste los.**

5. **Klicken Sie auf das Symbol *CommandButton* in der Visual Basic-Werkzeugsammlung.**

6. **Gehen Sie mit der Maus in den Rahmen, in dem Sie eine Befehlsschaltfläche zeichnen wollen.**

7. **Drücken und halten Sie die linke Maustaste nieder, und ziehen Sie die Maus, um Ihre Befehlsschaltfläche innerhalb des Rahmens zu zeichnen.**

8. **Wiederholen Sie die Schritte 5 bis 7, bis Sie alle benötigten Befehlsschaltflächen erstellt haben.**

Wenn Sie eine Befehlsschaltfläche in einem Rahmen erstellt haben, bleibt sie für immer in diesem Rahmen eingesperrt. Wenn Sie den Rahmen verschieben, werden alle in ihm enthaltenen Befehlsschaltflächen ebenfalls verschoben.

Wenn Sie eine Befehlsschaltfläche außerhalb eines Rahmens erstellen, können Sie die Befehlsschaltfläche nicht nachträglich in einen Rahmen verschieben. Versuchen Sie es also erst gar nicht.

Wenn eine Befehlsschaltfläche außerhalb des Rahmens vorkommt, klicken Sie darauf, kopieren Sie die Befehlsschaltfläche, oder schneiden Sie sie aus, klicken Sie dann auf eine Stelle innerhalb des Rahmens, so dass dessen Ziehpunkte angezeigt werden, und fügen Sie die Schaltfläche in den Rahmen. Mit diesem Verfahren können Sie Befehlsschaltflächen von außen in einen Rahmen einfügen.

Testen Sie Ihr neu erworbenes Wissen

1. **Warum haben Befehlsschaltflächen Namen und Captions?**

   a) Damit Sie die doppelte Gelegenheit haben, sie mit einem Schimpfwort zu belegen.

   b) Der Name ist ein Schimpfwort, mit dem Sie die Befehlsschaltfläche aufrufen können; und die Caption dient dazu, eine witzige Bemerkung anzubringen.

   c) Der Name identifiziert die Befehlsschaltfläche; und die Caption ist der Text, der auf der Befehlsschaltfläche auf dem Bildschirm angezeigt wird.

   d) Weil Visual Basic dies so will und ein Produkt, das von Bill Gates verkauft wird, keine Fehler enthalten kann, denn schließlich ist er Milliardär.

2. **Warum kann es sinnvoll sein, Befehlsschaltflächen in einem Rahmen zu gruppieren?**

   a) Damit sie nicht in die Wildnis entfliehen.

   b) Damit zusammengehörige Befehle auf dem Bildschirm leicht zu erkennen sind.

   c) Damit der Benutzer größere Schwierigkeiten hat zu verstehen, was Ihr Programm eigentlich machen soll.

   d) Dafür gibt es keinen Grund, höchstens den, Leute zu verwirren, die anfangen zu lernen, wie man einen Computer programmiert.

Setzen Sie als letzte Änderung bei gruppierten Befehlsschaltflächen deren Eigenschaften _TabStop_ auf den Wert _False_, und setzen Sie dann die Eigenschaft _TabStop_ der ersten Befehlsschaltfläche auf den Wert _True_. Auf diese Weise wird nur die erste Befehlsschaltfläche in einer Gruppe hervorgehoben, wenn der Benutzer auf Tab drückt.

Um die Eigenschaft _TabStop_ für eine Gruppe von Befehlsschaltflächen abzuschalten, gehen Sie folgendermaßen vor:

1. **Klicken Sie auf eine – nicht auf die erste – Befehlsschaltfläche innerhalb des Rahmens.**

2. **Öffnen Sie das Eigenschaftenfenster, indem Sie auf F4 drücken.**

3. **Klicken Sie auf die Eigenschaft _TabStop_, und setzen Sie ihren Wert auf _False_.**

4. **Wiederholen Sie die Schritte 1 bis 3, bis Sie die Eigenschaft _TabStop_ aller Befehlsschaltflächen (mit Ausnahme der ersten) auf den Wert _False_ gesetzt haben.**

Mit Kästchen und Knöpfen entscheiden

7

In diesem Kapitel

▶ Kontrollkästchen und Optionsfelder erstellen

▶ Listenfelder und Kombinationsfelder erstellen

▶ Elemente in einem Listenfeld oder Kombinationsfeld sortieren

▶ Elemente in einer Liste ansprechend gestalten

*I*n der Schule war es immer leichter, eine Klassenarbeit mit einem Multiple-Choice-Test zu schreiben als einen Aufsatz, weil man bei einem Multiple-Choice-Test das Denken durch Raten ersetzen und trotzdem noch eine annehmbare Note erzielen konnte. Doch sind Schüler bei weitem nicht die einzigen Leute, die das Denken vermeiden, wann immer sie können. Die meisten Benutzer sind genauso: Sie haben die Optionen am liebsten klar vor Augen. Auf diese Weise können sie wilde Vermutungen anstellen und hoffen, dass sie damit durchkommen.

Visual Basic stellt mehrere Methoden zur Verfügung, mit denen Sie dem Benutzer Wahlmöglichkeiten präsentieren können: *Kontrollkästchen, Optionsfelder, Listenfelder* und *Kombinationsfelder*. Mit Kontrollkästchen können Benutzer eine oder mehrere Optionen wählen. Mit Optionsfeldern können Benutzer nur eine aus mehreren Optionen wählen. Listenfelder und Kombinationsfelder bieten den Benutzern Mehrfachwahlen an.

Die beiliegende CD-ROM enthält ein einfaches Visual Basic-Programm, das Ihnen zeigt, wie Kontrollkästchen, Optionsfelder, Listenfelder und Kombinationsfelder arbeiten. Experimentieren Sie mit diesem Programm, und finden Sie heraus, wie diese Steuerelemente funktionieren.

Kontrollkästchen und Optionsfelder erstellen

Die englische Bezeichnung *check boxes* der Kontrollkästchen ist von dummen Fragebögen abgeleitet, die Sie auffordern: »Kreuzen Sie alles an, was zutrifft«, wie z.B.:

Warum wollen Sie hier arbeiten? (Kreuzen Sie alles an, was zutrifft.)

❑   Ich brauche Geld.

❑   Ich möchte am Mitarbeiterdiebstahl teilnehmen.

❑   Ich stoße die Leute gerne herum.

❑   Ich brauche einen sicheren Ort, um mich vor der Polizei zu verstecken.

Optionsfelder haben ihren englischen Namen *radio button* von den alten Radios, bei denen man den Sender schnell wechseln konnte. Wie man immer nur einen Sender gleichzeitig hören kann, so kann man bei Optionsfeldern auch nur eine von mehreren Optionen wählen.

Das folgende Beispiel zeigt Optionsfelder:

Welches Geschlecht haben Sie?

❑ Männlich

❑ Weiblich

❑ Ex-männlich (chirurgisch weiblich)

❑ Ex-weiblich (chirurgisch männlich)

Kontrollkästchen und Optionsfelder ausrichten

Kontrollkästchen und Optionsfelder sind normalerweise linksbündig ausgerichtet, d.h., sie sehen folgendermaßen aus:

❑ Dies ist linksbündig.

Aus irgendeinem seltsamen Grund, der nur den wenigen Programmierern bekannt ist, die tatsächlich damit arbeiten, kann man Kontrollkästchen und Optionsfelder auch rechtsbündig ausrichten.

Dies ist rechtsbündig. ❑

Um ein Kontrollkästchen oder ein Optionsfeld linksbündig oder rechtsbündig auszurichten, gehen Sie folgendermaßen vor:

1. **Klicken Sie auf das Kontrollkästchen oder das Optionsfeld, das Sie ausrichten möchten.**

2. **Öffnen Sie das Eigenschaftenfenster, indem Sie auf** F4 **drücken.**

3. **Klicken Sie auf die Eigenschaft** *Alignment,* **und setzen Sie ihren Wert auf** *0 - Links ausgerichtet* **oder** *1 - Rechts ausgerichtet.*

Kontrollkästchen gruppieren

Kontrollkästchen treten selten alleine auf. Meistens sehen Sie zwei oder mehr Kontrollkästchen wie verängstigtes Vieh zusammengedrängt. Der beste Weg, Gruppen von Kontrollkästchen voneinander zu trennen, besteht darin, einen *Rahmen* zu benutzen. Rahmen grenzen verschiedene Gruppen von Kontrollkästchen optisch voneinander ab.

Um eine Gruppe von Kontrollkästchen zu erstellen, gehen Sie folgendermaßen vor:

1. **Klicken Sie auf das Symbol** *Frame* **(Rahmen) in der Visual Basic-Werkzeugsammlung (siehe Abbildung 7.1).**

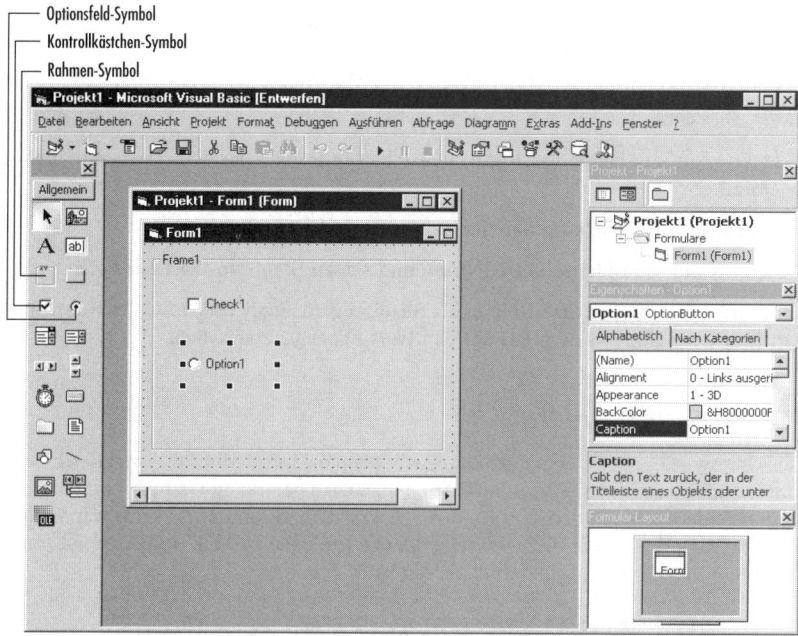

Optionsfeld-Symbol
Kontrollkästchen-Symbol
Rahmen-Symbol

Abbildung 7.1: Die Symbole Frame *(Rahmen),* CheckBox *(Kontrollkästchen) und* OptionButton
(Optionsfeld) in der Visual Basic-Werkzeugsammlung.

2. **Gehen Sie mit der Maus an die Stelle auf dem Formular, an der Sie den Rahmen zeichnen wollen.**

3. **Drücken und halten Sie die linke Maustaste nieder, und ziehen Sie die Maus, um einen Rahmen zu zeichnen.**

4. **Klicken Sie auf das Symbol** *CheckBox* **(Kontrollkästchen) in der Visual Basic-Werkzeugsammlung.**

5. **Gehen Sie mit der Maus an die Stelle in dem Rahmen, an der Sie ein Kontrollkästchen zeichnen wollen.**

6. **Drücken und halten Sie die linke Maustaste nieder, und ziehen Sie die Maus, um Ihr Kontrollkästchen zu zeichnen.**

7. **Wiederholen Sie die Schritte 4 bis 6, bis Sie alle benötigten Kontrollkästchen im Rahmen erstellt haben.**

Setzen Sie als letzte Änderung bei gruppierten Kontrollkästchen deren Eigenschaften *TabStop* auf den Wert *False*, und setzen Sie dann die Eigenschaft *TabStop* des ersten Kontrollkästchens auf den Wert *True*. Auf diese Weise wird nur das erste Kontrollkästchen in einer Gruppe hervorgehoben, wenn jemand auf [Tab] drückt.

Um die Eigenschaft *TabStop* für eine Gruppe von Kontrollkästchen abzuschalten, gehen Sie folgendermaßen vor:

1. **Klicken Sie auf ein beliebiges Kontrollkästchen innerhalb des Rahmens, nur nicht auf das erste.**

2. **Öffnen Sie das Eigenschaftenfenster, indem Sie auf [F4] drücken.**

3. **Klicken Sie auf die Eigenschaft *TabStop*, und setzen Sie ihren Wert auf *False*.**

4. **Wiederholen Sie die Schritte 1 bis 3, bis Sie die Eigenschaft *TabStop* aller Kontrollkästchen (mit Ausnahme des ersten) auf den Wert *False* gesetzt haben.**

Optionsfelder gruppieren

Wenn die Optionsfelder auf einem Formular nicht gruppiert sind, nimmt Visual Basic an, dass alle Optionsfelder auf diesem Formular eine einzige Gruppe bilden. Deshalb können Sie von zwei Optionsfeldern, die auf demselben Formular erscheinen, immer nur eins wählen, selbst wenn die beiden Optionsfelder nichts miteinander zu tun haben. Abbildung 7.2 zeigt, dass nur ein Optionsfeld in jeder Gruppe gewählt werden kann.

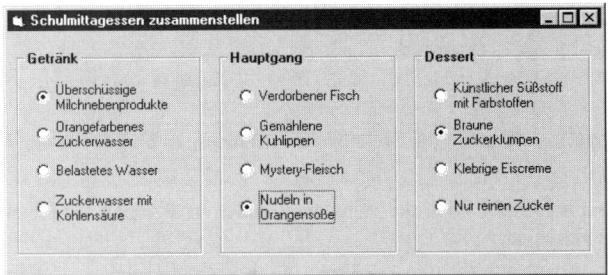

Abbildung 7.2: Wie sich Optionsfelder auf einem Formular gegenseitig beeinflussen.

Wenn Sie zwei oder mehr Gruppen von Optionsfeldern anzeigen müssen, müssen Sie die Optionsfelder in Rahmen einschließen. Andernfalls fasst Visual Basic alle Optionsfelder zu einer einzigen Gruppe zusammen, was bedeutet, dass zu einem beliebigen Zeitpunkt immer nur ein Optionsfeld gewählt sein kann. Um eine Gruppe von Optionsfeldern in einem Rahmen zu erstellen, gehen Sie folgendermaßen vor:

1. **Klicken Sie auf das Symbol *Frame* (Rahmen) in der Visual Basic-Werkzeugsammlung.**

2. Gehen Sie mit der Maus an die Stelle auf dem Formular, an der Sie den Rahmen zeichnen wollen.

3. Drücken und halten Sie die linke Maustaste nieder, und ziehen Sie die Maus, um einen Rahmen zu zeichnen.

4. Klicken Sie auf das Symbol *OptionButton* (Optionsfeld) in der Visual Basic-Werkzeugsammlung.

5. Gehen Sie mit der Maus an die Stelle in dem Rahmen, an der Sie ein Optionsfeld zeichnen wollen.

6. Drücken und halten Sie die linke Maustaste nieder, und ziehen Sie die Maus, um Ihr Optionsfeld zu zeichnen.

7. Wiederholen Sie die Schritte 4 bis 6, bis Sie alle benötigten Optionsfelder im Rahmen erstellt haben.

 Wenn Sie ein Optionsfeld in einem Rahmen erstellt haben, bleibt es für immer in diesem Rahmen eingesperrt. Wenn Sie den Rahmen verschieben, werden auch alle Optionsfelder in dem Rahmen verschoben.

Bilder in Kontrollkästchen und Optionsfelder einfügen

Normalerweise zeigen Kontrollkästchen und Optionsfelder nur eine Caption, aber wenn Sie etwas Ausgefallenes bieten wollen, können Sie die Steuerelemente auch mit Bildern versehen.

Ein Kontrollkästchen oder ein Optionsfeld kann drei verschiedene Bilder anzeigen (siehe Abbildung 7.3). Um diese Möglichkeit zu nutzen, müssen Sie die folgenden Eigenschaften des betreffenden Objekts ändern:

✔ *Style:* wählen Sie *1 - Grafisch*

✔ *Picture:* definiert das Symbol, das auf dem Kontrollkästchen oder dem Optionsfeld angezeigt werden soll

✔ *DownPicture:* definiert das Symbol, das angezeigt werden soll, wenn der Benutzer auf das Kontrollkästchen oder das Optionsfeld klickt

✔ *DisabledPicture:* definiert das Symbol, das angezeigt werden soll, wenn das Kontrollkästchen oder das Optionsfeld deaktiviert ist

 Aus irgendeinem unbekannten Grund sehen Kontrollkästchen und Optionsfelder mit Bildern in Visual Basic wie Schaltflächen aus. Berücksichtigen Sie dieses seltsame Aussehen bei Ihrem Entwurf, damit Sie und der Benutzer diese Kontrollkästchen oder Optionsfelder nicht mit Schaltflächen verwechseln.

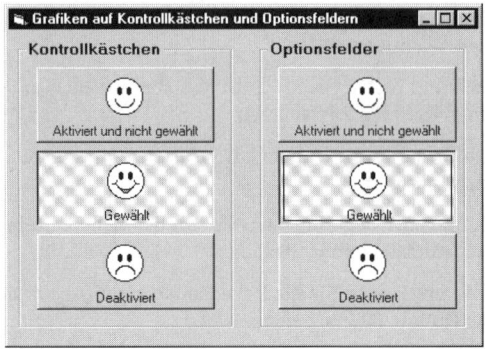

Abbildung 7.3: Grafiken auf Kontrollkästchen und Optionsfeldern anzeigen.

Um ein Bild in ein Kontrollkästchen oder ein Optionsfeld einzufügen, gehen Sie folgendermaßen vor:

1. **Klicken Sie im Formular auf das Kontrollkästchen oder Optionsfeld, dem Sie ein Bild hinzufügen wollen.**

2. **Öffnen Sie das Eigenschaftenfenster, indem Sie auf** F4 **drücken.**

3. **Klicken Sie auf die Eigenschaft *Style*, klicken Sie dann auf den nach unten gerichteten Pfeil, und wählen Sie *1 – Grafisch*.**

4. **Doppelklicken Sie auf die Eigenschaft *Picture*, um das Bild zu wählen, das im Normalzustand auf der Schaltfläche angezeigt werden soll.**

Visual Basic zeigt das Dialogfeld *Bild laden* an.

5. **Wählen Sie eine beliebige Grafikdatei (Bitmap, Symbol oder Metafile), und klicken Sie auf *Öffnen*.**

6. **Doppelklicken Sie auf die Eigenschaft *DownPicture*, um das Bild zu wählen, das angezeigt werden soll, wenn der Benutzer die Schaltfläche angeklickt hat.**

7. **Wählen Sie eine beliebige Grafikdatei (Bitmap, Symbol oder Metafile), und klicken Sie auf *Öffnen*.**

8. **Doppelklicken Sie auf die Eigenschaft *DisabledPicture*, um das Bild zu wählen, das angezeigt werden soll, wenn die Schaltfläche deaktiviert ist.**

9. **Wählen Sie eine beliebige Grafikdatei (Bitmap, Symbol oder Metafile), und klicken Sie auf *Öffnen*.**

Weitere Entscheidungsmöglichkeiten mit Listenfeldern und Kombinationsfeldern

Wenn Sie nur einige wenige Optionen anbieten, sind Kontrollkästchen und Optionsfelder bestens geeignet. Wenn Sie dagegen zehn oder mehr Optionen anbieten und den Benutzer mit einem Bildschirm voller Kontrollkästchen und Optionsfelder bombardieren, können Sie ihn leicht einschüchtern. Außerdem sieht das nicht sehr elegant aus. Um dem Benutzer viele Optionen anzubieten, gibt es in Visual Basic zwei Alternativen zu den Kontrollkästchen und Optionsfeldern: Listenfelder und Kombinationsfelder.

Listenfelder zeigen lange Listen mit Optionen an, aus denen der Benutzer wählen kann. Wenn der Benutzer etwas wählen möchte, das nicht auf der Liste steht, hat er Pech gehabt. Das geht nämlich nicht.

Kombinationsfelder zeigen ebenfalls lange Listen mit Optionen an, aus denen der Benutzer wählen kann. Der Unterschied zu den Listenfeldern besteht darin, dass der Benutzer eine Option eintippen kann, die er nicht in der Liste findet. Abbildung 7.4 zeigt jeweils ein Beispiel eines Listenfelds und eines Kombinationsfelds. Beachten Sie, dass das Kombinationsfeld die Elemente nur anzeigt, wenn Sie auf den nach unten gerichteten Pfeil klicken. Das Listenfeld zeigt die Elemente immer an.

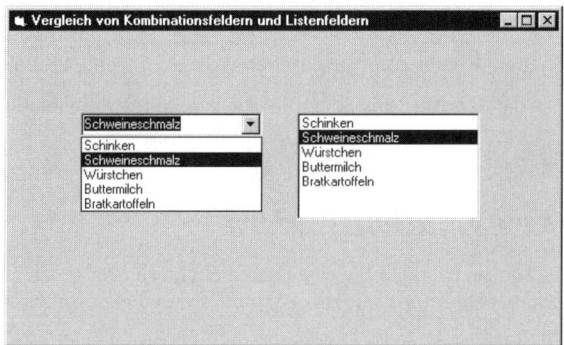

Abbildung 7.4: Vergleich eines Listenfelds (rechts) und eines Kombinationsfelds.

Ein Listenfeld erstellen

Listenfelder sind wie Speisekarten im Schnellimbiss. Sie können nur wählen, was auf der Karte steht, weil die Leute, die dort arbeiten, nicht wissen, wie sie Sonderwünsche bearbeiten sollen. Kombinationsfelder sind wie vornehme Restaurants, wo Sie auch etwas bestellen können, das nicht auf der Speisekarte steht, und sagen können:»Ich weiß, dass dies ein vegetarisches Restaurant ist, aber ich bitte den Koch, mir trotzdem ein Steak zu grillen.«

Um ein Listenfeld zu erstellen, gehen Sie folgendermaßen vor:

1. **Klicken Sie auf das Symbol _ListBox_ (Listenfeld) in der Visual Basic-Werkzeugsammlung.**

2. **Gehen Sie mit der Maus an die Stelle des Formulars, an der Sie das Listenfeld zeichnen wollen.**

3. **Drücken und halten Sie die linke Maustaste nieder, und ziehen Sie die Maus, um das Listenfeld zu zeichnen.**

   Visual Basic zeigt ein Listenfeld mit einer langweiligen Caption wie _List3_ an.

4. **Wiederholen Sie die Schritte 1 bis 3, bis Sie alle benötigten Listenfelder gezeichnet haben.**

Um ein Kombinationsfeld zu erstellen, gehen Sie folgendermaßen vor:

1. **Klicken Sie auf das Symbol _ComboBox_ (Kombinationsfeld) in der Visual Basic-Werkzeugsammlung.**

2. **Gehen Sie mit der Maus an die Stelle des Formulars, an der Sie das Kombinationsfeld zeichnen wollen.**

3. **Drücken und halten Sie die linke Maustaste nieder, und ziehen Sie die Maus, um das Kombinationsfeld zu zeichnen.**

   Visual Basic zeigt ein Kombinationsfeld mit einer langweiligen Caption wie _Combo1_ an.

4. **Wiederholen Sie die Schritte 1 bis 3, bis Sie alle benötigten Kombinationsfelder gezeichnet haben.**

Arten von Kombinationsfeldern

Bei einem Kombinationsfeld können Sie eine Option eingeben oder aus der angezeigten Liste wählen. Um die Variationsbreite zu vergrößern, gibt es drei Typen von Kombinationsfeldern (siehe Abbildung 7.5):

✔ 0 – Dropdown-Kombinationsfeld (Standard)

✔ 1 – Einfaches Kombinationsfeld

✔ 2 – Dropdown-Listenfeld

Bei einem Dropdown-Kombinationsfeld kann der Benutzer ein Element eintippen. Wenn der Benutzer nicht weiß, was er eintippen soll, kann er auf den Pfeil rechts neben dem Kombinationsfeld klicken. Das Kombinationsfeld ist dann so höflich, eine der möglichen Eingaben anzuzeigen. Visual Basic erstellt standardmäßig diese Art von Kombinationsfeld, es sei denn, Sie ändern seine Eigenschaft _Style_.

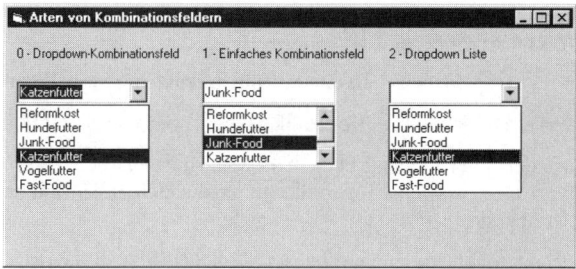

Abbildung 7.5: Drei Formen des Kombinationsfelds.

Das einfache Kombinationsfeld zeigt die Liste immer auf dem Bildschirm an, gibt aber dem Benutzer zugleich die Möglichkeit, ein Element einzutippen.

 Im Gegensatz zu den beiden anderen Stilen müssen Sie ein einfaches Kombinationsfeld immer in voller Größe zeichnen, damit der Benutzer die darin gespeicherten Elemente sehen kann.

Das Dropdown-Listenfeld ist in Wirklichkeit ein Listenfeld und zeigt immer eine Liste mit Optionen an, in die Sie keine eigene Option einfügen können.

 Wenn Sie verhindern wollen, dass der Benutzer Daten in ein Kombinationsfeld eingibt, setzen Sie die Eigenschaft *Style* auf den Wert *2 - Dropdown-Liste*.

Hier fragen Sie sich vielleicht:»Halt mal. Warum sollte ich erst ein Kombinationsfeld erstellen und es dann in ein dummes Listenfeld umwandeln?« Im Gegensatz zu gewöhnlichen Listenfeldern zeigt ein Dropdown-Listenfeld seine Liste erst auf dem Bildschirm an, wenn der Benutzer auf den Pfeil rechts neben dem Feld klickt. Diese Art von Listenfeld ist nützlich, wenn Sie Platz auf dem Bildschirm sparen müssen.

Um den Stil eines Kombinationsfelds festzulegen, gehen Sie folgendermaßen vor:

1. **Klicken Sie auf das Kombinationsfeld, das Sie ändern möchten.**

   (Dies setzt voraus, dass Sie das Feld bereits erstellt haben.)

2. **Öffnen Sie das Eigenschaftenfenster, indem Sie auf** [F4] **drücken.**

3. **Klicken Sie auf die Eigenschaft** *Style***.**

4. **Klicken Sie auf den Pfeil in dem Eigenschaftenfeld, um die Liste mit Ihren Optionen anzuzeigen.**

   (Aufgepasst! Hier sehen Sie selbst ein Beispiel eines Dropdown-Listenfelds in Aktion!)

5. **Klicken Sie auf den gewünschten Kombinationsfeld-Stil.**

Testen Sie Ihr neu erworbenes Wissen

1. **Was ist der Unterschied zwischen einem Kontrollkästchen und einem Optionsfeld?**

   a) Man kann ein oder mehrere Kontrollkästchen, aber nur ein Optionsfeld wählen.

   b) Optionsfelder sind Felder, die von einem Bauern nur dann beackert werden, wenn er Lust dazu hat, während Kontrollkästchen die kleinen Hütten der Zollbeamten an der Grenze sind.

   c) Das weiß ich nicht. Sie sind der Lehrer, der eigentlich alles wissen sollte.

   d) Alles ist eins, Mann. So wie alles von deinem Standpunkt abhängt.

2. **Worin besteht der Hauptunterschied zwischen einem Listenfeld und einem Kombinationsfeld?**

   a) Ein Kombinationsfeld bietet Ihnen die Möglichkeit, eine Option einzugeben oder aus einer angezeigten Liste auszuwählen. Ein Listenfeld zwingt Sie dazu, eine Option aus der angezeigten Liste auszuwählen.

   b) Ein Listenfeld wird L-I-S-T buchstabiert, ein Kombinationsfeld dagegen K-O-M-B-I-N-A-T-I-O-N.

   c) Kombinationsfelder sind cooler als Listenfelder, weil ein Kombinationsfeld den normalen Benutzer in der Regel mehr verwirrt als ein Listenfeld.

   d) Es gibt keinen Unterschied. Tatsächlich hat man festgestellt, dass zwei von drei französischen Köchen meinen, dass beide genau wie Butter schmecken.

Elemente in Listenfelder und Kombinationsfelder einfügen

Wenn Sie Ihr Listenfeld oder Kombinationsfeld erstellt haben, müssen Sie es mit Elementen füllen. (Andernfalls macht es ja keinen Sinn, ein Listenfeld oder Kombinationsfeld zu erstellen, nicht wahr?) In Visual Basic haben Sie zwei Möglichkeiten, Elemente in ein Listenfeld oder Kombinationsfeld einzufügen:

✔ Die Eigenschaft *List* im Eigenschaftenfenster

✔ BASIC-Code

Um Elemente mit der Eigenschaft *List* in ein Listenfeld oder ein Kombinationsfeld einzufügen, gehen Sie folgendermaßen vor:

1. **Klicken Sie auf das Listenfeld oder Kombinationsfeld, in das Sie Elemente einfügen möchten.**

2. **Öffnen Sie das Eigenschaftenfenster, indem Sie auf** $\boxed{\text{F4}}$ **drücken.**

3. **Doppelklicken Sie auf die Eigenschaft** *List*.

   Ein Dropdown-Textfeld erscheint.

4. **Geben Sie das erste Element der Liste ein, und drücken Sie dann auf** $\boxed{\text{Strg}}$ **+** $\boxed{\text{Eingabe}}$.

   Wiederholen Sie diesen Schritt für jedes Element, das Sie in die Liste einfügen wollen.

5. **Drücken Sie auf** $\boxed{\text{Eingabe}}$.

 Wenn Sie die Elemente mit BASIC-Code in das Listenfeld oder das Kombinationsfeld einfügen wollen, lautet der geheime BASIC-Befehl `AddItem`. Wenn Sie also das Element *Wähle mich* in ein Listenfeld mit dem Namen `lstCommands` einfügen wollen, lautet der magische BASIC-Code, mit dem Sie dies erreichen können, folgendermaßen:

```
lstCommands.AddItem "Wähle mich"
```

Sie können Elemente beim Ausführen eines Programms jederzeit in ein Listenfeld oder Kombinationsfeld einfügen; aber meistens wird dies beim Start eines Programms erledigt.

Um Elemente am Anfang eines Programms in eine Liste einzufügen, gehen Sie folgendermaßen vor:

1. **Klicken Sie auf das Formular Ihres Programms.**

2. **Klicken Sie auf das Symbol** *Code anzeigen*.

3. **Wählen Sie im Kombinationsfeld** *Objekt* **das Element** *Form*.

   Visual Basic zeigt die folgende Prozedur an:

```
Private Sub Form_Load()
End Sub
```

4. **Benutzen Sie für jedes Element, das Sie in einem Listenfeld oder Kombinationsfeld anzeigen wollen, den Befehl** `AddItem`. **Wenn Sie z.B. ein Listenfeld mit dem Namen** *lstToDo* **und ein Kombinationsfeld mit dem Namen** *cboHideIn* **haben, könnte die Prozedur** `Sub Form_Load()` **folgendermaßen aussehen:**

```
Private Sub Form_Load()
    lstToDo.AddItem "Makler anrufen"
    lstToDo.AddItem "Flugticket bestellen"
    lstToDo.AddItem "Bis Mittag normal verhalten"
    lstToDo.AddItem "125.000 Euro stehlen"
    lstToDo.AddItem "Kopfschmerzen vortäuschen"
    lstToDo.AddItem "Arbeitsplatz vorzeitig verlassen"
    lstToDo.AddItem "Zum Flughafen fahren"
```

```
      lstHideIn.AddItem "Acapulco"
      lstHideIn.AddItem "Rio de Janeiro"
      lstHideIn.AddItem "Paris"
      lstHideIn.AddItem "Tokio"
      lstHideIn.AddItem "New York"
      lstHideIn.AddItem "Bangkok"
   End Sub
```

Die Prozedur fügt diese Elemente in das Listenfeld *lstToDo* und das Kombinationsfeld *cboHideIn* ein, wenn das erste Formular Ihres Programmes geladen wird. Die Abbildung 7.6 zeigt das Ergebnis Ihrer Prozedur:

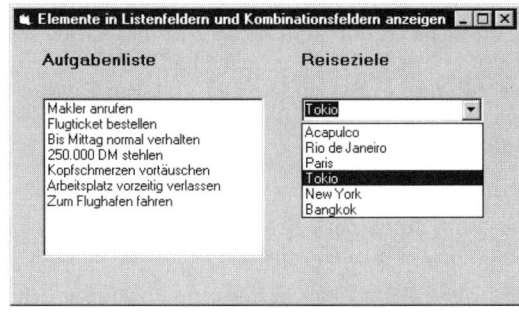

Abbildung 7.6: Wie lstToDo *und* cboHideIn *aussehen, nachdem die Prozedur* Form_Load *ausgeführt wurde.*

Standardelemente hervorheben

Listenfelder und Kombinationsfelder bieten dem Benutzer Wahlmöglichkeiten. Um dem Benutzer das Wählen noch einfacher und damit aus seiner Sicht effizienter zu machen, können Kombinationsfelder ein Standardelement anzeigen. (Bei Listenfeldern ist das erste Element das Standardelement.) Das *Standardelement* ist das Element, das der Computer automatisch als gewählt betrachtet, solange der Benutzer nichts anderes angibt. (Es ist nicht sehr sinnvoll, das am wenigsten wahrscheinliche Element als Standardelement zu definieren.)

Um das Standardelement eines Kombinationsfelds zu definieren, gehen Sie folgendermaßen vor:

1. **Klicken Sie auf das Kombinationsfeld, für das Sie ein Standardelement definieren wollen.**

2. **Öffnen Sie das Eigenschaftenfenster, indem Sie auf** F4 **drücken.**

3. **Klicken Sie auf die Eigenschaft** *Text***.**

4. **Geben Sie das Element ein, das Sie als Standardelement des Kombinationsfelds definieren wollen.**

Wenn Sie die Eigenschaft *Style* auf *2 - Dropdown-Liste* setzen, können Sie das Standardelement mit BASIC-Code definieren, indem Sie die Eigenschaft *ListIndex* auf einen Wert wie beispielsweise *2* setzen (um das betreffende Element zum Standardelement zu machen):

```
cboHideIn.ListIndex = 2
```

Wenn der Benutzer auf das Kombinationsfeld klickt, wird das Standardelement markiert (siehe oben Abbildung 7.6). Wenn Sie kein Standardelement definieren, benutzt Visual Basic den generischen Namen (*Combo1, Combo2* usw.) des Kombinationsfelds. Da dies ziemlich amateurhaft aussieht, sollten Sie immer ein Standardelement für Ihre Kombinationsfelder definieren.

Elemente in einem Listenfeld oder Kombinationsfeld sortieren

Die Reihenfolge, in der Sie Elemente in ein Listenfeld oder Kombinationsfeld einfügen, entspricht der Reihenfolge, in der die Elemente angezeigt werden. Um Abwechslung ins Spiel zu bringen, können Sie in Visual Basic die Elemente auf zwei Arten sortieren:

✔ Alphabetisch

✔ Beliebig

Beim alphabetischen Sortieren kümmert sich Visual Basic nicht um die Groß- oder Kleinschreibung der Elemente. So sind z.B. für Visual Basic *Ihre Mutter* und *IHRE MUTTER* beim Sortieren gleichwertig.

Um Elemente in einem Listenfeld oder Kombinationsfeld alphabetisch zu sortieren, gehen Sie folgendermaßen vor:

1. **Klicken Sie auf das Listenfeld oder Kombinationsfeld, dessen Elemente Sie alphabetisch anzeigen wollen.**

2. **Öffnen Sie das Eigenschaftenfenster, indem Sie auf** F4 **drücken.**

3. **Klicken Sie auf die Eigenschaft *Sorted*, und setzen Sie deren Wert auf *True*.**

Visual Basic sortiert die Elemente immer aufsteigend von A bis Z. Sie können die Elemente nicht absteigend von Z nach A sortieren (es sei denn, Sie stellen Ihren Bildschirm auf den Kopf).

Wenn Sie die Elemente nicht alphabetisch sortieren wollen, müssen Sie die Elemente Stück für Stück manuell sortieren. Visual Basic gibt jedem Element in der Liste eine so genannte Indexnummer. (Dabei handelt es sich um eine ganz gewöhnliche Zahl wie *1* oder *3*.)

Das erste Element in einer Liste erhält die Indexnummer *0*, das zweite Element die Indexnummer *1*, das dritte Element die Indexnummer *2* usw. (siehe Abbildung 7.7).

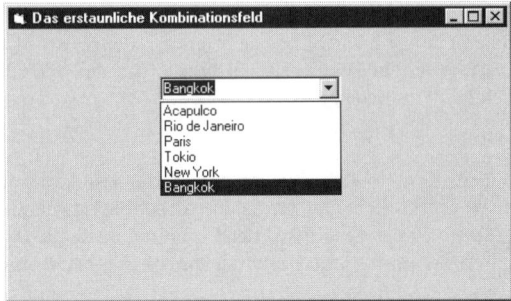

Abbildung 7.7: Acapulco hat die Indexnummer 0, Rio de Janeiro hat die Indexnummer
1 usw. bis Bangkok, das die Indexnummer 5 hat.

Um ein Element an erster Stelle in eine Liste einzufügen, müssen Sie wieder den BASIC-Befehl
AddItem benutzen, und zwar diesmal folgendermaßen:

```
cboHideIn.AddItem "Harare", 0
```

Wenn Sie die Indexnummer auslassen, fügt Visual Basic das Element an einer der beiden folgenden Stellen ein:

✔ Wenn die Eigenschaft _Sorted_ des Listenfelds oder Kombinationsfelds den Wert _False_ hat,
wird das Element an die Liste angehängt.

✔ Wenn die Eigenschaft _Sorted_ des Listenfelds oder Kombinationsfelds den Wert _True_ hat,
wird das Element an der alphabetisch richtigen Stelle in die Liste einsortiert.

Abbildung 7.8 zeigt, wie _Harare_ in die sortierte Liste an der alphabetisch richtigen Stelle eingefügt und bei der unsortierten Liste an die Liste angehängt wird.

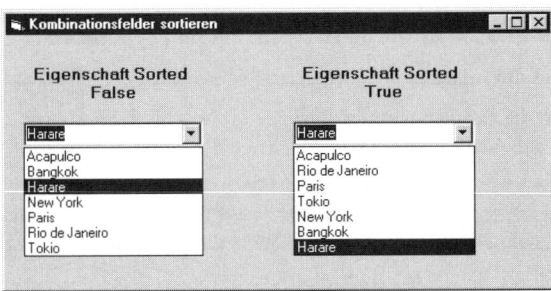

Abbildung 7.8: Elemente in eine sortierte und eine unsortierte Liste einfügen.

Wenn Sie die Eigenschaft *Sorted* eines Listenfelds oder Kombinationsfelds auf den Wert *True* setzen und ein Element unter Angabe einer Indexnummer einfügen, fügt Visual Basic das Element an der Stelle ein, die durch die Indexnummer definiert wird. Das hinzugefügte Element wird in diesem Fall also nicht alphabetisch einsortiert.

Elemente aus einem Listenfeld oder Kombinationsfeld entfernen

Elemente in eine Liste einzufügen und zu sortieren sieht ganz gut aus, aber manchmal macht es mehr Spaß, ein Element zu löschen, um den destruktiven Drang zu befriedigen, den jeder ab und zu in sich verspürt.

In Visual Basic können Sie ein Element auf zwei Wegen aus einer Liste entfernen:

✔ Benutzen Sie den BASIC-Befehl `RemoveItem`, um Elemente einzeln aus der Liste zu löschen.

✔ Benutzen Sie den BASIC-Befehl `Clear`, um eine ganze Liste auf einmal zu löschen.

Wenn Sie den BASIC-Befehl `RemoveItem` benutzen wollen, müssen Sie die Indexnummer des Elements kennen, das Sie löschen wollen. Wenn Sie z.B. das Element mit der Indexnummer *5* aus dem Listenfeld mit dem Namen *lstToDo* löschen wollen, müssen Sie folgenden BASIC-Befehl benutzen:

```
lstToDo.RemoveItem 5
```

Wenn Sie den BASIC-Befehl Clear benutzen wollen, um eine ganze Liste auf einen Schlag zu löschen, müssen Sie den Namen des Listenfelds oder Kombinationsfelds kennen, das diese Liste enthält. Wenn Sie z.B. den ganzen Inhalt eines Kombinationsfelds mit dem Namen *cboHideIn* auf einmal löschen wollen, müssen Sie folgenden BASIC-Befehl benutzen:

```
cboHideIn.Clear
```

 Vergewissern Sie sich, dass Sie wirklich eine ganze Liste löschen wollen, ehe Sie den BASIC-Befehl `Clear` verwenden.

Kontrollkästchen in Listenfeldern anzeigen

Sie können die Elemente in einem Listenfeld zusätzlich mit einem Kontrollkästchen versehen (siehe Abbildung 7.9). Mithilfe solcher Kontrollkästchen können Sie z.B. Aufgaben- oder Einkaufslisten erstellen und die Elemente als erledigt markieren.

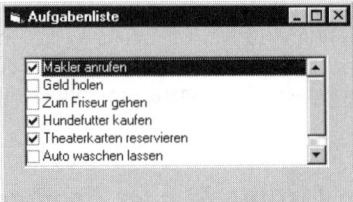

Abbildung 7.9: Kontrollkästchen in einem Listenfeld anzeigen.

Um Kontrollkästchen in einem Listenfeld anzuzeigen, gehen Sie folgendermaßen vor:

1. **Klicken Sie auf das Listenfeld, in das Sie Kontrollkästchen einfügen wollen.**

2. **Öffnen Sie das Eigenschaftenfenster, indem Sie auf** ⌐F4⌐ **drücken.**

3. **Klicken Sie auf die Eigenschaft** *Style*, **und wählen Sie** *1 - Kontrollkästchen*.

Um herauszufinden, welche Elemente einer Liste der Benutzer markiert hat, müssen Sie BASIC-Code verwenden. Denken Sie daran, dass die Elemente der Liste numeriert sind. Das erste Element hat die Indexnummer *0*, das zweite die Indexnummer *1* usw. Mit diesem Wissen können Sie eine Ereignisprozedur schreiben, die Ihnen sagt, welches Element gerade markiert wurde, und mit Ihrem Listenfeld folgendermaßen verbinden:

```
Private Sub List1_ItemCheck(Item As Integer)
GlobalVariable = Item

' Element (markiert oder nicht markiert) drucken
Print Item
End Sub
```

Wenn der Benutzer ein Element markiert oder dessen Markierung löscht, wird diese Ereignisprozedur ausgeführt, und die Variable *Item* teilt Ihnen das betreffende Element mit. Wenn beispielsweise das erste Element markiert (oder seine Markierung gelöscht) wurde, weist die Ereignisprozedur *ItemCheck* der Variablen Item den Wert *0* zu.

Sie können dann diese Variable benutzen, um anderen Teilen Ihres Programms mitzuteilen, welche Element des Listenfelds verändert wurde, um dort die weitere Verarbeitung des betreffenden Elements festzulegen.

Mehrspaltige Listenfelder

Aus ästhetischen Gründen oder einfach nur, weil Sie sich langweilen und herumspielen wollen, können Sie mehrere Spalten in einem Listenfeld anzeigen. In Visual Basic gibt es drei Varianten der Spaltenbildung in Listen:

✔ *Wert 0* – Eine einspaltige Liste mit der Möglichkeit, die Liste vertikal zu verschieben (die Standardform eines Listenfelds)

✔ *Wert 1* – Eine einspaltige Liste mit der Möglichkeit, die Liste horizontal zu verschieben (ohne die Möglichkeit, sie vertikal zu verschieben)

✔ *Wert größer als 1* – Eine mehrspaltige Liste mit zwei oder mehr Spalten mit der Möglichkeit, die Liste horizontal zu verschieben (ohne die Möglichkeit, sie vertikal zu verschieben)

Diese verschiedenen Stile werden in Abbildung 7.10 gezeigt. Um den Stil der Spaltenanzeige eines Listenfelds zu ändern, gehen Sie folgendermaßen vor:

1. **Klicken Sie auf das Listenfeld, das Sie ändern wollen.**

2. **Öffnen Sie das Eigenschaftenfenster, indem Sie auf** ⌨F4 **drücken.**

3. **Klicken Sie auf die Eigenschaft** *Columns*, **und geben Sie** *0, 1* **oder irgendeine Zahl größer als eins ein.**

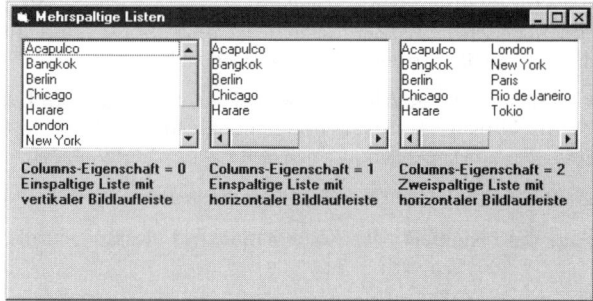

Abbildung 7.10: Vergleich der Listenfeld-Stile.

Elemente in einem Listenfeld ansprechend gestalten

Damit Ihre Listen nicht wie langweilige Einkaufszettel, sondern etwas attraktiver aussehen, können Sie in Visual Basic die Schriftart, den Schriftschnitt und den Schriftgrad der Elemente in Ihrer Liste ändern.

Schriftarten (engl. *Fonts*) sind Möglichkeiten, um Text auf verschiedene Weise anzuzeigen. Normalerweise benutzt Visual Basic die Schriftart *MS Sans Serif*; aber Sie können jede Schriftart verwenden, die in Ihrem Computer gespeichert ist. (*MS Sans Serif* sieht ähnlich aus wie die Schriftart *Helvetica*; und die Visual Basic-Schriftart *MS Serif* sieht ähnlich aus wie die Schriftart *Times Roman*.)

Um die Schriftart der Elemente in einem Listenfeld oder Kombinationsfeld zu ändern, gehen Sie folgendermaßen vor:

1. **Klicken Sie auf das Listenfeld oder Kombinationsfeld, dessen Schriftart Sie ändern wollen.**

2. **Öffnen Sie das Eigenschaftenfenster, indem Sie auf ⌊F4⌋ drücken.**

3. **Doppelklicken Sie auf die Eigenschaft *Font*.**

   Visual Basic zeigt das Dialogfeld *Schriftart* an.

4. **Klicken Sie auf die gewünschte Schriftart und dann auf *OK*.**

   Visual Basic ändert die Schriftart des Listenfelds oder Kombinationsfelds sofort.

 Gehen Sie mit Schriftarten sorgfältig um. Anfänger lassen sich oft dazu hinreißen, so viele bizarre Schriftarten zu verwenden, dass jeder Kontakt zum Normalen verlorengeht. Benutzen Sie in der Regel die Visual Basic-Standardschriftart *MS Sans Serif*, und greifen Sie nur dann auf andere Schriftarten zurück, wenn Sie dafür einen wirklich guten Grund haben.

Sie können auch die Größe Ihrer Elemente ändern und sie verkleinern oder vergrößern. Beachten Sie: Je größer der Schriftgrad der Elemente ist, desto größer muss Ihr Listenfeld oder Kombinationsfeld sein, um das ganze Element anzeigen zu können.

Je größer der Schriftgrad, desto auffälliger wirken die Elemente in Ihren Listenfeldern oder Kombinationsfeldern. Normalerweise ist es besser, nur einen Schriftgrad für alle Listenfelder oder Kombinationsfelder zu verwenden, um den Benutzer nicht unnötig zu verwirren.

Um den Schriftgrad zu ändern, gehen Sie folgendermaßen vor:

1. **Klicken Sie auf das Listenfeld oder Kombinationsfeld, dessen Schriftgrad Sie ändern wollen.**

2. **Öffnen Sie das Eigenschaftenfenster, indem Sie auf ⌊F4⌋ drücken.**

3. **Doppelklicken Sie auf die Eigenschaft *Font*.**

   Visual Basic zeigt das Dialogfeld *Schriftart* an.

4. **Klicken Sie auf den gewünschten Schriftgrad und dann auf *OK*.**

   Visual Basic ändert den Schriftgrad des Listenfelds oder Kombinationsfelds sofort.

Neben der Schriftart und dem Schriftgrad können Sie auch den Schriftschnitt ändern, und Text fett, *kursiv*, <u>unterstrichen</u> oder ~~durchgestrichen~~ darstellen. Um einen oder mehr Schriftschnitte zu ändern, gehen Sie folgendermaßen vor:

1. **Klicken Sie auf das Listenfeld oder Kombinationsfeld, dessen Schriftschnitt Sie ändern wollen.**

2. **Öffnen Sie das Eigenschaftenfenster, indem Sie auf ⌊F4⌋ drücken.**

3. **Doppelklicken Sie auf die Eigenschaft *Font*.**

   Visual Basic zeigt das Dialogfeld *Schriftart* an.

4. Klicken Sie auf den gewünschten Schriftschnitt und dann auf *OK*.

Visual Basic ändert den Textschnitt des Listenfelds oder Kombinationsfelds sofort.

 Je attraktiver Sie Ihre Listenfelder und Kombinationsfelder gestalten, desto eher wird der Benutzer sie wenigstens bemerken (wenn auch nicht unbedingt benutzen). Behalten Sie immer im Auge, dass Sie ein leicht bedienbares Programm und kein Kunstwerk schaffen sollen. Wenn Sie kreativ sein wollen, versuchen Sie es mit Fingerfarbe. Wenn Sie nützliche Programme schreiben und damit Millionen verdienen wollen, gestalten Sie Ihre Programme so, dass man einfach mit ihnen arbeiten kann und möglichst noch Spaß dabei hat.

Textfelder zum Eintippen und Anzeigen von Wörtern

8

In diesem Kapitel

▷ Textfelder erstellen

▷ Textfelder füllen und Kennwörter verbergen

▷ Verschiedene Schriftarten, Schriftgrade, Schriftschnitte und Farben verwenden

---

*T*rotz der zunehmenden Akzeptanz von Symbolen und grafischen Benutzeroberflächen können nicht alle Optionen mit Kontrollkästchen, Optionsfeldern oder Kombinationsfeldern präsentiert werden. Manchmal muss Ihr Programm auch ein Wort, einen Satz, einen Absatz oder einen Roman auf dem Bildschirm anzeigen. Und manchmal möchte auch der Benutzer das eine oder andere Wort eingeben.

Wie lautet die Lösung? Kombinationsfelder funktionieren bei Wörtern und kurzen Ausdrücken. Aber wenn Ihr Programm einen größeren Textabschnitt anzeigen oder der Benutzer Informationen in beträchtlichem Umfang eintippen muss, wird Ihre Arbeit durch den Einsatz von *Textfeldern* erheblich einfacher.

Textfelder haben zwei Aufgaben:

✔ Text auf dem Bildschirm anzuzeigen

✔ Dem Benutzer das Eingeben von Text zu ermöglichen

Textfelder gehören zu den flexibelsten Programmobjekten, weil Sie Anweisungen in einem Textfeld anzeigen können und der Benutzer mit normalen Worten Eingaben machen kann.

Die beiliegende CD enthält ein einfaches Visual Basic-Programm mit einem Textfeld zur Eingabe eines Kennworts. Experimentieren Sie mit diesem Programm, um zu erfahren, wie Textfelder funktionieren.

Ein Textfeld erstellen

Textfelder funktionieren wie Miniatur-Textverarbeitungsprogramme, aber zeigen Text nur in einer Schriftart, einem Schriftgrad und einer Auszeichnung an. Selbst wenn Sie gerne wollten, können Sie also in Ihren Textfeldern keine verschiedenen Schriftarten gleichzeitig verwenden.

Wenn der Benutzer Text in ein Textfeld eingibt, sind die folgenden Windows-Tasten und -Tastenkombinationen aktiv:

✔ ⌑Entf⌑ löscht das Zeichen rechts von der Einfügemarke.

✔ ⌑Rück⌑ löscht das Zeichen links von der Einfügemarke.

✔ ⌑Umschalt⌑+⌑↑⌑ markiert einen Textblock.

✔ ⌑Strg⌑+⌑←⌑ verschiebt die Einfügemarke ein Wort nach links.

✔ ⌑Strg⌑+⌑→⌑ verschiebt die Einfügemarke ein Wort nach rechts.

✔ ⌑Pos1⌑ oder ⌑Strg⌑+⌑Pos1⌑ verschiebt die Einfügemarke an den Anfang der Zeile.

✔ ⌑Ende⌑ oder ⌑Strg⌑+⌑Ende⌑ verschiebt die Einfügemarke an das Ende der Zeile.

✔ ⌑Umschalt⌑+Verschiebungstaste, wie beispielsweise ⌑Pos1⌑, markiert Text.

✔ ⌑F11⌑ und ⌑F12⌑ machen gar nichts und sind ungefähr so nützlich wie Weisheitszähne.

Um ein Textfeld zu erstellen, gehen Sie folgendermaßen vor:

1. **Klicken Sie auf das Symbol *TextBox* (Textfeld) in der Visual Basic-Werkzeugsammlung.**

2. **Gehen Sie mit der Maus an die Stelle des Formulars, an der Sie das Textfeld zeichnen wollen.**

3. **Drücken und halten Sie die linke Maustaste nieder, und ziehen Sie die Maus, um das Textfeld zu zeichnen.**

   Visual Basic zeigt ein Textfeld mit einem langweiligen Standardtext wie *Text1* an.

4. **Wiederholen Sie die Schritte 1 bis 3, bis Sie alle benötigten Textfelder gezeichnet haben.**

Textfelder mit einem ansprechenden Rahmen versehen

Normalerweise rahmt Visual Basic ein Textfeld mit einer einzelnen Linie ein, welche die Grenzen des Textfeldes definiert. Wenn Sie den Benutzer aus irgendeinem Grund darüber im unklaren lassen wollen, wo ein Textfeld steht, können Sie diesen Rahmen entfernen. Abbildung 8.1 zeigt Ihnen Beispiele von Textfeldern mit und ohne Begrenzung.

Um den Rahmen eines Textfeldes zu ändern, gehen Sie folgendermaßen vor:

1. **Klicken Sie auf das Textfeld, dessen Rahmen Sie ändern möchten.**

2. **Öffnen Sie das Eigenschaftenfenster, indem Sie auf ⌑F4⌑ drücken.**

3. **Klicken Sie auf die Eigenschaft *BorderStyle*, und wählen Sie einen der folgenden Werte:**

   ◈ 0 - Kein

   ◈ 1 - Fest Einfach

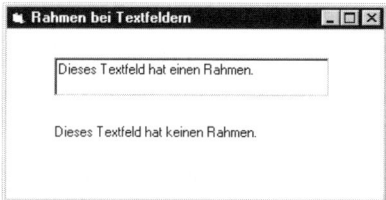

Abbildung 8.1: Textfeld mit Rahmen und ohne Rahmen.

Wörter in Textfeldern anzeigen

Wenn Sie Ihr Textfeld erstellt haben, wollen Sie es sicher auch mit Text füllen. Standardmäßig zeigt Visual Basic in einem Textfeld den Namen des Textfeldes an, wie beispielsweise *Text1*.

Die Änderung des Textes in einem Textfeld hat keinen Einfluss auf die Eigenschaft *Name* des Textfeldes. Wenn Sie also in Ihrem Textfeld etwas Aufregenderes als etwa *Text3* anzeigen wollen, müssen Sie die Eigenschaft *Text* des Textfeldes ändern (siehe Abbildung 8.2).

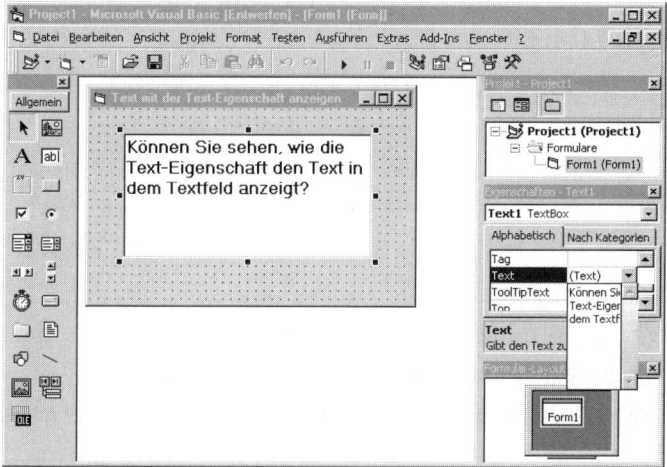

Abbildung 8.2: Wie der Wert der Eigenschaft Text *in einem Textfeld angezeigt wird.*

Die Eigenschaft *Text* darf alles enthalten: eine Leerzeile (wobei Ihr Textfeld auf dem Bildschirm leer ist), gewöhnlichen Text oder eine Masse unverständlichen Textmülls, der einem typischen Computerhandbuch ähnlich sieht. Abbildung 8.2 zeigt Ihnen, wie mit der Eigenschaft *Text* der Inhalt eines Textfelds festgelegt wird.

Um die Eigenschaft *Text* eines Textfeldes zu ändern, gehen Sie folgendermaßen vor:

1. **Klicken Sie auf das Textfeld, dessen *Text*-Eigenschaft Sie ändern wollen.**

2. **Öffnen Sie das Eigenschaftenfenster, indem Sie auf F4 drücken.**

3. **Doppelklicken Sie auf die Eigenschaft *Text*.**

4. **Geben Sie einen beliebigen Text ein, der anfangs in dem Textfeld angezeigt werden soll.**

 Wenn Sie den Inhalt eines Textfeldes ändern wollen, während Ihr Programm läuft, müssen Sie BASIC-Code wie den folgenden benutzen:

```
txtMessage.Text = "Dies ist der neue Text im Textfeld."
```

Wenn Sie die Eigenschaft *Text* eines Textfeldes ändern, wird dessen vorheriger Inhalt komplett gelöscht.

Text in einem Textfeld ausrichten

Damit ein Textfeld ansprechend und aufgeräumt aussieht, kann Visual Basic den Text linksbündig, rechtsbündig oder zentriert ausrichten (siehe Abbildung 8.3).

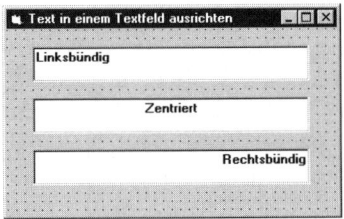

Abbildung 8.3: Vergleich von linksbündig, zentriert und rechtsbündig ausgerichtetem Text.

Um Text in einem Textfeld auszurichten, gehen Sie folgendermaßen vor:

1. **Klicken Sie auf das Textfeld, dessen Text Sie ausrichten möchten.**

2. **Öffnen Sie das Eigenschaftenfenster, indem Sie auf F4 drücken.**

3. **Klicken Sie auf die Eigenschaft *Alignment*, und wählen Sie einen der folgenden Werte:**

   ◆ 0 - Links

   ◆ 1 - Rechts

   ◆ 2 - Zentriert

Zeilenumbruch in Textfeldern

Textfelder dienen nicht nur dazu, Text anzuzeigen, den der Programmierer festgelegt hat, sondern auch dazu, Texteingaben des Benutzers zu ermöglichen. Standardmäßig verhält sich ein Textfeld beim Eingeben von Text ziemlich dumm. Wenn ein Benutzer Text eintippt, zeigt das Textfeld den Text als eine einzige riesenlange Zeile an, die so verschoben werden kann, dass man immer nur einen Teil von ihr sieht. Damit der Text wie bei einem richtigen Textverarbeitungsprogramm umbrochen wird, müssen Sie die Eigenschaft *MultiLine* des Textfeldes auf den Wert *True* setzen.

Um die Eigenschaft *MultiLine* eines Textfeldes einzuschalten, gehen Sie folgendermaßen vor:

1. **Klicken Sie auf das Textfeld, in dem Sie den Text umbrechen wollen.**

2. **Öffnen Sie das Eigenschaftenfenster, indem Sie auf F4 drücken.**

3. **Klicken Sie auf die Eigenschaft *MultiLine*, und setzen Sie ihren Wert auf *True*.**

Wenn die Eigenschaft *MultiLine* eines Textfeldes den Wert *True* hat, bricht das Textfeld den Text am rechten Rand um (siehe Abbildung 8.4). Wenn Sie die Breite eines Textfeldes mitten in Ihrem Programm ändern, passt das Textfeld den Zeilenumbruch automatisch an die neuen Begrenzungen an. Ist das nicht erstaunlich?

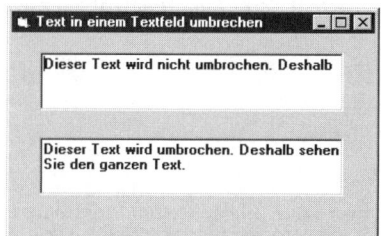

Abbildung 8.4: Zeilenumbruch in Textfeldern.

Horizontale und vertikale Bildlaufleisten in ein Textfeld einfügen

Wenn ein Textfeld nicht hoch genug ist, wird ein Teil des Textes beim Zeilenumbruch verdeckt. Um auch die Textteile anzeigen zu können, die nicht in das Textfeld passen, können Sie in Visual Basic mit *horizontalen* und *vertikalen Bildlaufleisten* arbeiten (siehe Abbildung 8.5).

 Achtung! Wenn Sie eine horizontale Bildlaufleiste in ein Textfeld einfügen, wird der Zeilenumbruch abgeschaltet. Der Benutzer kommt dann nur durch Drücken der Eingabe -Taste in die nächste Zeile.

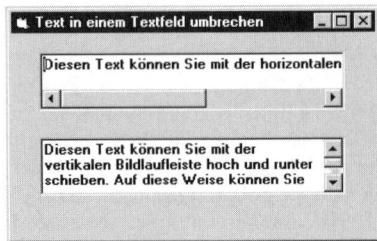

Abbildung 8.5: Horizontale und vertikale Bildlaufleisten in Textfeldern.

Wenn Sie eine vertikale Bildlaufleiste in ein Textfeld einfügen, kann der Benutzer mehr Text eingeben, als in den sichtbaren Teil des Textfeldes hineinpasst. Außerdem kann der Benutzer in einem solchen Textfeld mit den Tasten ⎡Bild ↑⎤ und ⎡Bild ↓⎤ im Text zurück- und vorblättern.

Um Bildlaufleisten in ein Textfeld einzufügen, gehen Sie folgendermaßen vor:

1. **Klicken Sie auf das Textfeld, in das Sie Bildlaufleisten einfügen möchten.**

2. **Öffnen Sie das Eigenschaftenfenster, indem Sie auf ⎡F4⎤ drücken.**

3. **Klicken Sie auf die Eigenschaft *ScrollBars*, und wählen Sie einen der folgenden Werte:**

   ◈ 0 - Kein

   ◈ 1 - Horizontal

   ◈ 2 - Vertikal

   ◈ 3 - Beides

 Horizontale und vertikale Bildlaufleisten funktionieren nur, wenn Sie die Eigenschaft *MultiLine* eines Textfeldes auf den Wert *True* setzen. (Es ist müßig, mit Bildlaufleisten zu arbeiten, wenn der Text nicht länger als eine Zeile lang sein kann.)

Ein Kennwortfeld erstellen

Falls Sie für den CIA, das FBI, den BND oder eine andere Organisation mit viel Geld, dem Hang zur Geheimniskrämerei und einem Akronym aus drei Buchstaben arbeiten, können Sie mit Visual Basic eine bestimmte Art von Textfeldern, die so genannten *Kennwort-Textfelder,* erstellen.

Kennwort-Textfelder zeigen beim Eingeben eines Textes nicht die Buchstaben an, die Sie eintippen, sondern stattdessen ein anderes Zeichen wie z.B. ein Sternchen (*), um damit Ihren Text zu verbergen. In Abbildung 8.6 wird das Kennwort *Geheim* als Folge von Sternchen dargestellt.

Kennwortzeichen   Eigenschaft *Text*

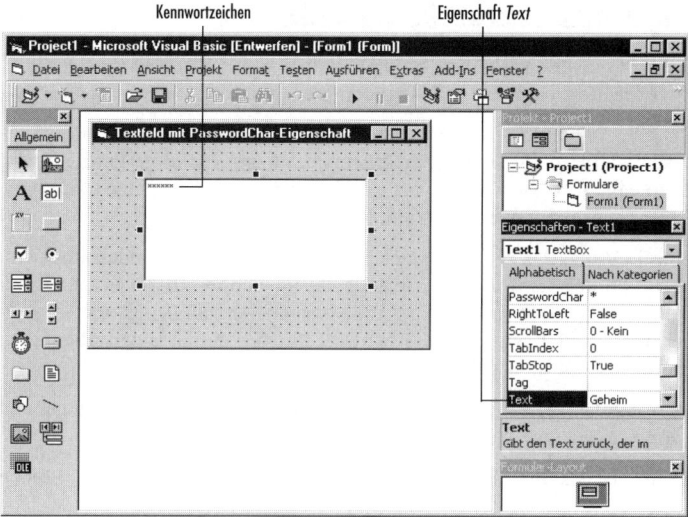

Abbildung 8.6: Wie ein Kennwortfeld funktioniert.

Wenn Sie ein Kennwort-Textfeld erstellen wollen, müssen Sie das Zeichen definieren, das angezeigt werden soll, wenn der Benutzer Text eintippt. Gehen Sie dabei folgendermaßen vor:

1. **Klicken Sie auf das Textfeld, das Sie als Kennwort-Textfeld definieren möchten.**

2. **Öffnen Sie das Eigenschaftenfenster, indem Sie auf** <kbd>F4</kbd> **drücken.**

3. **Klicken Sie auf die Eigenschaft *MultiLine*, und setzen Sie sie auf den Wert *False*.**

 Setzen Sie die Eigenschaft *MultiLine* eines Kennwort-Textfeldes immer auf den Wert *False*. Andernfalls werden die eingetippten Buchstaben nicht verdeckt. Auf diese Weise macht Visual Basic deutlich, dass Kennwörter nicht zwei oder mehr Zeilen lang sein sollten.

4. **Klicken Sie auf die Eigenschaft *PasswordChar*, und tippen Sie das Zeichen ein, das den Text verdecken soll, also z.B. ein Sternchen.**

 Sie dürfen hier nur ein Zeichen eingeben.

Die Länge des Textes begrenzen

Um die Benutzer davon abzuhalten, zu viele Worte zu machen, können Sie die Länge des Textes in einem Textfeld begrenzen. Das hindert die Leute daran, ellenlange Aufsätze über ihre letzten Urlaubserlebnisse einzutippen.

Die Textlänge wird durch die Eigenschaft _MaxLength_ begrenzt. Wenn der Benutzer mehr Zeichen eingeben will, als diese Eigenschaft erlaubt, gibt Visual Basic eine akustische Warnung und verweigert die Annahme der überzähligen Zeichen.

(Leider gibt es in Visual Basic keine Eigenschaft, mit der man die Mindestlänge einer Texteingabe festlegen könnte. Bei normalem Text ist das unwichtig. Aber wenn Sie versuchen, ein sicher funktionierendes Kennwort-Textfeld zu erstellen, kommt wenigstens ein unterbelichteter Benutzer daher und verwendet ein Kennwort mit nur einem Buchstaben, das von jedem anständigen Hacker mit links geknackt wird.)

Um die maximal zulässige Länge des Textes in einem Textfeld zu definieren, gehen Sie folgendermaßen vor:

1. **Klicken Sie auf das Textfeld, dessen maximale Textlänge Sie definieren möchten.**

2. **Öffnen Sie das Eigenschaftenfenster, indem Sie auf** `F4` **drücken.**

3. **Doppelklicken Sie auf die Eigenschaft _MaxLength_, und geben Sie eine beliebige, positive Ganzzahl ein.**

   Der Wert _Null_ bedeutet, dass die Textlänge nicht begrenzt ist.

Schriftarten, Größen und Schnitte

Visual Basic zeigt Text in einem Textfeld normalerweise mit der Schriftart _MS Sans Serif_ an. Um den Benutzer vor seinem Computer wachzuhalten, können Sie Ihren Text zur Abwechslung durch andere Schriftarten aufpeppen. (_MS Sans Serif_ sieht ähnlich aus wie die Schriftart _Helvetica_; und die Visual Basic-Schriftart _MS Serif_ sieht ähnlich aus wie die Schriftart _Times Roman_.)

Um die Schriftart in einem Textfeld zu ändern, gehen Sie folgendermaßen vor:

1. **Klicken Sie auf das Textfeld, dessen Schriftart Sie ändern wollen.**

2. **Öffnen Sie das Eigenschaftenfenster, indem Sie auf** `F4` **drücken.**

3. **Doppelklicken Sie auf die Eigenschaft _Font_.**

   Visual Basic zeigt das Dialogfeld _Schriftart_ an.

4. **Klicken Sie auf die gewünschte Schriftart und dann auf OK.**

   Visual Basic ändert die Schriftart des Textfeldes sofort.

Gehen Sie mit Schriftarten sorgfältig um. Anfänger lassen sich oft dazu hinreißen, bizarre Schriftarten zu verwenden, die den Benutzer eher verwirren, als ihm bei der Orientierung zu helfen. Benutzen Sie in der Regel die Visual Basic-Standardschriftart *MS Sans Serif*, und greifen Sie nur dann auf andere Schriftarten zurück, wenn Sie dafür einen wirklich guten Grund haben.

Sie können auch die Größe des Textes in Textfeldern verkleinern oder vergrößern. Beachten Sie: Je größer der Schriftgrad ist, desto größer muss Ihr Textfeld sein, um den ganzen Text anzeigen zu können. Je größer der Schriftgrad, desto weniger Text können Sie in Ihrem Textfeld anzeigen. Normalerweise ist es besser, nur einen Schriftgrad für alle Textfelder zu verwenden, um den Benutzer nicht unnötig zu verwirren.

Um den Schriftgrad zu ändern, gehen Sie folgendermaßen vor:

1. **Klicken Sie auf das Textfeld, dessen Schriftgrad Sie ändern wollen.**

2. **Öffnen Sie das Eigenschaftenfenster, indem Sie auf $\boxed{\text{F4}}$ drücken.**

3. **Doppelklicken Sie auf die Eigenschaft *Font*.**

   Visual Basic zeigt das Dialogfeld *Schriftart* an.

4. **Klicken Sie auf den gewünschten Schriftgrad und dann auf OK.**

   Visual Basic ändert den Schriftgrad des Textfeldes sofort.

Das Ändern der Schriftart und des Schriftgrades kann ein Vergnügen sein. Darüber hinaus können Sie in Visual Basic den Schriftschnitt des Textes in einem Textfeld ändern und Text **fett**, *kursiv*, <u>unterstrichen</u> oder ~~durchgestrichen~~ darstellen. Um einen oder mehrere Schriftschnitte zu ändern, gehen Sie folgendermaßen vor:

1. **Klicken Sie auf das Textfeld, dessen Schriftschnitt Sie ändern wollen.**

2. **Öffnen Sie das Eigenschaftenfenster, indem Sie auf $\boxed{\text{F4}}$ drücken.**

3. **Doppelklicken Sie auf die Eigenschaft *Font*.**

   Visual Basic zeigt das Dialogfeld *Schriftart* an.

4. **Klicken Sie auf den gewünschten Schriftschnitt und dann auf OK.**

   Visual Basic ändert den Textschnitt des Textfeldes sofort.

Testen Sie Ihr neu erworbenes Wissen

1. **Nennen Sie zwei Funktionen von Textfeldern.**

   a) Buchstaben Ihres Scrabble-Spiels speichern und die Wörter festhalten, mit denen Sie hunderttausend Mark beim Glücksrad gewinnen könnten.

   b) Text auf dem Bildschirm anzeigen und dem Benutzer die Texteingabe ermöglichen.

c) Alle Computerbücher speichern, die Sie gekauft und niemals gelesen haben, und alle Träume festhalten, die Sie geträumt und nicht verwirklicht haben.

d) Den Acker für die Gedankenkeime angehender Literaten bereiten und den Nährboden für ungeborene Wörter bilden.

2. **Was passiert bei einem Textfeld, dessen Eigenschaft *PasswordChar* auf * (Sternchen) und dessen Eigenschaft *MaxLength* auf 10 gesetzt ist?**

a) Ich müßte nochmal zurückblättern, um die Antwort zu finden, die ich eigentlich schon kennen sollte.

b) Ich bin mir nicht ganz sicher, aber ich glaube, die Frage ist wichtig, sonst würde sie wohl nicht hier stehen.

c) Dadurch wird ein geheimes Kennwort definiert, mit dem man in die Computer des Pentagon eindringen kann.

d) Das Textfeld nimmt höchstens einen 10 Zeichen langen Text an. Und es zeigt an Stelle der tatsächlich eingetippten Buchstaben nur Sternchen (*) an.

Farben in Textfeldern

Wenn Sie als Kind gerne mit Buntstiften gemalt haben, wird Ihnen der folgende Aspekt von Visual Basic gefallen.

 Visual Basic stellt Text normalerweise schwarz auf weiß dar. Kreative Leute können ihren Text in anderen *Vordergrund-* und *Hintergrundfarben* darstellen (siehe Abbildung 8.7).

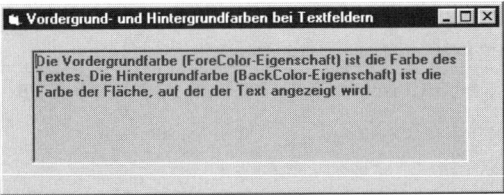

Abbildung 8.7: Hintergrund- und Vordergrundfarben in einem Textfeld.

 Die Farbe in einem Textfeld (Hintergrundfarbe) wird durch die Eigenschaft *BackColor* definiert. Die Farbe des Textes selbst (Vordergrundfarbe) wird durch die Eigenschaft *ForeColor* definiert.

Um die Hintergrund- oder Vordergrundfarbe eines Textfeldes zu ändern, gehen Sie folgendermaßen vor:

1. **Klicken Sie auf das Textfeld, dessen Hintergrund- oder Vordergrundfarbe Sie ändern wollen.**

2. **Öffnen Sie das Eigenschaftenfenster, indem Sie auf** F4 **drücken.**

3. **Doppelklicken Sie auf die Eigenschaft** *BackColor* **oder** *ForeColor* **im Eigenschaftenfenster.**

   Visual Basic zeigt eine Farbpalette an.

4. **Klicken Sie auf die gewünschte Farbe.**

   Visual Basic ändert die Farbe des Textfeldes sofort.

 Wenn Sie die Farbe von Textfeldern ändern, können Sie bestimmte Informationen hervorheben und leichter (oder schwerer) sichtbar machen. Denken Sie jedoch auch daran, dass zu viele Farben ablenkend wirken und dass es farbenblinde Menschen gibt, bei denen die gewünschte Farbwirkung nicht eintritt. Verwenden Sie Farben eher sparsam.

Bildlaufleisten und Bezeichnungsfelder

In diesem Kapitel

▷ Bildlaufleisten erstellen

▷ Das Bildlauffeld verschieben

▷ Bezeichnungsfelder erstellen

▷ Text ausrichten und umbrechen

*N*icht alle Entscheidungen im Leben lassen sich in sauber abgegrenzte Kategorien wie Kontrollkästchen, Optionsfelder oder Listenfelder einordnen. Manchmal müssen die Benutzer auch Entscheidungen treffen, die ein breites Spektrum mit gleitenden Übergängen erfordern.

Denken Sie z.B. an die Lautstärkeregelung Ihrer Stereoanlage. Wenn Sie nur die Wahl zwischen leise, mittel und laut hätten, könnten Sie die Lautstärke nicht genau nach Ihrem Geschmack einstellen. Deshalb haben die meisten Stereoanlagen einen Drehknopf oder Schieberegler, mit dem Sie die Lautstärke gleitend lauter oder leiser einstellen können.

Gleitende Übergänge werden in Visual Basic mit den so genannten *Bildlaufleisten* ermöglicht. Sie dienen z.B. dazu, lange Listen zu verschieben oder in einem Bildbearbeitungsprogramm die Farbsättigung einzustellen. Visual Basic stellt Bildlaufleisten nicht nur als fest eingebaute Bestandteile von Textfeldern, Formularen oder Listenfeldern, sondern auch als eigenständige Objekte zur Verfügung. Abbildung 9.1 zeigt die Komponenten einer Bildlaufleiste.

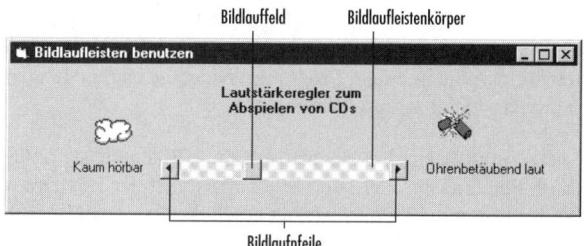

Abbildung 9.1: Komponenten einer Bildlaufleiste in einem richtigen Programm.

 Die beiliegende CD enthält ein einfaches Visual Basic-Programm, das zeigt, wie eine vertikale Bildlaufleiste arbeitet. Experimentieren Sie mit diesem Programm, um zu erfahren, wie Bildlaufleisten funktionieren.

Bildlaufleisten erstellen

In Visual Basic können Sie zwei Arten von Bildlaufleisten erstellen: horizontale Bildlaufleisten und vertikale Bildlaufleisten. *Horizontale Bildlaufleisten* sind waagerecht und zeigen nach links und rechts, vergleichbar mit den Knöpfen für den schnellen Vor- und Rücklauf an Ihrem Videorekorder oder Tonbandgerät. *Vertikale Bildlaufleisten* sind senkrecht und zeigen nach oben und unten, vergleichbar mit den Schiebereglern zur Einstellung der Lautstärke bei manchen Stereoanlagen.

Um eine Bildlaufleiste zu erstellen, gehen Sie folgendermaßen vor:

1. **Klicken Sie auf das Symbol *HScrollBar* oder *VScrollBar* in der Visual Basic-Werkzeugsammlung.**

2. **Gehen Sie mit der Maus an die Stelle auf dem Formular, an der Sie die Bildlaufleiste zeichnen wollen.**

3. **Drücken und halten Sie die linke Maustaste nieder, und ziehen Sie die Maus, um die Bildlaufleiste zu zeichnen. Lassen Sie die linke Maustaste los.**

4. **Wiederholen Sie die Schritte 1 bis 3, bis Sie alle gewünschten Bildlaufleisten erstellt haben.**

 Wenn Sie auf die Bildlaufleisten-Symbole in der Visual Basic-Werkzeugsammlung doppelklicken, erstellt Visual Basic die Bildlaufleisten direkt auf dem Formular.

Höchst- und Mindestwerte einer Bildlaufleiste

 Bildlaufleisten stellen einen numerischen Wertebereich grafisch dar. Eine Bildlaufleiste kann Werte von -32.768 bis 32.767 annehmen. Mit diesen numerischen Werten können Sie in einem Programm beliebige Maße, Mengen oder Positionen (etwa in einer Liste) repräsentieren.

Standardmäßig setzt Visual Basic den Höchstwert einer Bildlaufleiste auf 32.767 und ihren Mindestwert auf Null. Bei einer horizontalen Bildlaufleiste ist der Höchstwert erreicht, wenn das Bildlauffeld so weit wie möglich nach rechts geschoben ist. Der Mindestwert ist erreicht, wenn es so weit wie möglich nach links geschoben ist.

Bei einer vertikalen Bildlaufleiste ist der Höchstwert erreicht, wenn das Bildlauffeld so weit wie möglich nach unten geschoben ist. Der Mindestwert ist erreicht, wenn es so weit wie möglich nach oben geschoben ist.

Sicher ist bei den meisten Programmen der Standardwertebereich von 0 bis 32.767 zu groß. (Wie viele Programme kennen Sie, bei denen der Benutzer zwischen 32.767 Alternativen wählen kann?) Sie können den Wertebereich mit den Eigenschaften *Min* und *Max* der Bildlaufleiste eingrenzen.

Um den Höchstwert und Mindestwert einer Bildlaufleiste zu definieren, gehen Sie folgendermaßen vor:

1. **Klicken Sie auf die Bildlaufleiste, deren Höchstwert und Mindestwert Sie ändern wollen.**

2. **Öffnen Sie das Eigenschaftenfenster, indem Sie auf** F4 **drücken.**

3. **Doppelklicken Sie (oder klicken Sie einmal) auf die Eigenschaft *Max*, und geben Sie einen neuen Wert ein.**

4. **Doppelklicken Sie (oder klicken Sie einmal) auf die Eigenschaft *Min*, und geben Sie einen neuen Wert ein.**

 Wenn der Mindestwert größer als der Höchstwert ist, wird die Bildlaufleiste auf den Kopf gestellt. Dann ist der Höchstwert erreicht, wenn das Bildlauffeld so weit wie möglich links bzw. oben steht, und der Mindestwert, wenn es so weit wie möglich rechts bzw. unten steht.

Wo steht das Bildlauffeld in meinen Bildlaufleisten?

Standardmäßig weist Visual Basic einer Bildlaufleiste den Wert *Null* zu. Wenn Sie der Bildlaufleiste positive Höchst- und Mindestwerte zugewiesen haben, steht das Bildlauffeld deshalb bei einer horizontalen Bildlaufleiste ganz links und bei einer vertikalen Bildlaufleiste ganz oben (siehe Abbildung 9.2).

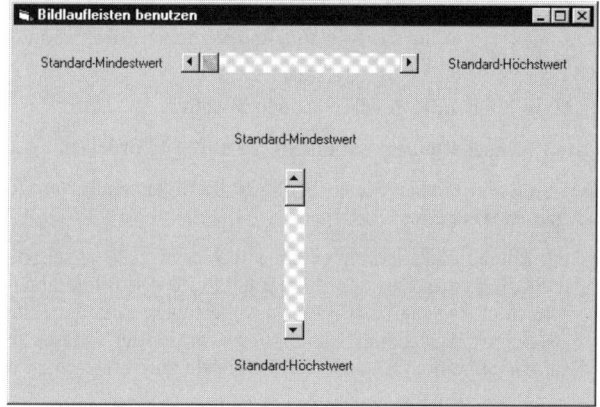

Abbildung 9.2: Standardpositionen der Bildlauffelder.

Wenn das Bildlauffeld standardmäßig nicht den Mindestwert repräsentieren und deshalb an einer anderen Position auf der Bildlaufleiste stehen soll, müssen Sie den Wert der Bildlaufleiste ändern.

Um den Wert einer Bildlaufleiste zu ändern, gehen Sie folgendermaßen vor:

1. **Klicken Sie auf die Bildlaufleiste, deren Wert Sie ändern wollen.**

2. **Öffnen Sie das Eigenschaftenfenster, indem Sie auf** F4 **drücken.**

3. **Klicken Sie auf die Eigenschaft** *Value*, **und geben Sie einen neuen Wert ein.**

   Visual Basic setzt das Bildlauffeld sofort an die neue Position.

Das Bildlauffeld verschieben

Die Position des Bildlauffeldes repräsentiert den aktuellen Wert der Bildlaufleiste. Sie können das Bildlauffeld mit folgenden Methoden verschieben:

✔ Ziehen Sie das Bildlauffeld mit der Maus auf der Bildlaufleiste hin und her.

✔ Klicken Sie auf die Bildlaufpfeile an den Enden der Bildlaufleiste.

✔ Klicken Sie auf eine der Flächen zwischen dem Bildlauffeld und den Bildlaufpfeilen.

Wenn der Benutzer auf einen der Bildlaufpfeile klickt, wird das Bildlauffeld um eine bestimmte Strecke verschoben. Standardmäßig entspricht die Strecke einer Einheit des Wertebereiches der Bildlaufleiste. Wenn z.B. Ihre Bildlaufleiste einen Wertebereich von 0 bis 12 repräsentiert, müssen Sie zwölfmal auf einen Bildlaufpfeil klicken, um das Bildlauffeld von einem Ende der Bildlaufleiste zum anderen zu verschieben.

Um die Strecke zu ändern, um die das Bildlauffeld verschoben wird, wenn der Benutzer auf einen Bildlaufpfeil klickt, gehen Sie folgendermaßen vor:

1. **Klicken Sie auf die Bildlaufleiste, die Sie ändern wollen.**

2. **Öffnen Sie das Eigenschaftenfenster, indem Sie auf** F4 **drücken.**

3. **Doppelklicken Sie (oder klicken Sie einmal) auf die Eigenschaft** *SmallChange*, **und geben Sie einen neuen Wert ein.**

Analog dazu wird das Bildlauffeld auch um eine bestimmte Strecke verschoben, wenn der Benutzer auf eine der Flächen zwischen dem Bildlauffeld und den Bildlaufpfeilen klickt. Standardmäßig entspricht die Strecke einer Einheit des Wertebereiches der Bildlaufleiste. Wenn z.B. Ihre Bildlaufleiste einen Wertebereich von 0 bis 5 repräsentiert, müssen Sie fünfmal klicken, um das Bildlauffeld von einem Ende der Bildlaufleiste zum anderen zu verschieben.

Um die Strecke zu ändern, um die das Bildlauffeld verschoben wird, wenn der Benutzer auf die freie Fläche zwischen dem Bildlauffeld und den Bildlaufpfeilen klickt, gehen Sie folgendermaßen vor:

1. **Klicken Sie auf die Bildlaufleiste, die Sie ändern wollen.**

2. **Öffnen Sie das Eigenschaftenfenster, indem Sie auf $\boxed{\text{F4}}$ drücken.**

3. **Doppelklicken Sie (oder klicken Sie einmal) auf die Eigenschaft *LargeChange*, und geben Sie einen neuen Wert ein.**

 Die Eigenschaften *SmallChange* und *LargeChange* können Werte zwischen 1 und 32.767 annehmen. Je kleiner der Wert, desto kürzer ist die Strecke, um die das Bildlauffeld verschoben wird. Je größer der Wert, desto länger ist die Strecke, um die das Bildlauffeld verschoben wird.

Die folgende Information werden Sie möglicherweise nie verwenden: Wenn Sie die Eigenschaft *SmallChange* oder *LargeChange* auf einen Wert setzen, der größer als der Höchstwert der Bildlaufleiste ist, springt das Bildlauffeld sofort an das Ende der Bildlaufleiste, wenn der Benutzer auf den entsprechenden Bildlaufpfeil oder die entsprechende freie Fläche auf der Bildlaufleiste klickt.

Testen Sie Ihr neu erworbenes Wissen

1. **Unter welchen Umständen würden Sie eine Bildlaufleiste verwenden?**

   a) Wenn Sie die Illusion der Komplexität erzeugen wollen.

   b) Wenn der Benutzer einen Wertebereich wählen muss.

   c) Wenn Sie das Toilettenpapier wieder aufrollen müssen, das Ihre Katze auf dem Fußboden entrollt hat.

   d) Wenn alles andere nicht zu funktionieren scheint und Ihnen die Ideen ausgegangen sind, wie Sie Ihr Programm benutzerfreundlicher machen können.

2. **Mit welchen drei Methoden kann man das Bildlauffeld einer Bildlaufleiste verschieben?**

   a) Auf die Pfeiltasten drücken, die Maus auf den Kopf stellen und den Computer mit einem Hammer bearbeiten.

   b) Telekinese, verbale Beschimpfungen und die Bildlaufleiste mit dem Finger anschubsen.

   c) Das Bildlauffeld verschiebt sich nie. Das ist eine Fangfrage, nicht wahr?

   d) Das Bildlauffeld mit der Maus ziehen, auf die Bildlaufpfeile klicken oder auf die Fläche zwischen dem Bildlauffeld und den Bildlaufpfeilen klicken.

Bezeichnungsfelder erstellen

Bezeichnungsfelder sind Gestaltungselemente, mit denen Sie Ihre Formulare dekorieren und andere Objekte auf Ihren Formularen identifizieren können. Im wirklichen Leben begegnen Ihnen Bezeichnungsfelder auf Schritt und Tritt. Z.B. sehen Sie Schilder wie HERREN und DAMEN auf Toilettentüren, das Schild FEUERLÖSCHER über Feuerlöschern in öffentlichen Gebäuden oder die Aufschrift POWER neben dem Einschaltknopf Ihres Bildschirms. Bezeichnungsfelder lenken Ihre Aufmerksamkeit auf Objekte, die Sie sonst möglicherweise übersehen könnten.

 Sowohl Textfelder (siehe Kapitel 8) als auch Bezeichnungsfelder können Text auf dem Bildschirm anzeigen. Der Hauptunterschied zwischen diesen beiden Objekttypen besteht darin, dass der Benutzer den Text in einem Textfeld ändern kann, während er den Text in einem Bezeichnungsfeld nicht ändern kann.

 Psst, das gilt nur für den Benutzer! Er kann den Text in einem Bezeichnungsfeld nicht ändern, aber Sie können sehr wohl mit BASIC-Code einen anderen Text in ein Bezeichnungsfeld schreiben. Auf diese Weise können Sie dem Benutzer mit Bezeichnungsfeldern verschiedene Meldungen anzeigen. So können Sie ihm z.B. sagen:»Diese Option steht im Moment leider nicht zur Verfügung«, »Seite 2 von 9 wird gedruckt.« oder:»Sind Sie schwer von Begriff?« (siehe Abbildung 9.3).

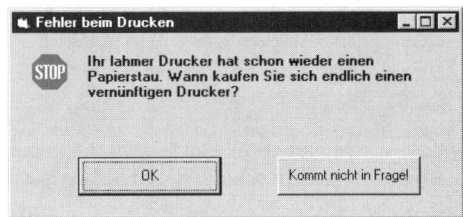

Abbildung 9.3: Die Meldung wurde mit einem Bezeichnungsfeld realisiert.

Um ein Bezeichnungsfeld zu erstellen, gehen Sie folgendermaßen vor:

1. **Klicken Sie auf das Symbol *Label* (Bezeichnungsfeld) in der Visual Basic-Werkzeugsammlung.**

2. **Gehen Sie mit der Maus an die Stelle auf dem Formular, an der Sie das Bezeichnungsfeld zeichnen wollen.**

3. **Drücken und halten Sie die linke Maustaste nieder, und ziehen Sie die Maus, um das Bezeichnungsfeld zu zeichnen.**

   Visual Basic zeigt ein Bezeichnungsfeld mit einer langweiligen Caption wie *Label2* an.

4. **Wiederholen Sie die Schritte 1 bis 3, bis Sie alle benötigten Bezeichnungsfelder gezeichnet haben.**

Wenn Sie auf das Bezeichnungsfeld-Symbol in der Visual Basic-Werkzeugsammlung doppelklicken, erstellt Visual Basic das Bezeichnungsfeld direkt auf dem Formular.

Bezeichnungsfelder mit einem Rahmen versehen

Normalerweise sind Bezeichnungsfelder optisch nicht begrenzt. Sie können jedoch ein Bezeichnungsfeld auf Wunsch mit einem Rahmen versehen. Visual Basic bietet dafür nur eine einzelne durchgezogene Linie an (siehe Abbildung 9.4).

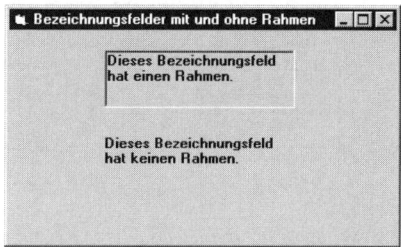

Abbildung 9.4: Bezeichnungsfeld mit und ohne Rahmen.

Um den Rahmen eines Bezeichnungsfelds zu ändern, gehen Sie folgendermaßen vor:

1. **Klicken Sie auf das Bezeichnungsfeld, dessen Rahmen Sie ändern möchten.**

2. **Öffnen Sie das Eigenschaftenfenster, indem Sie auf F4 drücken.**

3. **Klicken Sie auf die Eigenschaft *BorderStyle*, und wählen Sie einen der folgenden Werte:**

    ◆ 0 - Kein

    ◆ 1 - Fest Einfach

Die Größe von Bezeichnungsfeldern ändern

Die Größe eines Bezeichnungsfelds auf dem Bildschirm legt die Länge des Textes fest, den Sie in dem Feld anzeigen können. Wenn das Bezeichnungsfeld zu klein ist, wird der Text abgeschnitten.

 Beachten Sie, dass sich die Größe des angezeigten Textes nicht ändert, wenn Sie die Größe des Bezeichnungsfelds ändern. Wenn Sie die Größe des angezeigten Textes ändern wollen, müssen Sie seine Eigenschaft *Font* ändern.

Wenn Sie vorher nicht wissen, wie viel Platz der Text in einem Bezeichnungsfeld benötigt, kann es recht mühsam sein, die passende Größe des Bezeichnungsfelds festzulegen. Aber wofür haben wir einen Computer? Soll er sich doch um solche nebensächlichen Details kümmern.

Um Ihnen das Leben leichter zu machen, passt Visual Basic auf Wunsch die Größe eines Bezeichnungsfelds automatisch an die Größe des Textes an, den Sie in diesem Feld anzeigen wollen. Diese automatische Anpassung eignet sich besonders gut für Meldungen mit variabler Textlänge. Bezeichnungsfelder ohne automatische Größenanpassung zeigen den Text immer in demselben vorgegebenen Rahmen an. In Abbildung 9.5 sehen Sie beide Arten von Bezeichnungsfeldern.

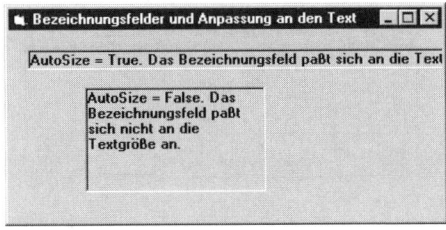

Abbildung 9.5: Vergleich von Bezeichnungsfeldern, die sich automatisch anpassen, und Bezeichnungsfeldern, die sich nicht automatisch anpassen.

 Ein Bezeichnungsfeld, das sich automatisch an die Länge des Textes anpasst, wächst oder schrumpft horizontal. Wenn der Text sehr lang ist, kann das Feld so groß werden, dass sein rechter Rand über den Bildschirm hinausragt. Sie können dies verhindern, indem Sie die Eigenschaft *WordWrap* des Bezeichnungsfelds auf den Wert *True* setzen und damit den Text in dem Bezeichnungsfeld umbrechen.

Um die Größe eines Bezeichnungsfelds automatisch an die Länge des Textes anzupassen, gehen Sie folgendermaßen vor:

1. **Klicken Sie auf das Bezeichnungsfeld, das sich automatisch an die Länge des Textes anpassen soll.**

2. **Öffnen Sie das Eigenschaftenfenster, indem Sie auf** ⌷F4⌷ **drücken.**

3. **Klicken Sie auf die Eigenschaft *AutoSize*, und setzen Sie ihren Wert auf *True*.**

 Bezeichnungsfelder, deren Grössen sich automatisch an die Länge des Textes anpassen, haben den Vorteil, dass Sie mit BASIC-Code Texte verschiedener Länge in die Felder schreiben können und sich dabei nicht darum zu kümmern brauchen, ob ein bestimmter Text in ein Bezeichnungsfeld hineinpasst. Sie haben den Nachteil, dass Sie die maximale Größe der Bezeichnungsfelder nicht steuern können. Wenn Sie nicht aufpassen, können solche Bezeichnungsfelder zu groß werden und andere Komponenten Ihrer Benutzeroberfläche verdecken.

Text in einem Bezeichnungsfeld ausrichten

Damit der Text in einem Bezeichnungsfeld ansprechend und aufgeräumt aussieht, kann Visual Basic den Text linksbündig, rechtsbündig oder zentriert ausrichten (siehe Abbildung 9.6).

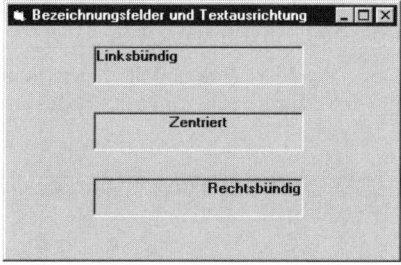

Abbildung 9.6: Vergleich von linksbündig, zentriert und rechtsbündig ausgerichtetem Text in einem Bezeichnungsfeld.

Um den Text in einem Bezeichnungsfeld auszurichten, gehen Sie folgendermaßen vor:

1. **Klicken Sie auf das Bezeichnungsfeld, dessen Text Sie ausrichten möchten.**
2. **Öffnen Sie das Eigenschaftenfenster, indem Sie auf** [F4] **drücken.**
3. **Klicken Sie auf die Eigenschaft** *Alignment*.
4. **Wählen Sie einen der folgenden Werte:**
   - ◈ 0 - Links
   - ◈ 1 - Rechts
   - ◈ 2 - Zentriert

Bezeichnungsfelder mit Zeilenumbruch

Wenn Sie die Eigenschaft *AutoSize* eines Bezeichnungsfelds auf den Wert *True* setzen, dehnt es sich horizontal umso weiter aus, je mehr Text Sie hineinschreiben. Wenn sich das Bezeichnungsfeld statt dessen vertikal ausdehnen soll, müssen Sie sowohl seine Eigenschaft *AutoSize* wie auch seine Eigenschaft *WordWrap* auf den Wert *True* setzen.

 Wenn die Eigenschaft *AutoSize* den Wert *False* und die Eigenschaft *WordWrap* den Wert *False* hat, werden Texte, die von der Länge her nicht in das Bezeichnungsfeld passen, am Ende abgeschnitten (siehe Beispiel 1 in Abbildung 9.7).

Wenn die Eigenschaft _AutoSize_ den Wert _False_ und die Eigenschaft _WordWrap_ den Wert _True_ hat, werden Texte, die von der Länge her nicht in das Bezeichnungsfeld passen, ebenfalls am Ende abgeschnitten (siehe Beispiel 2 in Abbildung 9.7).

Wenn die Eigenschaft _AutoSize_ den Wert _True_ und die Eigenschaft _WordWrap_ den Wert _False_ hat, passt sich das Bezeichnungsfeld horizontal an die Länge des Textes an. Es zeigt jedoch nur eine einzige Zeile an (siehe Beispiel 3 in Abbildung 9.7).

Wenn die Eigenschaft _AutoSize_ den Wert _True_ und die Eigenschaft _WordWrap_ den _True_ hat, passt sich das Bezeichnungsfeld vertikal an die Länge des Textes an. (siehe Beispiel 4 in Abbildung 9.7).

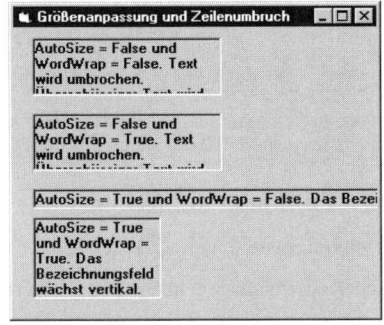

Abbildung 9.7: Vier Bezeichnungsfeld-Varianten mit verschiedenen True-False-Werten der Eigenschaften AutoSize und Word Wrap.

Um den Zeilenumbruch bei einem Bezeichnungsfeld zu aktivieren, gehen Sie folgendermaßen vor:

1. **Klicken Sie auf das Bezeichnungsfeld, in dem Sie den Text umbrechen wollen.**

2. **Öffnen Sie das Eigenschaftenfenster, indem Sie auf** [F4] **drücken.**

3. **Klicken Sie auf die Eigenschaft _WordWrap_, und setzen Sie ihren Wert auf _True_.**

 Achten Sie bei Bezeichnungsfeldern mit automatischer Größenanpassung darauf, dass die Felder nicht aus Versehen so groß werden, dass sie andere Objekte Ihrer Benutzeroberfläche verdecken. Denn das kann für Anwender Ihres Programms sehr verwirrend sein.

Ansprechende Bilder und geometrische Objekte

10

In diesem Kapitel

▷ Bildfelder und Abbildungen erstellen

▷ Bildfelder und Abbildungen an die Größe ihres Inhalts anpassen

▷ Geometrische Figuren erstellen

▷ Die Erscheinungsform von Linien, Kreisen und anderen Figuren ändern

---

Sie können Ihre Visual Basic-Formulare freizügig mit Bezeichnungsfeldern und Bildern dekorieren. Bilder lassen Ihr Programm nicht nur ansprechend aussehen, sondern können im Programm auch eine echte Funktion ausüben.

So ist beispielsweise das Frontbild auf einer Straßenkarte, das einen freundlichen Tankwart mit der Bildunterschrift »Bei dem Mann mit dem Stern ist Ihr Wagen immer in guten Händen.« zeigt, rein dekorativ und überflüssig. Dagegen sind Fotos auf einer Straßenkarte, die wichtige Hauptstraßen oder Kreuzungen zeigen, Bestandteile, die wesentlich zum besseren Verständnis der Karte beitragen können.

Mit passenden Bezeichnungsfeldern und Bildfeldern können Sie Ihr Programm wesentlich benutzerfreundlicher gestalten. Denn das ist ja der eigentliche Sinn und Zweck der Benutzeroberfläche.

Bilder erstellen

In Visual Basic gibt es zwei Methoden, um Bilder auf dem Bildschirm anzuzeigen:

✔ Bildfelder

✔ Abbildungen

Ein *Bildfeld* (engl. *picture box*) dient dazu, Grafiken oder Schaltflächen zu gruppieren. Eine *Abbildung* (engl. *image*) dient dazu, Grafiken anzuzeigen und Bildschaltflächen zu erstellen.

Um ein Bildfeld oder eine Abbildung zu erstellen, gehen Sie folgendermaßen vor:

1. **Klicken Sie auf das Symbol *PictureBox* (Bildfeld) oder das Symbol *Image* (Abbildung) in der Visual Basic-Werkzeugsammlung.**

2. **Gehen Sie mit der Maus an die Stelle auf dem Formular, an der Sie das Bildfeld oder die Abbildung zeichnen wollen.**

3. **Drücken und halten Sie die linke Maustaste nieder, und ziehen Sie die Maus, um den Rahmen des Bildfeldes oder der Abbildung zu zeichnen. Lassen Sie die linke Maustaste los.**

4. **Wiederholen Sie die Schritte 1 bis 3, bis Sie alle Bildfelder oder Abbildungen erstellt haben.**

 Wenn Sie auf das Symbol *PictureBox* oder *Image* in der Visual Basic-Werkzeugsammlung doppelklicken, erstellt Visual Basic die Objekte direkt auf dem Formular.

Bilder in Bildfeldern oder Abbildungen anzeigen

Wenn Sie die Bildfelder oder Abbildungen auf dem Formular gezeichnet haben, müssen Sie die Bilder oder Grafiken festlegen, die in ihnen angezeigt werden sollen. Bildfelder und Abbildungen können drei Arten von Grafiken anzeigen:

✔ *Bitmap-Dateien:* (Dateierweiterung BMP oder DIB) Diese Dateien bestehen aus einem Muster von Punkten, auch *Pixel* genannt. Diese Art von Grafikdateien wird mit Programmen wie z.B. Microsoft Paint erstellt. Wenn Sie eine Bitmap-Grafik vergrößern, sieht das Bild körnig und ziemlich häßlich aus.

✔ *Symbol-Dateien:* (Dateierweiterung ICO) Diese Dateien sind eine besondere Art von Bitmap-Datei. Sie können maximal 32 x 32 Pixel groß sein.

✔ *Metafiles:* (Dateierweiterung WMF) Diese Dateien sind Grafiken, die aus Linien und grafischen Figuren zusammengesetzt sind, von denen die meisten Leute zuletzt im Geometrieunterricht in der Schule gehört haben. Diese Art von Grafikdateien wird mit Zeichenprogrammen wie beispielsweise CorelDRAW erstellt.

Zusätzlich unterstützt Visual Basic die Bildformate JPEG und GIF (Dateierweiterung JPG bzw. GIF). Auch diese Dateien enthalten Bildinformationen auf Pixel-Basis. Beide Dateiformate sind im Internet weit verbreitet.

Um ein Bild in ein Bildfeld oder eine Abbildung zu laden, gehen Sie folgendermaßen vor:

1. **Klicken Sie auf das Bildfeld oder die Abbildung, in das bzw. die Sie ein Bild laden wollen.**

   (Dieser Schritt setzt voraus, dass Sie das Bildfeld bzw. die Abbildung bereits erstellt haben.)

2. **Öffnen Sie das Eigenschaftenfenster, indem Sie auf F4 drücken.**

3. **Doppelklicken Sie auf die Eigenschaft *Picture*.**

   Visual Basic zeigt das Dialogfeld *Bild laden* an (siehe Abbildung 10.1).

4. **Wählen Sie die Grafikdatei, und klicken Sie auf OK.**

   Visual Basic lädt das Bild sofort in das Bildfeld oder die Abbildung.

Abbildung 10.1: Das Dialogfeld Bild laden.

Sie können Grafiken nicht nur zur Entwurfszeit mit der Eigenschaft *Picture* laden, sondern Sie können Bilder mit dem Befehl LoadPicture auch zur Laufzeit des Programms laden oder entfernen. Um ein Bild zur Laufzeit zu laden, wird der Befehl LoadPicture folgendermaßen benutzt:

imgGreeting.Picture = LoadPicture("c:\graphics.martian.bmp")

Der Befehl LoadPicture gibt das Laufwerk, den Ordner und die Grafikdatei an, die in die Eigenschaft *Picture* des Bildfeldes oder der Abbildung geladen werden sollen.

Um ein Bild zur Laufzeit aus einem Bildfeld oder einer Abbildung zu löschen, wird der Befehl LoadPicture folgendermaßen benutzt:

imgGreeting.Picture = LoadPicture("")

Dieser Befehl lädt eigentlich ein leeres Bild in die Eigenschaft *Picture* des Bildfeldes oder der Abbildung.

Bildfelder oder Abbildungen mit einem Rahmen versehen

Standardmäßig haben Bildfelder einen Rahmen. Abbildungen werden zunächst ohne Begrenzung dargestellt. Beide Vorgaben können Sie überarbeiten. Um den Rahmen eines Bildfeldes oder einer Abbildung zu ändern, gehen Sie folgendermaßen vor:

1. **Klicken Sie auf das Bildfeld oder die Abbildung, dessen bzw. deren Rahmen Sie ändern möchten.**

2. **Öffnen Sie das Eigenschaftenfenster, indem Sie auf** F4 **drücken.**

3. **Klicken Sie auf die Eigenschaft** *BorderStyle*, **und wählen Sie einen der folgenden Werte:**

   ◆   0 – Kein

   ◆   1 – Fest Einfach

Die Größe von Bildfeldern oder Abbildungen ändern

Im Allgemeinen hat die Größe eines Bildfeldes oder einer Abbildung keinen Einfluss auf die Größe der Grafik, die darin angezeigt wird. Es gibt allerdings zwei Ausnahmen:

✔ Metafiles passen ihre Größe immer an die Größe des Bildfeldes oder der Abbildung an.

✔ Wenn die Eigenschaft _Stretch_ eines Bildfeldes auf den Wert _True_ gesetzt ist, passt Visual Basic die Größe von Bitmaps und Symbolen an die Größe des Bildfeldes an.

Die Größe von Grafiken ändern

Falls die Eigenschaft _Stretch_ der Abbildung nicht auf den Wert _True_ gesetzt ist, werden Bitmaps und Symbole unabhängig von der Größe der Abbildung immer in Originalgröße angezeigt. Wenn Sie also eine riesige Abbildung erstellen und dann mit winzigen Bitmap-Grafiken laden, sehen Sie nur winzige Bitmap-Grafiken, die von einem großen Leerraum umgeben sind.

Im Gegensatz zu Bitmaps oder Symbolen passen sich Metafiles durch Dehnung oder Schrumpfung an die Größes einer Abbildung an. Um die Größe eines Metafiles zu ändern, brauchen Sie also nur die Größe der Abbildung zu ändern.

 Bei einem Bildfeld können Sie die Größe einer Bitmap-Grafik oder eines Symbols niemals (und ich meine _niemals_) ändern. Bei einer Abbildung können Sie die Größe einer Bitmap-Grafik ändern, indem Sie die Eigenschaft _Stretch_ des Bildfeldes ändern.

Um die Größe einer Bitmap-Grafik oder eines Symbols in einer Abbildung zu ändern, gehen Sie folgendermaßen vor:

1. **Klicken Sie auf die Abbildung, deren Eigenschaft _Stretch_ Sie ändern wollen.**

2. **Öffnen Sie das Eigenschaftenfenster, indem Sie auf F4 drücken.**

3. **Klicken Sie auf die Eigenschaft _Stretch_, und setzen Sie ihren Wert auf _True_.**

Wenn Sie die Eigenschaft _Stretch_ einer Abbildung auf den Wert _True_ gesetzt haben, können Sie die Größe von Bitmap-Grafiken oder Symbolen einfach dadurch ändern, dass Sie die Größe der Abbildung ändern. (Ist es nicht erstaunlich, was Computer für 1000 Euro alles tun können?)

Die Größe von Bildfeldern automatisch anpassen

In Visual Basic können Sie die Größe eines Bildfeldes nicht nur manuell, sondern auch automatisch an die Größe einer Grafik anpassen, indem Sie die Eigenschaft _AutoSize_ des Bildfeldes auf den Wert _True_ setzen. Wenn Sie eine Bitmap oder ein Symbol in ein Bildfeld laden, dessen Eigenschaft _AutoSize_ auf den Wert _True_ gesetzt ist, passt sich die Größe des Bildfeldes durch Dehnen oder Schrumpfen genau an die Größe der Grafik an – vergleichbar etwa mit der

Schrumpffolie einer Verpackung, die sich eng um den Verpackungsinhalt zusammenzieht (siehe Abbildung 10.2). Um die Größes eines Bildfeldes automatisch an die Größe einer Grafik anzupassen, gehen Sie folgendermaßen vor:

1. **Klicken Sie auf das Bildfeld, dessen Eigenschaft *AutoSize* Sie ändern wollen.**

2. **Öffnen Sie das Eigenschaftenfenster, indem Sie auf F4 drücken.**

3. **Klicken Sie auf die Eigenschaft *AutoSize*, und setzen Sie ihren Wert auf *True*.**

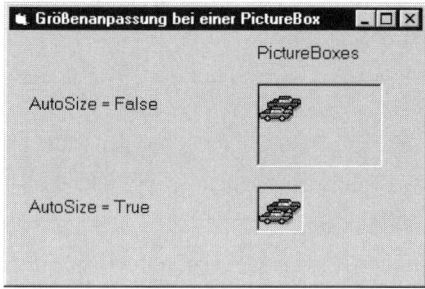

Abbildung 10.2: Vergleich von Bildfeldern, deren Eigenschaft AutoSize *den Wert* False *oder* True *hat.*

Bildfelder farbig gestalten

Visual Basic stellt Bildfelder standardmäßig mit einem einfachen grauen Hintergrund dar. Wenn Ihre Grafiken das ganze Bildfeld ausfüllen, spielt die Hintergrundfarbe keine Rolle. Aber wenn Ihre Grafik nicht groß genug ist, ist der Hintergrund sichtbar.

Die Hintergrundfarbe wird durch die Eigenschaft *BackColor* des Bildfeldes definiert. Mit einer passenden Hintergrundfarbe können Sie Ihre Grafiken hervorheben und farblich stärker betonen.

Um die Hintergrundfarbe eines Bildfeldes zu ändern, gehen Sie folgendermaßen vor:

1. **Klicken Sie auf das Bildfeld, dessen Hintergrundfarbe Sie ändern wollen.**

2. **Öffnen Sie das Eigenschaftenfenster, indem Sie auf F4 drücken.**

3. **Doppelklicken Sie auf die Eigenschaft *BackColor* im Eigenschaftenfenster, und klicken Sie dann auf die Registerkarte *Palette*.**

4. **Wählen Sie die gewünschte Farbe.**

   Visual Basic passt die Farbe sofort an.

1. **Bei welchem Objekt können Sie die Größe einer Bitmap-Grafik oder eines Symbols ändern: bei einem Bildfeld oder bei einer Abbildung?**

   a) Weder bei dem einen noch bei dem anderen. Bitmap-Grafiken und Symbole sind schon perfekt. Es wäre eine Blasphemie anzunehmen, man könne sie noch verbessern.

   b) Bei einem Bildfeld. Ich habe zwar nicht den leisesten Schimmer, was der Unterschied ist, aber ich kann ja mal raten.

   c) Bei einer Abbildung dann, wenn ihre Eigenschaft _Stretch_ auf den Wert True gesetzt ist.

   d) Diese Frage ist mir zu schwer. Ich muss erst mal Pause machen.

2. **Welche drei Arten von Grafiken kann man in ein Bildfeld oder eine Abbildung laden?**

   a) Bitmaps, Symbole und Metafiles.

   b) Bitmaps, Graffiti und Fälschungen berühmter Gemälde.

   c) Bitmaps, das Playmate des Monats und Heimvideos.

   d) Bigfoot, UFOs und grobkörnige Fotos von Elvis in den Straßen von Manhattan.

Linien, Kreise und andere Alpträume aus der Geometrie

Was ist nur Fassade und erfüllt absolut keine sinnvolle Funktion? Schämen Sie sich, wenn Sie geantwortet haben: »Der Bundespräsident.« Die richtige Antwort lautet: »Die Komponenten der Benutzeroberfläche, die ihr Aussehen attraktiver gestalten.«

Je attraktiver etwas aussieht, desto mehr fühlen sich Leute davon angezogen. Je attraktiver Sie also Ihre Benutzeroberfläche gestalten, desto mehr Leute werden wahrscheinlich Ihr Programm ausprobieren.

Visual Basic stellt Ihnen sieben Objekttypen zur Verfügung, mit denen Sie das visuelle Make-up Ihrer Benutzeroberfläche stylen können (siehe Abbildung 10.3). Dabei handelt es sich um folgende Objekttypen:

✔ Linien

✔ Quadrate

✔ Rechtecke

✔ Ovale (Ellipsen)

✔ Kreise

✔ Abgerundete Rechtecke

✔ Abgerundete Quadrate

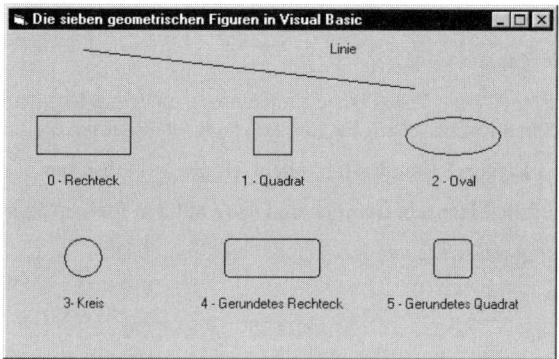

Abbildung 10.3: Geometrische Objekte, die Sie auf der Benutzeroberfläche benutzen können.

Linien erstellen

Mit Linien können Sie andere Objekte auf dem Bildschirm unterstreichen oder optisch trennen. Um eine Linie zu erstellen, gehen Sie folgendermaßen vor:

1. **Klicken Sie auf das Symbol LINE in der Visual Basic-Werkzeugsammlung.**

2. **Gehen Sie mit der Maus an die Stelle auf dem Formular, an der die Linie beginnen soll.**

3. **Drücken und halten Sie die linke Maustaste nieder, und ziehen Sie die Maus an die Stelle, an der die Linie aufhören soll.**

4. **Lassen Sie die Maustaste los.**

 Wenn Sie auf das Symbol LINE in der Werkzeugsammlung doppelklicken, erstellt Visual Basic eine Linie direkt auf dem Formular.

Kreise und Rechtecke erstellen

Mit Kreisen und Rechtecken können Sie andere Objekte auf dem Bildschirm einschließen und zu separaten Gruppen zusammenfassen. Oder Sie können mit diesen Objekten während der Arbeitszeit herumspielen und Ihren Chef in dem Glauben lassen, dass Sie programmieren. Um einen Kreis oder ein Rechteck zu erstellen, gehen Sie folgendermaßen vor:

1. Klicken Sie auf das Symbol Sᴴᴀᴘᴇ (Figur) in der Visual Basic-Werkzeugsammlung.

2. Gehen Sie mit der Maus an die Stelle auf dem Formular, wo die obere linke Ecke der Figur stehen soll.

3. Drücken und halten Sie die linke Maustaste nieder, und ziehen Sie die Maus an die Stelle, an der die rechte untere Ecke der Figur stehen soll.

4. Lassen Sie die Maustaste los.

   Zu diesem Zeitpunkt zeigt Visual Basic ein Rechteck auf dem Bildschirm an. Wenn Sie ein Rechteck zeichnen wollen, hören Sie hier auf, andernfalls fahren Sie mit Schritt 5 fort.

5. Öffnen Sie das Eigenschaftenfenster, indem Sie auf ⟦F4⟧ drücken.

6. Klicken Sie auf die Eigenschaft _Shape_ und dann auf den Pfeil im Eigenschaftenfeld.

   Visual Basic zeigt eine Liste mit den verfügbaren Figuren an:

   ◈ 0 – Rechteck

   ◈ 1 – Quadrat

   ◈ 2 – Oval

   ◈ 3 – Kreis

   ◈ 4 – Gerundetes Rechteck

   ◈ 5 – Gerundetes Quadrat

7. Klicken Sie auf die gewünschte Figur.

Die Farbe von Linien und anderen Figuren ändern

Standardmäßig benutzt Visual Basic zum Zeichnen von Linien, Kreisen und Rechtecken eine durchgezogene schwarze Linie. Für die meisten Zwecke ist Schwarz die passende Farbe, aber manchmal können Sie mit etwas Farbe mehr Leben in Ihre Benutzeroberfläche bringen. Die Farbe einer Linie wird durch die Eigenschaft _BorderColor_ definiert.

Um die Linienfarbe einer Linie oder Figur zu ändern, gehen Sie folgendermaßen vor:

1. Klicken Sie auf die Linie oder Figur, deren Linienfarbe Sie ändern wollen.

2. Öffnen Sie das Eigenschaftenfenster, indem Sie auf ⟦F4⟧ drücken.

3. Doppelklicken Sie auf die Eigenschaft _BorderColor_ im Eigenschaftenfenster, und klikken Sie auf die Registerkarte _Palette_.

4. Wählen Sie die gewünschte Farbe.

   Visual Basic passt die Farbe sofort an.

Die Stärke von Linien ändern

Linien können ein Stärke von 1 bis 8.192 haben. (Die Zahlen sind relativ und beziehen sich nicht auf eine konkrete Maßeinheit.) Jede Linie, die dicker als 100 ist, sieht auf dem Bildschirm eher wie eine fette Wurst aus. Um die Linienstärke einer Linie oder Figur zu ändern, gehen Sie folgendermaßen vor:

1. **Klicken Sie auf die Linie oder Figur, deren Linienstärke Sie ändern wollen.**

2. **Öffnen Sie das Eigenschaftenfenster, indem Sie auf** $\boxed{F4}$ **drücken.**

3. **Doppelklicken Sie auf die Eigenschaft** *BorderWidth* **im Eigenschaftenfenster, und geben Sie die neue Stärke ein.**

    Visual Basic ändert die Linienstärke sofort.

Die Linienart geometrischer Figuren ändern

Standardmäßig benutzt Visual Basic zum Zeichnen von Linien, Kreisen und Rechtecken eine durchgezogene Linie. Durchgezogene Linien sind am leichtesten zu erkennen. Mit Linien, die wie eine Perforation oder wie Morsecode aussehen, können Sie Spezialeffekte erzeugen. Die Linienart wird mit der Eigenschaft *BorderStyle* definiert. Visual Basic stellt Ihnen die folgenden sieben Linienarten zur Verfügung (einige sehen Sie in Abbildung 10.4):

✔ *Transparent*

✔ *Ausgefüllt* (Standard)

✔ *Strich*

✔ *Punkt*

✔ *Strich-Punkt*

✔ *Strich-Punkt-Punkt*

✔ *Innen ausgefüllt*

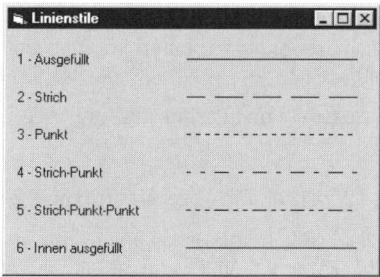

Abbildung 10.4: Beispiele für einige verfügbare Linienarten.

Wenn eine Linie dicker als 1 ist, können Sie nur die Linienarten *1 - Ausgefüllt* oder *6 - Innen ausgefüllt* verwenden. Wenn Sie eine andere Linienart wählen, ändert Visual Basic die Figur nicht, so dass Sie vielleicht annehmen, Visual Basic sei defekt.

Das Aussehen einer Linie wird durch die Eigenschaft *BorderStyle* festgelegt. Lassen Sie sich nicht dadurch verwirren, dass *Border* normalerweise einen Rahmen bedeutet, der etwas einschließt. Die Eingenschaft *BorderStyle* definiert das Erscheinungsbild einer Linie. Um die Linienart einer Linie oder Figur zu ändern, gehen Sie folgendermaßen vor:

1. **Klicken Sie auf die Linie oder Figur, deren Linienart Sie ändern wollen.**

2. **Öffnen Sie das Eigenschaftenfenster, indem Sie auf [F4] drücken.**

3. **Klicken Sie auf die Eigenschaft *BorderStyle* im Eigenschaftenfenster, und wählen Sie eine der folgenden Eigenschaften**

   - 0 – Transparent
   - 1 – Augefüllt
   - 2 – Strich
   - 3 – Punkt
   - 4 – Strich-Punkt
   - 5 – Strich-Punkt-Punkt
   - 6 – Innen ausgefüllt

Wenn Sie eine der Linienarten von 2 bis 5 wählen, müssen Sie die Eigenschaft *BorderWidth* auf den Wert *1* setzen. Andernfalls zeigt Visual Basic unabhängig von Ihrer Wahl eine durchgezogene Linie an.

Die Größe und Position von Linien ändern

Wenn Sie eine neue Linie erstellen, sollten Sie die Linie möglichst gleich in der genauen Länge zeichnen, die Sie benötigen. (Denn wozu sollten Sie eine lange Linie zeichnen, wenn Sie tatsächlich eine kurze benötigen?)

In Visual Basic können Sie die Größe und Position auf zwei Wegen ändern:

✔ Mit der Maus

✔ Durch Ändern der X1-, X2-, Y1- und Y2-Eigenschaften im Eigenschaftenfenster

Mit der Maus können Sie die Größe und Position einer Linie am schnellsten ändern. Allerdings ist diese Methode nicht sehr exakt. Aber wenn Sie darauf bestehen, gehen Sie folgendermaßen vor:

1. **Klicken Sie auf die Linie, die Sie ändern wollen.**

   Visual Basic zeigt an den Enden der Linie kleine schwarze Rechtecke an, die als *Ziehpunkte* bezeichnet werden. (Weil das Anklicken einer einzelnen Linie sehr genau erfolgen muss, und Sie die Linie leicht verfehlen können, können Sie die Linie auch markieren, indem Sie mit der Maus an eine Stelle oberhalb der Linie fahren, die linke Maustaste niederdrücken, die Maus an eine Stelle unterhalb der Linie ziehen und dann die Maustaste loslassen.)

2. **Gehen Sie mit der Maus auf einen dieser Ziehpunkte, so dass sich der Mauszeiger in ein Fadenkreuz verwandelt.**

3. **Drücken und halten Sie die linke Maustaste nieder, und ziehen Sie die Maus. Wenn die Linie die gewünschte Länge und/oder Position hat, lassen Sie die Maustaste wieder los.**

Wenn Sie Ihre Hände nicht an der Maus schmutzig machen wollen, können Sie auch den raffinierteren Königsweg beschreiten und stattdessen das Eigenschaftenfenster benutzen.

Um die Größe oder Position einer Linie mit dem Eigenschaftenfenster zu ändern, gehen Sie folgendermaßen vor:

1. **Klicken Sie auf die Linie, die Sie ändern wollen.**

2. **Öffnen Sie das Eigenschaftenfenster, indem Sie auf ⌷F4⌷ drücken.**

3. **Klicken Sie auf die Eigenschaft *X1*, und geben Sie einen neuen Wert ein.**

4. **Klicken Sie auf die Eigenschaft *Y1*, und geben Sie einen neuen Wert ein.**

5. **Klicken Sie auf die Eigenschaft *X2*, und geben Sie einen neuen Wert ein.**

6. **Klicken Sie auf die Eigenschaft *Y2*, und geben Sie einen neuen Wert ein.**

Abbildung 10.5 zeigt die X- und Y-Koordinaten einer Linie.

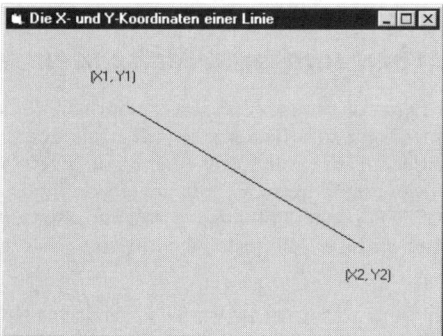

Abbildung 10.5: Wie die X1-, X2-, Y1- und Y2-Koordinaten eine Linie beeinflussen.

Die Größe von Kreisen, Rechtecken und anderen Figuren ändern

Glücklicherweise ist das Ändern der Größe von Kreisen, Rechtecken oder anderen Figuren viel einfacher als das Ändern der Größe von Linien. Sie können die Größe einer Figur mit der Maus oder mit dem Eigenschaftenfenster ändern.

Um die Größe einer Figur mit der Maus zu ändern, gehen Sie folgendermaßen vor:

1. **Klicken Sie auf die Figur, deren Größe Sie ändern wollen.**

   Visual Basic rahmt die Figur durch Ziehpunkte ein.

2. **Gehen Sie mit der Maus auf einen dieser Ziehpunkte, so dass sich der Mauszeiger in einen Doppelpfeil verwandelt.**

3. **Drücken und halten Sie die linke Maustaste nieder, und ziehen Sie die Maus. Wenn die Figur die gewünschte Größe hat, lassen Sie die Maustaste wieder los.**

Wenn Sie auf das bequeme Arbeiten mit der Maus verzichten und lieber mit der Tastatur arbeiten wollen, können Sie die Größe einer Figur auch mit dem Eigenschaftenfenster ändern. Um die Größe einer Figur mit dem Eigenschaftenfenster zu ändern, gehen Sie folgendermaßen vor:

1. **Klicken Sie auf die Figur, die Sie ändern wollen.**

2. **Öffnen Sie das Eigenschaftenfenster, indem Sie auf F4 drücken.**

3. **Doppelklicken Sie auf die Eigenschaft *Height* (Height = Höhe), und geben Sie einen neuen Wert ein.**

4. **Doppelklicken Sie auf die Eigenschaft *Width* (Width = Breite), und geben Sie einen neuen Wert ein.**

Figuren mit Farben und ansprechenden Mustern füllen

Die innere Fläche einer Figur ist standardmäßig leer und sieht deshalb ziemlich langweilig aus. Um das Aussehen einer Figur aufregender zu gestalten, als für das Herz der meisten Leute gut ist, können Sie die Farbe und das Füllmuster einer Figur ändern. Visual Basic stellt Ihnen acht verschiedene *Füllmuster* für Figuren zur Verfügung. Das Füllmuster wird durch die Eigenschaft *FillStyle* definiert. Die *Farbe* des Füllmusters wird durch die Eigenschaft *FillColor* definiert. Abbildung 10.6 zeigt die acht Füllmuster, die in Visual Basic zum Füllen von Figuren verfügbar sind.

Um das Füllmuster einer Figur zu ändern, gehen Sie folgendermaßen vor:

1. **Klicken Sie auf die Figur, deren Füllmuster Sie ändern wollen.**

2. **Öffnen Sie das Eigenschaftenfenster, indem Sie auf F4 drücken.**

3. **Klicken Sie auf die Eigenschaft** *FillStyle*, **und wählen Sie einen der folgenden Werte:**

   ◆ 0 – Ausgefüllt

   ◆ 1 – Transparent

   ◆ 2 – Horizontale Linie

   ◆ 3 – Vertikale Linie

   ◆ 4 – Aufwärtsdiagonal

   ◆ 5 – Abwärtsdiagonal

   ◆ 6 – Kreuz

   ◆ 7 – Diagonalkreuz

Um die Farbe des Füllmusters einer Figur zu ändern, gehen Sie folgendermaßen vor:

1. **Klicken Sie auf die Figur, deren Füllmusterfarbe Sie ändern wollen.**

2. **Öffnen Sie das Eigenschaftenfenster, indem Sie auf** $\boxed{\text{F4}}$ **drücken.**

3. **Doppelklicken Sie auf die Eigenschaft** *FillColor* **im Eigenschaftenfenster, und klicken Sie auf die Registerkarte** *Palette*.

4. **Klicken Sie auf die gewünschte Farbe.**

   Visual Basic passt die Farbe sofort an.

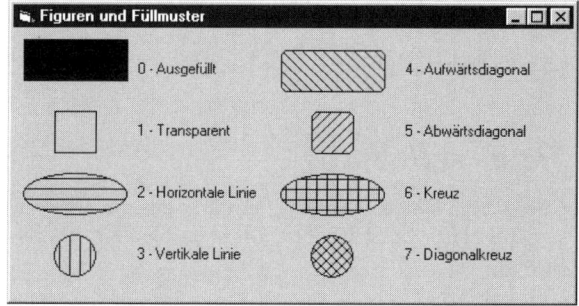

Abbildung 10.6: Die acht zur Füllung von Figuren verfügbaren Muster.

Die Hintergrundfarbe von Figuren ändern

Neben der Farbe des Füllmusters (*FillColor*) und der Linienfarbe (*BorderColor*) einer Figur können Sie auch noch ihre Hintergrundfarbe (*BackColor*) ändern. Verwirrt? Abbildung 10.7 bringt Ihnen Klarheit.

Abbildung 10.7: Die Hintergrundfarbe einer Figur im Vergleich zu ihrer Rahmenfarbe und der Farbe ihres Füllmusters.

Ehe Sie die Hintergrundfarbe einer Figur ändern können, müssen Sie die Eigenschaft *BackStyle* der Figur auf den Wert *Undurchsichtig* setzen. Der Standardwert ist *Transparent* (= durchscheinend), d.h., normalerweise ist der Hintergrund einer Figur unsichtbar. Wenn der Hintergrund unsichtbar ist, können Sie zwar seinen Farbwert ändern, aber die geänderte Farbe ist nicht zu sehen.

Um die Hintergrundfarbe einer Figur zu ändern, gehen Sie folgendermaßen vor:

1. **Klicken Sie auf die Figur, deren Hintergrundfarbe Sie ändern wollen.**

2. **Öffnen Sie das Eigenschaftenfenster, indem Sie auf** `F4` **drücken.**

3. **Klicken Sie auf die Eigenschaft *BackStyle*, und setzen Sie ihren Wert auf *Undurchsichtig*.**

4. **Doppelklicken Sie auf die Eigenschaft *BackColor*, und klicken Sie dann auf die Registerkarte *Palette*.**

5. **Wählen Sie die gewünschte Farbe.**

   Visual Basic passt die Farbe sofort an.

Probieren Sie es selbst aus

Mit dem folgenden Programm können Sie die Linienstärke eines Kreises mit einer horizontalen Bildlaufleiste ändern. Sehen heißt glauben. Erstellen Sie deshalb drei Objekte mit den folgenden Eigenschaften.

Wenn Sie die Werte nicht manuell eingeben wollen, laden Sie das Programm SHAPE.VBP von der beiliegenden CD-ROM, und führen Sie es aus.

Objekt	Eigenschaft	Wert
Formular	Caption	Der schrumpfende und wachsende Kreis
Shape1	Name	shpCircle
	Height	1455
	Left	2640
	Shape	3 - Kreis
	Top	1080
	Width	1695
Hscroll1	Name	hsbCircle
	Height	255
	Left	720
	Max	20
	Min	1
	Width	3255

Doppelklicken Sie auf die horizontale Bildlaufleiste, und geben Sie folgenden Code im Code-Fenster ein:

```
Private Sub hsbCircle_Change()
   shpCircle.BorderWidth = hsbCirle.Value
End Sub
```

Führen Sie das Programm durch Drücken von F5 aus. Klicken Sie dann auf die horizontale Bildlaufleiste, und beobachten Sie, wie der Kreis vor Ihren Augen wächst. Faszinierend! Beeindrucken Sie Ihre Freunde! Stehen Sie im Mittelpunkt der nächsten Party! Visual Basic bringt es!

Teil III

Menüs erstellen

The 5th Wave — By Rich Tennant

Sie sind kein Cyberholic ... wenn Sie im Format-Menü nachsehen, welche Tagessuppe es gibt.

In diesem Teil ...

Pulldown-Menüs sind eine gut geeignete Methode, um einem Benutzer alle möglichen Optionen zur Benutzung Ihres Programms anzubieten. Der Benutzer braucht dann nur das richtige Menü zu öffnen und die gewünschte Aktion zu wählen.

Dieser Teil des Buchs zeigt Ihnen, wie Sie Pulldown-Menüs in Ihren Programmen verwenden können. Ob Sie es glauben oder nicht – eigene Menüs zu entwerfen ist recht einfach. (Es ist viel schwerer, ein Programm dahin zu bringen, dass es so funktioniert, wie Sie es sich vorstellen.)

Menüs erstellen und attraktiv gestalten

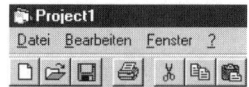

In diesem Kapitel

▷ Menüs und Menütitel entwerfen

▷ Trennlinien einfügen

▷ Zugriffstasten und Häkchen einsetzen

▷ Menübefehle abblenden oder unterdrücken

Standardmäßig besteht eine Menüleiste aus folgenden Menütiteln: DATEI, BEARBEITEN, FENSTER und ? (siehe Abbildung 11.1). Das DATEI-Menü steht ganz links. Das BEARBEITEN-Menü steht rechts daneben. Das FENSTER-Menü steht rechts an vorletzter Stelle. Und das ?-Menü steht ganz rechts an letzter Stelle. Dazwischen stehen gegebenenfalls programmspezifische Menütitel.

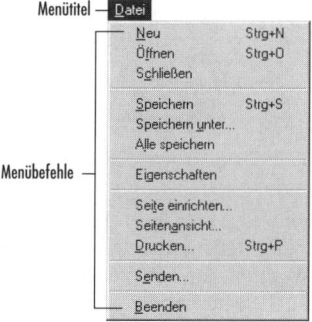

Abbildung 11.1: Typische Pulldown-Menüs.

Jedes Menü hat einen *Menütitel* und ein oder mehrere *Menüelemente* (siehe Abbildung 11.2). Der Menütitel wird in der Menüleiste am oberen Rand des Bildschirms angezeigt. Die Menüelemente werden im Pulldown-Menü angezeigt.

Menütitel — Datei	
Neu	Strg+N
Öffnen	Strg+O
Schließen	
Speichern	Strg+S
Speichern unter...	
Alle speichern	
Menübefehle — Eigenschaften	
Seite einrichten...	
Seitenansicht...	
Drucken...	Strg+P
Senden...	
Beenden	

Abbildung 11.2: Menütitel und Menüelemente.

Die Grundelemente einer Menüleiste

Beim Entwurf einer Menüoberfläche müssen Sie die Menütitel und Menüelemente Ihres Programms festlegen und die Menüelemente einem bestimmten Menütitel zuordnen.

 Wenn Sie Ihr Programm mit dem Visual Basic-Anwendungsassistenten erstellen, können Sie dabei auch die Menüs definieren (siehe Kapitel 3).

Das Menü DATEI (siehe noch einmal Abbildung 11.2) sollte die Befehle enthalten, mit denen Sie Dateien manipulieren. Dazu zählen: Öffnen, Schließen, Speichern oder Drucken einer Datei. Außerdem sollte dieses Menü den Befehl zum Beenden des Programms enthalten.

Das Menü BEARBEITEN (siehe Abbildung 11.3) sollte die Befehle enthalten, mit denen Sie den Inhalt einer Datei bearbeiten. Dazu zählen: Rückgängig machen (und Wiederholen), Ausschneiden, Kopieren, Löschen, Einfügen und Auswählen.

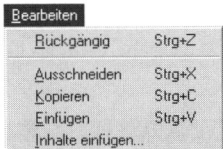

Abbildung 11.3: Ein typisches BEARBEITEN-Menü.

Das Menü FENSTER (siehe Abbildung 11.4) sollte die Befehle enthalten, mit denen Sie die Fenster auf dem Bildschirm manipulieren. Dazu zählen: Fenster überlappend oder nebeneinander darstellen, Fenster schließen und zwischen Fenstern wechseln.

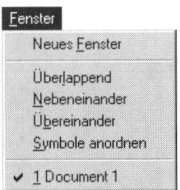

Abbildung 11.4: Ein typisches FENSTER-Menü.

Das Menü ? (siehe Abbildung 11.5) sollte die Befehle enthalten, mit denen Sie Hilfeinformationen über Ihr Programm zur Verfügung stellen. Dazu zählen: Inhaltsverzeichnis Ihres Hilfesystems, ein alphabetischer Index, Werbung für Ihren Software-Support und ein nutzloses Dialogfeld _Info_ mit Informationen, die Sie dem Benutzer unbedingt mitteilen wollen.

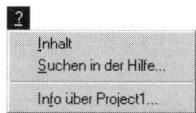

Abbildung 11.5: Ein typisches Hilfe-Menü.

Andere Menütitel sollten zwischen den Menüs B<small>EARBEITEN</small> und F<small>ENSTER</small> eingefügt werden. Jedes Menü sollte mehrere sachlich zusammenhängende Befehle auch optisch als Gruppe präsentieren.

So gibt es z.B. in vielen Textverarbeitungsprogrammen ein Menü namens E<small>XTRAS</small>, in dem Befehle zur Rechtschreibprüfung, Silbentrennung oder Makroerstellung zusammengefasst werden, die von 99 Prozent der arbeitenden Bevölkerung Deutschlands nie benutzt werden.

 Wenn Sie Menüs verwenden, die nur in Ihrem Programm vorkommen (d.h., wenn es sich nicht um Standardmenüs handelt, die auch in anderen Programmen verwendet werden), achten Sie darauf, dass die Menütitel aussagekräftig sind, so dass die Benutzer ablesen können, was sich hinter diesen Menüs verbirgt.

Menüs für Ihre Benutzeroberfläche erstellen

Um Menüs zu erstellen, müssen Sie den Menü-Editor öffnen (siehe Abbildung 11.6). (Wenn Sie den Visual Basic-Anwendungsassistenten benutzen, kann Visual Basic die Menüs für Sie automatisch erstellen, aber Sie müssen die Menüs trotzdem noch mit dem Menü-Editor an Ihre Wünsche anpassen.)

Sie können das Fenster des Menü-Editors auf folgenden drei Wegen öffnen:

✔ Drücken Sie auf ⌐Strg⌐+⌐E⌐.

✔ Wählen Sie den Menübefehl E<small>XTRAS</small>/M<small>ENÜ-EDITOR</small>.

✔ Klicken Sie auf das Symbol *Menü-Editor* in der Symbolleiste (siehe noch einmal Abbildung 11.6).

Sie können für jedes Formular einen Satz von Menüs erstellen. Wenn Ihr Programm zwei Formulare enthält, können Sie für jedes Formular ein anderes Menüsystem definieren. Natürlich können Sie damit den Benutzer verwirren. Aber wenn Sie ein echter Programmierer sind, interessiert es Sie überhaupt nicht, was der Benutzer denkt.

Mit dem Menü-Editor definieren Sie die gesamte Menüoberfläche Ihres Programms. Zunächst müssen Sie für jedes Menü den Namen und den Menütitel definieren.

Menü-Editor-Symbol   Menüdesign-Eigenschaften   Kombinationsfeld mit Zugriffstasten

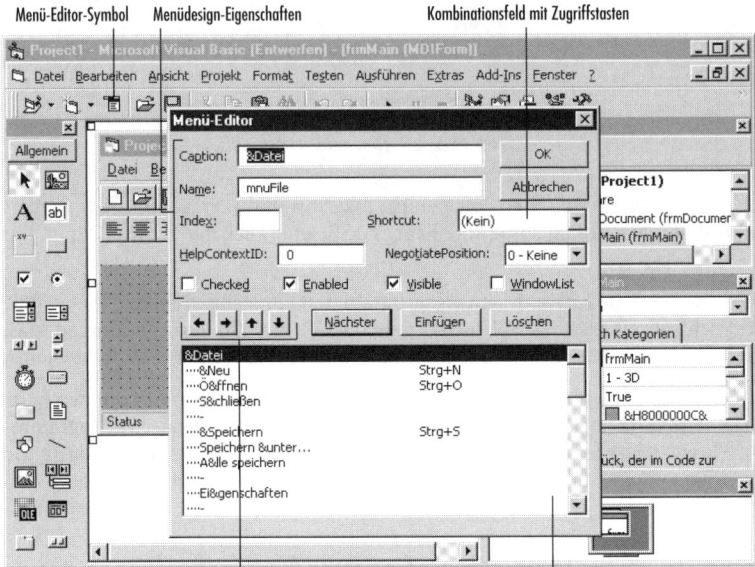

Pfeile zum Verschieben der Menüs und Menübefehle   Menü-Steuerelement-Listenfeld

Abbildung 11.6: Das Fenster des Menü-Editors.

Menüs benennen

Jedes Menü und jedes Menüelement hat eine Caption und einen Namen. Die _Caption_ ist das Wort oder die Zeichenfolge, die das Menü in der Menüleiste auf dem Bildschirm anzeigt. Der _Name_ erscheint nie auf dem Bildschirm, sondern dient dazu, mit BASIC-Code auf das Menü oder Menüelement zuzugreifen.

Eine Caption darf bis zu 40 Zeichen lang sein. Sie darf Buchstaben, Ziffern, Satzzeichen und den Unterstrich (_) enthalten. Je länger eine Caption ist, desto mehr Platz nimmt sie in der Menüleiste für sich in Anspruch.

 Wenn Sie vor ein Zeichen in einer Caption ein kaufmännisches Und-Zeichen (&) setzen (z.B. &Datei oder Bee&nden), wird dieses Zeichen unterstrichen (siehe Abbildung 11.7) und dient dann als Zugriffstaste auf das Menü oder Menüelement.

Wenn in einem Menütitel ein Zeichen unterstrichen ist, kann der Benutzer das Menü öffnen, indem er die [Alt]-Taste niederdrückt und dann auf die Taste mit dem unterstrichenen Zeichen drückt. Wenn z.B. ein Menü die Caption _&Fenster_ hat, kann der Benutzer das Menü durch Drücken der Tastenkombination [Alt]+[F] öffnen.

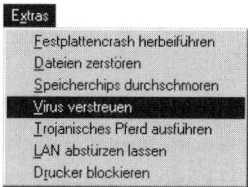

Abbildung 11.7: Das kaufmännische Und-Zeichen zeigt die Zugriffstasten für Menüs und Menübefehle unterstrichen an.

Wenn in einem Menüelement ein Zeichen unterstrichen ist, kann der Benutzer den Menübefehl wählen, indem er einfach auf die Taste mit dem unterstrichenen Zeichen drückt. (Er braucht dazu nicht die ⌈Alt⌋-Taste zu drücken.) Wenn z.B. ein Menüelement die Caption *&Neu* hat, kann der Benutzer den Menübefehl wählen, indem er erst das Menü öffnet und dann auf die Taste ⌈N⌋ drückt.

Der Name eines Menüs oder Menüelementes darf bis zu 40 Zeichen lang sein. Er darf aus Buchstaben, Ziffern und dem Unterstrich bestehen. Im Gegensatz zu Captions dürfen Namen keine Leerzeichen oder Satzzeichen enthalten.

In Visual Basic beginnen Namen von Menüs und Menüelementen per Konvention mit dem Präfix *mnu*. Beispiele:

```
mnuDatei
mnuFenster
mnuDateiÖffnen
```

Da Visual Basic nicht zwischen Groß- und Kleinbuchstaben unterscheidet, können Sie Namen auch folgendermaßen schreiben:

```
MNuDatei
mNuFenster
MNUDateiÖFFNEN
```

Aber solche wilden Schreibweisen sind nicht nur schwer zu lesen, sondern weisen Sie auch als Anfänger aus. Profis benutzen einen konsistenten Stil. Wenn Sie also Wert auf ein gutes Image legen, sollten Sie sich für einen Stil entscheiden und dann dabei bleiben.

Sie können Menüelemente leichter identifizieren, wenn Sie den Namen seines Menüs in den Namen des Menüelementes einbeziehen. Wenn z.B. ein Datei-Menü den Namen *mnuDatei* hat, dann erhalten die Menüelemente zum Öffnen, Speichern und Beenden die Namen *mnuDateiÖffnen*, *mnuDateiSpeichern* und *mnuDatei-Beenden*.

Menütitel entwerfen

In Visual Basic werden Pulldown-Menüs in folgenden zwei Schritten erstellt:

✔ Zuerst definieren Sie den Menütitel, der in der Menüleiste angezeigt wird.

✔ Dann definieren Sie die Menüelemente, die unter dem Menütitel angezeigt werden.

Um Menütitel zu definieren, die in der Menüleiste am oberen Rand des Formulars angezeigt werden, gehen Sie folgendermaßen vor:

1. **Klicken Sie auf das Formular, in dessen Menüleiste Sie Menütitel einfügen wollen.**

2. **Öffnen Sie das Fenster des Menü-Editors, indem Sie auf ⟨Strg⟩+⟨E⟩ drücken oder den Menübefehl** EXTRAS/MENÜ-EDITOR **wählen oder auf das Symbol** _Menü-Editor_ **in der Symbolleiste klicken.**

3. **Geben Sie im Textfeld** _Caption_ **den Menütitel ein, der in der Menüleiste angezeigt werden soll. Geben Sie dabei auch das kaufmännische Und-Zeichen ein.**

   Beim Eintippen zeigt Visual Basic die Caption im Menü-Steuerelement-Listenfeld an.

4. **Drücken Sie auf ⟨Tab⟩, um die Einfügemarke in das Textfeld** _Name_ **zu verschieben.**

5. **Geben Sie den Namen Ihres Menüs ein. Per Konvention sollte der Name mit dem Präfix** _mnu_ **beginnen und dann die Caption wiederholen, also z.B.** _mnuDatei_ **oder** _mnuDatei- Drucken_**.**

 (Sie können zwar beliebige Groß- oder Kleinbuchstaben verwenden, sollten aber aus Gründen der Konsistenz den Stil verwenden, der sich bei Visual Basic-Programmierern weltweit eingebürgert hat.)

6. **Drücken Sie auf ⟨Eingabe⟩, oder klicken Sie auf** _Nächster_**, um den nächsten Menütitel zu definieren.**

7. **Wiederholen Sie die Schritte 3 bis 6, bis Sie alle gewünschten Menütitel für Ihre Menüleiste erstellt haben.**

8. **Klicken Sie auf OK.**

Visual Basic zeigt Ihre Menüs am oberen Rand des Formulars an.

Menütitel und -befehle hinzufügen und löschen

Menütitel zu definieren ist nicht schwer. Leider ist nichts im Leben von Dauer. Das gilt auch für Ihre Menütitel. Früher oder später müssen Sie neue Menütitel in Ihr Menü einfügen oder vorhandene Menütitel ändern oder löschen.

Um einen Menütitel in ein Menü einzufügen, gehen Sie folgendermaßen vor:

1. **Klicken Sie auf das Formular, in dessen Menüleiste Sie den Menütitel einfügen wollen.**

2. **Öffnen Sie das Fenster des Menü-Editors, indem Sie auf** ⌴Strg⌴+⌴E⌴ **drücken oder den Menübefehl** EXTRAS/MENÜ-EDITOR **wählen oder auf das Symbol** *Menü-Editor* **in der Symbolleiste klicken.**

3. **Klicken Sie auf den Menütitel, der rechts von Ihrem neuen Menütitel stehen soll.**

4. **Klicken Sie auf** *Einfügen.*

   Visual Basic schiebt den markierten Menütitel eine Zeile nach unten und markiert dann die entstandene Leerzeile (siehe Abbildung 11.8).

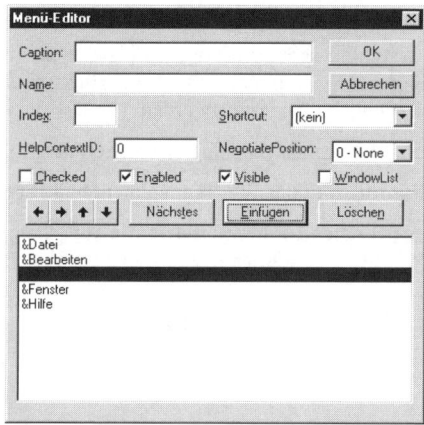

Abbildung 11.8: Das Einfügen eines neuen Menütitels in das Menü-Steuerelement-Listenfeld steuert die Position der Menütitel in der Menüleiste.

5. **Klicken Sie auf das Textfeld** *Caption.*

6. **Geben Sie die Caption Ihres neuen Menütitels ein: z.B.** *&Extras* **oder** *Forma&t.*

7. **Drücken Sie auf** ⌴Tab⌴**, um die Einfügemarke in das Textfeld** *Name* **zu verschieben. Geben Sie den Namen Ihres neuen Menütitels ein: z.B.** *mnuExtras* **oder** *mnuFormat*, **und drücken Sie dann auf** ⌴Eingabe⌴**.**

8. **Klicken Sie auf OK.**

Um einen Menütitel zu löschen, gehen Sie folgendermaßen vor:

1. **Klicken Sie auf das Formular, aus dessen Menüleiste Sie einen Menütitel löschen wollen.**

2. **Öffnen Sie das Fenster des Menü-Editors, indem Sie auf** ⌴Strg⌴+⌴E⌴ **drücken oder den Menübefehl** EXTRAS/MENÜ-EDITOR **wählen oder auf das Symbol** *Menü-Editor* **in der Symbolleiste klicken.**

3. **Klicken Sie auf den Menütitel, den Sie löschen wollen.**

4. **Klicken Sie auf *Löschen*.**

   Visual Basic löscht den markierten Menütitel.

5. **Klicken Sie auf OK.**

Menübefehle unter einem Menütitel erstellen

Wenn Sie die Menütitel in der Menüleiste erstellt haben, müssen Sie als nächstes die Menüelemente definieren, die unter den Menütiteln angezeigt werden sollen.

Im Menü-Steuerelement-Listenfeld repräsentieren alle Listenelemente, die ganz links stehen, einen Menütitel. Listenelemente, die nach rechts eingerückt sind, repräsentieren Menüelemente, die unter einem Menütitel angezeigt werden.

Um Menüelemente zu definieren, gehen Sie folgendermaßen vor:

1. **Klicken Sie auf das Formular, in das Sie Menüelemente einfügen wollen.**

2. **Öffnen Sie das Fenster des Menü-Editors, indem Sie auf ⎡Strg⎤+⎡E⎤ drücken oder den Menübefehl EXTRAS/MENÜ-EDITOR wählen oder auf das Symbol *Menü-Editor* in der Symbolleiste klicken.**

   Visual Basic öffnet das Fenster des Menü-Editors.

3. **Klicken Sie auf die Zeile unter dem Menütitel, unter dem Sie Ihr neues Menüelement einfügen wollen.**

   Wenn Sie z.B. neue Menübefehle unter dem Menütitel *&Datei* einfügen wollen, klicken Sie auf die Zeile, die unter der Zeile mit dem Menütitel *&Datei* steht.

4. **Klicken Sie auf *Einfügen*.**

5. **Klicken Sie auf das Textfeld *Caption*, und geben Sie die Caption des neuen Menüelements ein: z.B. *&Speichern* oder *&Drucken*.**

6. **Drücken Sie auf ⎡Tab⎤, um die Einfügemarke in das Textfeld *Name* zu verschieben.**

7. **Geben Sie den Namen des neuen Menübefehls ein, z.B. *mnuDateiSpeichern* oder *mnuDateiDrucken*.**

8. **Klicken Sie auf die Schaltfläche mit dem nach rechts gerichteten Pfeil, um das Listenelement einzurücken.**

   Die Einrückung zeigt an, dass das Listenelement ein Menüelement und nicht etwa einen Menütitel repräsentiert, der in der Menüleiste angezeigt wird. (Jetzt reicht es aber mit den vielen ähnlichen und verwirrenden Termini, nicht wahr?)

9. **Klicken Sie auf OK.**

Menütitel und -befehle verschieben

Wenn Sie Ihre Pulldown-Menüs entwerfen, müssen Sie nicht alles auf Anhieb perfekt machen, weil Sie in Visual Basic die Menütitel und Menüelemente folgendermaßen verschieben können:

✔ Auf

✔ Ab

✔ Nach rechts: Einrücken

✔ Nach links: Einrückung aufheben

Das Fenster des Menü-Editors enthält für diesen Zweck vier Pfeile (siehe noch einmal Abbildung 11.6). Wenn Sie ein Element im Menü-Steuerelement-Listenfeld nach oben oder unten verschieben, wird nur die Position dieses Elementes in der Menüleiste oder in einem Pulldown-Menü geändert.

Um ein Element im Menü-Steuerelement-Listenfeld nach oben oder unten zu verschieben, gehen Sie folgendermaßen vor:

1. **Klicken Sie auf das Formular, dessen Menütitel oder Menüelemente Sie verschieben wollen.**

2. **Öffnen Sie das Fenster des Menü-Editors, indem Sie auf** ⌐Strg⌐+⌐E⌐ **drücken oder den Menübefehl** Extras/Menü-Editor **wählen oder auf das Symbol** *Menü-Editor* **in der Symbolleiste klicken.**

3. **Klicken Sie auf den Menübefehl, den Sie nach oben oder unten verschieben möchten.**

4. **Klicken Sie auf die Schaltfläche mit dem nach oben gerichteten Pfeil, um das Element nach oben zu verschieben, oder klicken Sie auf die Schaltfläche mit dem nach unten gerichteten Pfeil, um das Element nach unten zu verschieben.**

5. **Klicken Sie auf OK, wenn alle Elemente an der gewünschten Position sind.**

Wenn Sie ein Element im Menü-Steuerelement-Listenfeld nach oben oder unten verschieben, ändern Sie nur seine Position. Wenn Sie aber ein Listenelement nach links verschieben, machen Sie aus einem Menüelement einen Menütitel. Wenn Sie ein Listenelement nach rechts verschieben, machen Sie aus einem Menütitel ein Menüelement (siehe Abbildung 11.9).

Um ein Element im Menü-Steuerelement-Listenfeld nach links oder rechts zu verschieben, gehen Sie folgendermaßen vor:

1. **Klicken Sie auf das Formular, dessen Menütitel oder Menüelemente Sie verschieben wollen.**

2. **Öffnen Sie das Fenster des Menü-Editors, indem Sie auf** ⌐Strg⌐+⌐E⌐ **drücken oder den Menübefehl** Extras/Menü-Editor **wählen oder auf das Symbol** *Menü-Editor* **in der Symbolleiste klicken.**

   Visual Basic öffnet das Fenster des Menü-Editors.

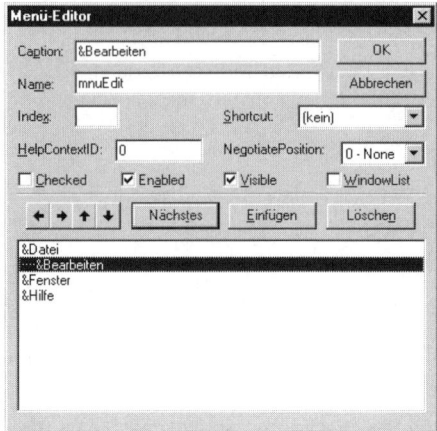

Abbildung 11.9: Menübefehle nach rechts einrücken.

3. Klicken Sie auf das Listenelement, das Sie nach links oder rechts verschieben möchten.

4. Klicken Sie auf die Schaltfläche mit dem nach links gerichteten Pfeil, um das Element nach links zu verschieben, oder klicken Sie auf die Schaltfläche mit dem nach rechts gerichteten Pfeil, um das Element nach rechts zu verschieben.

5. Klicken Sie auf OK.

Menüs benutzerfreundlich gestalten

Pulldown-Menüs fassen Befehle für den Benutzer an einer leicht zugänglichen Stelle zusammen. Obwohl dies für den Benutzer schon recht bequem ist, können Sie in Visual Basic Menüs noch benutzerfreundlicher gestalten, indem Sie verwandte Befehle durch Trennlinien kennzeichnen, gegenwärtig aktive Menübefehle durch Häkchen markieren, nicht aktive Menüelemente abblenden oder unterdrücken oder Zugriffstasten (Shortcuts) definieren, die den Weg über das Menü überflüssig machen.

Trennlinien in Menüs einfügen

Trennlinien sind Linien, mit denen Sie sachlich verwandte Menüelemente in einem Menü optisch zu Gruppen zusammenfassen können (siehe Abbildung 11.10). Im Allgemeinen grenzen Trennlinien in einem Menü Gruppen von zwei oder mehr Menüelementen voneinander ab, so dass der Benutzer ein bestimmtes Menüelement schneller finden kann.

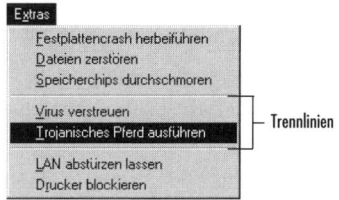

Abbildung 11.10: Typische Trennlinien in einem Menü.

Um Trennlinien zu erstellen, gehen Sie folgendermaßen vor:

1. **Klicken Sie auf das Formular mit den Menüs, in die Sie Trennlinien einfügen wollen.**

2. **Öffnen Sie das Fenster des Menü-Editors, indem Sie auf [Strg] + [E] drücken oder den Menübefehl EXTRAS/MENÜ-EDITOR wählen oder auf das Symbol *Menü-Editor* in der Symbolleiste klicken.**

3. **Klicken Sie auf das Listenelement, das unmittelbar unter der Trennlinie stehen soll.**

4. **Klicken Sie auf *Einfügen*, so dass Visual Basic eine Leerzeile anzeigt.**

    (Möglicherweise müssen Sie die Schaltflächen mit den nach links oder rechts gerichteten Pfeilen anklicken, um die Trennlinie auf dasselbe Niveau wie die zu trennenden Listenelemente zu rücken.)

5. **Klicken Sie auf das Textfeld *Caption*. Geben Sie einen Bindestrich (-) ein.**

6. **Drücken Sie auf [Tab], um die Einfügemarke in das Textfeld *Name* zu verschieben. Geben Sie den Namen Ihrer neuen Trennlinie ein.**

    Der Name sollte möglichst den Menütitel und die Position der Trennlinie wiedergeben: z.B. *barDatei1* oder *sepBearbeiten2*.

7. **Klicken Sie auf OK, um das Menü-Editor-Fenster zu schließen.**

Testen Sie Ihr neu erworbenes Wissen

1. **Warum sind Pulldown-Menüs so nützlich?**

    a) Sie verbergen Befehle, damit der Benutzer sie nicht findet.

    b) Sie machen ein Programm benutzerfreundlicher, weil sie den Standardrichtlinien aller Windows-Programme entsprechen.

    c) Weil sie den Programmierer ans Essen erinnern.

    d) Wenn Pulldown-Menüs so nützlich sind, warum müssen die Leute immer noch 400-Seiten-Bücher kaufen, um zu lernen, wie man Windows benutzt?

2. Auf welchem Weg kann man in Visual Basic Pulldown-Menüs erstellen?

a) Öffnen Sie das Fenster des Menü-Editors, indem Sie auf die Tasten `Strg`+`E` drücken oder den Menübefehl EXTRAS/MENÜ-EDITOR wählen oder auf das Symbol *Menü-Editor* in der Symbolleiste klicken.

b) Indem man das Programm eines anderen Programmierers kopiert und hofft, dass er es nicht merkt.

c) Das dürfen Sie gar nicht. Apple-Computer wird Sie wegen einer Copyright-Verletzung verklagen.

d) Kann Visual Basic denn Pulldown-Menüs erstellen?

Zugriffstasten (Shortcuts) zuweisen

Wenn Sie mit einem Programm vertraut sind, kann es ganz schön lästig werden, wenn Sie sich jedesmal durch Pulldown-Menüs wühlen müssen, um einen bestimmten Befehl zu geben. Deshalb ist es sinnvoll, häufig benutzte Befehle mit einer *Zugriffstaste* (*Shortcut*) zu verbinden. Dann ist es z.B. möglich, eine Datei mit den Tasten `Strg`+`S` zu speichern oder einen markierten Text mit den Tasten `Strg`+`X` auszuschneiden. Abbildung 11.11 zeigt einige Zugriffstasten.

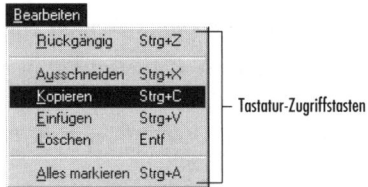

Abbildung 11.11: Beispiele für Zugriffstasten.

Zugriffstasten werden in den Menüs rechts neben den zugehörigen Menübefehlen angezeigt. Auf diese Weise können die Benutzer schnell lernen, welche Zugriffstasten in Ihrem Programm zur Verfügung stehen und welche Befehle mit ihnen verbunden sind.

Zugriffstasten werden mit dem Menü-Editor definiert. Obwohl es manchmal schön wäre, beliebige eigene Zugriffstasten zu definieren, bietet Ihnen Visual Basic nur eine begrenzte Anzahl möglicher Zugriffstasten an.

 Wenn Sie versuchen, dieselbe Zugriffstaste mehrfach bei verschiedenen Befehlen zu verwenden, zeigt Visual Basic eine Fehlermeldung an.

Um Zugriffstasten mit Menübefehlen zu verbinden, gehen Sie folgendermaßen vor:

1. **Klicken Sie auf das Formular mit den Menübefehlen, die Sie mit Zugriffstasten verbinden wollen.**

2. **Öffnen Sie das Fenster des Menü-Editors, indem Sie auf** `Strg`+`E` **drücken oder den Menübefehl** Extras/Menü-Editor **wählen oder auf das Symbol** *Menü-Editor* **in der Symbolleiste klicken.**

   Visual Basic öffnet das Fenster des Menü-Editors.

3. **Klicken Sie auf den Menübefehl, dem Sie einen Shortcut zuweisen wollen.**

4. **Klicken Sie im Listenfeld** *Shortcut* **auf den nach unten gerichteten Pfeil.**

   Visual Basic zeigt eine Liste der möglichen Zugriffstasten an.

5. **Wählen Sie den Shortcut für den Menübefehl.**

 Idealerweise sollte der Shortcut leicht zu behalten sein. Beispiele dafür sind `Strg`+`S` für den Befehl *Speichern* oder `Strg`+`D` für den Befehl *Drucken*. Visual Basic zeigt Ihre Wahl im Menü-Steuerelement-Listenfeld an.

6. **Klicken Sie auf OK.**

Wenn Sie jetzt ein Pulldown-Menü öffnen, werden neben einigen Menübefehlen Zugriffstasten angezeigt. Weil Sie noch keinen BASIC-Code für die Menübefehle geschrieben haben, passiert nichts, wenn Sie auf einen Shortcut drücken.

Häkchen neben Menübefehle setzen

Um in einem Menü anzuzeigen, dass bestimmte Menüelemente gewählt oder aktiviert sind, können Sie ein Häkchen vor die betreffenden Menüelemente setzen (siehe Abbildung 11.12). Z.B. dienen Häkchen oft zur Anzeige der aktuellen Schriftart oder des aktuellen Schriftgrades.

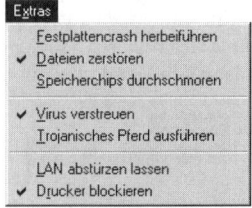

Abbildung 11.12: Häkchen in einem Pulldown-Menü.

Sie können Häkchen dazu verwenden, um in Ihren Pulldown-Menüs bestimmte Standardeinstellungen beim Start Ihres Programmes anzuzeigen.

Häkchen können nur in Verbindung mit Menübefehlen und nicht mit Menütiteln verwendet werden. Wenn Sie versuchen, ein Häkchen vor einen Menütitel zu setzen, zeigt Visual Basic die Fehlermeldung »An dieser Stelle kann kein Häkchen gesetzt werden« an.

Um ein Häkchen vor einen Menübefehl zu setzen, gehen Sie folgendermaßen vor:

1. **Klicken Sie auf das Formular mit dem Menübefehl, vor den Sie ein Häkchen setzen wollen.**

2. **Öffnen Sie das Fenster des Menü-Editors, indem Sie auf $\boxed{\text{Strg}}$+$\boxed{\text{E}}$ drücken oder den Menübefehl E_XTRAS_/M_ENÜ_-E_DITOR_ wählen oder auf das Symbol *Menü-Editor* in der Symbolleiste klicken.**

3. **Klicken Sie auf den Menübefehl, vor den Sie ein Häkchen setzen wollen.**

4. **Aktivieren Sie das Kontrollkästchen *Checked*.**

5. **Klicken Sie auf OK.**

Um das Häkchen vor einem Menübefehl zu entfernen, müssen Sie BASIC-Code benutzen. Mit dem Code müssen Sie die Eigenschaft *Checked* des Menübefehls auf *False* setzen. Das folgende Beispiel entfernt das Häkchen vor dem Menübefehl *mnuFont12*:

```
mnuFont12.Checked = False
```

Um mit BASIC-Code ein Häkchen vor einen Menübefehl zu setzen, müssen Sie die Eigenschaft *Checked* des Menübefehls auf *True* setzen. Das folgende Beispiel setzt ein Häkchen vor den Menübefehl *mnuFontHelvetica*:

```
mnuFontHelvetica.Checked = True
```

Menübefehle abblenden

In manchen Situationen sind bestimmte Menübefehle sinnlos. So ist es z.B. unsinnig, die Befehle *Kopieren* oder *Ausschneiden* zu verwenden, wenn kein Text markiert ist. Um den Benutzer daran zu hindern, Befehle zu wählen, die in der aktuellen Situation nicht zur Verfügung stehen, können Sie die Befehle deaktivieren (abblenden; siehe Abbildung 11.13). Der Benutzer kann abgeblendete Befehle in den Menüs zwar noch sehen, aber nicht mehr wählen.

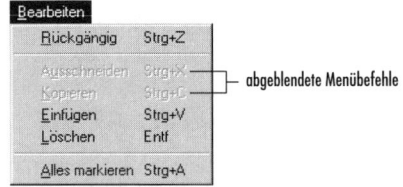

Abbildung 11.13: Beispiel für abgeblendete Menübefehle.

Um einen Menübefehl abzublenden, gehen Sie folgendermaßen vor:

1. **Klicken Sie auf das Formular mit dem Menübefehl, den Sie abblenden wollen.**

2. **Öffnen Sie das Fenster des Menü-Editors, indem Sie auf** `Strg` + `E` **drücken oder den Menübefehl E**XTRAS**/M**ENÜ-**E**DITOR **wählen oder auf das Symbol** *Menü-Editor* **in der Symbolleiste klicken.**

   Visual Basic öffnet das Fenster des Menü-Editors.

3. **Klicken Sie auf den Menübefehl, den Sie abblenden wollen.**

4. **Klicken Sie auf das Kontrollkästchen** *Enabled*, **um das** *X* **zu löschen (siehe Abbildung 11.14).**

5. **Klicken Sie auf OK.**

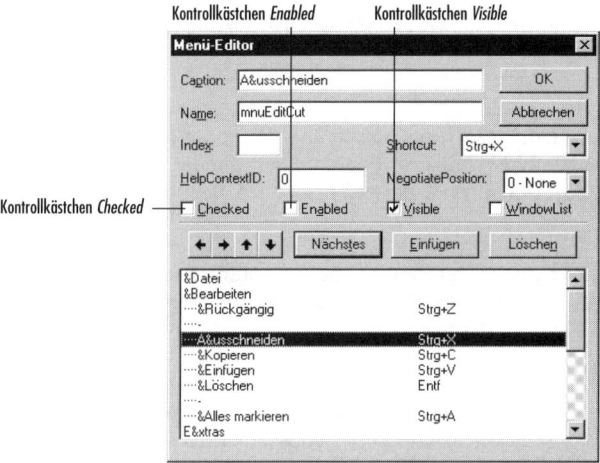

Abbildung 11.14: Kontrollkästchen im Fenster des Menü-Editors.

Um einen abgeblendeten Menübefehl zur Laufzeit Ihres Programmes wieder verfügbar zu machen, müssen Sie BASIC-Code benutzen. Mit dem Code müssen Sie die Eigenschaft *Enabled* des Menübefehls auf *True* setzen. Das folgende Beispiel stellt den Menübefehl *mnuEditCut* normal dar:

```
mnuEditCut.Enabled = True
```

Um einen Menübefehl zur Laufzeit Ihres Programmes abzublenden, müssen Sie mit BASIC-Code die Eigenschaft *Enabled* des Menübefehls auf *False* setzen. Das folgende Beispiel blendet den Menübefehl *mnuEditCopy* ab:

```
mnuEditCopy.Enabled = False
```

Menübefehle unterdrücken

Statt einen Menübefehl abzublenden, können Sie ihn auch unterdrücken, so dass er in dem Menü nicht mehr sichtbar ist. So unterdrücken z.B. manche Programme alle Menütitel außer DATEI und ?, bis der Benutzer eine Datei öffnet oder erstellt. (Denn es ist unsinnig, ein BEARBEI-TEN-Menü anzuzeigen, wenn es nichts zu editieren gibt.)

Um einen Menübefehl zu unterdrücken, gehen Sie folgendermaßen vor:

1. **Klicken Sie auf das Formular mit dem Menübefehl, den Sie unterdrücken wollen.**

2. **Öffnen Sie das Fenster des Menü-Editors, indem Sie auf** Strg +E **drücken oder den Menübefehl** EXTRAS/MENÜ-EDITOR **wählen oder auf das Symbol** *Menü-Editor* **in der Symbolleiste klicken.**

3. **Klicken Sie auf den Menübefehl, den Sie unterdrücken wollen.**

4. **Klicken Sie auf das Kontrollkästchen** *Visible*, **um das** *X* **zu löschen (siehe oben Abbildung 11.14).**

5. **Klicken Sie auf OK.**

Um einen unterdrückten Menübefehl zur Laufzeit Ihres Programmes wieder anzuzeigen, müssen Sie BASIC-Code benutzen. Mit dem Code müssen Sie die Eigenschaft *Visible* des Menübefehls auf *True* setzen. Das folgende Beispiel macht den Menütitel *mnuEdit* sichtbar:

```
mnuEdit.Visible = True
```

Um einen Menübefehl zur Laufzeit Ihres Programmes zu unterdrücken, müssen Sie mit BASIC-Code die Eigenschaft *Visible* des Menübefehls auf *False* setzen. Das folgende Beispiel macht den Menütitel *mnuTools* unsichtbar:

```
mnuTools.Visible = False
```

Denken Sie daran, dass diese fortgeschrittenen Techniken Ihre Programme benutzerfreundlicher machen und ihnen ein professionelleres Aussehen geben. Professionelle Programmierer teilen die folgende Ansicht: Wenn ein Programm professionell aussieht, sucht der Benutzer den Fehler bei sich selbst, wenn etwas schiefgeht. Und das ist auch der wahre Grund, warum Programmierer soviel Zeit auf die Benutzeroberfläche verwenden: damit die Benutzer nicht die Schuld auf sie schieben, wenn das Programm jämmerlich versagt.

Untermenüs, wachsende Menüs und Kontextmenüs

12

In diesem Kapitel

▶ Untermenüs erstellen

▶ Dynamisch wachsende Untermenüs

▶ Popup-Menüs erstellen

Eine typische Menüleiste zeigt am oberen Rand des Bildschirms eine Reihe von Menütiteln an. Wenn man einen der Menütitel wählt, wird ein Pulldown-Menü angezeigt.

Leider kann eine Menüleiste nur eine begrenzte Anzahl von Menütiteln aufnehmen; und ein Pulldown-Menü kann nur so viele Menübefehle anzeigen, wie gleichzeitig auf den Bildschirm passen. Was können Sie tun, wenn Ihre Killer-Anwendung mehr Menübefehle enthält, als in der Menüleiste und den Pulldown-Menüs Platz haben? Die Lösung besteht darin, Untermenüs zu verwenden (oder das Design Ihres Programmes zu ändern).

Untermenüs erstellen

Untermenüs werden oft dazu verwendet, um einen Befehl viele Schichten tief in einer Folge von Pulldown-Menüs zu vergraben. Wenn Untermenüs richtig aufgebaut sind, machen sie den Zusammenhang zwischen verschiedenen Themen deutlich. Wenn sie nicht richtig aufgebaut sind, sieht Ihr Programm genauso verwirrend aus wie die vielen kommerziellen Softwarepakete, die Millionen von Leuten bei ihrer täglichen Arbeit benutzen müssen.

Z.B. haben viele Programme den Menütitel *Text*, unter dem Befehle wie *Schriftart*, *Schriftschnitt* oder *Schriftgrad* angeordnet sind. Wenn man den Menübefehl *Schriftart* wählt, wird oft ein Untermenü mit den verschiedenen zur Verfügung stehenden Schriftarten angezeigt (siehe Abbildung 12.1).

Abbildung 12.1: Ein typisches Pulldown-Menü mit einem Menübefehl zur Wahl der Schriftart und einem Untermenü mit den verschiedenen Schriftarten.

In Visual Basic können Sie Untermenüs bis zu vier Stufen tief schachteln (siehe Abbildung 12.2). Obwohl diese Anzahl manchmal gebraucht wird, benutzen die meisten Programme nur eine Untermenüstufe, um die Menübefehle nicht so tief zu vergraben, dass niemand sie finden kann. Gerüchte besagen, dass die Watergate-Bänder, die Leiche von Jimmy Hoffa und der Heilige Gral irgendwo in den Untermenüs eines bekannten Programmes vergraben sind.

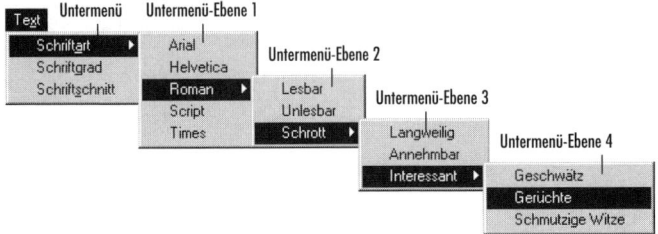

Abbildung 12.2: Vier Untermenüstufen: Jetzt ist's aber genug.

Wenn rechts neben einem Menüelement ein Pfeilspitzen-Symbol angezeigt wird, dann hat dieser Menübefehl ein Untermenü. Wenn Sie Untermenüs definieren, zeigt Visual Basic dieses Pfeilspitzen-Symbol automatisch an (siehe Abbildung 12.3).

Abbildung 12.3: Das Pfeilspitzen-Symbol in einem Menübefehl zeigt das Vorhandensein eines Untermenüs an.

 Untermenüs werden mit dem Menü-Editor definiert. Alle Elemente des Menü-Steuerelement-Listenfelds, die ganz links stehen, repräsentieren einen Menütitel in der Menüleiste. Elemente, die eine Stufe nach rechts eingerückt sind, gehören zu einem Pulldown-Menü. Elemente, die zwei Stufen nach rechts eingerückt sind, gehören zu einem Untermenü der ersten Stufe. Elemente, die drei Stufen nach rechts eingerückt sind, gehören zu einem Untermenü der zweiten Stufe. Elemente, die vier Stufen nach rechts eingerückt sind, gehören zu einem Untermenü der dritten Stufe. Elemente, die fünf Stufen nach rechts eingerückt sind, gehören zu einem Untermenü der vierten und letzten Stufe.

Um Untermenüs zu erstellen, gehen Sie folgendermaßen vor:

1. **Klicken Sie auf das Formular, für das Sie Untermenüs erstellen wollen.**

2. **Öffnen Sie das Fenster des Menü-Editors, indem Sie auf** $\boxed{\text{Strg}}$ **+** $\boxed{\text{E}}$ **drücken oder den Menübefehl** EXTRAS/MENÜ-EDITOR **wählen oder auf das Symbol** *Menü-Editor* **in der Symbolleiste klicken.**

3. **Markieren Sie im Menü-Steuerelement-Listenfeld den Menübefehl, den Sie in ein Untermenü einfügen wollen.**

4. **Klicken Sie auf die Schaltfläche mit dem nach rechts gerichteten Pfeil, um das Element nach rechts einzurücken.**

5. **Klicken Sie auf OK.**

Jede Einrückungsstufe wird im Menü-Steuerelement-Listenfeld durch vier Punkte (....) repräsentiert.

Um ein Untermenü eine Stufe höher zu setzen (beispielsweise von der zweiten auf die erste Stufe), gehen Sie folgendermaßen vor:

1. **Klicken Sie auf das Formular mit den Umtermenüs, die Sie ändern wollen.**

2. **Öffnen Sie das Fenster des Menü-Editors, indem Sie auf** $\boxed{\text{Strg}}$ **+** $\boxed{\text{E}}$ **drücken oder den Menübefehl** EXTRAS/MENÜ-EDITOR **wählen oder auf das Symbol** *Menü-Editor* **in der Symbolleiste klicken.**

3. **Markieren Sie im Menü-Steuerelement-Listenfeld den Menübefehl, den Sie höherstufen wollen.**

4. **Klicken Sie auf die Schaltfläche mit dem nach links gerichteten Pfeil, um das Element nach links zu verschieben.**

5. **Klicken Sie auf OK.**

 Statt mehrstufige Untermenüs zu verwenden, arbeiten die meisten wirklich professionellen Programme mit Dialogfeldern. (Dialogfelder werden in Kapitel 13 behandelt.) Bei einem *Dialogfeld* kann der Benutzer mehrere Entscheidungen auf einmal treffen, ohne sich durch viele Untermenüstufen arbeiten zu müssen. Untermenüs sind akzeptabel, wenn nur wenige Optionen angeboten werden, Dialogfelder sind besser geeignet, wenn es um viele Optionen geht.

Warum gibt es denn überhaupt Untermenüs, wenn sogar Microsoft von ihrer Verwendung abrät? Untermenüs gehören zu den vielen Methoden, mit denen Microsoft Ihnen die Freiheit gibt, eine schwierig zu bedienende Benutzeroberfläche zu entwerfen, damit Ihre Programme nicht zu einer Bedrohung für die Programme von Microsoft werden.

Menü-Captions zur Laufzeit ändern

In manchen Situationen kann es notwendig oder wünschenswert sein, die Caption eines Menütitels oder eines Menüelementes zu ändern. Der Menübefehl, bei dem dies wohl am häufigsten vorkommt, ist der Befehl *Rückgängig* im Menü *Bearbeiten*. Viele Programme ersetzen den Befehl *Rückgängig*, nachdem er ausgeführt wurde, durch den Befehl *Wiederherstellen*.

Um die Caption eines Menütitels oder eines Menüelementes zu ändern, müssen Sie seine Eigenschaft *Caption* mit BASIC-Code ändern. Das folgende Beispiel ändert die Caption des Menüelements *mnuEditUndo* in *Wiederherstellen* um:

```
mnuEditUndo.Caption = "Wiederherstellen"
```

Das folgende Beispiel ändert die Caption des Menüelements *mnuEditUndo* wieder in *Rückgängig*:

```
mnuEditUndo.Caption = "Rückgängig"
```

 Beim Ändern der Caption eines Menütitels oder Menüelementes können Sie mit dem kaufmännischen Und-Zeichen die Zugriffstaste (Shortcut) des Menübefehls definieren. Das folgende Beispiel ändert die Caption des Menüelements *mnuEdit-Undo* in *Rückgängig* und definiert eine Zugriffstaste:

```
mnuEditUndo.Caption = "&Rückgängig"
```

Dynamisch wachsende Menüs

Bei manchen Windows-Programmen wie z.B. Microsoft Word für Windows haben Sie vielleicht schon folgendes bemerkt: Wenn Sie das Programm laden, zeigt das Menü DATEI eine Liste mit den letzten vier oder fünf Dateien an, die Sie bearbeitet haben (siehe Abbildung 12.4). Wenn Sie in diesem Programm zwei oder mehr Fenster öffnen, zeigt das Menü FENSTER eine Liste mit den gegenwärtig geöffneten Dateien an.

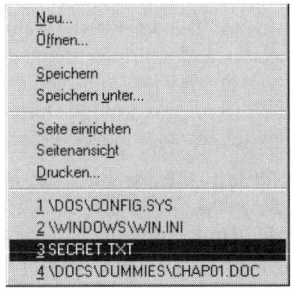

Abbildung 12.4: Ein dynamisch wachsendes Menü, das Ihre zuletzt geöffneten Dateien anzeigt.

Damit ein Menü dynamisch wachsen kann, müssen Sie in Ihrem Menü mit dem Menü-Editor Leerstellen einbauen, denen Sie dann zur Laufzeit mit BASIC-Code eine andere Caption zuweisen und dann sichtbar machen.

Um ein *dynamisch wachsendes Menü* zu erstellen, gehen Sie folgendermaßen vor:

1. **Klicken Sie auf das Formular, für das Sie ein dynamisch wachsendes Menü erstellen wollen.**

2. **Öffnen Sie das Fenster des Menü-Editors, indem Sie auf $\boxed{\text{Strg}}$+$\boxed{\text{E}}$ drücken oder den Menübefehl EXTRAS/MENÜ-EDITOR wählen oder auf das Symbol *Menü-Editor* in der Symbolleiste klicken.**

3. **Klicken Sie auf die Zeile unter dem letzten Menüelement des Menütitels, der dynamisch wachsen soll.**

   Wenn Sie z.b. neue Menüelemente an das Menü DATEI anhängen wollen, klicken Sie auf die Zeile unter dem letzten Menübefehl des Menüs DATEI.

4. **Klicken Sie auf *Einfügen*, um ein Element einzuzufügen.**

5. **Klicken Sie auf die Schaltfläche mit dem nach rechts gerichteten Pfeil, um das neue Element nach rechts einzurücken, so dass es unter den anderen Menübefehlen steht.**

6. **Lassen Sie das Textfeld *Caption* leer, und drücken Sie auf $\boxed{\text{Tab}}$.**

7. **Geben Sie im Textfeld *Name* für jedes leere Menüelement, das Sie einfügen, denselben Namen, z.B. *mnuFileArray*, ein.**

8. **Geben Sie bei der ersten Leerzeile den Wert *0* in das Textfeld *Index* ein.**

   Erhöhen Sie den Wert in diesem Feld für jede weitere Leerzeile um eins. Bei der ersten Leerzeile sollte also im Textfeld *Index* der Wert *0* stehen, bei der zweiten der Wert *1*, bei der dritten der Wert *2* usw.

9. **Deaktivieren Sie das Kontrollkästchen *Visible*.**

10. **Drücken Sie auf $\boxed{\text{Eingabe}}$.**

11. **Wiederholen Sie die Schritte 3 bis 10, bis Sie vier oder fünf Leerzeilen unter dem letzten Menüelement des Menütitels erstellt haben.**

    Achten Sie darauf, dass jede Leerzeile im Textfeld *Index* einen anderen Wert hat.

12. **Klicken Sie auf OK.**

Die vorhergehenden Schritte erstellen ein dynamisch wachsendes Menü. Um das Menü tatsächlich wachsen zu lassen, müssen Sie die Leerzeilen mit BASIC-Code durch richtige Menübefehle ersetzen. Das folgende Beispiel ersetzt die erste Leerzeile (Index = 0) in einem dynamisch wachsenden Menü:

```
Private Sub Form_Load()
    mnuFileArray(0).Caption = "&1 " + "C:\VB\HELLO.VBP"
    mnuFileArray(0).Visible = True
End Sub
```

Die erste Zeile setzt die Caption der ersten Leerzeile, mit dem Namen *mnuFile-Array(0)*, auf *1 C:\VB\HELLO.VBP*. Die zweite Zeile macht diesen Menübefehl im Pulldown-Menü sichtbar.

Popup-Menüs erstellen

Popup-Menüs dienen oft dazu, eine Liste mit Befehlen schnell auf dem Bildschirm anzuzeigen. Jedes Menü oder Untermenü kann als Popup-Menü angezeigt werden. Popup-Menüs werden normalerweise angezeigt, wenn der Benutzer auf die rechte Maustaste drückt. Abbildung 12.5 zeigt ein Beispiel eines Popup-Menüs.

Abbildung 12.5: Beispiel eines Popup-Menüs.

Popup-Menüs werden mit dem BASIC-Befehl `PopupMenu` erstellt. Das folgende Beispiel zeigt das Menü *mnuEdit* als Popup-Menü an, wenn der Benutzer auf die rechte Maustaste drückt:

```
Private Sub Form_MouseUp(Button As Integer, Shift As Integer,
          X As Single, Y As Single)
   If Button = 2 Then    ' Rechte Maustaste gedrückt
      PopupMenu mnuEdit  ' mnuEdit als Popup-Menü anzeigen
   End If
End Sub
```

Statt die Zahl *1* für die linke Maustaste und die Zahl *2* für die rechte Maustaste zu verwenden, können Sie die Visual Basic-Variablen *vbPopupMenuLeftButton* bzw. *vbPopupMenuLeftButton* verwenden.

Um ein Popup-Menü zu erstellen, gehen Sie folgendermaßen vor:

1. **Klicken Sie auf das Formular mit dem Menü, das Sie als Popup-Menü anzeigen wollen.**

2. **Drücken Sie auf** F7 **, oder klicken Sie auf das Symbol *Code anzeigen* im Fenster des Projekt-Explorers.**

   Visual Basic zeigt das Fenster des Code-Editors an.

3. **Wählen Sie im Kombinationsfeld *Objekt* den Eintrag *Form*.**

4. **Wählen Sie im Listenfeld *Prozedur* den Eintrag *MouseUp*.**

Visual Basic zeigt die leere Prozedur *Private Sub Form_MouseUp* an.

5. **Geben Sie den folgenden Code zwischen der ersten und letzten Zeile der Prozedur ein:**

```
If Button = vbPopupMenuRightButton Then
    PopupMenu (geben Sie hier den Namen des Menüs ein)
End If
```

 Wenn Sie aus irgendeinem Grund das Popup-Menü durch Drücken der linken Maustaste öffnen wollen, ersetzen Sie die Variable *vbPopupMenuRightButton* durch die Variable *vbPopupMenuLeftButton*.

Die Position von Popup-Menüs definieren

Normalerweise werden Popup-Menüs an der aktuellen Position des Mauszeigers angezeigt. Wenn Sie dagegen ein Popup-Menü an einer ganz bestimmten Position anzeigen wollen, müssen Sie die exakten Koordinaten dieser Position angeben (siehe oben Abbildung 12.5).

Das folgende Beispiel zeigt das Popup-Menü *mnuTools* an der Position mit der X-Koordinate *500* und der Y-Koordinate *650* an:

```
PopupMenu mnuTools, 500, 600
```

Sie können die Position des Popup-Menüs auch relativ zur Position des Mauszeigers definieren und es bezogen auf den Mauszeiger links, rechts oder zentriert anzeigen. Benutzen Sie dafür einen der folgenden Befehle:

```
PopupMenu mnuEdit, 0    ' linksbündig
PopupMenu mnuEdit, 4    ' zentriert
PopupMenu mnuEdit, 8    ' rechtsbündig
```

Zahlen zur Spezifikation der Ausrichtung zu benutzen ist zwar kurz und bündig, kann aber verwirrend sein, wenn man sich den Code später ansieht und nicht mehr genau weiß, was die Zahlen bedeuten. Deshalb können Sie in Visual Basic die Zahlen durch aussagefähigere Wörter ersetzen:

```
PopupMenu mnuEdit, vbPopupMenuLeftAlign    ' linksbündig
PopupMenu mnuEdit, vbPopupMenuCenterAlign  ' zentriert
PopupMenu mnuEdit, vbPopupMenuRightAlign   ' rechtsbündig
```

Diese Befehle geben Visual Basic folgende Anweisung: »Pass auf. Immer wenn du das Wort *vbPopupMenuRightAlign* siehst, ersetze es durch die Zahl 8.«

Mit der alten Methode sieht die Visual Basic-Prozedur folgendermaßen aus:

```
Sub Form_MouseUp(Button As Integer, Shift As Integer,
            X As Single, Y As Single)
    If Button = 2 Then        ' Rechte Maustaste gedrückt
```

```
      PopupMenu mnuEdit, 4    ' Alte, verwirrende Methode
   End If
End Sub
```

Mit der neuen, leicht zu lesenden Methode sieht die Visual Basic-Prozedur folgendermaßen aus:

```
Sub Form_MouseUp(Button As Integer, Shift As Integer,
           X As Single, Y As Single)
   If Button = vbPopupMenuRightButton Then
      PopupMenu mnuEdit, vbPopupMenuCenterAlign
   End If
End Sub
```

Falls Ihre Gedanken schon vorauseilen, denken Sie sicher daran, wie Sie ein Popup-Menü an einer bestimmten Position linksbündig, zentriert oder rechtsbündig ausrichten können. Der BASIC-Befehl dazu lautet:

```
PopupMenu mnuTools, 4, 500, 650
```

oder

```
PopupMenu mnuTools, vbPopupMenuCenterAlign, 500, 650
```

Das Beispiel zeigt ein Popup-Menü zentriert an der Position mit den Twips-Koordinaten (500, 650) an.

Wenn Sie als Maßeinheit nicht Twips, sondern Zoll oder Zentimeter wählen, müssen Sie die Werte der Koordinaten an die neue Maßskala anpassen. (Siehe Kapitel 6, falls Sie andere Maßeinheiten für Ihr Formular definieren und verwenden wollen.)

Die rechte Maustaste mit Popup-Menüs verknüpfen

Normalerweise funktionieren Popup-Menüs wie gewöhnliche Pulldown-Menüs. Um einen Menübefehl zu wählen, klicken Sie mit der linken Maustaste auf den Befehl. Die rechte Maustaste ist in einem Popup-Menü normalerweise deaktiviert. Wenn Sie in einem Popup-Menü einen Befehl sowohl mit der linken als auch mit der rechten Maustaste wählen wollen, müssen Sie die rechte Maustaste aktivieren.

Das folgende Beispiel aktiviert die rechte Maustaste:

```
PopupMenu mnuEdit, 2
```

Noch einmal: Um die Zahlen durch leicht zu behaltende Wörter zu ersetzen, können Sie folgenden Befehl einfügen:

```
PopupMenu mnuEdit, vbPopupMenuRightButton
```

Standardmäßig geht Visual Basic davon aus, dass Sie bei einem Popup-Menü immer die linke Maustaste zur Wahl eines Menübefehls benutzen wollen.

Jetzt kommt eine knifflige Frage: Wie können Sie ein Popup-Menü definieren, das zugleich zentriert ist und auf die rechte Maustaste reagiert? Die Lösung besteht darin, den OR-Operator folgendermaßen zu verwenden:

```
PopupMenu mnuEdit, 2 Or 4
```

Oder um mit leichter lesbaren Wörtern zu arbeiten:

```
PopupMenu mnuEdit, vbPopupMenuRightButton Or
    vbPopupMenuCenterAlign
```

Viele weit verbreitete Programme (wie WordPerfect, Excel oder Paradox) arbeiten mit Untermenüs, dynamisch wachsenden Menüs und Popup-Menüs. Bei weniger komplizierten Programmen wie z.b. Computerspielen brauchen Sie diese vielen Menüvarianten wahrscheinlich nicht.

Die meisten Benutzer kennen die verschiedenen Menüvarianten bereits. Deshalb werden sie nicht überrascht sein, wenn ein Untermenü oder Popup-Menü auf dem Bildschirm erscheint. Die Kunst besteht darin, diese Werkzeuge nur einzusetzen, wenn es notwendig ist. Denken Sie immer daran: Je aufwendiger Sie Ihr Programm gestalten, desto mehr Dinge können schiefgehen. (Und Sie haben doch sicher schon von Murphy's Gesetz gehört ...)

Testen Sie Ihr neu erworbenes Wissen

1. **Erläutern Sie, aus welchem Grund Menü-Captions zur Laufzeit eines Programms geändert werden.**

   a) Um den Benutzer konfus zu machen.

   b) Um wichtige Befehle zu verschieben und den Benutzer wach zu halten.

   c) Um zwischen Menü-Captions wie z.B. *Undo* und *Redo* hin und her zu schalten.

   d) Um die faszinierenden Möglichkeiten von Visual Basic zu zeigen.

2. **Erkären Sie, was der folgende BASIC-Code bewirkt:**

```
Sub Form_MouseUp(Button As Integer, Shift As Integer,
        X As Single, Y As Single)
    If Button = 2 Then    ' Rechte Maustaste gedrückt
        PopupMenu mnuFont
    End If
End Sub
```

a) Wenn der Benutzer auf die rechte Maustaste drückt, wird das Menü *mnuFont* als Popup-Menü angezeigt.

b) Wenn der Benutzer auf die rechte Maustaste drückt, wird das Bild eines Popstars angezeigt.

c) Wenn der Benutzer auf die rechte Maustaste drückt, zerstört sich die Maus mit einem lauten »Pop« selbst.

Dialogfelder

In diesem Kapitel

▷ Dialogfelder erstellen

▷ Symbole und Schaltflächen in Dialogfelder einfügen

▷ Standarddialogfelder verwenden

Keine Frage, Pulldown-Menüs erleichtern das Leben des Benutzers (vorausgesetzt natürlich, er weiß damit umzugehen). Zusätzlich zu Pulldown-Menüs arbeiten fast alle Programme mit Dialogfeldern.

Dialogfelder sind Fenster, die zur Laufzeit eines Programms auf dem Bildschirm angezeigt werden. Viele Dialogfelder dienen dazu, dem Benutzer Statusmeldungen anzuzeigen. Beispiele: *Drucke Seite 4 von 67* oder *Windows-Anwendungsfehler*.

Andere Dialogfelder dienen dazu, den Benutzer nach zusätzlichen Informationen zu fragen. Beispiele: *Druck abbrechen?* oder *Wollen Sie Windows wirklich verlassen?* Größere Dialogfelder enthalten oft eine Vielzahl verschiedener Optionen, so dass der Benutzer mehrere Entscheidungen auf einmal treffen kann. Analog zu den Standard-Pulldown-Menüs (<u>D</u>ATEI, <u>B</u>EARBEITEN, <u>?</u>) arbeiten die meisten Programme mit vordefinierten Dialogfeldern.

Ein Dialogfeld erstellen

Ein Dialogfeld zeigt auf dem Bildschirm eine Meldung und eine oder mehrere Befehlsschaltfläche(n) an. Dialogfelder bestehen aus den folgenden veränderbaren Komponenten (siehe Abbildung 13.1):

✔ Titelleistentext

✔ Meldung

✔ Symbol als Blickfang

✔ Eine oder mehrere Befehlsschaltflächen

Die *Titelleiste* identifiziert den Zweck des Dialogfeldes. Beispiel: *Entscheidungssoftware des Präsidenten*. Die *Meldung* enthält die Information, die mit dem Dialogfeld angezeigt werden soll. Beispiel: *Knopf drücken und dritten Weltkrieg anfangen, um zu versuchen, die Wirtschaft anzukurbeln?* Das Symbol zeigt an, wie wichtig die Information ist. Die Anzahl und die Art der *Befehlsschaltflächen* kann von eins bis drei variieren.

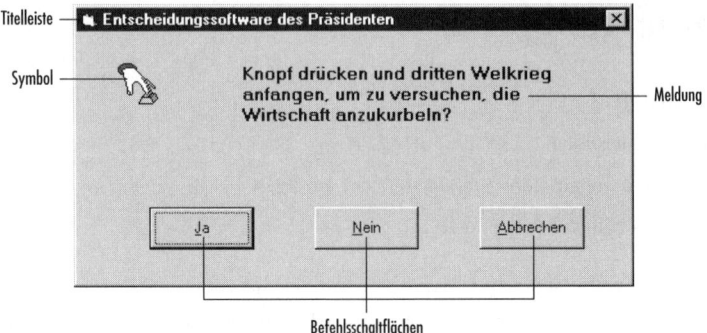

Abbildung 13.1: Komponenten eines typischen Dialogfeldes.

Das einfachste Dialogfeld zeigt nur eine Information auf dem Bildschirm an und enthält eine OK-Schaltfläche, mit welcher der Benutzer das Dialogfeld schließen kann.

Das folgende Beispiel erstellt das einfache Dialogfeld, das in Abbildung 13.2 gezeigt wird:

```
Private Sub Form_Load()
    MsgBox "Graue-Eminenzen-Software",, "Über dieses Programm"
End Sub
```

Dieses einfache Dialogfeld zeigt nur die Meldung *Graue-Eminenzen-Software* auf dem Bildschirm an. Es wird geschlossen, wenn der Benutzer auf die Schaltfläche OK klickt.

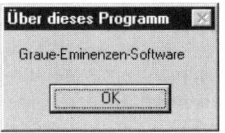

Abbildung 13.2: Das Dialogfeld Über dieses Programm.

Symbole in ein Dialogfeld einfügen

Mit Symbolen können Sie die Aufmerksamkeit des Benutzers leichter auf Ihr Dialogfeld lenken. In Visual Basic stehen für diesen Zweck die folgenden vier Symbole zur Verfügung (siehe Abbildung 13.3):

✔ *Critical Message:* dient dazu, den Benutzer auf eine sehr wichtige Frage hinzuweisen. Beispiel:»Wenn Sie weitermachen, wird Ihre ganze Festplatte gelöscht. Wollen Sie dies wirklich?«

✔ *Warning Query:* (ein Fragezeichen) dient dazu, Fragen in Situationen mit weniger schwerwiegenden Folgen zu stellen. Beispiel:»Wollen Sie Microsoft Word wirklich verlassen?«

✔ *Warning Message:* (ein Ausrufezeichen) dient dazu, dem Benutzer die Konsequenzen seiner Aktionen zu verdeutlichen. Beispiel:»Wollen Sie wirklich alle 79 Seiten Ihres Doku-
mentes durch einen einzigen Satz ersetzen?«

✔ *Information Message:* dient dazu, einfache Meldungen optisch aufzubereiten. Beispiel:
»Drucken beendet.«

Symbol	Name	Numerischer Wert	Visual Basic-Konstante
✖	Critical Message	16	vbCritical
?	Warning Query	32	vbQuestion
!	Warning Message	48	vbExclamation
i	Information Message	64	vbInformation

Abbildung 13.3: Die vier Symbole für Dialogfelder und ihre numerischen Werte.

Um ein Symbol in ein Dialogfeld einzufügen, brauchen Sie nur den numerischen Wert des
Symbols zwischen die Meldung und den Titelleistentext einzufügen:

```
Private Sub Form_Load()
   MsgBox "Graue-Eminenzen-Software", 64, "Über dieses Programm"
End Sub
```

Dieser Code erzeugt das Dialogfeld der Abbildung 13.4.

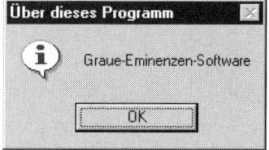

Abbildung 13.4: Ein Dialogfeld mit dem Symbol Information Message.

 Normalerweise können Sie in Visual Basic nur eins der vier möglichen Symbole in
einem Dialogfeld anzeigen. Wenn Ihnen das zuwenig ist, können Sie ein Dialog-
feld simulieren, indem Sie ein separates Formular erstellen und seine Eigenschaft
BorderStyle auf den Wert *3 - Fester Dialog* setzen. Fügen Sie dann die gewünschten Symbole mit Abbildungsfeldern in das Formular ein. Zeigen Sie die Meldung
mit einem Bezeichnungsfeld an, und fügen Sie die Befehlsschaltflächen ein.

Denken Sie jedoch daran, dass Sie beim Simulieren eines Dialogfeldes alle Komponenten (Symbole, Befehlsschaltflächen und Bezeichnungsfeld) selbst erstellen müssen und dass Sie den BASIC-Code schreiben müssen, um das Dialogfeld zu steuern. Wenn Sie schnell und einfach ein Dialogfeld erstellen wollen, sollten Sie lieber den Befehl MsgBox verwenden.

Anzahl und Art der Befehlsschaltflächen in einem Dialogfeld definieren

Dialogfelder können eine bis drei Befehlsschaltflächen enthalten. Jede Kombination von Befehlsschaltflächen wird durch einen numerischen Wert repräsentiert. Tabelle 13.1 zeigt die sechs möglichen Kombinationen von Befehlsschaltflächen, ihre numerischen Werte sowie die Visual Basic-Konstanten:

Angezeigte Befehlsschaltflächen	Numerischer Wert	Visual Basic-Konstante
OK	0	vbOKOnly
OK und Abbrechen	1	vbOKCancel
Abbrechen, Wiederholen und Ignorieren	2	vbAbortRetryIgnore
Ja, Nein und Abbrechen	3	vbYesNoCancel
Ja und Nein	4	vbYesNo
Wiederholen und Abbrechen	5	vbRetryCancel

Tabelle 13.1: In Visual Basic verfügbare Kombinationen von Befehlsschaltflächen.

Um die gewünschte Kombination von Befehlsschaltflächen anzuzeigen, geben Sie ihren numerischen Wert zwischen der Meldung und dem Titelleistentext des Dialogfeldes ein:

```
Private Sub Form_Load()
   MsgBox "Datei nicht gefunden", 2, "Fehlermeldung"
End Sub
```

oder

```
Private Sub Form_Load()
   MsgBox "Datei nicht gefunden", vbRetryIgnore,_
          "Fehlermeldung"
End Sub
```

Welche Schaltfläche hat der Benutzer in einem Dialogfeld gewählt?

Dialogfelder mit zwei oder mehr Befehlsschaltflächen bieten dem Benutzer eine Wahlmöglichkeit. Wenn das Dialogfeld geschlossen wird, muss Ihr Programm natürlich erfahren, welche Wahl der Benutzer getroffen hat. Dazu müssen Sie BASIC-Code schreiben, um folgendes herauszufinden bzw. festzulegen:

✔ Welche Schaltfläche hat der Benutzer gewählt?

✔ Was soll Ihr Programm in Abhängigkeit von der gewählten Schaltfläche tun?

Tabelle 13.2 zeigt die sieben wählbaren Befehlsschaltflächen und ihre numerischen Werte:

Befehlsschaltfläche	Numerischer Wert	Visual Basic-Konstante
OK (OK)	1	vbOK
Abbrechen (Cancel)	2	vbCancel
Abbrechen (Abort)	3	vbAbort
Wiederholen (Retry)	4	vbRetry
Ignorieren (Ignore)	5	vbIgnore
Ja (Yes)	6	vbYes
Nein (No)	7	vbNo

Tabelle 13.2: Wählbare Befehlsschaltflächen und ihre numerischen Werte.

Damit Sie in Ihrem Programm feststellen können, welche Befehlsschaltfläche der Benutzer gewählt hat, müssen Sie den numerischen Wert, der von dem BASIC-Code `MsgBox` übergeben wird, in einer Variablen speichern. Das folgende Beispiel zeigt, wie Sie den numerischen Wert in einer Variablen mit dem Namen *Auswahl* speichern können:

```
Auswahl = MsgBox("Datei nicht gefunden", 2, "Fehlermeldung")
```

 Dieser Code zeigt ein Dialogfeld mit den Befehlsschaltflächen *Abbrechen, Wiederholen* und *Ignorieren* an. Wenn der Benutzer auf *Abbrechen* klickt, erhält *Auswahl* den Wert *3*. Wenn der Benutzer auf *Wiederholen* klickt, erhält *Auswahl* den Wert *4*. Wenn der Benutzer auf *Ignorieren* klickt, erhält *Auswahl* den Wert *5*.

Anmerkung: Wenn Sie den Wert, der von einem Dialogfeld zurückgegeben wird, einer Variablen zuweisen wollen, müssen Sie die Parameter des Befehls `MsgBox` in Klammern einschließen.

Standarddialogfelder

Einfache Dialogfelder genügen zwar gelegentlich, für viele Standardaufgaben benötigen Sie jedoch kompliziertere Dialogfelder. Unter Windows gibt es für häufig durchgeführte Aufgaben die so genannten Standarddialogfelder, die auch in Visual Basic zur Verfügung stehen. Dazu zählen:

✔ Öffnen

✔ Speichern unter

✔ Farbe

✔ Schriftart

✔ Drucken

Ehe Sie ein Standarddialogfeld benutzen können, müssen Sie möglicherweise das Symbol _CommonDialog_ in die Visual Basic-Werkzeugsammlung einfügen. Gehen Sie dazu folgendermaßen vor:

1. **Wählen Sie den Menübefehl** PROJEKT/KOMPONENTEN.

   Das Dialogfeld _Komponenten_ wird angezeigt.

2. **Klicken Sie auf die Registerkarte _Steuerelemente_.**

3. **Aktivieren Sie das Kontrollkästchen _Microsoft Common Dialog Control 6.0_.**

4. **Klicken Sie auf OK.**

   Die Visual Basic-Werkzeugsammlung zeigt das Symbol _CommonDialog_ an (siehe Abbildung 13.5).

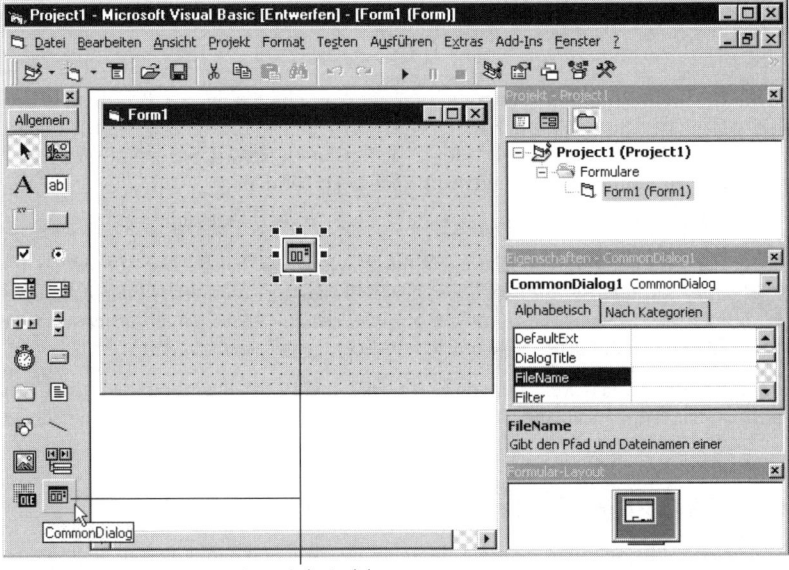

CommonDialog-Symbol

Abbildung 13.5: Das Symbol CommonDialog _in der Werkzeugsammlung und auf einem Formular._

Um eins der fünf Standarddialogfelder in Ihrem Programm anzuzeigen, gehen Sie folgendermaßen vor.

1. **Klicken Sie in der Visual Basic-Werkzeugsammlung auf das Symbol *CommonDialog*.**

2. **Gehen Sie mit der Maus an eine beliebige Stelle auf dem Formular. Drücken und halten Sie die linke Maustaste nieder, und ziehen Sie die Maus nach rechts unten. Lassen Sie die Maustaste los.**

Damit wird das Symbol *CommonDialog* auf dem Formular gezeichnet (siehe oben Abbildung 13.5).

Wenn Sie in der Werkzeugsammlung auf das Symbol *CommonDialog* doppelklicken, fügt Visual Basic das Symbol *CommonDialog* automatisch in das Formular ein.

Es spielt keine Rolle, an welcher Stelle Sie das Symbol *CommonDialog* zeichnen, da das Symbol immer unsichtbar bleibt. Wenn Sie dieses Symbol in ein Formular einfügen, sagen Sie Visual Basic: »Pass auf, dieses Symbol gibt dir die magische Fähigkeit, das Dialogfeld *Öffnen*, *Speichern unter*, *Drucken*, *Farbe* oder *Schriftart* anzuzeigen, wenn ich es dir sage.«

Testen Sie Ihr neu erworbenes Wissen

1. **Warum sollte man in einem Dialogfeld ein Symbol anzeigen?**

    a) Damit auch ein Analphabet Ihr Programm benutzen kann.

    b) Um den Blick des Benutzers zu fangen und einen optischen Hinweis auf die Wichtigkeit der Meldung zu geben. So kann beispielsweise das Symbol *Critical Message* den Benutzer auf die schwerwiegenden Folgen seiner geplanten Aktion hinweisen.

    c) Um den Blick des Benutzers zu fangen und ihn vom Wesentlichen abzulenken.

    d) Um zu sehen, ob der Benutzer klug genug ist zu erkennen, dass das Dialogfeld nichts Wichtiges zu sagen hat.

2. **Was müssen Sie zuerst machen, wenn Sie ein Standarddialogfeld wie *Öffnen*, *Speichern unter*, *Drucken*, *Farbe* oder *Schriftart* benutzen wollen?**

    a) Das Handbuch lesen.

    b) Ein neues Formular erstellen, drei Befehlsschaltflächen, zwei Kontrollkästchen und ein Listenfeld zeichnen.

    c) Die aktuelle Datei speichern und Visual Basic verlassen.

    d) Das Symbol *CommonDialog* in das Formular einfügen.

Sie benötigen nur ein Symbol _CommonDialog_ pro Formular und brauchen deshalb den Namen des Symbols nicht zu ändern. Benutzen Sie einfach seinen Standardnamen _CommonDialog1_, den es von Visual Basic automatisch erhält.

Das Dialogfeld Öffnen anzeigen

Mit dem Dialogfeld _Öffnen_ (siehe Abbildung 13.6) kann der Benutzer ein Laufwerk, einen Ordner und den Namen einer zu öffnenden Datei wählen. Außerdem kann er die Art der angezeigten Dateien auswählen, indem er die Anzeige auf Dateien mit einer bestimmten Dateinamenserweiterung wie z.B. *.TXT oder *.EXE einschränkt.

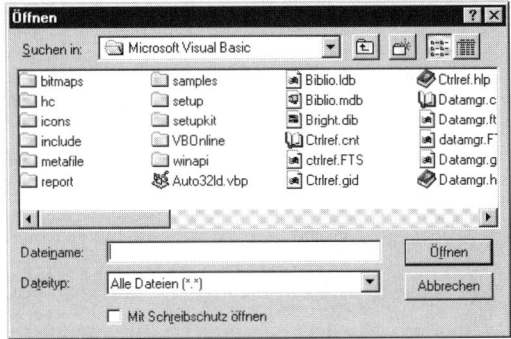

Abbildung 13.6: Das Dialogfeld Öffnen.

Um das Dialogfeld _Öffnen_ anzuzeigen, brauchen Sie nur folgenden BASIC-Befehl zu verwenden:

```
CommonDialog1.ShowOpen
```

Um die Liste der Dateien zu definieren, die in dem Dialogfeld _Öffnen_ angezeigt werden sollen, müssen Sie einen so genannten _Filter_ benutzen. Ein Filter teilt Visual Basic mit, welche Dateiarten angezeigt werden sollen. So legt ein Filter z.B. fest, dass alle Dateien mit der Dateinamenerweiterung _TXT_ oder _BAT_ angezeigt werden sollen.

Ein Filter besteht aus zwei Komponenten: Die erste Komponente ist die Bezeichnung, die im Listenfeld angezeigt wird. Die zweite Komponente ist der Filter selbst. Die Tabelle 13.3 zeigt einige Beispiele solcher Bezeichnungen und Filter. Um die Bezeichnungen möglichst aussagefähig zu machen, wird der Filter normalerweise mit in die Bezeichnung aufgenommen.

So haben z.B. Textdateien normalerweise die Dateinamenserweiterung _TXT_. Manchmal enden sie auch auf _ASC_. Eine Bezeichnung wie _Textdateien (*.TXT)_ sagt Ihnen eindeutig, dass nur Textdateien mit der Dateinamenserweiterung _TXT_ (und nicht mit der Dateinamenserweiterung _ASC_) angezeigt werden.

Bezeichnung	Filter
Alle Dateien (*.*)	*.*
Textdateien (*.TXT)	*.TXT
Batch-Dateien (*.BAT)	*.BAT
Ausführbare Dateien (*.EXE)	*.EXE

Tabelle 13.3: Bezeichnungen und Filter.

Um Bezeichnungen und Filter zu definieren, verwenden Sie BASIC-Code wie in dem folgenden Beispiel:

```
CommonDialog1.Filter = "Alle Dateien (*.*)|*.*|Textdateien
      (*.TXT)|*.TXT|Batch-Dateien (*.BAT)|*.BAT|
      Ausführbare Dateien (*.EXE)|*.EXE"
```

Dieser Code legt auch die Reihenfolge der Filter fest. Sie können dann mit einer Indexnummer auf die Filter zugreifen. In dem obigen Beispiel steht der Filter *Alle Dateien* an erster Stelle. Er hat deswegen die Filter-Indexnummer eins. Wenn Sie die Liste der Bezeichnungen und Filter erstellt haben, müssen Sie mit BASIC-Code den Filter festlegen, der als erster angewendet werden soll:

```
CommonDialog1.FilterIndex = 1
```

Dieser Code zeigt die Bezeichnung *Alle Dateien (*.*)* im Listenfeld *Dateityp* an und wendet den Filter *(*.*)* auf die anzuzeigenden Dateien an. Sie können auch folgenden BASIC-Code verwenden:

```
CommonDialog1.FilterIndex = 4
```

Dieser Code zeigt die Bezeichnung *Ausführbare Dateien (*.EXE)* im Listenfeld *Dateityp* an und wendet den Filter *(*.EXE)* auf die anzuzeigenden Dateien an.

Die Reihenfolge, in der Sie Ihre Filter mit dem Befehl `CommonDialog1.Filter` definieren, bestimmt die *FilterIndex*-Nummer. Wenn Sie den Filter beispielsweise folgendermaßen ändern:

```
CommonDialog1.Filter = "Textdateien (*.TXT)_
      |*.TXT|Alle Dateien (*.*)|*.*"
```

dann zeigt der folgende Code die Bezeichnung *Textdateien (*.TXT)* im Listenfeld *Dateityp* an und wendet den Filter *(*.TXT)* auf die anzuzeigenden Dateien an:

```
CommonDialog1.FilterIndex = 1
```

Das Dialogfeld Öffnen erstellen

Wenn Ihr Programm Daten in einer Datei speichern will, muss es diese Datei irgendwann vorher öffen (oder erstellen). Da fast jedes Programm die eine oder andere Datei öffnet, machen Sie sich das Leben leichter, wenn Sie sich mit dem Dialogfeld *Öffnen* vertraut machen.

Um das Dialogfeld *Öffnen* anzuzeigen, müssen Sie BASIC-Code schreiben:

```
Private Sub mnuFileOpen_Click()
    CommonDialog1.Filter = "Text-Dateien (*.TXT)_
                  |*.TXT|Alle Dateien (*.*)|*.*"
    CommonDialog1.FilterIndex = 1
    CommonDialog1.ShowOpen
End Sub
```

Diese Ereignisprozedur teilt Visual Basic folgendes mit:

1. **Wenn der Benutzer den Menübefehl DATEI/ÖFFNEN wählt, führe die Anweisungen zwischen der ersten und der letzten Zeile der Ereignisprozedur *Private Sub mnuFileOpen_Click()* aus.**

2. **Die zweite Zeile teilt Visual Basic mit, welche Dateiarten es in dem Dialogfeld *Öffnen* anzeigen soll.**

3. **Die dritte Zeile weist Visual Basic an, die Dateinamen anzuzeigen, welche die erste Filterbedingung in der Eigenschaft *Filter* erfüllen. In diesem Fall weist die dritte Zeile das Dialogfeld *Öffnen* an, Dateien mit der Dateierweiterung **.TXT* anzuzeigen.**

4. **Die vierte Zeile weist Visual Basic an, das Dialogfeld *Öffnen* unter Berücksichtigung der Filter auf dem Bildschirm anzuzeigen.**

An dieser Stelle sieht das Dialogfeld *Öffnen* annehmbar aus und scheint auch zu funktionieren. Aber weil Sie noch keinen BASIC-Code geschrieben haben, geschieht in Ihrem Programm auch nichts.

Welche Datei hat der Benutzer im Dialogfeld Öffnen gewählt?

Wenn Sie ein Dialogfeld *Öffnen* angezeigt haben, wollen Sie auch wissen, welche Datei der Benutzer gewählt hat. Wenn der Benutzer auf eine Datei in dem Dialogfeld *Öffnen* klickt, speichert Visual Basic den Dateinamen in der Eigenschaft *Filename* des Standarddialogfelds. Wenn Sie den Dateinamen wissen wollen, müssen Sie eine Variable mit dem Wert dieser Eigenschaft füllen:

```
WelcheDatei = CommonDialog1.filename
```

Eine komplette Ereignisprozedur könnte etwa folgendermaßen aussehen:

```
Private Sub mnuFileOpen_Click()
Dim WelcheDatei As String
  CommonDialog1.Filter = "Text-Dateien (*.TXT)_
          |*.TXT|Alle Dateien (*.*)|*.*"
  CommonDialog1.FilterIndex = 1
  CommonDialog1.ShowOpen
  WelcheDatei = CommonDialog1.Filename
End Sub
```

Die Eigenschaft *CommonDialog1.Filename* enthält sowohl den Dateinamen als auch den Namen des Verzeichnisses, in dem die Datei gespeichert ist, wie beispielsweise C:\MEINEDOKUMENTE\GEHEIM\ANMELDUNG.TXT. Wenn der Benutzer im Dialogfeld *Öffnen* auf die Schaltfläche *Abbrechen* klickt, wird die Eigenschaft *Filename* auf "" gesetzt (leerer Text).

Das Dialogfeld Speichern unter anzeigen

Das Dialogfeld *Speichern unter* sieht mit kleinen Unterschieden fast so aus wie das Dialogfeld *Öffnen*: In der Titelleiste enthält es den Text *Speichern unter* (statt *Öffnen*).

Um das Dialogfeld *Speichern unter* anzuzeigen, brauchen Sie nur den folgenden BASIC-Befehl einzugeben:

```
CommonDialog1.ShowSave
```

Auch hier können Sie einen Filter verwenden, um nur bestimmte Dateien anzuzeigen. Beispiel:

```
Private Sub mnuFileSaveAs_Click()
  CommonDialog1.Filter = "Text-Dateien (*.TXT)_
          |*.TXT|Alle Dateien (*.*)|*.*"
  CommonDialog1.FilterIndex = 1
  CommonDialog1.ShowSave
End Sub
```

Welche Datei hat der Benutzer im Dialogfeld Speichern unter gewählt?

Wie beim Dialogfeld *Öffnen* wird auch beim Dialogfeld *Speichern unter* der Dateiname, den der Benutzer gewählt hat, in der Eigenschaft *Filename* des Standarddialogfelds gespeichert. Wenn Sie den Dateinamen wissen wollen, müssen Sie eine Variable mit dem Wert dieser Eigenschaft füllen:

```
WelcheDatei = CommonDialog1.Filename
```

Eine komplette Ereignisprozedur könnte etwa folgendermaßen aussehen:

```
Private Sub mnuFileSaveAs_Click()
Dim WelcheDatei As String
  CommonDialog1.Filter = "Text-Dateien (*.TXT)_
         |*.TXT|Alle Dateien (*.*)|*.*"
  CommonDialog1.FilterIndex = 1
  CommonDialog1.ShowSave
  WelcheDatei = CommonDialog1.Filename
End Sub
```

Das Dialogfeld *Speichern unter* führt die Speicherung der Datei nicht selbst durch. Um eine Datei unter einem anderen Namen zu speichern, müssen Sie zusätzlichen BASIC-Code schreiben, welcher den Computer anweist, die Datei auf der Festplatte zu speichern.

Statt die Visual Basic-Dialogfelder *Öffnen* und *Speichern* unter zu benutzen, können Sie es auch mit einem kostenlosen Dateidialog-Steuerelement versuchen, das mehr Funktionen bietet und gleichzeitig weniger Platz beansprucht. Sie können das Steuerelement *FileDialog* von der CCRP-Website (www.mvps.org/ccrp) herunterladen. (Dieses Steuerelement wurde von einer unabhängigen Gruppe von Programmierern entwickelt, so dass Sie Microsoft nicht dafür verantwortlich machen dürfen, falls es nicht funktionieren sollte.)

Das Dialogfeld Farbe anzeigen

Mit dem Dialogfeld *Farbe* kann der Benutzer Farben auswählen oder seine eigene Farbpalette zusammenstellen (siehe Abbildung 13.7).

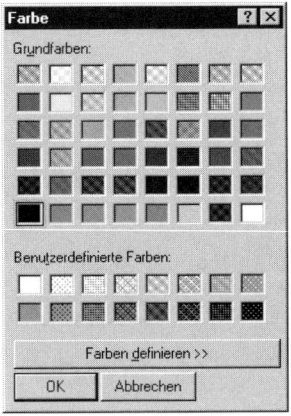

Abbildung 13.7: Das Dialogfeld Farbe.

Um das Dialogfeld *Farbe* anzuzeigen, müssen Sie die beiden folgenden BASIC-Befehle eingeben:

```
CommonDialog1.Flags = cdlCCRGBInit
CommonDialog1.ShowColor
```

Die erste Zeile sagt Visual Basic, dass das Standarddialogfeld *CommonDialog1* benutzt wird, um eine Farbe aus dem Dialogfeld *Farbe* abzufragen.

Die zweite Zeile weist Visual Basic an, das Dialogfeld *Farbe* anzuzeigen.

Beispiel:

```
Private Sub Command1_Click()
   CommonDialog.Flags = cdlCCRGBInit
   CommonDialog1.ShowColor
End Sub
```

Welche Farbe hat der Benutzer im Dialogfeld Farbe gewählt?

Das Dialogfeld *Farbe* speichert die Farbe, die der Benutzer gewählt hat, in der Eigenschaft *Color* des Standarddialogfelds. Wenn Sie die Farbe (die Visual Basic als Zahlenwert speichert) wissen wollen, müssen Sie eine Variable mit dem Wert dieser Eigenschaft füllen:

```
WelcheFarbe = CommonDialog1.Color
```

Eine komplette Ereignisprozedur könnte etwa folgendermaßen aussehen:

```
Private Sub Command1_Click()
Dim WelcheFarbe As Long
   CommonDialog.Flags = cdlCCRGBInit
   CommonDialog1.ShowColor
   WelcheFarbe = CommonDialog1.Color
End Sub
```

Das Dialogfeld Schriftart anzeigen

Mit dem Dialogfeld *Schriftart* (siehe Abbildung 13.8) kann der Benutzer die Schriftart, den Schriftschnitt, den Schriftgrad und andere Schriftattribute wählen. Die gewählten Optionen werden zur Kontrolle direkt in dem Anzeigefeld *Muster* angezeigt.

Um das Dialogfeld *Schriftart* anzuzeigen, müssen Sie die beiden folgenden BASIC-Befehle eingeben:

```
CommonDialog.Flags = cdlCFEffects Or cdlCFBoth
CommonDialog1.ShowFont
```

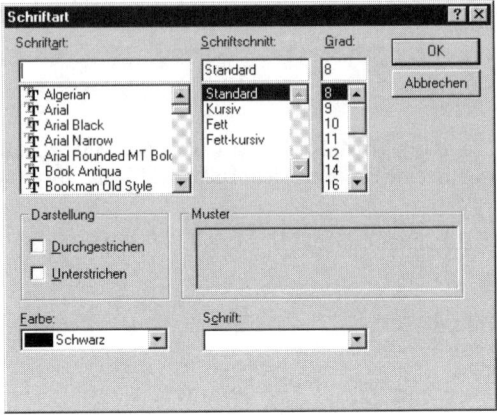

Abbildung 13.8: Das Dialogfeld Schriftart.

 Die erste Zeile sagt Visual Basic, dass das Standarddialogfeld _CommonDialog1_ benutzt wird, um einen Schriftwert aus dem Dialogfeld _Schriftart_ abzufragen.

Die zweite Zeile weist Visual Basic an, das Dialogfeld _Schriftart_ anzuzeigen. Beispiel:

```
Private Sub Command1_Click()
  CommonDialog.Flags = cdlCFEffects Or cdlCFBoth
  CommonDialog1.ShowFont
End Sub
```

Welche Schriftoptionen hat der Benutzer im Dialogfeld Schriftart gewählt?

Mit dem Dialogfeld _Schriftart_ kann der Benutzer eine Reihe von Optionen festlegen. Tabelle 13.4 zeigt eine Übersicht über diese Optionen.

Eigenschaft	Enthaltene Information
Color	Gewählte Farbe. Um diese Eigenschaft zu nutzen, müssen Sie zuerst die *Flags*-Eigenschaft auf *cdlCFEffects* setzen.
FontBold	Ob *fett* gewählt wurde.
FontItalic	Ob *kursiv* gewählt wurde.
FontStrikethru	Ob *durchgestrichen* gewählt wurde. Um diese Eigenschaft zu nutzen, müssen Sie zuerst die *Flags*-Eigenschaft auf *cdlCFEffects* setzen.
FontUnderline	Ob *unterstrichen* gewählt wurde. Um diese Eigenschaft zu nutzen, müssen Sie zuerst die Eigenschaft *Flags* auf *cdlCFEffects* setzen.
FontName	Gewählte Schriftart.
FontSize	Gewählter Schriftgrad.

Tabelle 13.4: Eigenschaften, welche Werte des Dialogfelds Schriftart *speichern.*

Eine komplette Ereignisprozedur könnte etwa folgendermaßen aussehen:

```
Private Sub mnuFormatFont_Click()
Dim TextFarbe As Long
Dim Fett As Boolean
Dim Kursiv As Boolean
Dim Durchgestrichen As Boolean
Dim Unterstrichen As Boolean
Dim Schriftart As String
Dim Schriftgrad As Integer
    CommonDialog.Flags = cdlCFEffects Or cdlCFBoth
    CommonDialog1.ShowFont
    TextFarbe = CommonDialog1.Color
    Fett = CommonDialog1.FontBold
    Kursiv = CommonDialog1.FontItalic
    Durchgestrichen = CommonDialog1.FontStrikethru
    Unterstrichen = CommonDialog1.FontUnderline
    Schriftart = CommonDialog1.FontName
    Schriftgrad = CommonDialog1.FontSize
End Sub
```

Das Dialogfeld Drucken anzeigen

Mit dem Dialogfeld *Drucken* (siehe Abbildung 13.9) kann der Benutzer den Drucker, die zu druckenden Seiten und die Anzahl der Kopien wählen.

Um das Dialogfeld *Drucken* anzuzeigen, müssen Sie folgenden BASIC-Befehl eingeben:

```
CommonDialog1.ShowPrinter
```

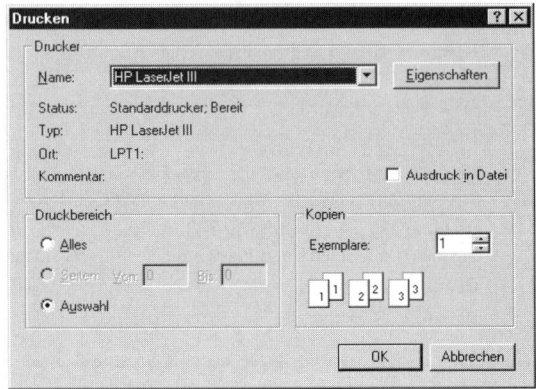

Abbildung 13.9: Das Dialogfeld Drucken.

Beispiel:

```
Private Sub Command1_Click()
  CommonDialog1.ShowPrinter
End Sub
```

Um die Standardanzahl der Kopien festzulegen, die Sie drucken wollen, müssen Sie die folgenden BASIC-Befehle eingeben:

```
CommonDialog.Copies = 1
CommonDialog1.ShowPrinter
```

Beispiel:

```
Private Sub Command1_Click()
  CommonDialog.Copies = 1
  CommonDialog1.ShowPrinter
End Sub
```

 Wie die anderen Standarddialogfelder *Öffnen, Speichern unter, Farbe* und *Schriftart* sieht das Dialogfeld *Drucken* fehlerlos aus. Aber solange Sie keinen passenden BASIC-Code schreiben, tritt es nicht in Aktion.

Dennoch – allein die Verwendung dieser Standarddialogfelder kann Ihren Programmen dieses bedeutungsvolle Flair von Professionalität verleihen, das Leute heute bei solider Software erwarten. Jeder professionelle Programmierer versichert Ihnen, dass die Leute umso eher glauben, dass ein Programm tatsächlich funktioniert, je mehr das Programm den Anschein erweckt, dass es funktioniert.

Teil IV

Code schreiben – die Grundlagen

»Und da sagte ich: ›Kellner, Kellner, da ist ein Bug in meiner Suppe.‹ Und er sagte:
›Tut mir leid, mein Herr, aber unser Koch hat früher mal Computer programmiert.‹
Ahh haha haha. Vielen Dank! Vielen Dank!«

In diesem Teil ...

Hurra! Jetzt sind wir beim ersten Kapitel angelangt, in dem Sie tatsächlich BASIC-Code schreiben, mit dem Ihr Computer etwas Vernünftiges anfangen kann. Bis jetzt haben Sie nur die Teile eines Programmes erstellt, die zur Benutzeroberfläche gehören. (Na ja, zwischendurch haben Sie auch schon den einen oder anderen BASIC-Befehl kennengelernt.) Aber jeder weiß, dass Aussehen nicht alles ist (mit Ausnahme der steinreichen alten Männer, die Rendezvous mit blutjungen Playboy-Häschen haben). Es geht nicht nur darum, dass Ihre Benutzeroberfläche gut aussieht, sondern auch darum, dass sie auf den Benutzer reagiert.

Wenn Sie der Gedanke BASIC-Code zu schreiben, unsicher werden lässt, entspannen Sie sich. BASIC-Code ist nichts als eine Folge von Schritt-für-Schritt-Anweisungen, die dem Computer genau sagen, was er tun soll. Der ganze BASIC-Code, den Sie in diesem Teil schreiben, ist einfach und leicht zu verstehen. Machen Sie sich innerlich bereit, mit dem Codieren anzufangen. Sie werden sehen, dass Programmieren wirklich Spaß machen kann, leicht ist und genauso süchtig machen kann wie das Entwerfen von Benutzeroberflächen.

Ereignisprozeduren

In diesem Kapitel

▶ Ereignisprozeduren entwerfen

▶ Verschiedene Ereignisprozeduren betrachten

▶ Editieren im Code-Fenster

*W*enn der Benutzer eine bestimmte Aktion ausführt, also z.B. mit der Maus auf eine bestimmte Stelle klickt, auf eine Taste drückt, an der Tastatur ohnmächtig wird oder eine Kugel durch den Bildschirm jagt, spricht man von einem *Ereignis* (engl. *event*). In dem Augenblick, in dem ein Ereignis eintritt, sucht Visual Basic nach BASIC-Code, der Ihrem Programm mitteilt, was bei diesem Ereignis zu tun ist. Der BASIC-Code, der auf ein bestimmtes Ereignis reagiert, wird als *Ereignisprozedur* bezeichnet.

Visual Basic-Pogramme können Tausende Ereignisprozeduren haben. Wenn Sie jedoch so viele Ereignisprozeduren benutzen, haben Sie entweder ein unglaublich kompliziertes Programm geschrieben, oder Sie sind ein unglaublich inkompetenter Programmierer.

Woher weiß Visual Basic bei so vielen möglichen Ereignissen und so vielen möglichen Ereignisprozeduren, welche Ereignisprozedur es benutzen soll?

Die Antwort ist einfach. Wenn ein Ereignis eintritt, bezieht es sich gewöhnlich auf eine bestimmte Komponente der Benutzeroberfläche Ihres Programmes. So klicken beispielsweise die meisten Benutzer nur dann auf eine Maustaste, wenn die Maus auf dem Bildschirm auf ein Objekt wie etwa eine Befehlsschaltfläche, ein Kontrollkästchen oder einen Menübefehl zeigt.

Jedes Objekt kann eine oder mehrere Ereignisprozeduren haben. Und jede Ereignisprozedur reagiert auf ein anderes Ereignis, wie z.B. auf das Klicken mit der Maus oder das Drücken einer Taste.

Arten von Ereignissen

Die häufigsten Ereignisse können in drei Gruppen eingeteilt werden:

✔ *Tastaturereignisse* treten ein, wenn der Benutzer auf eine bestimmte Taste wie z.B. $\boxed{\texttt{Tab}}$ oder Kombination von Tasten wie z.B. $\boxed{\texttt{Strg}}$+$\boxed{\texttt{C}}$ drückt.

✔ *Mausereignisse* treten ein, wenn der Benutzer die Maus verschiebt, auf eine Maustaste klickt oder doppelklickt oder die Maus über den Bildschirm zieht.

✔ *Programmereignisse* treten ein, wenn ein Visual Basic-Programm ein Formular lädt, öffnet oder schließt. Während Tastatur- und Mausereignisse eintreten, wenn der Benutzer etwas tut, treten Programmereignisse ein, wenn BASIC-Code etwas tut.

Obwohl Visual Basic auf viele verschiedene Ereignisse reagieren kann, wollen Sie im Allgemeinen die Reaktion Ihrer Benutzeroberfläche auf ein oder zwei Ereignisse wie z.B. das Klicken der Maus oder das Drücken einer bestimmten Taste einschränken. Sobald Visual Basic registriert, dass ein Ereignis eingetreten ist, sucht es sofort nach der Komponente der Benutzeroberfläche, die darauf reagieren sollte.

Wenn der Benutzer beispielsweise mit der Maus auf eine bestimmte Stelle klickt, identifiziert Visual Basic zunächst das Ereignis. (»OK, das war ein Klick mit der Maus.«) Dann stellt Visual Basic fest, an welcher Stelle dieser Klick mit der Maus stattgefunden hat. (»Der Klick mit der Maus fand statt, als der Mauszeiger auf der OK-Schaltfläche stand.«)

Dann sucht Visual Basic nach der Ereignisprozedur der betroffenen Komponente, in der die Anweisungen stehen, die das Programm ausführen soll, wenn der Benutzer mit der Maus auf diese Komponente klickt.

Ereignisprozeduren erstellen

Ein Objekt kann auf ein Ereignis oder mehrere Ereignisse reagieren. So kann z.B. eine Befehlsschaltfläche auf einen Klick mit der Maus und auf das Drücken der ⌈Eingabe⌉-Taste reagieren.

Zwei oder mehr Objekte können auf dasselbe Ereignis reagieren. So kann z.B. sowohl eine Befehlsschaltfläche als auch ein Kontrollkästchen auf einen Klick mit der Maus reagieren; aber die beiden Steuerelemente können ganz unterschiedliche Anweisungen für den weiteren Programmablauf auslösen.

Um eine Ereignisprozedur zu schreiben, müssen Sie folgende Schritte ausführen:

✔ Identifizieren Sie die Komponente Ihrer Benutzeroberfläche, die auf das Ereignis reagieren soll.

✔ Öffnen Sie das Code-Fenster.

✔ Identifizieren Sie das Ereignis, auf das die Komponente reagieren soll.

✔ Schreiben Sie den BASIC-Code, um das Ereignis zu verarbeiten.

 Achten Sie darauf, dass alle Objekte Ihrer Benutzeroberfläche einen passenden Namen haben, ehe Sie damit beginnen, Ereignisprozeduren zu schreiben. Wenn Sie eine Ereignisprozedur für ein Objekt schreiben und später den Namen des Objektes ändern, müssen Sie Ihre Ereignisprozedur neu schreiben.

Die folgenden drei Komponenten einer Benutzeroberfläche können auf Ereignisse reagieren:

✔ Formulare

✔ Objekte (Befehlsschaltflächen, Kontrollkästchen usw.)

✔ Pulldown-Menüs

Um eine Ereignisprozedur für ein Formular zu erstellen, gehen Sie folgendermaßen vor:

1. **Klicken Sie eine beliebige Stelle auf dem Formular an. (Achten Sie darauf, dass Sie nicht auf ein Objekt auf dem Formular klicken.)**

2. **Öffnen Sie das Code-Fenster, indem Sie auf** $\boxed{F7}$ **drücken oder den Menübefehl** Ansicht/ Code **wählen.**

Visual Basic zeigt das Code-Fenster und eine leere Ereignisprozedur an (siehe Abbildung 14.1).

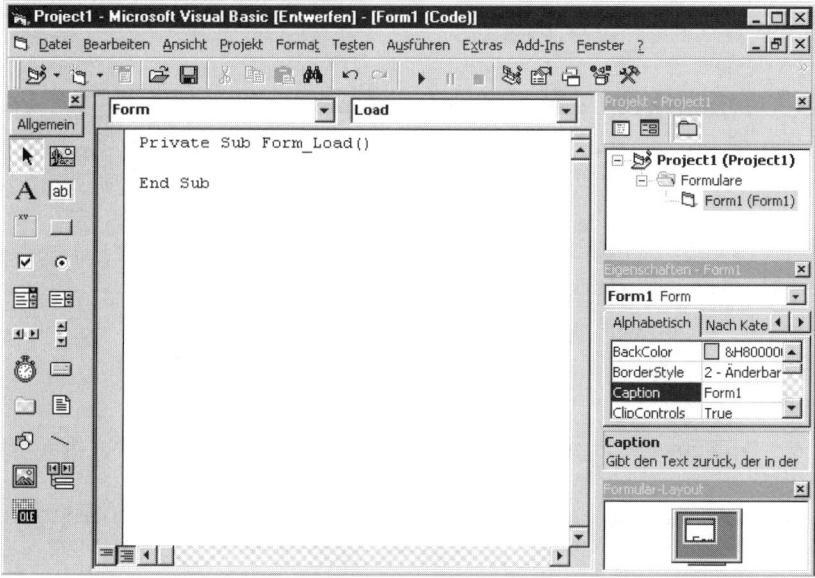

Abbildung 14.1: Code-Fenster mit einer leeren Ereignisprozedur.

Um eine Ereignisprozedur für ein Objekt (Befehlsschaltfläche, Kontrollkästchen usw.) zu erstellen, gehen Sie folgendermaßen vor:

1. **Klicken Sie auf das Objekt, so dass es durch kleine schwarze Rechtecke (*Ziehpunkte*) eingerahmt wird.**

2. **Öffnen Sie das Code-Fenster, indem Sie auf** F7 **drücken oder den Menübefehl** ANSICHT/ CODE **wählen oder indem Sie auf das Objekt doppelklicken.**

Visual Basic zeigt das Code-Fenster und eine leere Ereignisprozedur an. Möglicherweise müssen Sie noch aus der Prozedurliste ein spezielles Ereignis, wie beispielsweise *Click* oder *KeyPress*, auswählen.

Wenn Sie auf ein Objekt doppelklicken, zeigt Visual Basic das Code-Fenster direkt an.

Um eine Ereignisprozedur für ein Pulldown-Menü zu erstellen, gehen Sie wie folgt vor:

1. **Klicken Sie auf den Menütitel des Pulldown-Menüs, das den gewünschten Menübefehl enthält.**

2. **Klicken Sie auf den Menübefehl, für den Sie Code schreiben wollen.**

Visual Basic zeigt das Code-Fenster und eine leere Ereignisprozedur an.

Die Komponenten von Ereignisprozeduren

Wenn Sie eine Ereignisprozedur erstellen, zeigt Visual Basic im Code-Fenster eine leere Ereignisprozedur an. Leere Ereignisprozeduren bestehen aus zwei Zeilen. Beispiel:

```
Private Sub cmdExit_Click()
End Sub
```

Die erste Zeile einer Ereignisprozedur hat fünf Bestandteile:

✔ *Private Sub*: identifiziert die Prozedur als ein Unterprogramm

✔ *Name des Objekts:* In diesem Beispiel heißt das Objekt *cmdExit*

✔ *Ein Unterstrich (_)*

✔ *Der Ereignisname:* In diesem Beispiel ist das Ereignis ein Mausklick mit dem Namen *Click*.

✔ *Ein Paar runder Klammern:* Die Klammern sind entweder leer oder enthalten Daten, die das Unterprogramm verarbeiten soll. In diesem Beispiel sind die Klammern leer.

Das vorhergehende Beispiel sagt dem Computer: »Führe die folgenden Anweisungen aus, wenn der Benutzer mit der Maus auf die Befehlsschaltfläche mit dem Namen *cmdExit* klickt.«

Weil dieses Beispiel keine Anweisungen enthält, macht diese Ereignisprozedur absolut nichts.

Wenn Sie den Namen eines Objektes ändern, müssen Sie auch die Namen aller Ereignisprozeduren ändern, die ihm zugeordnet sind. Andernfalls weiß Visual Basic nicht, welche Ereignisprozeduren zu welchen Objekten Ihrer Benutzeroberfläche gehören.

Das Code-Fenster in zwei Unterfenster teilen

Wenn Sie viele Ereignisprozeduren geschrieben haben, reicht das Code-Fenster nicht mehr aus, um alle gleichzeitig anzuzeigen. Wenn Sie zwei Ereignisprozeduren gleichzeitig bearbeiten wollen, können Sie das Code-Fenster horizontal in zwei Unterfenster teilen (siehe Abbildung 14.2). Eine weitere Unterteilung in drei oder mehr Unterfenster ist nicht möglich.

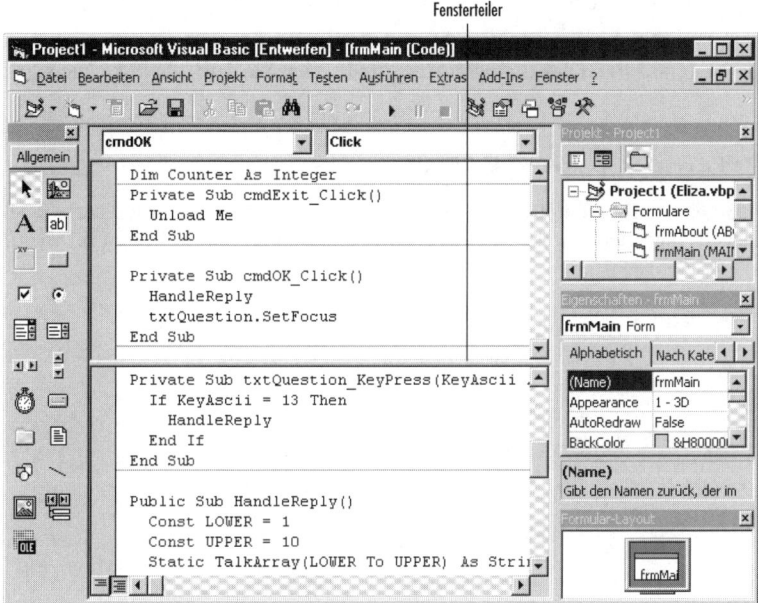

Abbildung 14.2: Das Code-Fenster in zwei Unterfenster teilen.

Um das Code-Fenster in zwei Unterfenster zu teilen, gehen Sie folgendermaßen vor:

1. **Fahren Sie mit der Maus auf den Fensterteiler.**

   Der *Fensterteiler* befindet sich am oberen Ende der vertikalen Bildlaufleiste. Über dem Fensterteiler ändert der Mauszeiger seine Form in zwei parallele horizontale Linien mit zwei Pfeilen, die nach oben und nach unten zeigen.

2. **Drücken und halten Sie die linke Maustaste nieder, und ziehen Sie die Maus nach unten.**

   Der Fensterteiler teilt das Code-Fenster in zwei Unterfenster. Wenn die Unterfenster die gewünschte Größe haben, lassen Sie die linke Maustaste los (siehe Abbildung 14.2).

Um das Code-Fenster wieder als ein einziges Fenster darzustellen, gehen Sie folgendermaßen vor:

1. **Fahren Sie mit der Maus auf den Balken, der das Code-Fenster in zwei Unterfenster teilt.**

   Auf dem Balken ändert der Mauszeiger seine Form in zwei parallele horizontale Linien mit zwei Pfeilen, die nach oben und nach unten zeigen.

2. **Drücken und halten Sie die linke Maustaste nieder, ziehen Sie die Maus an den oberen (oder unteren) Rand des Code-Fensters, und lassen Sie dann die linke Maustaste los.**

Editieren im Code-Fenster

Das Code-Fenster funktioniert wie ein einfaches Textverarbeitungsprogramm. Tabelle 14.1 zeigt die verschiedenen Tastaturbefehle, die Sie beim Editieren Ihrer Ereignisprozeduren verwenden können.

Taste	Funktion
F1	Visual Basic-Hilfesystem anzeigen
Entf	Zeichen rechts vom Cursor löschen
Rück	Zeichen links vom Cursor löschen
Strg + Entf	Bis zum Wortende löschen
Strg + Y	Zeile löschen, in welcher der Cursor steht
Pos1	Zum Zeilenanfang
Ende	Zum Zeilenende
Bild-Auf	Vorherige Seite im Code-Fenster
Bild-Ab	Nächste Seite im Code-Fenster
Strg + Pos1	An den Anfang des Code-Fensters
Strg + Ende	Zum Ende des Code-Fensters
Strg + ↑	Zur ersten Zeile der vorhergehenden Prozedur
Strg + ↓	Zur ersten Zeile der nächsten Prozedur
Strg + ←	Ein Wort nach links
Strg + →	Ein Wort nach rechts
Strg + Bild ↑	Zur vorhergehenden Prozedur
Strg + Bild ↓	Zur nächsten Prozedur
Einfg	Einfügemodus umschalten
Strg + X	Ausschneiden
Strg + C	Kopieren
Strg + V	Einfügen

Taste	Funktion
Strg + Z	Rückgängig
Tab	Einzug vergrößern
Umschalt + Tab	Einzug verkleinern
Strg + F	Suchen
Strg + H	Ersetzen
F3	Weitersuchen
Umschalt + F3	Vorheriges suchen
Strg + Umschalt + F2	Zur letzten Position
F6	Bei gespaltenem Code-Fenster: zwischen den Fensterbereichen wechseln
Umschalt + F2	Im Prozedurnamen: Prozedurcode anzeigen
Strg + P	Drucken

Tabelle 14.1: Tastaturbefehle für das Editieren im Code-Fenster.

Wenn Sie Code schreiben, hebt Visual Basic im Code-Fenster automatisch die reservierten BASIC-Schlüsselwörter hervor. Dadurch können Sie die Schlüsselwörter leichter von Ihren eigenen Wörtern (Variablennamen usw.) unterscheiden.

Um eine komplette Ereignisprozedur zu löschen, markieren Sie die Prozedur mit der Maus oder den Pfeiltasten, und drücken Sie dann auf Entf .

Verschiedene Ereignisprozeduren anzeigen

Ein typisches Visual Basic-Programm besteht aus Ereignisprozeduren, die in FRM-Dateien gespeichert sind. Wenn Sie eine bestimmte Ereignisprozedur suchen, können Sie eine der beiden folgenden Methoden anwenden:

✔ Wählen Sie das Objekt im Kombinationsfeld *Objekt*, und wählen Sie dann die gesuchte Prozedur im Kombinationsfeld *Prozedur*.

✔ Benutzen Sie den Objektkatalog.

Eine Ereignisprozedur mit den Kombinationsfeldern Objekt und Prozedur suchen

Um die Kombinationsfelder *Objekt* und *Prozedur* zur Suche einer Ereignisprozedur verwenden zu können, müssen Sie wissen, in welcher FRM-Formulardatei die Ereignisprozedur gespeichert ist. Das Kombinationsfeld *Objekt* enthält alle Objekte, die in einem Formular gespeichert sind. Sie können dort das Objekt wählen, dem die gesuchte Ereignisprozedur zugeordnet ist.

Das Kombinationsfeld *Prozedur* enthält alle Ereignisse, auf die ein Objekt reagieren kann. Wenn Sie ein bestimmtes Ereignis wählen, zeigt Visual Basic die zugehörige Prozedur im Code-Fenster an.

Um eine Ereignisprozedur mithilfe der *Objekt-* und *Prozedur*-Kombinationsfelder anzuzeigen, gehen Sie folgendermaßen vor:

1. **Wechseln Sie zum Fenster des Projekt-Explorers, indem Sie mit der Maus darauf klicken oder auf** [Strg]+[R] **drücken oder den Menübefehl** ANSICHT/PROJEKT-EXPLORER **wählen.**

2. **Klicken Sie auf die Formulardatei, welche die gewünschte Prozedur enthält.**

3. **Klicken Sie im Fenster des Projekt-Explorers auf das Symbol *Code anzeigen*, oder wählen Sie den Menübefehl** ANSICHT/CODE.

4. **Wählen Sie im Kombinationsfeld *Objekt* das betreffende Objekt.**

5. **Wählen Sie im Kombinationsfeld *Prozedur* die gewünschte Prozedur.**

   Visual Basic zeigt die Prozedur im Code-Fenster an.

 Wenn eine Prozedur BASIC-Code enthält, zeigt das Kombinationsfeld *Prozedur* den Ereignisnamen fett an (siehe Abbildung 14.3). Wenn der Ereignisname in normaler Schrift angezeigt wird, ist die betreffende Prozedur leer.

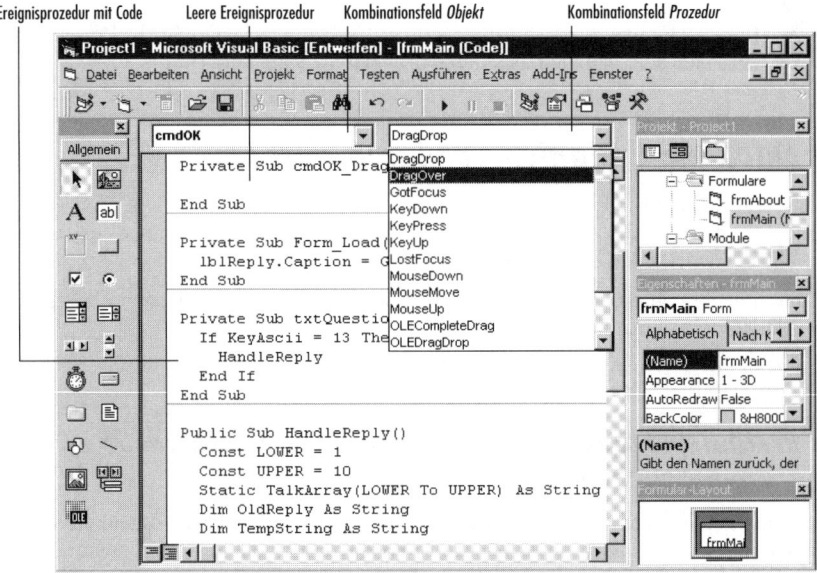

Abbildung 14.3: Kombinationsfelder Objekt *und* Prozedur.

Eine Ereignisprozedur mit dem Objektkatalog wählen

Der Objektkatalog ist besonders nützlich, wenn Sie Ereignisprozeduren suchen, die in verschiedenen Dateien gespeichert sind. Um eine Ereignisprozedur mit dem Objektkatalog anzuzeigen, gehen Sie folgendermaßen vor:

1. **Zeigen Sie den Objektkatalog an, indem Sie auf F2 drücken oder den Menübefehl ANSICHT/OBJEKTKATALOG wählen (siehe Abbildung 14.4).**

2. **Wählen Sie im Kombinationsfeld *Projekt/Bibliothek* das Projekt, das die gesuchte Ereignisprozedur enthält.**

3. **Klicken Sie im Listenfeld *Klassen* auf der linken Seite auf das Formular, das die gesuchte Prozedur enthält.**

   Alle Ereignisprozeduren in diesem Formular werden im Listenfeld *Elemente* auf der rechten Seite fett dargestellt.

4. **Doppelklicken Sie im Listenfeld *Elemente* auf der rechten Seite auf die gesuchte Prozedur.**

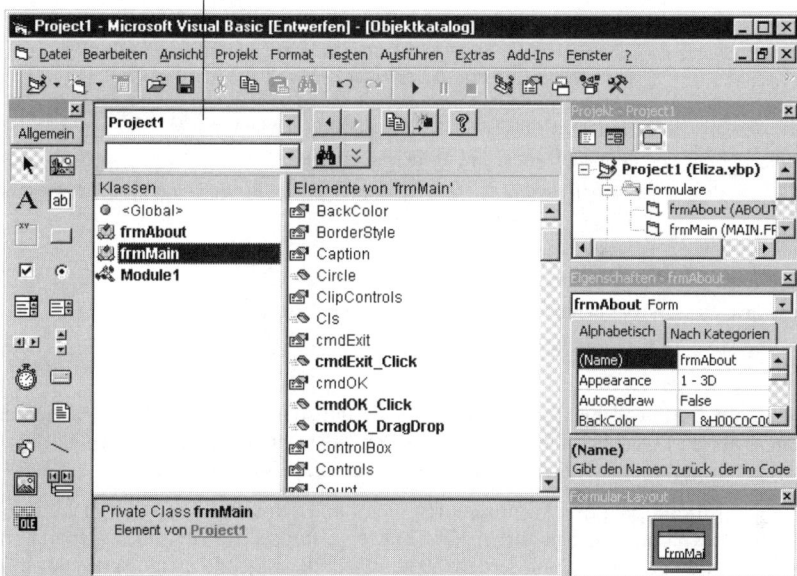

Abbildung 14.4: Der Objektkatalog.

Tabelle 14.2 zeigt die häufigsten Ereignisse an, auf die Objekte reagieren können.

Ereignis	Tritt ein, wenn ...
Activate	Ein Formular wird zum aktiven Fenster.
Change	Der Inhalt eines Kombinationsfeldes, eines Laufwerk-Listenfeldes, eines Verzeichnis-Listenfeldes, einer Bildlaufleiste, eines Anzeigefeldes oder eines Textfeldes hat sich geändert.
Click	Der Benutzer hat einmal mit der Maus auf ein Objekt geklickt.
DblClick	Der Benutzer hat zweimal schnell hintereinander auf ein Objekt geklickt.
Deactivate	Ein Formular hat seinen Zustand von aktiviert in deaktiviert geändert.
DragDrop	Der Benutzer hat eine Maustaste auf einem Objekt niedergedrückt, die Maus gezogen und dann die Maustaste wieder losgelassen.
DragOver	Der Benutzer hat eine Maustaste auf einem Objekt niedergedrückt und die Maus verschoben.
DropDown	Der Listenteil eines Kombinationsfeldes ist angezeigt worden, um die Listenelemente anzuzeigen.
GotFocus	Ein Objekt ist markiert worden, weil der Benutzer auf die ⌷Tab⌷-Taste gedrückt oder das Objekt angeklickt hat.
KeyDown	Der Benutzer hat auf eine Taste gedrückt.
KeyPress	Der Benutzer hat eine ANSI-Taste gedrückt und losgelassen. Als ANSI-Taste werden jeder Buchstabe, jede Ziffer, jede andere Einzeltaste (z.B. ⌷Eingabe⌷) oder jede Tastenkombination (z.B. ⌷Strg⌷+⌷A⌷, ⌷Alt⌷+⌷Umschalt⌷+⌷F2⌷) bezeichnet, die Sie auf der Tastatur drücken können.
KeyUp	Der Benutzer hat eine Taste losgelassen.
LostFocus	Das Objekt ist nicht mehr markiert, weil der Benutzer auf ⌷Tab⌷ gedrückt oder ein anderes Objekt angeklickt hat.
MouseDown	Der Benutzer hat auf eine Maustaste gedrückt.
MouseMove	Der Benutzer hat die Maus verschoben.
MouseUp	Der Benutzer hat eine Maustaste losgelassen.

Tabelle 14.2: Häufige Ereignisse.

Die Kombination des Objektnamens und des Ereignisnamens definiert den Namen einer Ereignisprozedur. Weil die Objektnamen eines Formulars eindeutig sein müssen, dürfen zwei Ereignisprozeduren in einem Formular nicht den gleichen Namen haben.

 Obwohl zwei Ereignisprozeduren in ein und demselben Formular nicht den gleichen Namen haben dürfen, können Ereignisprozeduren in verschiedenen Formularen gleich benannt werden. So kann z.B. die folgende Ereignisprozedur in zwei verschiedenen Formularen vorkommen:

```
Private Sub cmdExit_Click()
End Sub
```

Zwei oder mehr Objekte können denselben Namen haben, wenn Sie sie zu einem so genannten *Steuerelementfeld* (engl. *control array*) zusammenfassen. Sie brauchen sich diesen Begriff im Augenblick nicht zu merken. Sie wissen jetzt, dass es ihn gibt, und können fortfahren. Wenn Sie wirklich mehr darüber wissen wollen, lesen Sie beispielsweise die *Visual Basic 6 Bibel* von MITP.

Die Ereignisprozedur, die jedes Programm benötigt

Die einfachste und wichtigste Ereignisprozedur, die in jedem Programm vorkommen muss, ist die Prozedur, die das Programm beendet. Die folgende Prozedur weist Visual Basic an, Ihr Programm in dem Moment zu beenden, wenn der Benutzer auf die Befehlsschaltfläche mit dem Namen *cmdExit* klickt:

```
Private Sub cmdExit_Click()
   Unload Me
End Sub
```

Wenn Ihr Programm keine Prozedur enthält, mit der das Programm beendet werden kann, können Sie das Programm nur dadurch beenden, dass Sie Ihren Computer neu booten oder ausschalten. Da das sicher nicht wünschenswert ist, achten Sie immer darauf, dass Ihr Programm wenigstens eine Methode enthält, mit der der Benutzer Ihr Programm zu einem beliebigen Zeitpunkt beenden kann.

Die alte Methode, ein Programm anzuhalten, war die Verwendung des Schlüsselworts End. Beispiel:

```
Private Sub cmdExit_Click()
   End
End Sub
```

Microsoft empfiehlt, anstelle des Befehls End den Befehl Unload Me zu benutzen. Der Befehl Unload Me beendet ein Visual Basic-Programm jedoch nur dann, wenn alle Formulare in Ihrem Programm mit einem Befehl Unload geschlossen wurden. Wenn noch ein Formular geöffnet ist, hält der Befehl Unload Me das Visual Basic-Programm nicht an.

Testen Sie Ihr neu erworbenes Wissen

1. Was ist ein Ereignis, und welche drei Ereignisarten gibt es?

a) Ein Ereignis ist etwas, für das man eine Eintrittskarte braucht, wie z.B. ein Konzert, ein Fußballspiel oder ein Zirkusbesuch.

b) Ereignisse sind Schicksalsschläge, die Ihrem Computer zustoßen können: Sie verschütten Kaffee über die Tastatur. Alle Dateien werden aus Versehen gelöscht. Oder Ihr Hund zerfetzt Ihre Disketten.

c) Ereignisse treten ein, wenn der Benutzer auf eine Taste auf der Tastatur oder eine Maustaste drückt oder wenn das Programm seinen Zustand ändert. Die drei Ereignisarten sind Tastaturereignisse, Mausereignisse und Programmereignisse.

d) Ein Ereignis ist ein Feiertag, an dem Sie nicht zur Arbeit gehen müssen. Die drei Ereignisarten sind gesetzliche Feiertage, Begräbnisse und Hochzeiten.

2. **Welche Funktion haben die Kombinationsfelder *Objekt* und *Prozedur*?**

a) Sie enthalten alle möglichen Gründe, warum Sie Ihre Programme in C++ oder Pascal statt in Visual Basic schreiben sollten.

b) Das Kombinationsfeld *Objekt* dient dazu, das Objekt auszuwählen, für das Sie eine Prozedur schreiben wollen. Das Kombinationsfeld *Prozedur* dient dazu, das Ereignis auszuwählen, auf welches das Objekt reagieren soll.

c) Das Kombinationsfeld *Objekt* enthält alle stumpfen Objekte, mit denen Sie auf Ihren Computer einschlagen können. Das Kombinationsfeld *Prozedur* enthält alle Ereignisse, die Sie besuchen sollten, statt auf den Bildschirm zu starren.

d) Weder das Kombinationsfeld *Objekt* noch das Kombinationsfeld *Prozedur* haben irgendeine bemerkenswerte Funktion, so dass es besser ist, wenn wir diese Frage vergessen.

Mit Variablen arbeiten

In diesem Kapitel

▶ Variablen benutzen

▶ Variablen Zahlen und Zeichenketten zuweisen

▶ Datentypen deklarieren

*W*enn Sie wissen, was Ihr Programm tun soll, können Sie mit dem Schreiben des BASIC-Codes beginnen. Der erste Code, den Sie schreiben müssen, steht in Ihren Ereignisprozeduren.

Eine Ereignisprozedur sagt dem Computer, was er tun soll. So gibt z.b. eine Ereignisprozedur, mit der das Programm beendet wird, dem Computer einen einzigen Befehl, Unload Me:

```
Private Sub cmdExit_Click()
    Unload Me
End Sub
```

Die einzige Information, die diese Ereignisprozedur vom Benutzer benötigt, besteht in einer einzigen Aktion, nämlich einem Klick auf die Befehlsschaltfläche *cmdExit*.

Etwas aufwändiger wird es, wenn der Benutzer eine Adresse mit Namen, Straße, Postleitzahl, Ort und Telefonnummer eingibt. Denn dann muss das Programm diese Informationen aus der Benutzeroberfläche herauslesen, um sie dann weiter zu verarbeiten.

 Auf der beiliegenden CD-ROM finden Sie ein einfaches Programm, das Ihnen zeigt, wie Sie eine Zeichenkettenvariable deklarieren, benutzen und in einem Textfeld auf zwei verschiedene Weisen anzeigen können.

Daten lesen

Informationen, die ein Programm von einer Quelle außerhalb des Computers erhält, werden als *Daten* bezeichnet. Bis auf die einfachsten Programme erhalten fast alle Programme Daten, verarbeiten sie auf die eine oder andere Weise und geben sie dann wieder aus.

Ein Textverarbeitungsprogramm erhält Daten in Form von Wörtern, die es formatiert und dann in ansprechender Form auf Papier wieder ausdruckt. Eine Datenbank nimmt Daten in Form von Namen, Adressen oder Telefonnummern auf, speichert sie an irgendeiner Stelle und zeigt sie auf Abruf in passender Form wieder an. Ein Raketenleitsystem nimmt Daten in Form von Zielkoordinaten entgegen und benutzt sie, um Atomsprengköpfe ans Ziel zu lenken und damit im Namen des Friedens ganze Städte von der Erdoberfläche zu radieren.

Jedes nützliche Programm funktioniert nach den folgenden grundlegenden Schritten:

1. Daten entgegennehmen (Eingabe)

2. Daten verarbeiten (Verarbeitung)

3. Daten wieder ausgeben (Ausgabe)

Jedes nutzlose Programm hat folgende vier Eigenschaften:

✔ Es ist schwer zu erlernen und zu benutzen.

✔ Es kostet viel Geld.

✔ Es behauptet, benutzerfreundlich zu sein.

✔ Es funktioniert nicht.

Programme sind einzig und allein dazu da, aus Computern elektronische Fleischwölfe zu machen. Stecken Sie Informationen an dem einen Ende hinein, dann kommen Informationen an dem anderen Ende wieder heraus. Jede Art von Programm – ob nun Textverarbeitungsprogramm, Datenbank oder Spielprogramm – manipuliert Folgendes:

✔ Zahlen

✔ Zeichenketten (Strings)

Zahlen können positiv oder negativ, ganze Zahlen oder Brüche oder jeder andere vorstellbare Zahlentyp sein (einschließlich Telefonnummern für heiße Verabredungen, Codenummern für Geldschränke voll mit Geldbündeln und imaginäre Zahlen, unter denen sich nur Mathematiker wirklich etwas vorstellen können).

Zeichenketten sind Folgen von Zeichen, die als Ganzheit oder Einheit behandelt werden. Ein *Zeichen* ist alles, was Sie auf der Tastatur eintippen können. Dazu zählen Buchstaben, Ziffern und Satzzeichen. Beachten Sie, dass Ziffern nicht dasselbe sind wie Zahlen!

Ziffern können in einem Programm sowohl als Zahlen als auch als Zeichenketten behandelt werden. So wird z.B. die Hausnummer *300* in der Adresse *Neusser Str. 300* als Zeichenkette behandelt, aber Ihr Alter oder Gewicht als Zahl.

Jeder einzelne Buchstabe gilt als Zeichenkette. Ein ganzer Satz gilt auch als Zeichenkette. Sogar das erste Kapitel von *Krieg und Frieden* kann als Zeichenkette betrachtet werden. Zeichenketten sind beliebige Buchstaben, Leerzeichen, Ziffern und andere Zeichen, die zu einer Folge zusammengefasst sind.

Werte und Variablen

Wie verwaltet der Computer die Zahlen und Zeichenketten, die Sie eingeben? Sie selbst mögen zwar wissen, dass *(0221) 978 1234* eine Telefonnummer repräsentiert, aber für den Computer handelt es sich nur um eine weitere Zahl oder Zeichenkette.

Um Daten zu speichern, arbeiten Programme mit so genannten *Variablen.* Variablen sind Ihnen vielleicht noch aus der Algebra in der Schule ein Begriff. Wenn Sie ein Programm schreiben, müssen Sie ihm mitteilen:»Wenn jemand Daten wie *(0221) 978 1234* eintippt, gib dieser Eingabe einen Namen wie beispielsweise *TelefonNummer* und lege sie an einer Stelle ab, an der sie wiederzufinden ist.«

Wenn Ihr Programm diese Daten wiederfinden oder verarbeiten muss, sagt es:»Mal sehen, wo habe ich diese Informationen abgelegt? Ach ja, sie sind an der Stelle (Variablen) mit dem Namen TelefonNummer abgelegt.« Der Computer eilt gehorsam zu der Variablen *TelefonNummer* und holt die Zahl oder Zeichenkette, die er vorher dort abgelegt hat.

Variablen können eine große Anzahl verschiedener Daten speichern (weshalb sie ja auch *Variablen* heißen; das klingt viel wissenschaftlicher als *Wischi-Waschi* oder *Schizo.*) Die Information, die in einer Variablen gespeichert ist, wird als ihr *Wert* bezeichnet. Der Wert repräsentiert entweder eine Zeichenkette oder eine Zahl.

Variablen benutzen

Es gibt zwei Arten von Variablen:

✔ Variablen, die Sie selbst definieren

✔ Variablen, die schon als Eigenschaften eines Objektes in einem Formular definiert sind

Wenn Sie ein Objekt in Ihre Benutzeroberfläche einfügen, erstellt Visual Basic automatisch eine ganze Reihe von Variablen, die als *Eigenschaften* (engl. *properties*) bezeichnet werden. Jede Eigenschaft hat einen Standardwert. Sie können die Eigenschaften eines Objektes und die Werte dieser Eigenschaften anzeigen, indem Sie das Eigenschaftenfenster mit der Taste F4 oder dem Menübefehl ANSICHT/EIGENSCHAFTENFENSTER öffnen.

Die Werte der Eigenschaften repräsentieren Zahlen (wie z.B. die Breite und Höhe eines Objektes), True oder False (um z.B. zu definieren, ob ein Objekt sichtbar ist oder nicht) oder Zeichenketten (wie z.B. die Caption eines Objektes). Die Eigenschaften definieren das Erscheinungsbild eines Objektes auf dem Bildschirm.

 Merken Sie sich einfach, dass Variablen Namen sind, die irgendeinen Wert repräsentieren können, und dass Eigenschaften eine besondere Art von Variablen sind, mit denen das Erscheinungsbild eines Objektes auf dem Bildschirm festgelegt wird.

Wenn Sie selbst eine Variable definieren wollen, brauchen Sie ihr nur einen Namen zu geben. Wenn Sie den Namen einer Variablen eingeben, begründen Sie auf magische Weise ihre Existenz. Es gibt zwei Methoden, mit denen Sie eine Variable definieren können.

✔ Deklarieren Sie die Variable mit dem Befehl `Dim`.

✔ Geben Sie einfach den Namen der Variablen ein, und weisen Sie ihr einen Wert zu.

Es gibt nur eine Stelle, an der Sie einen Variablennamen eingeben und damit eine Variable definieren können: das Code-Fenster. Die einzige Stelle im Code-Fenster, an der Sie einen Variablennamen eingeben können, wird von der ersten und letzten Zeile einer Prozedur begrenzt.

Variablen deklarieren

Eine Variable zu definieren ist ganz einfach: Geben Sie ihren Namen ein, und weisen Sie ihr einen Wert zu. Beispiel:

```
Private Sub Form1_Load()
    HaustierName = "Kater Fritz"
    Alter = 2
End Sub
```

Die vorhergehenden Zeilen haben folgende Bedeutung:

1. Wenn das Formular mit dem Namen _Form1_ geladen wird, führe folgende Anweisungen aus:

2. Definiere zuerst eine Variable mit dem Namen _HaustierName_ und setze ihren Wert auf _"Kater Fritz"_.

3. Definiere dann eine Variable mit dem Namen _Alter_ und setze ihren Wert auf die Zahl _2_.

Obwohl es in Visual Basic zulässig ist, eine Variable mitten in einer Prozedur zu definieren, gilt dies als schlechte Programmierpraxis. Warum? Ohne die ganze Ereignisprozedur Zeile für Zeile zu lesen, wissen Sie nicht, welche und wie viele Variablen die Prozedur enthält.

Deshalb ist es besser, wenn Sie Ihre Variablen am Anfang jeder Ereignisprozedur ausdrücklich mit dem Befehl Dim deklarieren. Beispiel:

```
Dim VariableName1, VariableName2
```

Dabei können Sie beliebig viele Variablennamen eingeben.

Wenn wir die Ereignisprozedur unseres letzten Beispiels so umschreiben, dass die Variablen deklariert werden, sieht sie folgendermaßen aus:

```
Private Sub Form1_Load()
    Dim HaustierName, Alter
    HaustierName = "Kater Fritz"
    Alter = 2
End Sub
```

Sie können die Variablen auch ausdrücklich folgendermaßen deklarieren:

```
Dim HaustierName As String, Alter As Integer
```

Diese Technik wird weiter unten im Abschnitt *Datentypen* erklärt.

Obwohl diese Technik, Variablen am Anfang einer Ereignisprozedur zu deklarieren, ein oder zwei Zeilen mehr erfordert, ist jetzt viel einfacher festzustellen, welche Variablen benutzt werden und wie sie heißen. Statt die Ereignisprozedur Zeile für Zeile zu lesen, brauchen Sie nur noch auf wenige Zeilen am Anfang der Prozedur zu schauen, um eine Liste aller benutzten Variablen zu sehen.

Der Befehl Dim unterstützt Sie als Programmierer einfach dabei, die Funktion einer Ereignisprozedur besser zu verstehen. Für den Computer spielt es keine Rolle, ob Sie den Befehl Dim benutzen oder nicht. Abbildung 15.1 zeigt die beiden Methoden, Variablen zu definieren.

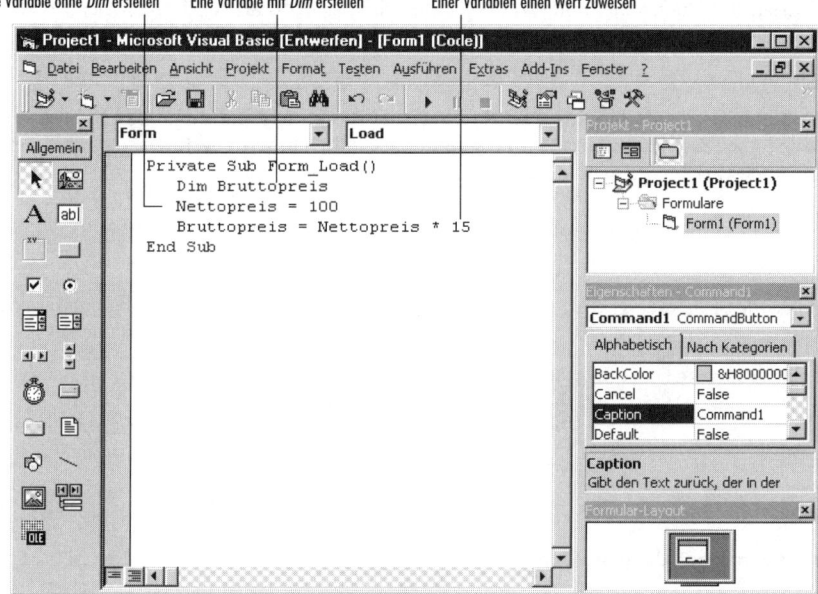

Abbildung 15.1: Zwei Methoden, eine Variable zu erstellen.

Variablen benennen

Sie können Variablen nennen, wie Sie wollen; und Sie können in ihnen speichern, was Sie wollen.

Doch wäre es ziemlich dumm, eine Variable *TelefonNummer* zu nennen und sie dann zum Speichern einer Postleitzahl zu verwenden.

Sie machen sich das Leben viel leichter, wenn Sie Ihren Variablen Namen geben, die etwas über die Art der Daten aussagen, die Sie in den Variablen speichern wollen. So ist es z.B. sinnvoll, einer Variablen den Namen _TelefonNummer_ zu geben, wenn Sie in ihr tatsächlich Telefonnummern speichern wollen, oder eine Variable _FirmenName_ zu nennen, wenn Sie in ihr den Namen einer Firma festhalten wollen.

In Visual Basic müssen Sie folgende Regeln für die Vergabe von Variablennamen beachten. Variablennamen:

✔ Müssen mit einem Buchstaben beginnen.

✔ Dürfen maximal 255 Zeichen lang sein (und müssen mindestens 1 Zeichen lang sein).

✔ Dürfen nur Buchstaben, Ziffern und Unterstriche (_) enthalten – Leerzeichen und Satzzeichen sind verboten.

✔ Dürfen keine reservierten Visual Basic-Wörter (wie z.B. End oder Sub) verwenden.

Wenn Sie diese Regeln beachten, wird sich Visual Basic nicht bei Ihnen beschweren – was natürlich noch nicht heißt, dass Ihr Programm tatsächlich funktioniert. Das folgende Beispiel zeigt einige Variablennamen, die für Visual Basic akzeptabel sind:

```
Telefon
Hier_ist_Ihr_Name
BAB1
```

Das folgende Beispiel zeigt einige Zeichenketten, die Visual Basic nicht als Variablenname akzeptiert:

```
123Überraschung      (Die Zeichenkette beginnt mit einer Ziffer.)
PLZ Ort              (Die Zeichenkette enthält ein Leerzeichen.)
Sub                  (Die Zeichenkette ist ein reserviertes Wort.)
```

Testen Sie Ihr neu erworbenes Wissen

1. Was machen die folgenden BASIC-Befehle?

```
txtMessage.Text = "Ihre Festplatte wird gerade gelöscht."
cmdChange.Caption = "Ha, ha, ha!"
HabDich = 1
```

a) Die Befehle weisen der Eigenschaft _Text_ eines Textfeldes mit dem Namen _txtMessage_ die Zeichenkette _"Ihre Festplatte wird gerade gelöscht."_ und der Eigenschaft _Caption_ der Befehlsschaltfläche mit dem Namen cmdChange die Zeichenkette _"Ha, ha, ha!"_ zu und setzen die Variable mit dem Namen _HabDich_ auf den Wert _1_.

b) Die Befehle löschen die Festplatte, zeigen die Meldung »Ha, ha, ha!« an und fügen dem Benutzer einen schweren psychologischen Schaden zu.

c) Die Befehle weisen der Variablen mit dem Namen *HabDich* die Zeichenkette "1" zu und löschen dann zur Vergeltung die Festplatte, weil Sie offensichtlich die falsche Antwort gewählt haben.

d) Diese BASIC-Befehle machen überhaupt nichts, solange Sie Ihren Computer nicht einschalten und Visual Basic laden. Was soll das?

2. Welchen Sinn hat es, Variablen zu deklarieren?

a) Damit Programmierer aus Ostfriesland sich zu Hause fühlen, wenn sie mit ihrem Computer sprechen: »Aufgepasst, alter Junge! Wenn das nicht die Deklaration einer kleinen, süßen ganzen Zahl ist!«

b) Damit Sie die Tatsache verschleiern können, dass Sie nicht genau wissen, was Sie tun.

c) Um eine Übersicht über alle Variablen einer Ereignisprozedur zu haben und ihnen bestimmte Datentypen zuzuweisen.

d) Um sie aus ihren Verstecken auf das offene Feld zu treiben, so dass sie markiert, gestellt und zerstört werden können.

Variablen einen Zahlenwert zuweisen

Jetzt wissen Sie, wie man Variablen definiert, indem man ihnen einen Namen gibt. Jetzt muss noch geklärt werden, wie man einer Variablen einen bestimmten Wert zuweist und wie man den Wert einer Variablen benutzen kann. Für diesen Zweck wird in Visual Basic das Gleichheitszeichen (=) benutzt.

Um einer Variablen einen Wert zuzuweisen, müssen Sie einen BASIC-Befehl schreiben, der etwa wie in dem folgenden Beispiel aussieht:

```
VariableName = Wert
```

Statt dem Computer zu sagen: »Nimm die Zahl 36 und weise sie der Variablen mit dem Namen Alter zu.«, schreiben Sie einfach:

```
Alter = 36
```

 Eine Variable kann zu einem gegebenen Zeitpunkt immer nur einen einzigen Wert enthalten. Wenn eine Variable bereits einen bestimmten Wert enthält und Sie ihr einen anderen Wert zuweisen, geht der alte Wert verloren. So können Sie einer Variablen wie in dem folgenden Beispiel zwei Werte zuweisen:

```
Alter = 36
Alter = 49
```

Beim ersten Befehl sagt Visual Basic:»OK, die Variable mit dem Namen Alter erhält den Wert 36.« Wenn Visual Basic jetzt den zweiten Befehl bearbeitet, sagt es:»OK, die Variable mit dem Namen Alter erhält den Wert 49. Welchen Wert auch immer sie vorher hatte, ist vergessen.«

Weil die Eigenschaften eines Objektes Variablen sind, können Sie diesen Eigenschaften auf die gleiche Weise bestimmte Werte zuweisen. So können Sie z.b. mit dem folgenden BASIC-Befehl die Eigenschaft _Height_ (Höhe) eines Textfeldes mit dem Namen _txtPassword_ auf _1200_ Einheiten setzen:

```
txtPassword.Height = 1200
```

Dieser Befehl weist Visual Basic an:»Suche das Objekt mit dem Namen _txtPassword_ und weise seiner Eigenschaft _Height_ den Wert _1200_ zu.«

Wenn Sie noch spezifischer sein wollen, geben Sie ein:

```
frmGeheim!txtPassword.Height = 1200
```

Dieser Befehl weist Visual Basic an:»Suche im Formular mit dem Namen _frmGeheim_ das Objekt mit dem Namen _txtPassword_ und weise seiner Eigenschaft _Height_ den Wert _1200_ zu.«

Wenn Sie den Namen des Formulars nicht in dem Befehl angeben, geht Visual Basic davon aus, dass sich das betreffende Objekt in dem Formular befindet, das Ihren BASIC-Code enthält.

Um den Wert einer Eigenschaft eines Objekts zu ermitteln (wie beispielsweise die Höhe eines Textfelds), weisen Sie die Eigenschaft einer Variablen zu:

```
Dim TextHoehe As Integer
    TextHoehe = txtPassword.Height
```

1. Deklarieren Sie eine Variable namens _TextHoehe_ vom Typ _Integer_.

2. Weisen Sie der Variablen _TextHoehe_ den Wert zu, der in der Eigenschaft _Height_ des Textfelds _txtPassword_ gespeichert ist.

Variablen eine Zeichenkette zuweisen

Zeichenketten werden einer Variablen auf ähnliche Weise zugewiesen wie Zahlen. Der einzige Unterschied besteht darin, dass Sie Zeichenketten in doppelte Anführungszeichen einschließen müssen, so dass Visual Basic erkennen kann, wo Zeichenketten beginnen und wo sie enden.

Beispielsweise können Sie der Variablen mit dem Namen _Name_ folgendermaßen eine Zeichenkette zuordnen, die aus einem einzigen Wort besteht:

```
Name = "Schmitz"
```

Oder Sie können der Variablen eine Zeichenkette zuweisen, die aus mehreren Wörtern besteht:

```
Name = "Hans Schmitz"
```

oder

```
Name = "Hans Schmitz, Hauptvertreter des kölschen Adels"
```

Nicht alle Zeichenketten bestehen aus Buchstaben. Manchmal können Sie einer Variablen auch eine Telefonnummer oder eine Versicherungsnummer zuweisen:

```
TelefonNummer = "0221-123456"
VersicherungsNummer = "987-123"
```

Was würde passieren, wenn Sie die Anführungszeichen wegließen und stattdessen schrieben:

```
TelefonNummer = 0221-123456
VersicherungsNummer = 987-123
```

Ohne die Anführungszeichen hält Visual Basic den Bindestrich für ein Minus-Zeichen und interpretiert den BASIC-Code als Subtraktionsbefehl, den das Programm für Sie ausführen soll. Statt also den Zeichenkettenwert *"0221-123456"* in der Variablen *TelefonNummer* zu speichern, führt Visual Basic die Subtraktion aus und weist ihr stattdessen den Zahlenwert - *123235* zu. In der Variablen *VersicherungsNummer* speichert Visual Basic den Wert *864*.

 Die goldene Regel für die Arbeit mit Variablen lautet: Wenn Sie einer Variablen einen Wert aus Buchstaben und/oder Ziffern zuweisen wollen, der als Zeichenkette behandelt werden soll, schließen Sie diesen Wert in Anführungszeichen ein.

Eigenschaften ändern

Wenn Sie Variablen Zahlen oder Zeichenketten zuweisen, handelt es sich nicht um eine lebensferne, akademische Übung, sondern um eine Handlung mit handfesten Folgen. Wenn Sie z.B. eine Meldung auf dem Bildschirm anzeigen wollen, müssen Sie die Eigenschaft eines Bezeichnungsfelds oder Textfeldes ändern. Wenn Sie eine Animation erstellen wollen, müssen Sie laufend die Eigenschaften *Top* und *Left* ändern, welche die Position eines Objektes auf dem Bildschirm definieren. Weil es sich bei den Eigenschaften eines Objektes um Variablen handelt, können Sie das Objekt dadurch ändern, dass Sie seinen Eigenschaften neue Werte zuweisen.

Nehmen Sie z.B. an, dass das Textfeld und die beiden Befehlsschaltflächen, die Sie in den Abbildung 15.2 und 15.3 sehen, die folgenden Eigenschaften haben:

Objekt	Eigenschaft	Wert
Textfeld	Name	txtMessage
	Text	(Leer)
Obere Befehlsschaltfläche	Name	cmdHello
	Caption	Hallo
Untere Befehlsschaltfläche	Name	cmdBye
	Caption	Auf Wiedersehen

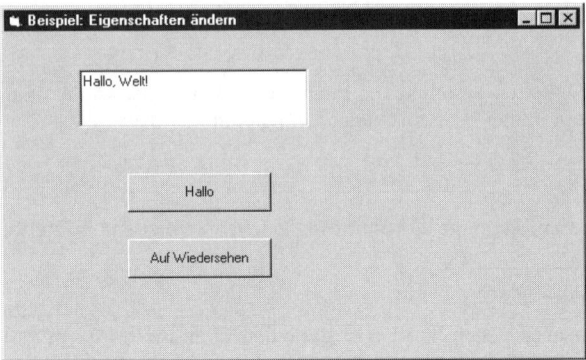

Abbildung 15.2: Auf die Schaltfläche Hallo *klicken.*

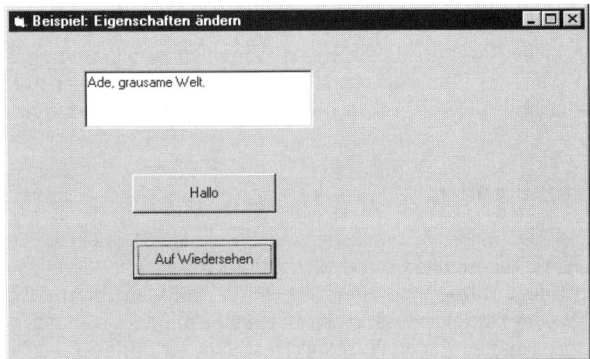

Abbildung 15.3: Auf die Schaltfläche Auf Wiedersehen *klicken.*

Die erste Befehlsschaltfläche habe folgende Ereignisprozedur:

```
Private Sub cmdHello_Click()
    txtMessage.Text = "Hallo, Welt!"
End Sub
```

Die zweite Befehlsschaltfläche habe folgende Ereignisprozedur:

```
Private Sub cmdBye_Click()
    txtMessage.Text = "Ade, grausame Welt."
End Sub
```

Wenn Sie auf die Befehlsschaltfläche *Hallo* klicken, passiert Folgendes:

1. Visual Basic stellt fest, dass ein *Click*-Ereignis eingetreten ist und dass sich der Mauszeiger zu diesem Zeitpunkt auf der Befehlsschaltfläche mit dem Namen *cmdHello* befand.

2. Visual Basic findet die Ereignisprozedur mit dem Namen *cmdHello_Click* und sucht dort nach weiteren Anweisungen.

3. Die Ereignisprozedur *cmdHello_Click* weist Visual Basic an: »Suche nach einem Textfeld mit dem Namen *txtMessage* und ersetze den Wert seiner Eigenschaft *Text* durch die Zeichenkette *"Hallo, Welt!"*.«

4. Die Zeichenkette *"Hallo, Welt!"* wird in dem Textfeld mit dem Namen *txtMessage* angezeigt (siehe Abbildung 15.2).

Wenn Sie auf die Befehlsschaltfläche *Auf Wiedersehen* klicken, passiert Folgendes:

1. Visual Basic stellt fest, dass ein *Click*-Ereignis eingetreten ist und dass sich der Mauszeiger zu diesem Zeitpunkt auf der Befehlsschaltfläche mit dem Namen *cmdBye* befand.

2. Visual Basic findet die Ereignisprozedur mit dem Namen *cmdBye_Click* und sucht dort nach weiteren Anweisungen.

3. Die Ereignisprozedur *cmdBye_Click* weist Visual Basic an: »Suche nach einem Textfeld mit dem Namen *txtMessage* und ersetze den Wert seiner Eigenschaft *Text* durch die Zeichenkette *"Ade, grausame Welt"*.«

4. Die Zeichenkette *"Ade, grausame Welt."* wird in dem Textfeld mit dem Namen *txtMessage* angezeigt (siehe Abbildung 15.3).

Sie können mit BASIC-Code die Eigenschaften jedes Objektes ändern, das auf einem Formular angezeigt wird. Indem Sie die Eigenschaften von Objekten ändern, können Sie Meldungen und andere Informationen für den Benutzer auf dem Bildschirm anzeigen.

Der Name eines Objektes ist die einzige Eigenschaft, die Sie mit BASIC-Code nicht ändern können. Der einzige Weg, um die Eigenschaft *Name* eines Objektes zu ändern, führt über das Eigenschaftenfenster.

Variablen eine andere Variable zuweisen

Sie können einer Variablen nicht nur Zahlen oder Zeichenketten, sondern auch die Werte anderer Variablen zuweisen. Zu diesem Zweck müssen Sie BASIC-Code wie in dem folgenden Beispiel schreiben:

```
ErsteVariable = ZweiteVariable
```

Nehmen Sie an, dass Sie in das Formular des letzten Beispiels ein zweites Textfeld mit den folgenden Eigenschaften einfügen:

Objekt	Eigenschaft	Wert
Zweites Textfeld	Name	txtCopyCat
	Text	(Leer)

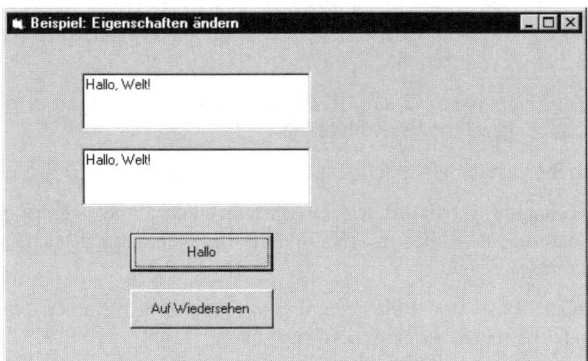

Abbildung 15.4: Ein zweites Textfeld hinzufügen.

Die Ereignisprozedur *cmdHello_Click* soll folgendermaßen geändert werden:

```
Private Sub cmdHello_Click()
    txtMessage.Text = "Hallo, Welt!"
    txtCopyCat.Text = txtMessage.Text
End Sub
```

Und die Ereignisprozedur *cmdBye_Click* soll folgendermaßen geändert werden:

```
Private Sub cmdBye_Click()
    txtMessage.Text = "Ade, grausame Welt."
    txtCopyCat.Text = txtMessage.Text
End Sub
```

 Wenn Sie jetzt auf die Befehlsschaltfläche *Hallo* klicken, passiert Folgendes:

1. Visual Basic stellt fest, dass ein *Click*-Ereignis eingetreten ist und dass sich der Mauszeiger zu diesem Zeitpunkt auf der Befehlsschaltfläche mit dem Namen *cmdHello* befand.

2. Visual Basic findet die Ereignisprozedur mit dem Namen *cmdHello_Click* und sucht dort nach weiteren Anweisungen.

3. Die Ereignisprozedur *cmdHello_Click* weist Visual Basic an: »Suche nach einem Textfeld mit dem Namen *txtMessage* und ersetze den Wert seiner Eigenschaft *Text* durch die Zeichenkette *"Hallo, Welt!"*.«

4. Visual Basic sieht den zweiten Befehl, der sagt: »Suche nach einem Textfeld mit dem Namen *txtCopyCat* und ersetze den Wert seiner Eigenschaft *Text* durch den Wert, der in der Eigenschaft *Text* des Textfeldes mit dem Namen *txtMessage* gespeichert ist.«

5. Die Zeichenkette *"Hallo, Welt!"* wird in dem Textfeld mit dem Namen *txtMessage* und in dem Textfeld mit dem Namen *txtCopyCat* angezeigt.

Wenn Sie auf die Befehlsschaltfläche *Auf Wiedersehen* klicken, passiert Folgendes:

1. Visual Basic stellt fest, dass ein *Click*-Ereignis eingetreten ist und dass sich der Mauszeiger zu diesem Zeitpunkt auf der Befehlsschaltfläche mit dem Namen *cmdBye* befand.

2. Visual Basic findet die Ereignisprozedur mit dem Namen *cmdBye_Click* und sucht dort nach weiteren Anweisungen.

3. Die Ereignisprozedur *cmdBye_Click* weist Visual Basic an: »Suche nach einem Textfeld mit dem Namen *txtMessage* und ersetze den Wert seiner Eigenschaft *Text* durch die Zeichenkette *"Ade, grausame Welt."*«

4. Visual Basic sieht den zweiten Befehl, der sagt: »Suche nach einem Textfeld mit dem Namen *txtCopyCat* und ersetze den Wert seiner Eigenschaft *Text* durch den Wert, der in der Eigenschaft *Text* des Textfeldes mit dem Namen *txtMessage* gespeichert ist.«

5. Die Zeichenkette *"Ade, grausame Welt."* wird in dem Textfeld mit dem Namen *txtMessage* und in dem Textfeld mit dem Namen *txtCopyCat* angezeigt.

Objekten in einem anderen Formular einen Wert zuweisen

Um der Eigenschaft eines Objektes einen Wert zuzuweisen, benutzen Sie einen Befehl des Form:

```
ObjektName.EigenschaftName = Wert
```

ObjektName ist der Name des Objektes. *EigenschaftName* ist der Name der Eigenschaft, die Sie ändern wollen. *Wert* ist die Zahl oder die Zeichenkette, die Sie der Eigenschaft des Objektes zuweisen wollen.

Wenn Sie beispielsweise die Eigenschaft *Text* des Textfeldes mit dem Namen *txtMessage* ändern wollen, müssen Sie folgenden Befehl eingeben:

```
txtMessage.Text = "Hallo, Welt!"
```

Wie können Sie die Eigenschaft eines Objektes ändern, das in einem anderen Formular gespeichert ist? Die Antwort ist einfach: Sie müssen zusätzlich den Namen des Formulars angeben, in dem das Objekt gespeichert ist.

`FormularName!ObjektName.EigenschaftName = Wert`

Betrachten Sie beispielsweise die beiden Formulare in der Abbildung 15.5. Formular #1 enthält zwei Textfelder mit den Namen _txtMessage_ und _txtCopyCat_ und zwei Befehlsschaltflächen mit den Namen _cmdHello_ und _cmdBye_. Formular #2 enthält ein Textfeld mit den folgenden Eigenschaften:

Objekt	Eigenschaft	Wert
Formular	Name	Formular #2
Textfeld	Name	txtNewBox
	Text	(Leer)

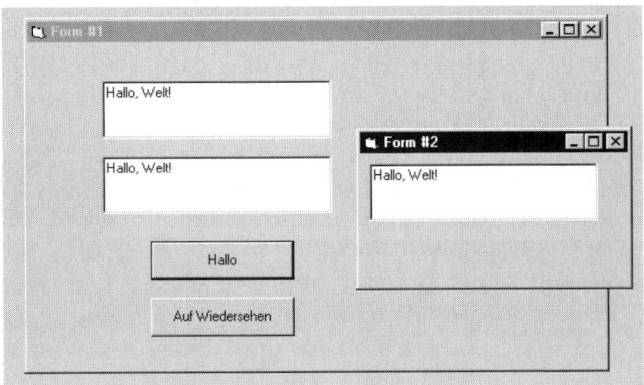

Abbildung 15.5: Wenn Sie auf die Schaltfläche Hallo _klicken, wird_ Hallo, Welt! _in allen drei Textfeldern angezeigt._

Wie kann die Ereignisprozedur in dem Formular #1 die Eigenschaft _Text_ eines Objektes ändern, das in einem anderen Formular gespeichert ist? Dazu brauchen Sie einfach nur den folgenden Befehl einzugeben:

`FormularName!ObjektName.EigenschaftName = Wert`

FormularName gibt den Namen des Formulars an, welches das Objekt enthält, das Sie ändern wollen. _ObjektName_ ist der Name des Objekts. _EigenschaftName_ ist der Name der Eigenschaft, die Sie ändern wollen. _Wert_ ist die Zahl oder die Zeichenkette, die Sie der Eigenschaft des Objekts zuweisen wollen.

Wenn Sie in dem Textfeld mit dem Namen *txtNewBox* denselben Text anzeigen wollen wie in den Textfeldern *txtMessage* und *txtCopyCat*, müssen Sie den folgenden Befehl in die Ereignisprozeduren *cmdHello_Click* und *cmdBye_Click* einfügen:

```
Form2!txtNewBox.Text = txtMessage.Text
```

Die Ereignisprozedur *cmdHello_Click* sieht dann folgendermaßen aus:

```
Private Sub cmdHello_Click()
    txtMessage.Text = "Hallo, Welt!"
    txtCopyCat.Text = txtMessage.Text
    Form2.Show
    Form2!txtNewBox.Text = txtMessage.Text
End Sub
```

Und die Ereignisprozedur *cmdBye_Click* sieht dann folgendermaßen aus:

```
Private Sub cmdBye_Click()
    txtMessage.Text = "Ade, grausame Welt."
    txtCopyCat.Text = txtMessage.Text
    Form2.Show
    Form2!txtNewBox.Text = txtMessage.Text
End Sub
```

Wenn Sie jetzt auf die Befehlsschaltfläche *Hallo* klicken, passiert Folgendes:

1. Visual Basic stellt fest, dass ein *Click*-Ereignis eingetreten ist und dass sich der Mauszeiger zu diesem Zeipunkt auf der Befehlsschaltfläche mit dem Namen *cmdHello* befand.

2. Visual Basic findet die Ereignisprozedur mit dem Namen *cmdHello_Click* und sucht dort nach weiteren Anweisungen.

3. Die Ereignisprozedur *cmdHello_Click* weist Visual Basic an: »Suche nach einem Textfeld mit dem Namen *txtMessage* und ersetze den Wert seiner Eigenschaft *Text* durch die Zeichenkette *"Hallo, Welt!"*.«

4. Visual Basic sieht den zweiten Befehl, der sagt: »Suche nach einem Textfeld mit dem Namen *txtCopyCat* und ersetze den Wert seiner Eigenschaft *Text* durch den Wert, der in der Eigenschaft *Text* des Textfeldes mit dem Namen *txtMessage* gespeichert ist.«

5. Der Befehl `Form2.Show` weist Visual Basic an: »Suche ein Formular mit dem Namen *Form2* und zeige es auf dem Bildschirm an.«

6. Der Befehl `Form2!txtNewBox.Text = txtMessage.Text` weist Visual Basic an: »Suche in dem Formular mit dem Namen *Form2* nach einem Objekt mit dem Namen *txtNewBox* und ersetze den Wert seiner Eigenschaft *Text* durch den Wert, der in der Eigenschaft *Text* des Textfeldes mit dem Namen *txtMessage* gespeichert ist.«

7. Die Zeichenkette *"Hallo, Welt!"* wird in allen drei Textfeldern mit den Namen *txtMessage, txtCopyCat* und *txtNewBox* angezeigt.

Wenn Sie jetzt auf die Befehlsschaltfläche *Auf Wiedersehen* klicken, passiert Folgendes:

1. Visual Basic stellt fest, dass ein *Click*-Ereignis eingetreten ist und dass sich der Mauszeiger zu diesem Zeitpunkt auf der Befehlsschaltfläche mit dem Namen *cmdBye* befand.

2. Visual Basic findet die Ereignisprozedur mit dem Namen *cmdBye_Click* und sucht dort nach weiteren Anweisungen.

3. Die Ereignisprozedur *cmdBye_Click* weist Visual Basic an: »Suche nach einem Textfeld mit dem Namen *txtMessage* und ersetze den Wert seiner Eigenschaft *Text* durch die Zeichenkette *"Ade, grausame Welt!"*.«

4. Visual Basic sieht den zweiten Befehl, der sagt: »Suche nach einem Textfeld mit dem Namen *txtCopyCat* und ersetze den Wert seiner Eigenschaft *Text* durch den Wert, der in der Eigenschaft *Text* des Textfeldes mit dem Namen *txtMessage* gespeichert ist.«

5. Der Befehl `Form2.Show` weist Visual Basic an: »Suche ein Formular mit dem Namen *Form2* und zeige es auf dem Bildschirm an.«

6. Der Befehl `Form2!txtNewBox.Text = txtMessage.Text` weist Visual Basic an: »Suche in dem Formular mit dem Namen *Form2* nach einem Objekt mit dem Namen *txtNewBox* und ersetze den Wert seiner Eigenschaft *Text* durch den Wert, der in der Eigenschaft *Text* des Textfeldes mit dem Namen *txtMessage* gespeichert ist.«

7. Die Zeichenkette *"Ade, grausame Welt!"* wird in allen drei Textfeldern mit den Namen *txtMessage, txtCopyCat* und *txtNewBox* angezeigt.

Datentypen

Variablen können Zahlen oder Zeichenketten speichern. Manchmal ist es jedoch wünschenswert, dass eine Variable wie beispielsweise *Vorname* ausschließlich Zeichenketten speichern kann und jeder Versuch, ihr eine Zahl zuzuweisen, eine Fehlermeldung auslöst. Um die Art der Informationen einzuschränken, die in einer Variablen gespeichert werden können, können Sie der Variablen einen so genannten *Datentyp* zuweisen. Ein Datentyp ist eine Art von Befehl, der Visual Basic folgende Anweisung gibt: »Siehst du diese Variable? Sie darf nur Zeichenketten oder nur Zahlen speichern. Also pass auf!«

Hier sind die drei Hauptgründe für die Verwendung von Datentypen:

✔ Sie können leicht den Typ von Daten erkennen, den eine Variable speichern kann.

✔ Sie können verhindern, dass eine Variable aus Versehen Daten vom falschen Typ speichert kann.

Sie können den Speicher effizienter nutzen, weil einige Datentypen (wie beispiels-weise *Double*) mehr Speicherplatz benötigen als andere Datentypen (wie beispiels-weise *Byte*).

Wenn Sie mit einem BASIC-Befehl versuchen, einer Variablen mit einem Datentyp, der nur Zahlen zulässt, eine Zeichenkette zuzuweisen, zeigt Visual Basic eine Fehlermeldung an. Auf diese Weise können Sie mögliche Fehler in Ihrem Programm schon lange vor seiner Fertig-stellung oder Auslieferung an andere Benutzer entdecken.

In Visual Basic gibt es die folgenden zehn Datentypen (siehe Tabelle 15.1).

Datentyp	Wertebereich
Boolean	True oder False
Byte	0 bis 255
Currency	(skalierte Ganzzahl) 8 Bytes -922.337.203.685.477,5808 bis 922.337.203.685.477,5807
Date	1. Januar 100 bis 31. Dezember 9999.
Decimal	+/-79.228.162.514.264.337.593.543.950.335 ohne Dezimalzeichen; +/-7,9228162514264337593543950335 mit 28 Nachkommastellen; die kleinste Zahl ungleich Null ist +/-0,0000000000000000000000000001.
Double	(Gleitkommazahl mit doppelter Genauigkeit) -1,79769313486232E308 bis -4,94065645841247E-324 für negative Werte; 4,94065645841247E-324 bis 1,79769313486232E308 für positive Werte.
Integer	-32.768 bis 32.767
Long	(lange Ganzzahl) -2.147.483.648 bis 2.147.483.647
Object	Beliebiger Verweis auf ein Objekt vom Typ Object.
Single	(Gleitkommazahl mit einfacher Genauigkeit) -3,402823E38 bis -1,401298E-45 für negative Werte; 1,401298E-45 bis 3,402823E38 für positive Werte.
String	(feste Länge) Zeichenfolgenlänge 1 bis 65.526
String	(variable Länge) Zeichenfolgenlänge 0 bis ca. 2 Milliarden.
Variant	(mit Zahlen) 16 Bytes Numerische Werte im Bereich des Datentyps Double.
Variant	(mit Zeichen) Zeichenfolgenlänge wie bei String mit variabler Länge.

Tabelle 15.1: Die Datentypen von Visual Basic.

In Visual Basic gibt es tatsächlich zwei Methoden, um Variablen zu deklarieren:

```
Dim MeinString As String
```

oder

```
Dim MeinString$
```

Die erste Methode ist wortreich, aber klar. Die zweite Methode arbeitet mit einem so genannten *Typkennzeichen*. Dadurch wird das deklarieren von Variablen einfacher, aber die Befehle sind auf den ersten Blick nicht mehr so leicht lesbar und verstehbar.

Wenn Sie Wert auf Klarheit legen und die Mühe nicht scheuen, einige zusätzliche Wörter, wie beispielsweise *As String* oder *As Integer*, zu tippen, benutzen Sie die erste Methode. Wenn Sie Zeit sparen wollen und die Lesbarkeit des Codes für Sie nicht so wichtig ist, benutzen Sie die zweite Methode. Hier ist eine kurze Tabelle mit allen Typkennzeichen, die Sie benutzen können, um Variablen verschiedener Datentypen zu deklarieren:

Datentyp	Typkennzeichen	Beispiel	Gleichwertig mit
Currency	@	Dim Beute@	Dim Beute As Currency
Double	#	Dim Durchschnitt#	Dim Durchschnitt As Double
Integer	%	Dim Alter%	Dim Alter As Integer
Long	&	Dim Riesig&	Dim Riesig As Long
Single	!	Dim Winzig!	Dim Winzig As Single
String	$	Dim Vorname$	Dim Vorname As String

Objekte mit Datentypen deklarieren

Benutzen Sie zum Speichern von ganzen Zahlen den Datentyp *Integer*. Wenn Sie sehr große oder sehr kleine ganze Zahlen speichern wollen, benutzen Sie den Datentyp *Long*. Wenn die Zahlen nicht kleiner als 0 und nicht größer als 255 sind, verwenden Sie den Datentyp *Byte*.

Benutzen Sie zum Speichern von Dezimalzahlen den Datentyp *Single*. Wenn Sie sehr große oder sehr kleine Dezimalzahlen speichern wollen, benutzen Sie den Datentyp *Double*.

Benutzen Sie zum Speichern von Geldbeträgen den Datentyp *Currency*.

Benutzen Sie zum Speichern von Wörtern und Buchstaben den Datentyp *String*.

Benutzen Sie zum Speichern von Datumsangaben den Datentyp *Date*.

Benutzen Sie zum Speichern von Wahrheitswerten (*Wahr* oder *Falsch*, *Ja* oder *Nein*, *An* oder *Aus* usw.) den Datentyp *Boolean*.

Sie können mit dem Datentyp *Variant* auch Zahlen und Zeichenketten speichern.

Wenn Sie nicht ausdrücklich etwas anderes festlegen, weist Visual Basic standardmäßig allen Variablen den Datentyp *Variant* zu. Der einzige Grund, eine Variable ausdrücklich als Variable vom Datentyp *Variant* zu deklarieren, liegt darin, Ihren Code lesbarer zu machen. Für Visual Basic ist die Deklaration des *Variant*-Datentyps einer Variablen redundant.

Der Datentyp einer Variablen wird folgendermaßen deklariert:

```
Dim VariableName As DataType
```

Um z.B. eine Variable mit dem Namen *MeinName* als Datentyp *String* zu deklarieren, geben Sie folgenden Befehl ein:

```
Dim MeinName As String
```

Wenn Visual Basic diesen Befehl sieht, denkt es: »Aha, diese Variable heißt *MeinName*, und der Programmierer hat sie dem Datentyp *String* zugeordnet, damit sie nur Zeichenketten speichern kann.«

Wenn Visual Basic den folgenden Befehl sieht:

```
Dim MeinName As Variant
```

denkt es: »Aha, diese Variable heißt *MeinName*, und der Programmierer hat sie dem *Variant*-Datentyp zugeordnet, damit sie Zahlen oder Zeichenketten speichern kann.«

Und wenn Visual Basic den folgenden Befehl sieht:

```
Dim MeinName
```

denkt es: »Aha, diese Variable heißt *MeinName*; und weil der Programmierer zu faul war, sie einem Datentyp zuzuordnen, nehme ich automatisch an, dass sie den Datentyp *Variant* hat.«

 Wenn Sie mehrere Variablen auf einer einzigen Zeile deklarieren wollen, müssen Sie jede Variable ausdrücklich deklarieren. Beispiel:

```
Dim MeinName As String, MeineKatze As String
```

Wenn Sie deklarieren

```
Dim MeinName, MeineKatze As String
```

nimmt Visual Basic an, dass die Variable *MeinName* vom Datentyp *Variant* und *MeineKatze* vom Datentyp *String* ist.

Eine Wald-und-Wiesen-Prozedur

Um die Verwendung von Deklarationen in einer Ereignisprozedur zu studieren, wollen wir auf ein früheres Beispiel zurückgreifen:

```
Private Sub Form1_Load()
    Dim HaustierName As String, Alter As Integer
    HaustierName = "Kater Fritz"
    Alter = 2
End Sub
```

Der Befehl `Dim HaustierName As String, Alter As Integer` zur Deklaration der Variablen weist Visual Basic an:»Erstelle eine Variable mit dem Namen _HaustierName_ und stelle sicher, dass sie nur Zeichenketten speichern kann. Erstelle dann eine Variable mit dem Namen _Alter_ und stelle sicher, dass sie nur ganze Zahlen im Wertbereich von -32.768 bis 32.767 speichern kann.«

Der nächste Befehl weist Visual Basic an:»Weise der Variablen _HaustierName_ die Zeichenkette _"Kater Fritz"_ zu.« Visual Basic prüft, ob die Variable _HaustierName_ tatsächlich Werte vom Datentyp _String_ speichern kann. Da Sie mit dem Befehl `Dim HaustierName As String` der Variablen _HaustierName_ den Datentyp _String_ zugewiesen haben, ist alles in Ordnung.

Schließlich weist der Befehl `Age = 2` Visual Basic an:»Weise der Variablen mit dem Namen _Alter_ die Zahl _2_ zu.« Visual Basic prüft, ob die Variable _Alter_ tatsächlich Zahlenwerte speichern kann. Da dieser Wert im zulässigen Wertebereich von -32.768 bis 32.767 liegt, ist alles in Ordnung.

Benutzen Sie immer den kleinstmöglichen Datentyp. Wenn Sie beispielsweise wissen, dass die Variable _Alter_ nie einen Wert speichern soll, der größer als 32.767 ist, deklarieren Sie _Alter_ als _Integer_. Wenn Sie größere oder kleinere Zahlen benötigen, wählen Sie den Datentyp _Long_. Wenn Sie den passenden Datentyp wählen, können Sie den Arbeitsspeicher Ihres Computers optimieren.

Datentypen für Zeichenketten

Wenn Sie die Länge der Zeichenketten beschränken wollen, die eine String-Variable speichern kann, können Sie die maximale Länge der Zeichenkette folgendermaßen definieren:

```
Dim VariableName As String * Size
```

Der Wert von _Size_ (dt. _Größe_) definiert die maximale Länge der Zeichenkette. Die zulässigen Werte für _Size_ liegen zwischen 1 und 65.526. Wenn Sie z.B. die Länge der Zeichenkette, die eine Variable speichern kann, auf zehn Zeichen begrenzen wollen, müssen Sie folgenden Befehl eingeben:

```
Dim VariableName As String * 10
```

Betrachten Sie als Beispiel die folgende Deklaration:

```
Dim Vorname As String * 5
```

Sie können der Variablen _Vorname_ problemlos folgende Zeichenketten zuweisen:

"12345"

"Hans"

"Marta"

"Willi"

Wenn Sie allerdings versuchen, der Variablen *Vorname* Zeichenketten zuzuweisen, die länger als fünf Zeichen sind, passiert Folgendes:

Zugewiesene Zeichenkette	Gespeicherte Zeichenkette
Vorname = "Johanna"	Vorname = "Johan"
Vorname = "Martina"	Vorname = "Marti"
Vorname = "König Otto"	Vorname = "König"

Wenn die Zeichenkette länger als die definierte maximal zulässige Länge ist, schneidet Visual Basic die überzähligen Zeichen rücksichtslos ab. Wenn Sie keine maximale Länge definieren oder der Variablen den Variant-Datentyp zuweisen, kann die Variable bis zu 65.526 Zeichen speichern.

Der Gültigkeitsbereich von Variablen

Als *Gültigkeitsbereich* (engl. *scope*) einer Variablen bezeichnet man den Bereich eines Visual Basic-Programmes, in dem die Variable zugänglich ist. In Visual Basic werden drei Gültigkeitsbereiche unterschieden:

✔ Lokal (engl. *local*)

✔ Modul (engl. *modul*)

✔ Öffentlich (engl. *public*)

Eine *lokale* Variable existiert nur in der Prozedur, in der sie definiert wurde; und sie kann auch nur in dieser Prozedur benutzt werden. Lokale Variablen dienen dazu, den Wirkungsbereich einer Variablen auf eine einzige Prozedur zu beschränken und vom Rest des Programmes zu isolieren. Wenn Sie einer lokalen Variablen einen falschen Wert zuweisen, ist es auf diese Weise einfacher, das Problem zu isolieren und zu lösen.

Lokale Variablen werden in einer Ereignisprozedur folgendermaßen deklariert:

```
Private Sub Command1_Click()
  Dim NameVorname As String
End Sub
```

Eine lokale Variable kann nur in der Prozedur benutzt werden, in der sie deklariert wurde. In manchen Situationen ist es jedoch sinnvoll, Variablen zu definieren, die in zwei oder mehr Prozeduren benutzt werden können. In solchen Fällen müssen Sie eine Modul-Variable definieren.

Modul-Variablen können nur von den Prozeduren benutzt werden, die in derselben Datei gespeichert sind.

Um eine Modul-Variable zu deklarieren, gehen Sie folgendermaßen vor:

1. **Öffnen Sie das Code-Fenster, indem Sie auf** `F7` **drücken oder den Menübefehl** ANSICHT/ CODE **wählen oder auf das Symbol** *Code anzeigen* **im Fenster des Projekt-Explorers klikken oder auf eine Stelle des Formulars (aber nicht auf ein Objekt) doppelklicken.**

2. **Wählen Sie im Kombinationsfeld** *Objekt* **das Listenelement** *(Allgemein)***.**

    Visual Basic zeigt *(Deklarationen)* im Kombinationsfeld *Prozedur* an.

3. **Geben Sie die Deklarationen Ihrer Variablen mit dem Befehl** `Dim` **ein (siehe Abbildung 15.6).**

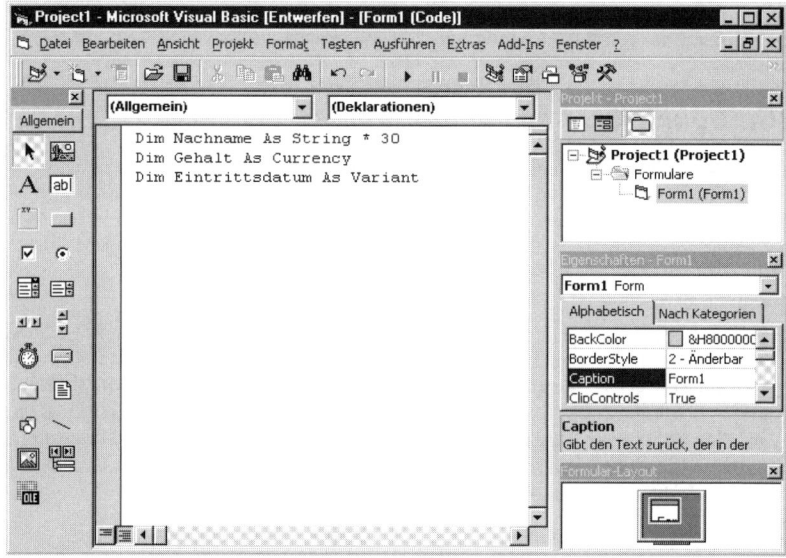

Abbildung 15.6: Modul-Variablen werden immer im Element (Allgemein) *des Kombinationsfelds* Objekt *und dem Element* (Deklarationen) *des Kombinationsfelds* Prozedur *deklariert.*

Modul-Variablen dienen zum Speichern von Werten, die von mehreren Prozeduren derselben Datei benutzt werden. Wenn Sie eine Variable benutzen wollen, die von allen Ereignisprozeduren in allen Dateien gemeinsam benutzt werden kann, müssen Sie eine öffentliche Variable erstellen.

Öffentliche Variablen können beim Programmieren sehr bequem sein, weil jede Ereignisprozedur in Ihrem Visual Basic-Programm Zugriff darauf hat. Doch Vorsicht! Die meisten Programmierer verwenden keine öffentlichen Variablen. Denn wenn in der Variable ein falscher Wert gespeichert ist, müssen Sie das ganze Programm durchsuchen, um die Prozedur zu finden, die den Fehler verursacht hat.

Wenn Ihr Programm dagegen eine Modul-Variable mit falschen Werten füttert, können Sie das Problem auf die Datei eingrenzen, in der Sie die Modul-Variable deklariert haben. Noch einfacher ist es bei lokalen Variablen: Der einzig mögliche Ort, an dem ein Problem verursacht werden kann, ist die Prozedur, in der die Variable deklariert wurde.

Um eine öffentliche Variable zu deklarieren, gehen Sie folgendermaßen vor:

1. **Wählen Sie den Menübefehl P**ROJEKT**/M**ODUL HINZUFÜGEN**, um eine BAS-Moduldatei zu erstellen.**

   Visual Basic zeigt das Dialogfeld *Modul hinzufügen* an.

2. **Klicken Sie auf *Modul* und dann auf *Öffnen*.**

   Visual Basic zeigt das Code-Fenster an. Im Kombinationsfeld *Objekt* wird *(Allgemein)* angezeigt. Im Kombinationsfeld *Prozedur* wird *(Deklarationen)* angezeigt.

Deklarieren Sie Ihre Variablen mit dem Schlüsselwort *Public*. Beispiel:

```
Public Nachname As String * 30
```

Wenn Sie sicherstellen wollen, dass Ihre Programme auch später leicht zu verstehen und zu ändern sind, sollten Sie lokale, modulbezogene und öffentliche Variablen benutzen. Wenn Sie weniger vorsichtig sein wollen, können Sie Variablen in der Mitte eines Programms erstellen, aber dadurch wird dieses unleserlicher und schwer verständlicher.

 Wenn Sie große Programme schreiben wollen, sollten Sie Ihre Variablen immer vorher deklarieren. Der Mehraufwand am Anfang zahlt sich später vielfach aus, wenn Sie weniger Zeit benötigen, um Ihre Programme zu testen und Fehler zu beseitigen.

 Um die Deklaration von Variablen zu erzwingen, können Sie den folgenden Befehl in alle Programme im Bereich *(Allgemein)* einfügen:

```
Option Explicit
```

Wenn Sie den Befehl Option Explicit verwenden, meldet Visual Basic einen Fehler, sobald Sie versuchen, eine nicht deklarierte Variable zu benutzen.

Auf den Benutzer reagieren

In diesem Kapitel

▶ Daten aus Textfeldern lesen

▶ Feststellen, welches Optionsfeld und Kombinationsfeld der Benutzer gewählt hat

▶ Daten aus Listenfeldern und Bildlaufleisten lesen

Die Benutzeroberfläche gibt Ihrem Programm ein ansprechendes Aussehen. Leider kann eine nett aussehende Benutzeroberfläche genauso hohlköpfig sein, wie die Person, mit der sich unglücklicherweise wohl jeder einmal verabredet. Wenn Ihr Programm mehr als nur eine gut aussehende Fassade sein soll, müssen Sie es dazu bringen, mit dem Benutzer zu kommunizieren.

Um Ihre Benutzeroberfläche interaktiv zu gestalten, müssen Sie folgende Aktionen programmieren:

✔ Daten aus der Benutzeroberfläche in das Programm holen

✔ Die Daten zu einem Ergebnis verarbeiten

✔ Das Ergebnis wieder auf der Benutzeroberfläche ausgeben

Wenn der Benutzer z.B. in einem Listenfeld ein Element wählt, weiß Ihr Programm von sich aus nicht, welches Element der Benutzer gewählt hat. Wenn Sie es auf dem Bildschirm sehen, sind Sie vielleicht versucht zu sagen:»He, du dummer Computer. Wenn ich sehen kann, was der Benutzer gewählt hat, warum bist du dann nicht dazu in der Lage?«

Aber was Sie auf dem Bildschirm sehen, ist nicht das, was der Computer sieht. Von seinem Standpunkt aus kann er das, was der Benutzer in dem Listenfeld gewählt hat, nicht sehen.

Um dem Computer mitzuteilen, was der Benutzer gewählt hat, müssen Sie BASIC-Code schreiben. Dieser BASIC-Code holt die Information aus der Benutzeroberfläche heraus und gibt sie zur Verarbeitung an das Programm weiter.

Daten aus der Benutzeroberfläche holen

Eine Benutzeroberfläche ist für den Benutzer ein einfaches Mittel, um Informationen an Ihr Programm zu übergeben. Z.B. kann die Benutzeroberfläche ein Dateilistenfeld auf dem Bildschirm anzeigen, so dass der Benutzer die gewünschte Datei aus einer Liste auswählen kann.

Wenn der Benutzer auf eine bestimmte Taste drückt, auf eine Befehlsschaltfläche klickt, ein Element in einem Listenfeld auswählt usw., speichert Visual Basic diese Information in einer Eigenschaft des betreffenden Objektes. Von diesem Moment an steht diese Information für Ihr Programm bereit.

Abbildung 16.1 zeigt verschiedene Wege, auf denen der Benutzer Informationen für Ihr Programm bereitstellt, indem er entweder auf ein Objekt klickt oder Informationen eintippt.

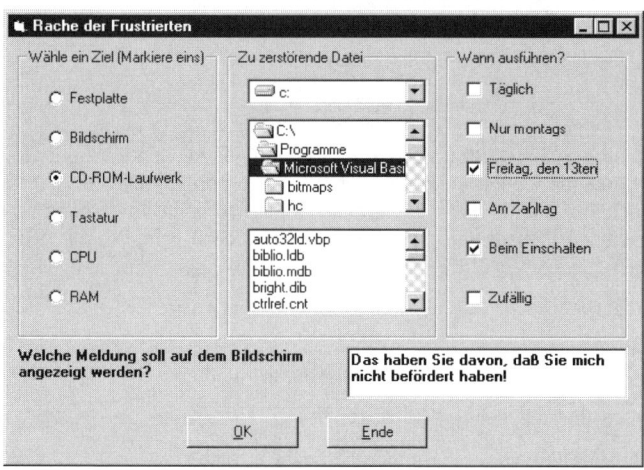

Abbildung 16.1: Verschiedene Wege, auf denen der Benutzer Daten in Ihr Programm eingeben kann.

Die folgende Liste zeigt die neun grundlegenden Objekttypen, die Informationen speichern können, welche der Benutzer mit der Benutzeroberfläche eingibt:

✔ Kontrollkästchen

✔ Optionsfelder

✔ Kombinationsfelder

✔ Listenfelder

✔ Laufwerklistenfelder

✔ Verzeichnislistenfelder

✔ Dateilistenfelder

✔ Horizontale und vertikale Bildlaufleisten

✔ Textfelder

Informationen von einem Objekt erfragen

Um die Informationen zu finden, die in einem Objekt gespeichert sind, müssen Sie folgende Daten kennen:

✔ Den Namen des Objektes (beispielsweise *txtSchreibHier*)

✔ Den Namen der Eigenschaft des Objektes, welche die Information enthält (beispielsweise die Eigenschaft *Text*)

✔ Den Namen des Formulars, auf dem sich das Objekt befindet (beispielsweise *frmHaupt*)

Wenn der Benutzer Informationen in ein Objekt einfügt, indem er beispielsweise Text in ein Textfeld eintippt, speichert Visual Basic die Information in einer bestimmten Eigenschaft des Objektes. Welche Eigenschaft die Information enthält, ist von Objekt zu Objekt verschieden. So speichert z.B. ein Textfeld die Information in seiner Eigenschaft *Text*, während ein Kontrollkästchen die Information in seiner Eigenschaft *Value* speichert.

Den Namen der gewünschten Eigenschaft zu kennen, reicht nicht aus. Sie müssen auch den Namen des Objektes kennen, das diese Eigenschaft hat. Und weil Objekte auf verschiedenen Formularen denselben Namen haben können, müssen Sie auch den Namen des Formulars kennen, auf dem sich das Objekt befindet.

 Die Kombination aus dem Formular-Namen, dem Objekt-Namen und dem Eigenschaft-Namen definiert die spezifische Stelle, an der sich die gesuchte Information befindet. Wenn Sie diese Stelle als eine Adresse betrachten, dann müssen Sie das Land (Formular-Name), die Stadt (Objekt-Name) und die Straße (Eigenschaft-Name) kennen, um ein Paket (die Information) abzuholen.

Wenn Sie also die Information wiedergewinnen wollen, die in einem Objekt gespeichert ist, müssen Sie die folgende Kombination verwenden:

```
FormularName!ObjektName.Eigenschaft
```

Wenn Sie z.B. den Inhalt eines Textfelds mit dem Namen *txtWarning* erfahren wollen, das auf einem Formular mit dem Namen *frmAttack* steht, dann müssen Sie die Information folgendermaßen abfragen:

```
frmAttack!txtWarning.Text
```

Dieser Code weist Visual Basic an: »Suche das Formular mit dem Namen *frmAttack*. Lokalisiere auf diesem Formular das Textfeld mit dem Namen *txtWarning* und gehe zu dem Wert, der in der Eigenschaft *Text* gespeichert ist.«

Wenn Sie den Namen des Formulars auslassen, sucht Visual Basic nur nach den Objekten auf dem aktuellen Formular. Wenn Sie das Objekt nur auf dem aktuellen Formular suchen wollen, können Sie den Befehl folgendermaßen abkürzen:

```
ObjektName.Eigenschaft
```

Daten aus Textfeldern lesen

Wenn der Benutzer Text in ein Textfeld eingibt, speichert Visual Basic die Information in der Eigenschaft *Text* des Textfelds. Das Eintippen eines Textes in einem Textfeld führt zu demselben Ergebnis wie das Zuweisen einer Zeichenkette zur Eigenschaft *Text* des Textfelds (siehe Abbildung 16.2).

Wenn der Benutzer »Liebe Grüße vom Mars!« in ein Textfeld mit dem Namen *txtSecret* eintippt, dann führt das zu demselben Ergebnis wie der folgende BASIC-Befehl:

```
txtSecret.Text = "Liebe Grüße vom Mars!"
```

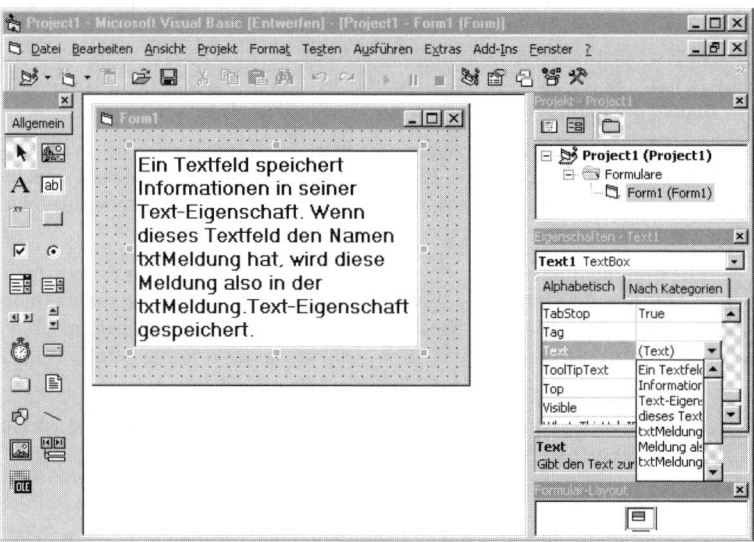

Abbildung 16.2: Textspeicherung bei einem Textfeld.

Feststellen, welches Optionsfeld der Benutzer gewählt hat

Die Eigenschaft *Value* eines Optionsfelds kann nur einen der folgenden zwei möglichen Werte speichern:

✔ *True* (gewählt)

✔ *False* (nicht gewählt)

Bei einem nicht gewählten Optionsfeld hat die Eigenschaft *Value* den Wert *False*. Wenn Sie auf ein nicht gewähltes Optionsfeld klicken, ändert sich der Wert der Eigenschaft *Value* in *True*.

Bei einem gewählten Optionsfeld hat die Eigenschaft *Value* den Wert *True*. Wenn Sie auf ein gewähltes Optionsfeld klicken, ändert sich der Wert der Eigenschaft *Value* in *False*.

Um festzustellen, welches Optionsfeld der Benutzer gewählt hat, müssen Sie die Eigenschaft *Value* aller Optionsfelder prüfen. Wenn beispielsweise der Benutzer das nicht gewählte Optionsfeld mit dem Namen *optStation* anklickt, dann entspricht dies dem folgenden BASIC-Code:

```
optStation.Value = True
```

Wenn der Benutzer das gewählte Optionsfeld mit dem Namen *optStation* abwählt, dann entspricht dies dem folgenden BASIC-Code:

```
optStation.Value = False
```

Feststellen, welches Kontrollkästchen der Benutzer gewählt hat

Die Eigenschaft *Value* eines Kontrollkästchens kann einen der folgenden drei möglichen Werte speichern:

✔ 0 – Nicht aktiviert

✔ 1 – Aktiviert

✔ 2 – Zwischenzustand

Abbildung 16.3 zeigt die möglichen Werte von Kontrollkästchen.

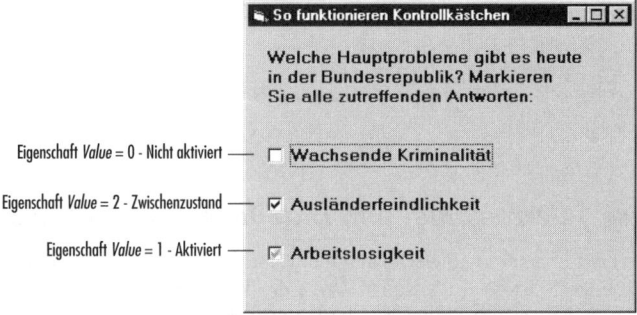

Abbildung 16.3: Die drei möglichen Werte eines Kontrollkästchens.

Die Eigenschaft *Value* eines nicht markierten Kontrollkästchens hat den Wert *0*. Wenn Sie auf ein nicht markiertes Kontrollkästchen klicken, ändert sich der Wert seiner Eigenschaft *Value* in *1*.

Die Eigenschaft *Value* eines markierten Kontrollkästchens hat den Wert *1*. Wenn Sie auf ein markiertes Kontrollkästchen klicken, ändert sich der Wert seiner Eigenschaft *Value* in *0*.

Die Eigenschaft *Value* eines abgeblendeten Kontrollkästchens hat den Wert *2*. Wenn Sie auf ein abgeblendetes Kontrollkästchen klicken, ändert sich der Wert seiner Eigenschaft *Value* in *0*.

Beachten Sie, dass ein abgeblendetes Kontrollkästchen im Gegensatz zu einem deaktivierten Kontrollkästchen, das ebenfalls grau dargestellt wird, immer noch angeklickt werden kann.

Ein markiertes Kontrollkästchen bedeutet, dass der Benutzer den zugehörigen Wert oder Befehl gewählt hat. Entsprechend bedeutet ein nicht markiertes Kontrollkästchen, dass der Benutzer den zugehörigen Wert oder Befehl nicht gewählt hat. Ein abgeblendetes Kontrollkästchen kann dazu benutzt werden, dem Benutzer mitzuteilen, dass der zugehörige Wert oder Befehl eine spezielle Ausnahme oder Funktion repräsentiert.

 Es gibt nur zwei Methoden, um die Eigenschaft *Value* eines Kontrollkästchens auf den Wert *2* zu setzen: Die erste Methode besteht darin, die Eigenschaft *Value* zur Entwurfszeit im Eigenschaftenfenster auf den Wert *2* zu setzen. Die zweite Methode besteht darin, die Eigenschaft *Value* zur Laufzeit mit BASIC-Code auf den Wert *2* zu setzen. Der folgende BASIC-Code setzt die Eigenschaft *Value* eines Kontrollkästchens mit dem Namen *chkBold* auf den Wert *2*:

```
chkBold.Value = 2
```

Um festzustellen, welche(s) Kontrollkästchen der Benutzer markiert hat, müssen Sie die Eigenschaft *Value* aller Kontrollkästchen abfragen. Wenn z.B. das Kontrollkästchen mit dem Namen *chkBold* nicht markiert (leer) ist, entspricht dies dem folgenden BASIC-Code:

```
chkBold.Value = 0
```

Wenn das Kontrollkästchen markiert ist, entspricht dies dem BASIC-Code:

```
chkBold.Value = 1
```

Wenn das Kontrollkästchen abgeblendet ist, entspricht dies dem BASIC-Code:

```
chkBold.Value = 2
```

Daten aus Laufwerk-, Verzeichnis- und Dateilistenfeldern lesen

Wenn der Benutzer ein Element in einem Laufwerklistenfeld wählt, speichert Visual Basic das gewählte Element als Zeichenkette in der Eigenschaft *Drive* des Laufwerklistenfelds. Wenn der Benutzer z.B. das Element *c:* in einem Laufwerklistenfeld mit dem Namen *drvLaufwerk* wählt, entspricht dies dem folgenden BASIC-Code:

```
drvLaufwerk.Drive = "c:"
```

Wenn der Benutzer ein Element in einem Verzeichnislistenfeld wählt, speichert Visual Basic das gewählte Element als Zeichenkette in der Eigenschaft *Path* des Verzeichnislistenfelds.

Wenn der Benutzer z.B. das Element *c:\dos* in einem Verzeichnislistenfeld mit dem Namen *dirOrdner* wählt, entspricht dies dem folgenden BASIC-Code:

```
dirOrdner.Path = "c:\dos"
```

Wenn der Benutzer ein Element in einem Dateilistenfeld wählt, speichert Visual Basic das gewählte Element als Zeichenkette in der Eigenschaft *FileName* des Dateilistenfelds.

Wenn der Benutzer beispielsweise das Element *autoexec.bat* in einem Dateilistenfeld mit dem Namen *filDateiName* wählt, entspricht dies dem folgenden BASIC-Code:

```
filDateiName = "autoexec.bat"
```

Daten eines Kombinationsfelds abfragen

Wenn der Benutzer ein Element in einem Kombinationsfeld wählt oder einen Wert in das Kombinationsfeld eintippt, speichert Visual Basic diese Information in der Eigenschaft *Text* des Kombinationsfelds (siehe Abbildung 16.4).

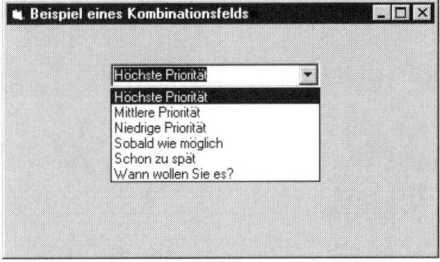

Abbildung 16.4: Die Eigenschaft Text *dieses Kombinationsfelds enthält den Wert* Höchste Priorität.

 Der Text, den ein Kombinationsfeld anzeigt, wird in der Eigenschaft *List* des Kombinationsfelds gespeichert. Wenn der Benutzer ein Element eingibt oder aus der Liste auswählt, wird seine Auswahl in der Eigenschaft *Text* des Kombinatiosnfelds gespeichert.

Wenn der Benutzer beispielsweise das Element *Höchste Priorität* in einem Kombinationsfeld mit dem Namen *cboPriorities* wählt oder eintippt, entspricht dies dem folgenden BASIC-Code:

```
cboPriorities.Text = "Höchste Priorität"
```

Werte aus horizontalen und vertikalen Bildlaufleisten herauslesen

Bildlaufleisten, die nicht Bestandteil eines Textfelds, eines Listenfelds oder eines Kombinationsfelds sind, repräsentieren eine Zahl. Diese Zahl wird in der Eigenschaft *Value* der Bildlaufleiste gespeichert.

Der Wert, den eine Bildlaufleiste repräsentieren kann, hängt von den *Min-* und *Max*-Eigenschaft der Bildlaufleiste ab. Der kleinste mögliche Wert ist -32.768. Der größte mögliche Wert ist 32.767.

Bildlaufleisten ermöglichen es dem Benutzer, einen Zahlenwert visuell auszuwählen, statt eine Nummer über die Tastatur einzutippen. Idealerweise sollten Sie zusätzlich zu der Bildlaufleiste ein Bezeichnungsfeld anzeigen, das den tatsächlichen Wert der Bildlaufleiste wiedergibt. Auf diese Weise kann der Benutzer das Bildlauffeld in der Bildlaufleiste verschieben und gleichzeitig den sich ändernden Wert der Bildlaufleiste ablesen (siehe Abbildung 16.5).

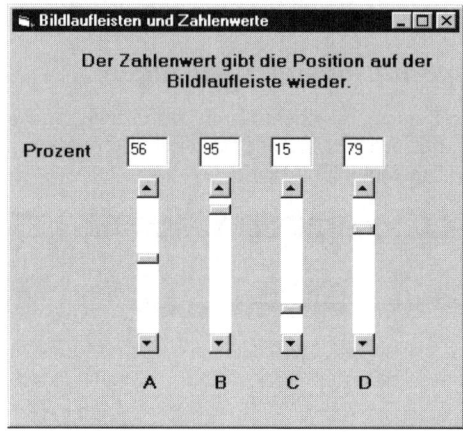

Abbildung 16.5: Den aktuellen Wert einer Bildlaufleiste anzeigen.

Obwohl Bildlaufleisten einen Wertebereich repräsentieren, muss Ihr Programm irgendwann den aktuellen Wert einer Bildlaufleiste abfragen. Wenn Sie beispielsweise den Wert einer horizontalen Bildlaufleiste mit dem Namen *hsbSensitivity* abfragen wollen, können Sie folgenden BASIC-Befehl verwenden:

```
MouseSensitivity = hsbSensitivity.Value
```

Testen Sie Ihr neu erworbenes Wissen

1. **Was macht der folgende BASIC-Code?**

```
WhatIsIt = chkBold.Value
```

   a) Der Code versucht, ein UFO mit dem Name *chkBold.value* zu identifizieren.

   b) Er bezweifelt, ob das Objekt mit dem Namen *chkBold* einen Wert hat.

   c) Das Programm veranlasst den Computer zu fragen: »Was willst du von mir? Sag' es mir und troll dich! Mir geht es heute nicht so gut.«

d) Der Befehl fragt den Wert der Eigenschaft *Value* eines Kontrollkästchens mit dem Namen *chkBold* ab und weist ihn einer Variablen mit dem Namen *WhatIsIt* zu. Wenn das Kontrollkästchen mit dem Namen *chkBold* markiert ist, beträgt der abgefragte Wert *1*.

2. **Betrachten Sie den folgenden Befehl, und erklären Sie, was er bewirkt.**

```
frmDataSheet!txtMessage.Text = "Warnung!"
```

a) Der Befehl sagt Visual Basic: »Suche nach einem Formular mit dem Namen *frmDataSheet*. Suche dann auf diesem Formular nach einem Textfeld mit dem Namen *txtMessage* und weise seiner Eigenschaft *Text* die Zeichenkette *Warnung!* zu.«

b) Der Befehl sagt Visual Basic: »Warnung! Der Benutzer hat langsam die Nase voll von diesem Programm. Wenn Microsoft es nicht bedienungsfreundlicher macht, wird der Benutzer alle Disketten löschen und als Untersetzer benutzen.«

c) Der Befehl weist jeden darauf hin, dass die Person, die diesen Befehl geschrieben hat, wahrscheinlich gute Gründe dafür hat, nicht anwesend zu sein, um den Befehl nicht interpretieren zu müssen.

d) Der Befehl warnt Sie davor, dass der Computer jeden Moment explodieren kann und Sie gut daran täten, Schutz zu suchen.

Daten eines Listenfelds abfragen

Der Benutzer kann in einem Listenfeld in Abhängigkeit von der Einstellung der Eigenschaft *MultiSelect* des Listenfelds ein oder mehrere Elemente wählen. Wenn die Eigenschaft *MultiSelect* den Wert *0* hat (= Standardwert) und der Benutzer ein Listenelement wählt, speichert Visual Basic das gewählte Element in der Eigenschaft *Text* des Listenfelds (siehe Abbildung 16.6).

Wenn der Benutzer z.B. das Element *Katzenfutter* in einem Listenfeld mit dem Namen *lstEinkaufsliste* wählt, entspricht dies dem folgenden BASIC-Code:

```
lstEinkaufsliste.Text = "Katzenfutter"
```

Wenn die Eigenschaft *MultiSelect* des Listenfelds auf den Wert *1* oder *2* gesetzt ist, kann der Benutzer zwei oder mehr Listenelemente in dem Listenfeld wählen, indem er mit der Maus mehrere Listenelemente markiert. Weil die Eigenschaft *Text* eines Listenfelds nur jeweils eine Zeichenkette speichern kann, ist es unmöglich, alle Listenelemente, die der Benutzer gewählt hat, in der Eigenschaft *Text* des Listenfelds zu speichern.

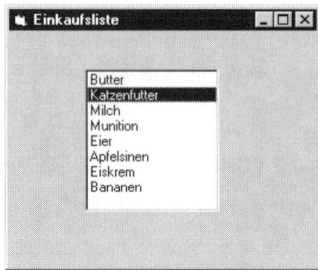

Abbildung 16.6: Die Eigenschaft Text *dieses Listenfelds enthält den Wert* Katzenfutter.

Um die Daten eines Listenfelds mit Mehrfachauswahl abzufragen, gehen Sie folgendermaßen vor:

1. **Erstellen Sie ein zweites Listenfeld, um die ausgewählten Listenelemente des ersten Listenfelds temporär zwischenzuspeichern.**

2. **Setzen Sie die Eigenschaft *Visible* des zweiten Listenfelds auf den Wert *False*, so dass das Listenfeld unsichtbar ist.**

3. **Kopieren Sie jedes Element, das der Benutzer in dem ersten Listenfeld wählt, in das zweite, unsichtbare Listenfeld (siehe Abbildung 16.7).**

Das unsichtbare Listenfeld enthält also nur die Elemente, die der Benutzer in dem ersten Listenfeld gewählt hat. Es speichert diese Elemente in seiner Eigenschaft *List*. Alle Listenelemente in einem Listenfeld haben eine Indexnummer. Das erste Element hat die Indexnummer *0*, das zweite Element die Indexnummer *1* usw. Damit Sie dieses Konzept besser verstehen, sollten Sie ein leeres Formular mit zwei Listenfeldern und einer Befehlsschaltfläche mit folgenden Eigenschaften erstellen:

 Wenn Sie die Werte nicht eintippen wollen, laden Sie das Programm LISTBOX-ES.VBP von der beiliegenden CD-ROM.

Objekt	Eigenschaft	Wert
Erstes Listenfeld	Name	lstChoose
	MultiSelect	1 - Simple
Zweites Listenfeld	Name	lstTemp
	Visible	True
Befehlsschaltfläche	Name	cmdStore
	Caption	Speichern

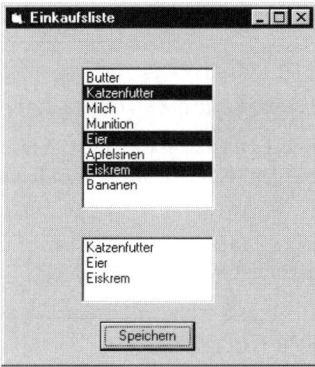

Abbildung 16.7: Mehrere Elemente mit einem zweiten (unsichtbaren) Listenfeld
aus einem Listenfeld herauslesen.

Weil die Eigenschaft *Visible* des zweiten Listenfelds normalerweise den Wert *False* hat, ist sie natürlich unsichtbar; und Sie können nicht sehen, was passiert. Um die Prozedur zu testen, sollten Sie deshalb die Eigenschaft *Visible* des zweiten Listenfelds auf den Wert *True* setzen, so dass sie sichtbar ist, und Sie sehen können, was passiert. Wenn Sie gelernt haben, wie die Technik funktioniert, ändern Sie die Eigenschaft *Visible* auf ihren normalen Wert *False*.

Die folgende Prozedur füllt das Listenfeld *lstChoose* mit Daten:

```
Private Sub Form_Load()
    lstChoose.AddItem "Butter"
    lstChoose.AddItem "Katzenfutter"
    lstChoose.AddItem "Milch"
    lstChoose.AddItem "Munition"
    lstChoose.AddItem "Eier"
    lstChoose.AddItem "Apfelsinen"
    lstChoose.AddItem "Eiskrem"
    lstChoose.AddItem "Bananen"
End Sub
```

Diese Daten werden dem Benutzer in dem Listenfeld *lstChoose* zur Auswahl präsentiert.

Eine Ereignisprozedur, welche die markierten Elemente im Listenfeld *lstChoose* abfragt und im Listenfeld *lstTemp* speichert, könnte etwa folgendermaßen aussehen:

```
Private Sub cmdStore_Click()
    Dim I
    lstTemp.Clear
    For I = 0 To lstChoose.ListCount - 1
        If lstChoose.Selected(I) Then
            lstTemp.AddItem lstChoose.List(I)
```

```
        End If
    Next I
End Sub
```

Und so verarbeitet Visual Basic diesen Code:

1. Die erste Zeile weist Visual Basic an: »Wenn der Benutzer auf die Befehlsschaltfläche mit dem Namen *cmdStore* klickt, führe die folgenden Befehle aus.«

2. Die zweite Zeile sagt: »Deklariere eine Variable mit dem Namen *I* und nimm an, dass sie den Datentyp *Variant* hat.«

3. Die dritte Zeile sagt: »Suche ein Listenfeld mit dem Namen *lstTemp* und lösche seinen Inhalt.«

4. Die vierte Zeile sagt: »Setze den Wert von *I* auf *0*. Erhöhe den Wert fortlaufend um *1*, bis der Wert von *I* der Anzahl der Listenelemente entspricht, die in dem Listenfeld *lstChoose* gespeichert sind.«

5. Die fünfte Zeile sagt: »Wenn der Benutzer ein Element in dem Listenfeld *lstChoose* gewählt hat, führe die Anweisungen in der sechsten Zeile aus.«

6. Die sechste Zeile sagt: »Kopiere das gewählte Listenelement des Listenfelds *lstChoose* in das Listenfeld mit dem Namen *lstTemp*.«

7. Die siebte Zeile sagt: »Dies ist das Ende der aktuellen Anweisungen.«

8. Die achte Zeile sagt: »Erhöhe den Wert von *I* um *1* und fange wieder bei Zeile fünf an.«

9. Die neunte Zeile sagt: »Dies ist das Ende der Anweisungen, die auszuführen sind, wenn der Benutzer auf die Befehlsschaltfläche *cmdStore* klickt.«

Diese Befehle kopieren alle gewählten Elemente aus dem einen Listenfeld in das zweite Listenfeld, das (normalerweise) unsichtbar ist.

Jedes Listenelement in einem Listenfeld wird durch eine Indexnummer identifiziert. Das obere Listenelement hat die Indexnummer *0*, das zweite Listenelement hat die Indexnummer *1* usw.

Um die Listenelemente im Listenfeld mit dem Namen *lstTemp* abzufragen, müssen Sie Indexnummern benutzen. Der folgende Befehl fragt das obere oder erste Listenelement des Listenfelds *lstTemp* ab:

```
lstTemp.List(0)
```

Der folgende Befehl fragt das zweite Listenelement des Listenfelds *lstTemp* ab:

```
lstTemp.List(1)
```

Jede Erhöhung der Indexnummer um eins fragt das jeweils folgende Listenelement ab.

Mathematische Grundlagen: arithmetische, logische und Vergleichsoperatoren

In diesem Kapitel

▷ Zahlen addieren, subtrahieren, multiplizieren und dividieren

▷ Mit den Operatoren *Not*, *And*, *Or* und *Xor* arbeiten

▷ Zahlen und Zeichenketten vergleichen

▷ Operatoren und der Vergleich von Zeichenketten

*N*achdem ein Programm Daten in Form von Zahlen oder Zeichenketten vom Benutzer er halten hat, muss es die Daten verarbeiten. Wenn Ihr Programm die Arbeitsweise eines vielbeschäftigten Beamten nachahmt, könnte es die Daten ganz einfach unter den Tisch fallen lassen und die Schuld daran von sich weisen. Aber die meisten Programme benutzen die Daten, die sie vom Benutzer erhalten haben, um irgendein Ergebnis zu berechnen.

Um aus den Daten ein Ergebnis zu berechnen, muss Ihr Programm die Daten in irgendeiner Form ändern oder umwandeln. Diese Änderung oder Operation erfordert eine besondere Art von Befehlen, die als *Operatoren* bezeichnet werden.

In Visual Basic gibt es die folgenden drei Arten von Operatoren:

✔ Arithmetische Operatoren

✔ Logische Operatoren

✔ Vergleichsoperatoren

Arithmetische Operatoren

Arithmetische Operatoren machen aus Ihrem 2000-Euro-Computer im Grunde einen 5-Euro-Taschenrechner. Mit diesen Operatoren können Sie Zahlen oder Variablen, die Zahlen repräsentieren, addieren, subtrahieren, multiplizieren oder dividieren. Tabelle 17.1 zeigt die arithmetischen Operatoren:

Operator	Funktion
+	Addiert zwei Zahlen
-	Subtrahiert zwei Zahlen
*	Multipliziert zwei Zahlen
/	Dividiert zwei Zahlen und gibt das Ergebnis als Dezimalzahl (Floating-Point-Zahl) zurück, z.B. 3,14 oder 16,2 oder 392,2398
\	Dividiert zwei Zahlen und gibt das Ergebnis als Ganzzahl zurück, z.B. 8 oder 16012 oder 25
Mod (oder modulo)	Dividiert zwei Zahlen und gibt den Rest der Division zurück
^	Potenziert eine Zahl
&	Addiert (verkettet) zwei Zeichenketten

Tabelle 17.1: Arithmetische Operatoren.

Zwei Zahlen mit dem Operator Plus (+) addieren

Um zwei Zahlen zu addieren, benutzen Sie den Operator _Plus_ (+) folgendermaßen:

```
X = 10
Y = 15.4
Summe = X + Y
```

Diese drei BASIC-Befehle funktionieren folgendermaßen:

1. Der erste Befehl sagt: »Erstelle eine Variable mit dem Namen _X_ und weise ihr den Wert _10_ zu.«

2. Der zweite Befehl sagt: »Erstelle eine Variable mit dem Namen _Y_ und weise ihr den Wert _15.4_ zu.«

3. Der dritte Befehl sagt: »Erstelle eine Variable mit dem Namen _Summe_ und weise ihr den Wert der Summe der Werte von _X_ und _Y_ zu.« In diesem Beispiel beträgt der Wert der Variablen _Summe_: 10 + 15.4 oder 25.4.

Zwei Zahlen mit dem Operator Minus (-) subtrahieren

Um zwei Zahlen zu subtrahieren, benutzen Sie den Operator _Minus_ (-) folgendermaßen:

```
Einkommen = 2000
Steuern = 1500
Realeinkommen = Einkommen - Steuern
```

Diese drei BASIC-Befehle funktionieren folgendermaßen:

1. Der erste Befehl sagt: »Erstelle eine Variable mit dem Namen _Einkommen_ und weise ihr den Wert _2000_ zu.«

2. Der zweite Befehl sagt: »Erstelle eine Variable mit dem Namen *Steuern* und weise ihr den Wert *1500* zu.«

3. Der dritte Befehl sagt: »Erstelle eine Variable mit dem Namen *Realeinkommen* und weise ihr den Wert der Differenz der Werte von *Einkommen* und *Steuern* zu.« In diesem Beispiel beträgt der Wert der Variablen *Realeinkommen*: 2000 - 1500 oder 500.

Eine Zahl mit dem Operator Minus (-) umkehren

Für sich allein eingesetzt, kehrt der Operator *Minus* (-) den Wert einer Zahl um, d.h., er macht aus einer positiven Zahl eine negative und umgekehrt. Um den Wert einer Zahl oder Variablen umzukehren, setzen Sie den Operator *Minus* (-)folgendermaßen vor die Zahl oder Variable:

```
Betrag = 250
Saldo = -Betrag
```

Diese zwei BASIC-Befehle funktionieren folgendermaßen:

1. Der erste Befehl sagt: »Erstelle eine Variable mit dem Namen *Betrag* und weise ihr den Wert *250* zu.«

2. Der zweite Befehl sagt: »Erstelle eine Variable mit dem Namen *Saldo* und weise ihr den negativen Wert der Variablen *Betrag* zu.« In diesem Beispiel beträgt der Wert der Variablen *Saldo*: -250.

Zwei Zahlen mit dem Operator (*) multiplizieren

Um zwei Zahlen zu multiplizieren, benutzen Sie den Operator * folgendermaßen:

```
Stunden = 25
Stundenlohn = 12.75
Gehalt = Stunden * Stundenlohn
```

Diese drei BASIC-Befehle funktionieren folgendermaßen:

1. Der erste Befehl sagt: »Erstelle eine Variable mit dem Namen *Stunden* und weise ihr den Wert *25* zu.«

2. Der zweite Befehl sagt: »Erstelle eine Variable mit dem Namen *Stundenlohn* und weise ihr den Wert *12.75* zu.«

3. Der dritte Befehl sagt: »Erstelle eine Variable mit dem Namen *Gehalt* und weise ihr den Wert des Produktes der Werte von *Stunden* und *Stundenlohn* zu.« In diesem Beispiel beträgt der Wert der Variablen *Gehalt*: 25 * 12.75 oder 318.75.

Zwei Zahlen mit dem Operator (/) teilen

Um zwei Zahlen zu dividieren und das Ergebnis als Dezimalzahl (Floating-Point-Zahl) darzustellen, benutzen Sie den Operator / (nach vorne geneigter Schrägstrich) folgendermaßen:

```
GewonneneSpiele = 104
GesamteSpiele = 162
GewinnAnteil = GewonneneSpiele / GesamteSpiele
```

Diese drei BASIC-Befehle funktionieren folgendermaßen:

1. Der erste Befehl sagt: »Erstelle eine Variable mit dem Namen _Gewonnene-Spiele_ und weise ihr den Wert _104_ zu.«

2. Der zweite Befehl sagt: »Erstelle eine Variable mit dem Namen _GesamteSpiele_ und weise ihr den Wert _162_ zu.«

3. Der dritte Befehl sagt: »Erstelle eine Variable mit dem Namen _GewinnAnteil_ und weise ihr den Wert der Division der Werte von _GewonneneSpiele_ und _GesamteSpiele_ zu.« In diesem Beispiel beträgt der Wert der Variablen _Gewinn-Anteil_: 104 / 162 oder 0.6419753.

Zwei Zahlen mit dem Operator (\) teilen

Um zwei Zahlen zu dividieren und das Ergebnis als Ganzzahl (Integer) darzustellen, benutzen Sie den \-Operator (nach hinten geneigter Schrägstrich oder _Backslash_) folgendermaßen:

```
KistenKapazität = 72
Flaschen_in_Kisten = 1900
GefüllteKisten = Flaschen_in_Kisten \ KistenKapazität
```

Diese drei BASIC-Befehle funktionieren folgendermaßen:

1. Der erste Befehl sagt: »Erstelle eine Variable mit dem Namen _KistenKapazität_ und weise ihr den Wert _72_ zu.«

2. Der zweite Befehl sagt: »Erstelle eine Variable mit dem Namen _Flaschen_in_Kisten_ und weise ihr den Wert _1900_ zu.«

3. Der dritte Befehl sagt: »Erstelle eine Variable mit dem Namen _GefüllteKisten_ und weise ihr den ganzzahligen Wert der Division der Werte von _Flaschen_in_Kisten_ und _KistenKapazität_ zu.« In diesem Beispiel beträgt der Wert der Variablen _GefüllteKisten_: 1900 \ 72 oder 26.

Die Division zweier Zahlen ergibt oft eine Dezimalzahl (Floating-Point-Zahl). Wie rundet Visual Basic die Zahlen auf oder ab, um ein ganzzahliges Ergebnis zu erzeugen? Betrachten Sie folgendes Beispiel:

```
Operand1 = 2.5
Operand2 = 1.5
Ergebnis = Operand1 \ Operand2
```

Ehe Visual Basic die Division mit dem Operator \ ausführt, rundet es die Operanden auf ganze Zahlen auf oder ab. In diesem Beispiel wird der *Operand1* auf *3* und der *Operand2* auf *2* aufgerundet. Deshalb ergibt die Division *3 \ 2* die Dezimalzahl *1.5*. Weil der Operator \ den ganzzahligen Anteil der Division zurückgibt, lautet das *Ergebnis 1*.

Mit mod (modulo) teilen

Um zwei Zahlen zu dividieren und den Rest der Division darzustellen, benutzen Sie den Operator *Mod* folgendermaßen:

```
KistenKapazität = 72
Flaschen_in_Kisten = 1900
ÜberzähligeFlaschen = Flaschen_in_Kisten Mod KistenKapazität
```

Diese drei BASIC-Befehle funktionieren folgendermaßen:

1. Der erste Befehl sagt: »Erstelle eine Variable mit dem Namen *KistenKapazität* und weise ihr den Wert *72* zu.«

2. Der zweite Befehl sagt: »Erstelle eine Variable mit dem Namen *Flaschen_in_ Kisten* und weise ihr den Wert *1900* zu.«

3. Der dritte Befehl sagt: »Erstelle eine Variable mit dem Namen *Überzählige-Flaschen* und weise ihr den Rest der Division der Werte von *Flaschen_in_Kisten* und *KistenKapazität* zu.« In diesem Beispiel beträgt der Wert der Variablen *ÜberzähligeFlaschen*: 1900 Mod 72 oder 28.

Eine Potenz mit dem Operator (^) berechnen

Potenz ist ein mathematischer Fachausdruck, mit dem die Anweisung gegeben wird, eine Zahl eine bestimmte Anzahl von Malen mit sich selbst zu multiplizieren. Z.B. wird die Anweisung, die Zahl 2 viermal mit sich selbst zu multiplizieren, mathematisch folgendermaßen ausgedrückt: 2^4 oder 2 * 2 * 2 * 2.

Weil Sie in Visual Basic den Ausdruck 2^4 nicht eingeben können und der Ausdruck 2 * 2 * 2 * 2 etwas umständlich ist, gibt es in Visual Basic den Operator ^, um Potenzen darzustellen. Der Operator ^ wird folgendermaßen verwendet:

```
2 ^ 4
```

Zwei Zeichenketten mit dem Operator (&) addieren (verketten)

Beim Addieren oder Verketten zweier Zeichenketten werden diese zu einer Zeichenkette verbunden. Um zwei Zeichenketten zu verketten, benutzen Sie den Operator & folgendermaßen:

```
Vorname = "Hans "
Nachname = "Schmitz"
VollerName = Vorname & Nachname
```

 Wenn Sie Zeichenketten verketten, berücksichtigen Sie immer das Leerzeichen zwischen den Zeichenketten; andfalls hängt Visual Basic die Zeichenketten einfach aneinander, wie beispielsweise *"HansSchmitz"*.

 Diese drei BASIC-Befehle funktionieren folgendermaßen:

1. Der erste Befehl sagt: »Erstelle eine Variable mit dem Namen *Vorname* und weise ihr den Wert *"Hans "* zu.« (Achten Sie auf das Leerzeichen am Ende.)

2. Der zweite Befehl sagt: »Erstelle eine Variable mit dem Namen *Nachname* und weise ihr den Wert *"Schmitz"* zu.«

3. Der dritte Befehl sagt: »Erstelle eine Variable mit dem Namen *VollerName* und weise ihr die verketteten Werte von *Vorname* und *Nachname* zu.« In diesem Beispiel beträgt der Wert der Variablen *VollerName*: *"Hans " & "Schmitz"* oder *"Hans Schmitz"*.

 Statt mit dem Operator & können Sie Zeichenketten auch mit dem Operator + verketten. Sie sollten jedoch das Ampersand-Zeichen (&) vorziehen, weil das Pluszeichen auch für arithmetische Operationen verwendet wird. Das Ampersand-Zeichen (&) erhöht die Lesbarkeit Ihres Codes.

Logische Operatoren

Logische Operatoren manipulieren Werte, die *True* (= *Wahr*) oder *False* (= *Falsch*) sein können. Visual Basic repräsentiert den Wert *True* (= *Wahr*) durch *-1* und den Wert *False* (= *Falsch*) durch *0*. Tabelle 17.2 zeigt die logischen Operatoren:

Operator	Anwendung
And	Variable1 And Variable2
Or	Variable1 Or Variable2
Xor	Variable1 Xor Variable2
Not	Not Variable

Tabelle 17.2: Logische Operatoren.

Den Operator *Not* benutzen

Der Operator *Not* ändert den Wert einer Variablen mit dem Wert *True* auf *False* und den Wert einer Variablen mit dem Wert *False* auf *True*. Beispiel:

Variable	Wert
Noch_ein_Computerbuch	True
Not Noch_ein_Computerbuch	False

 Um ihren Code leichter lesbar zu machen, arbeiten viele Programmierer mit Klammern. Mit Klammern sieht das vorhergehende Beispiel folgendermaßen aus:

```
Not (Noch_ein_Computerbuch)
```

Den Operator *And* benutzen

Der Operator *And* berechnet aus den Wahrheitswerten (= *True* oder *False*) zweier einzelner Variablen einen neuen Wahrheitswert (= *True* oder *False*). Damit kann Ihr Programm Entscheidungen treffen. Beispiel:

```
KatzeStreicheln = KatzeIstAnwesend And KatzeIstBrav
```

Wann ist die Variable *KatzeStreicheln True* oder *False*? Die Antwort hängt von den Wahrheitswerten (= *True* oder *False*) der Variablen *KatzeIstAnwesend* und *KatzeIstBrav* ab:

KatzeStreicheln	KatzeIstAnwesend	KatzeIstBrav
True	True	True
False	True	False
False	False	True
False	False	False

 Der Operator *And* gibt den Wert *True* nur zurück, wenn beide Variablen *KatzeIstAnwesend* und *KatzeIstBrav* den Wert *True* haben.

Den Operator *Or* benutzen

Der Operator *Or* berechnet aus den Wahrheitswerten (= *True* oder *False*) zweier einzelner Variablen einen neuen Wahrheitswert (= *True* oder *False*). Damit kann Ihr Programm Entscheidungen treffen. Beispiel:

```
ZuHauseBleiben = TVFußballSpiel Or SchlechtesWetter
```

Wann ist die Variable _ZuHauseBleiben True_ oder _False_? Die Antwort hängt von den Wahrheitswerten (= _True_ oder _False_) der Variablen _TVFussballSpiel_ und _SchlechtesWetter_ ab:

ZuHauseBleiben	TVFußballSpiel	SchlechtesWetter
True	True	True
True	True	False
True	False	True
False	False	False

Der Operator _Or_ gibt den Wert _True_ zurück, wenn mindestens eine der beiden Variablen _TVFussballSpiel_ und _SchlechtesWetter_ den Wert _True_ hat.

Den Operator Xor benutzen

Der Operator _Xor_ berechnet aus den Wahrheitswerten (= _True_ oder _False_) zweier einzelner Variablen einen neuen Wahrheitswert (= _True_ oder _False_). Damit kann Ihr Programm Entscheidungen treffen. Beispiel:

```
ÜberChefSchimpfen = ChefIstAnwesend Xor AmArbeitsplatz
```

Wann ist die Variable _ÜberChefSchimpfen True_ oder _False_? Die Antwort hängt von den Wahrheitswerten (= _True_ oder _False_) der Variablen _ChefIstAnwesend_ und _AmArbeitsplatz_ ab:

ÜberChefSchimpfen	ChefIstAnwesend	AmArbeitsplatz
False	True	True
True	True	False
True	False	True
False	False	False

Der Operator _Xor_ gibt den Wert _True_ zurück, wenn die beiden Variablen _ChefIstAnwesend_ und _AmArbeitsplatz_ unterschiedliche Werte haben. Er gibt den Wert _False_ zurück, wenn beide Variablen den gleichen Wert haben.

Vergleichsoperatoren

Vergleichsoperatoren vergleichen zwei Zahlen oder Zeichenketten miteinander, um festzustellen, ob die eine gleich, ungleich, größer oder kleiner als die andere ist. Tabelle 17.3 zeigt die arithmetischen Vergleichsoperatoren:

Operator	Anwendung
<	Kleiner als
<=	Kleiner als oder gleich
>	Größer als
>=	Größer als oder gleich
=	Gleich
<>	Ungleich

Tabelle 17.3: Vergleichsoperatoren

Zahlen und Zeichenketten vergleichen

Das folgende Beispiel zeigt, wie ein Vergleichsoperator die Werte zweier numerischer Variablen vergleicht, um den Wert *True* oder *False* zurückzugeben:

```
Alter = 18
MindestAlter = 21
Zugelassen = (Alter >= MindestAlter)
```

Diese drei BASIC-Befehle funktionieren folgendermaßen:

1. Der erste Befehl sagt: »Erstelle eine Variable mit dem Namen *Alter* und weise ihr den Wert *18* zu.«

2. Der zweite Befehl sagt: »Erstelle eine Variable mit dem Namen *MindestAlter* und weise ihr den Wert *21* zu.«

3. Der dritte Befehl sagt: »Vergleiche die Variablen *Alter* und *MindestAlter*. Wenn der Wert der Variablen *Alter* größer als der oder gleich dem Wert der Variablen *MindestAlter* ist, weise der Variablen *Zugelassen* den Wert -1 (= *True* = *Wahr*) zu, sonst weise ihr den Wert 0 (= *False* = *Falsch*) zu.« Da in diesem Beispiel der Wert der Variablen *Alter* kleiner als der Wert der Variablen *MindestAlter* ist, erhält die Variable *Zugelassen* den Wert *False*.

Der Vergleich von Zahlenwerten ist recht einfach. Der Vergleich von Zeichenketten ist etwas komplizierter. Wenn Visual Basic Zeichenketten vergleicht, berechnet es die so genannten ANSI-Werte der Zeichen, aus denen die Zeichenketten bestehen, und vergleicht diese ANSI-Werte.

Der ANSI-Zeichensatz

Auf der untersten Ebene verstehen ➤ Computer nur zwei Zahlen: Null und Eins. Man kann alle Zahlen als eine Folge von Nullen und Einsen darstellen. Zahlen, die in dieser Form dargestellt werden, heißen *Binärzahlen*.

Leider verstehen Computer keine Buchstaben oder Satzzeichen (Kommas, Punkte, Ausrufezeichen usw.). Sie repräsentieren deshalb solche Zeichen als Zahlen. So repräsentiert z.B. die Zahl *97* im Computer den Buchstaben *a*, die Zahl *65* repräsentiert den Buchstaben *A*, und die Zahl *33* repräsentiert ein Ausrufezeichen *!*.

Damit alle Computer dieselben Zahlen zum Repräsentieren derselben Buchstaben und Satzzeichen benutzen, hat das American National Standards Institut (ANSI) die Zuordnung standardisiert und den so genannten ANSI-Zeichensatz definiert, der festlegt, welche Zahl für welchen Buchstaben oder welches Satzzeichen steht.

Zeichenketten mit den Operatoren = und <> ergleichen

Zwei Zeichenketten sind nur dann gleich, wenn sie absolut identisch sind. Wie Sie in dem folgenden Beispiel sehen können, berechnet der Operator = den Wert *False*, wenn die verglichenen Zeichenketten nicht wie *"a" = "a"* identisch sind :

Operation	Ergebnis der Operation
"a" = "a"	*True*
"a" = "A"	*False*
"a" = "aa"	*False*

Im folgenden Beispiel können Sie dagegen sehen, dass der Operator <> immer den Wert *True* berechnet, wenn die verglichenen Zeichenketten nicht identisch sind:

Operation	Ergebnis der Operation
"a" <> "A"	*True*
"Abott" <> "Abott"	*False*

Beim Vergleich von Zeichenketten unterscheidet Visual Basic zwischen Groß- und Kleinbuchstaben.

Zeichenketten mit den Operatoren >, >=, < und <= vergleichen

Wenn Visual Basic zwei Zeichenketten vergleicht, berechnet es den ANSI-Zeichencode jedes Zeichens in den beiden Zeichenketten. Dann vergleicht es die Zeichenketten – beginnend mit dem ersten Zeichen – Zeichen für Zeichen. Die Zeichenkette mit dem höheren ANSI-Zeichencode gilt als größer.

So hat z.B. der Buchstabe *A* den ANSI-Zeichencode *65* und der Buchstabe *a* den ANSI-Zeichencode *97*. Betrachten Sie folgenden Vergleich:

```
Flag = ("Air" < "aardvark")
```

Weil der erste Buchstabe in *"Air"* eine kleinere Codenummer als der erste Buchstabe in *"aardvark"* hat, ist für Visual Basic der Wert von *"Air"* kleiner als der Wert von *"aardvark"*; und deshalb erhält die Variable *Flag* den Wert *True*.

Betrachten Sie jetzt folgenden Vergleich:

```
Flag = ("air" < "aardvark")
```

Hier erhält die Variable *Flag* den Wert *False*. Wie entscheidet Visual Basic, ob *"air"* kleiner ist als *"aardvark"*? Zunächst ermittelt Visual Basic den ANSI-Zeichencode des ersten Buchstabens in den beiden Zeichenketten. Weil die beiden Buchstaben gleich sind, vergleicht Visual Basic den zweiten Buchstaben. Weil *"i"* einen größeren ANSI-Zeichencode hat als *"a"*, ist *"air"* größer als *"aardvark"*; und deshalb hat die Variable *Flag* den Wert *False*.

Betrachten Sie schließlich folgenden Vergleich:

```
Flag = ("air" < "airplane")
```

In diesem Beispiel erhält die Variable *Flag* den Wert *True*. Die ersten drei Buchstaben der beiden Zeichenketten sind identisch, aber der vierte Buchstabe ist es nicht. Weil *"air"* im Gegensatz zu *"airplane"* keinen vierten Buchstaben hat, ist *"airplane"* größer als *"air"*; und deshalb hat die Variable *Flag* den Wert *True*.

Testen Sie Ihr neu erworbenes Wissen

1. **Was ist der Unterschied zwischen dem Operator / und dem Operator \?**

   a) Der eine Operator ist schräg nach vorne gerichtet, der andere schräg nach hinten. Sonst sehen beide wie Tippfehler aus.

   b) Der Operator / teilt zwei Zahlen und der Operator \ fügt sie wieder zusammen.

   c) Der Operator / berechnet eine Dezimalzahl (Floating-Point-Zahl) wie z.B. 3,54; und der Operator \ berechnet eine Ganzzahl wie z.B. 5 oder 34.

   d) Der Operator / funktioniert überhaupt nicht, so dass man stattdessen den Operator \ benutzen muss.

2. **Ist der folgende Befehl *True* oder *False*?**

   "aeroplane" < "airplane"

   a) *False*, weil ich nicht weiß, was richtig ist, aber die Antwort *a* lange nicht mehr vorgekommen ist.

b) *True*, weil der zweite Buchstabe in *aeroplane* kleiner ist als der zweite Buchstabe in *airplane*.

c) *True* und *False*, weil ich meine Einsätze absichern will.

d) Die Bezeichnung *aeroplane* ist eine altmodische Form der Bezeichnung *airplane*. Deshalb sind beide genau gleich.

Vorrang

Bei den vielen Operatoren in Visual Basic fragen Sie sich vielleicht, was passiert, wenn mehrere Operatoren wie in dem folgenden Beispiel zusammen auftreten:

```
Chaos = 4 / 7 + 9 * 2
```

Wie Sie sicher richtig geraten haben, beträgt der Wert der Variablen *Chaos* 18,57143 – meinen Glückwunsch! Aber wie geht Visual Basic damit um? Visual Basic berechnet zuerst die Operatoren, die eine höhere Priorität oder den *Vorrang* haben.

Nicht alle Operatoren sind gleich. Einige haben Vorrang vor den anderen und werden deshalb zuerst abgefertigt. Tabelle 17.4 zeigt die Reihenfolge, in der Visual Basic die verschiedenen Operatoren abarbeitet. Je weiter oben ein Operator in der Tabelle 17.4 steht, desto höher ist sein Vorrang. So hat z.B. der *Gleichheits*-Operator (=) Vorrang vor dem *Kleiner-Als*-Operator (<).

Operator	Art des Operators
Potenz (^)	Arithmetisch
Negation (-)	Arithmetisch
Multiplikation und Division (* und /)	Arithmetisch
Ganzzahlige Division (\)	Arithmetisch
Modulo (mod)	Arithmetisch
Addition und Subtraktion (+ und -)	Arithmetisch
Zeichenketten-Verkettung (&)	Arithmetisch
Gleichheit (=)	Vergleich
Ungleichheit (<>)	Vergleich
Kleiner als (<)	Vergleich
Größer als (>)	Vergleich
Kleiner als oder gleich (<=)	Arithmetisch
Größer als oder gleich (>=)	Vergleich
Like	Vergleich
Is	Vergleich
Not	Logisch

Operator	Art des Operators
And	Logisch
Or	Logisch
Xor	Logisch
Eqv	Logisch
Imp	Logisch

Denken Sie zurück an das vorgenannte Beispiel. Wie berechnet Visual Basic den Wert der Variablen *Chaos* in der folgenden Gleichung?

```
Chaos = 4 / 7 + 9 * 2
```

 Damit Sie besser verstehen, wie Visual Basic das Ergebnis berechnet, hier die Schritte im einzelnen:

1. Multiplikation und Division haben Vorrang vor der Addition. Deshalb bearbeitet Visual Basic erst die Operatoren zur Multiplikation und Division.

2. Weil Multiplikation und Division gleichrangig sind, beginnt Visual Basic mit dem Operator, der am weitesten links steht. Deshalb berechnet Visual Basic den Wert von *4 / 7* und erhält als Ergebnis *0.57143*. Das vereinfacht die Gleichung folgendermaßen:

   *Chaos = 0.57143 + 9 * 2*

3. Visual Basic sieht jetzt, dass der *Multiplikations*-Operator Vorrang vor dem *Additions*-Operator hat. Deshalb berechnet Visual Basic den Wert *9 * 2* und erhält als Ergebnis *18*. Das vereinfacht die Gleichung weiter:

   Chaos = 0.57143 + 18

Die Addition ergibt den endgültigen Wert von *Chaos*, nämlich *18.57143*.

Was können Sie tun, wenn Sie erst die beiden Zahlen addieren und dann erst eine Multiplikation oder Division ausführen wollen? Die Antwort lautet: Sie müssen die Teiloperation, die Sie zuerst ausführen wollen, in Klammern setzen. Sie können Klammern auch dazu benutzen, Ihren Code leichter lesbar und verständlicher zu machen. Unser Beispiel sieht mit Klammern folgendermaßen aus:

```
Chaos = 4 / (7 + 9) * 2
```

 Visual Basic berechnet diesen Ausdruck in folgenden Schritten:

1. Die Klammern weisen Visual Basic an, die Addition zuerst auszuführen. Dies vereinfacht die Gleichung folgendermaßen:

   *Chaos = 4 / 16 * 2*

2. Weil Multiplikation und Division gleichrangig sind, beginnt Visual Basic mit dem Operator, der am weitesten links steht. Deshalb berechnet Visual Basic den Wert von *4 / 16* und erhält als Ergebnis *0.25*. Das vereinfacht die Gleichung folgendermaßen:

   *Chaos = 0.25 * 2*

3. Die Multiplikation ergibt den endgültigen Wert von *Chaos*, nämlich *0.5*.

Wenn Sie zwei oder mehr Operatoren verwenden, benutzen Sie Klammern, um die korrekte Reihenfolge der Berechnung sicherzustellen. Verwenden Sie Klammern auch dann, wenn Sie dadurch den Code leichter lesbar und verständlicher machen können.

Um Ihnen zu helfen, den Vorrang besser zu verstehen, enthält die beiliegende CD-ROM ein Programm, das zeigt, wie Visual Basic mit und ohne Klammern rechnet.

Zeichenketten manipulieren

18

In diesem Kapitel

▶ Die Groß- und Kleinschreibung in einer Zeichenkette ändern

▶ Teile von Zeichenketten suchen und ersetzen

▶ Zahlen in Zeichenketten und Zeichenketten in Zahlen umwandeln

▶ Zeichenketten in ASCII-Werte umwandeln

*A*ußer Zahlen können Sie mit einem Programm auch Zeichenketten manipulieren. Als Zeichenkette wird jede Folge von Buchstaben, Ziffern und anderen Zeichen bezeichnet, die ein Programm wörtlich behandeln soll.

So interpretieren Computer z.B. Telefonnummern oder Versicherungsnummern blind als mathematische Ausdrücke. Ein typischer Computer würde die Telefonnummer 221-4567 als Ausdruck folgendermaßen interpretieren:»Subtrahiere 4567 von der Zahl 221.«

Um einem Programm mitzuteilen, dass es Zeichenketten wörtlich interpretieren soll, müssen Sie die Zeichenketten in Anführungszeichen setzen, "so wie diese Wörter". Wenn Sie z.B. die Zeichenkette 221-4567 einer Variablen zuweisen wollen, müssen Sie die Zeichenkette folgendermaßen in Anführungszeichen setzen:

```
Private Sub Count()
   Telefon = "221-4567"
End Sub
```

 Wenn Sie die Anführungszeichen vergessen, behandelt Visual Basic die Zeichenkette als Subtraktionsbefehl.

Visual Basic stellt eine Reihe verschiedener Befehle zur Verfügung, um Zeichenketten zu manipulieren.

Zeichenketten manipulieren

Sie können Zeichenketten nicht nur in ihrer ursprünglichen Form verwenden, sondern können sie auf viele verschiedene Arten ändern. Sie können die Groß- und Kleinschreibung einer Zeichenkette ändern, Teile einer Zeichenkette suchen und durch eine andere Zeichenkette ersetzen oder eine Zeichenkette verkürzen, indem Sie Leerzeichen am Ende der Zeichenkette entfernen.

Die Länge einer Zeichenkette berechnen

Die Länge einer Zeichenkette ist definiert als die Anzahl der Zeichen, aus der sie besteht. Dabei werden Leerzeichen mitgezählt. Die Länge einer Zeichenkette wird mit dem folgenden BASIC-Befehl ermittelt:

```
VariableName = Len("Zeichenkette")
```

Beispiel:

```
Private Sub Form_Click()
    Dim Name As String
    Dim NamensLänge As Integer
    Name = "Kater Fritz"
    NamensLänge = Len(Name)
End Sub
```

In diesem Fall ist die Zeichenkette *"Kater Fritz"* 11 Zeichen lang. Deshalb wird dieser Wert der Variablen *NamensLänge* zugewiesen.

Großbuchstaben in Kleinbuchstaben umwandeln

Mit dem folgenden BASIC-Befehl können Sie alle Buchstaben in einer Zeichenkette in Kleinbuchstaben umwandeln:

```
LCase("Zeichenkette")
```

Beispiel:

```
Private Sub Form_Click()
    Dim Name, KleinBuchstaben As String
    Name = "SIEHT DAS NICHT AUFDRINGLICH AUS?"
    KleinBuchstaben = LCase(Name)
End Sub
```

In diesem Fall erhält die Variable *KleinBuchstaben* den Wert:

```
sieht das nicht aufdringlich aus?
```

Beachten Sie, dass der Befehl *LCase* nur Buchstaben betrifft. (Übrigens, wie stellen *Sie* ein Fragezeichen in Kleinbuchstaben dar?)

Mit dem folgenden BASIC-Befehl können Sie alle Buchstaben in einer Zeichenkette in Großbuchstaben umwandeln:

```
UCase("Zeichenkette")
```

Beispiel:

```
Private Sub Form_Click()
    Dim Name, GroßBuchstaben As String
    Name = "flüstere, wenn du sprichst"
    GroßBuchstaben = UCase(Name)
End Sub
```

In diesem Fall erhält die Variable *GroßBuchstaben* den Wert:

```
FLÜSTERE, WENN DU SPRICHST
```

Zeichenketten umkehren

Der neueste Befehl zur Stringmanipulation kehrt die Reihenfolge der Buchstaben in einer Zeichenkette um. Damit können Sie beispielsweise so genannte *Palindrome* (Ausdrücke, die vorwärts und rückwärts gelesen die gleiche Bedeutung haben) leichter untersuchen. Mit dem folgenden BASIC-Befehl können Sie eine Zeichenkette umkehren:

```
StrReverse("Zeichenkette")
```

Beispiel:

```
Private Sub Form_Click()
    Dim Ausdruck As String
    Ausdruck = "Reittier"
    Ausdruck = StrReverse(Ausdruck)
End Sub
```

In diesem Fall erhält die Variable *Ausdruck* den Wert *reittieR*.

Zeichen aus einer Zeichenkette ausschneiden

Manchmal enthält eine Zeichenkette mehr Informationen, als Sie brauchen. So könnte z.B. der ganze Name einer Person in einer Variablen mit dem Namen *GanzerName* gespeichert sein. Beispiel:

```
GanzerName = "Hans Schmitz"
```

Mit dem folgenden BASIC-Befehl können Sie die ersten N Zeichen vom Anfang (= von links) der Zeichenkette an aus der Zeichenkette herausschneiden:

```
Left(GanzerName, N)
```

Dieser Befehl weist Visual Basic an: »Nimm die Variable *GanzerName* und schneide von links beginnend N Zeichen heraus.«

Beispiel:

```
Private Sub Form_Click()
    Dim GanzerName, Vorname As String
    GanzerName = "Hans Schmitz"
    Vorname = Left(GanzerName, 4)
End Sub
```

In diesem Fall erhält die Variable _Vorname_ den Wert _Hans_.

Mit dem folgenden BASIC-Befehl können Sie die ersten N Zeichen vom Ende (= von rechts) der Zeichenkette an aus der Zeichenkette herausschneiden:

```
Right(GanzerName, N)
```

Dieser Befehl weist Visual Basic an: »Nimm die Variable _GanzerName_ und schneide von rechts beginnend N Zeichen heraus.«

Beispiel:

```
Private Sub Form_Click()
    Dim GanzerName, Nachname As String
    GanzerName = "Hans Schmitz"
    Nachname = Right(GanzerName, 7)
End Sub
```

In diesem Fall erhält die Variable _Nachname_ den Wert _Schmitz_.

Mit dem folgenden BASIC-Befehl können Sie Zeichen aus einer Zeichenkette herausschneiden:

```
Mid(GanzerName, X, Y)
```

Dieser Befehl weist Visual Basic an: »Nimm die Variable _GanzerName_ und schneide an der Stelle X beginnend Y Zeichen heraus.«

Beispiel:

```
Private Sub Form_Click()
    Dim GanzerName, Teilstück As String
    GanzerName = "Hans Schmitz"
    Teilstück = Mid(GanzerName, 6, 3)
End Sub
```

In diesem Fall erhält die Variable _Teilstück_ den Wert _Sch_.

Eine Zeichenkette in einer anderen Zeichenkette suchen

Wenn eine Zeichenkette in eine andere Zeichenkette eingebettet ist, können Sie ihre Position mit dem folgenden BASIC-Befehl ermitteln:

```
InStr(ZielZeichenkette, GesuchteZeichenkette)
```

Der Befehl gibt eine Zahl zurück, die von links gezählt die genaue Position angibt, an der die *GesuchteZeichenkette* in der *ZielZeichenkette* beginnt. Beispiel:

```
Private Sub Form_Click()
    Dim GanzerName As String
    Dim Position As Integer
    GanzerName = "Hans Rolf Schmitz"
    Position = InStr(GanzerName, "Rolf")
End Sub
```

In diesem Fall erhält die Variable *Position* den Wert *6*.

Wenn die Zeichenkette, die Sie suchen, nicht in der *ZielZeichenkette* vorkommt, gibt der Befehl *InStr* den Wert 0 zurück.

Wenn Sie eine Zeichenkette in einer anderen Zeichenkette suchen, müssen Sie die Groß- und Kleinschreibung genau beachten. So gibt z.B. der folgende Befehl den Wert *0* zurück:

```
InStr("Hans Rolf Schmitz", "ROLF")
```

In diesem Fall ist "*Rolf*" nicht dieselbe Zeichenkette wie "*ROLF*"; deshalb gibt der Befehl *InStr* den Wert *0* zurück. Die Rückgabe einer Null ist Visual Basics Art und Weise zu sagen: »Es tut mir leid, aber ich kann Ihre Zeichenkette nirgends finden.«

Einen Teil einer Zeichenkette durch eine andere Zeichenkette ersetzen

Falls Sie den kreativen Drang verspüren, Ihr eigenes Textverarbeitungsprogramm in Visual Basic zu schreiben (mit kompletter Suchen-und-Ersetzen-Funktion), können Sie dafür den folgenden BASIC-Befehl verwenden:

```
Mid(ZielZeichenkette, Position) = NeueZeichenkette
```

Der Befehl weist Visual Basic an: »Gehe in der Zeichenkette mit dem Namen *ZielZeichenkette* an die Position von links, die durch den Wert des Parameters *Position* angegeben wird, und füge dort die Zeichenkette mit dem Namen *NeueZeichenkette* ein.«

Natürlich müssen Sie aufpassen, wenn Sie eine neue Zeichenkette in eine vorhandene Zeichenkette einfügen. Betrachten Sie z.B. den folgenden Code:

```
GanzerName = "Hans Rolf Schmitz"
Mid(GanzerName, 6) = "Vanille"
```

Visual Basic interpretiert diesen Code folgendermaßen:

Zunächst weist Visual Basic die Zeichenkette "*Hans Rolf Schmitz*" einer Variablen mit dem Namen *GanzerName* zu.

Dann betrachtet Visual Basic die Zeichenkette "_Hans Rolf Schmitz_", geht zum sechsten Buchstaben von links und fügt dort die Zeichenkette "_Vanille_" ein. Und das sieht dann so aus:

```
Hans Rolf Schmitz    (Ursprüngliche Zeichenkette)
     ^               (Sechstes Zeichen von links)
Hans Vanillehmitz    (Neue Zeichenkette)
```

Wenn Sie Visual Basic anweisen, einen Teil einer Zeichenkette durch eine andere Zeichenkette zu ersetzen, macht es das gründlich und löscht alles aus, was der neuen Zeichenkette im Wege steht.

Testen Sie Ihr neu erworbenes Wissen

1. **Wie sagen Sie Ihrem Programm, dass es Zeichenketten wörtlich behandeln soll?**

   a) Sagen Sie einfach: »Das ist kein Spaß, mein Schatz!«

   b) Fügen Sie das Wort _WörtlichBehandeln_ in die Befehlszeile ein, in der die Zeichenkette steht.

   c) Schließen Sie die Zeichenkette in Anführungszeichen ein.

   d) Sprechen Sie klar und deutlich, so dass es keine Mißverständnisse gibt.

2. **Was bewirkt die folgende Code-Zeile?**

   ```
   Gefunden = InStr("ZielString", "GesuchterString")
   ```

   a) Sie zeigt eine Liste der zehn meistgesuchten Kriminellen an, die auch im Postamt ausgehängt ist.

   b) Diese Code-Zeile zeigt das Zielscheibensymbol, um Ihnen zu zeigen, wohin Sie schießen müssen, wenn Sie frustriert sind.

   c) Sie gibt eine Zahl zurück, die in der Variablen mit dem Namen _Gefunden_ gespeichert wird und die die genaue Position der Zeichenkette "_GesuchterString_" in der Zeichenkette "_ZielString_" angibt.

   d) Alle obenstehenden Antworten.

Leerzeichen am Anfang und Ende einer Zeichenkette abschneiden

Zeichenketten sind nicht immer hübsch und nett. Manchmal enthalten Sie am Anfang oder am Ende Leerzeichen wie das folgende Beispiel:

```
"        Dies ist ein Beispiel für Leerzeichen am Anfang."
"Dies ist ein Beispiel für Leerzeichen am Ende.        "
```

Mit dem folgenden BASIC-Befehl können Sie die Leerzeichen am Anfang entfernen:

```
LTrim(Zeichenkette)
```

Beispiel:

```
Private Sub Form_Click()
    Dim GanzerName As String
    GanzerName = "          Hans Schmitz"
    GanzerName = LTrim(GanzerName)
End Sub
```

Der Wert der Variablen *GanzerName* beträgt nach Ausführen des Codes *"Hans Schmitz"*.

Mit dem folgenden BASIC-Befehl können Sie die Leerzeichen am Ende entfernen:

```
RTrim(Zeichenkette)
```

Beispiel:

```
Private Sub Form_Click()
    Dim GanzerName As String
    GanzerName = "Hans          "
    GanzerName = RTrim(GanzerName)
    GanzerName = GanzerName & " " & "Schmitz"
End Sub
```

Der Code entfernt zunächst die Leerzeichen am Ende der Variablen *GanzerName*, so dass diese den Wert *"Hans"* hat. Dann hängt der letzte Befehl an diese Variable wieder ein Leerzeichen und die Zeichenkette *"Schmitz"* an, so dass die Variable *GanzerName* nach Ausführen des Codes den Wert *"Hans Schmitz"* hat.

 Wenn Sie die Leerzeichen am Anfang und am Ende entfernen wollen, können Sie die beiden Befehle folgendermaßen kombinieren:

```
LTrim(RTrim(Zeichenkette))
```

Dieser Befehl sagt: »Entferne erst alle Leerzeichen am Ende und dann alle Leerzeichen am Anfang.« Noch einfacher geht es mit dem folgenden BASIC-Befehl:

```
Trim(Zeichenkette)
```

Beispiel:

```
Private Sub Form_Click()
    Dim GanzerName As String
    GanzerName = "     Hans Rolf          "
    GanzerName = Trim(GanzerName)
    GanzerName = GanzerName & " " & "Schmitz"
End Sub
```

Der Befehl _Trim_ entfernt die Leerzeichen am Anfang und Ende der Variablen _GanzerName_ in einem Schritt, so dass diese den Wert _"Hans Rolf"_ hat. Dann hängt der letzte Befehl an diese Variable wieder ein Leerzeichen und die Zeichenkette _"Schmitz"_ an, so dass die Variable _GanzerName_ danach den Wert _"Hans Rolf Schmitz"_ hat.

Zeichenketten und Werte umwandeln

Visual Basic verarbeitet Zeichenketten und Zahlen auf verschiedene Weise. Manchmal ist es notwendig, eine Zeichenkette in eine Zahl umzuwandeln, um damit rechnen zu können, oder eine Zahl in eine Zeichenkette umzuwandeln, um sie in besonderer Weise manipulieren zu können. Und manchmal ist es auch notwendig, eine Zeichenkette in ihren ASCII-Wert umzuwandeln.

Eine Zeichenkette in eine Zahl umwandeln

Nehmen Sie einmal an, Sie haben ein Textfeld erstellt, in das der Benutzer seinen Stundenlohn eintippen kann. Nun speichert die Eigenschaft _Text_ eines Textfeldes die eingegebenen Daten als Zeichenkette und nicht als Zahl, so dass Sie nicht damit rechnen können. Mit den folgenden beiden BASIC-Befehlen können Sie diese Zeichenkette in eine Zahl umwandeln:

```
CDbl(Zeichenkette)
CSng(Zeichenkette)
```

Der erste Befehl sagt:»Nimm die Zeichenkette mit dem Namen _Zeichenkette_ und wandele sie in eine Zahl vom Datentyp _Double_ um.«

Der zweite Befehl sagt: »Nimm die Zeichenkette mit dem Namen _Zeichenkette_ und wandele sie in eine Zahl vom Datentyp _Single_ um.«

Beispiel:

```
Private Sub Form_Click()
    Dim Zahl As Double
    Zahl = CDbl(txtStundenLohn.Text)
End Sub
```

Visual Basic interpretiert diesen Code folgendermaßen:

1. Der erste Befehl sagt:»Deklariere eine Variable mit dem Namen _Zahl_ und dem Datentyp _Double_.«

2. Der zweite Befehl sagt:»Nimm die Zeichenkette, die in der Eigenschaft _Text_ eines Textfeldes mit dem Namen _txtStundenLohn_ gespeichert ist, wandele sie in eine Zahl vom Datentyp _Double_ um und weise sie der Variablen mit dem Namen _Zahl_ zu.«

Wenn der Benutzer in dem Textfeld *txtStundenlohn* die Zeichenkette *"6.25"* eintippt, wird der Variablen *Zahl* der Wert *6.25* zugewiesen.

 Wenn der Benutzer in dem Textfeld *txtStundenlohn* die Zeichenkette *"6.25 pro Stunde"* oder *"Pro Stunde 6.25"* eintippt, protestiert Visual Basic mit der Meldung: *Datentypen unverträglich*, weil die Befehle CDbl und CSng keine Buchstaben verarbeiten können.

Eine Zahl in eine Zeichenkette umwandeln

Mit dem folgenden BASIC-Befehl können Sie eine Zahl in eine Zeichenkette umwandeln:

```
CStr(Zahl)
```

Dieser Befehl sagt:»Nimm die Variable mit dem Namen *Zahl* und wandele ihren Wert in eine Zeichenkette um.«

Für Visual Basic sind die folgenden Ausdrücke vollkommen verschieden:

```
10      ' Dies ist eine Zahl.
"10"    ' Dies ist eine Zeichenkette.
```

Die folgenden Beispiele zeigen die Umwandlung von Zahlen in Zeichenketten:

```
CStr(10)      'Ergebnis: Die Zeichenkette "10"
CStr(10.5)    'Ergebnis: Die Zeichenkette "10.5"
CStr(-10)     'Ergebnis: Die Zeichenkette "-10"
```

Eine Zeichenkette in ihren ASCII-Wert umwandeln

Als Programmierer haben Sie immer wieder mit den ASCII-Zahlenwerten zu tun. Deshalb machen Sie sich das Leben leichter, wenn Sie an Ihrem Computer-Arbeitsplatz eine so genannte ASCII-Tabelle immer in Reichweite haben.

Eine ASCII-Tabelle zeigt die ASCII-Zahlenwerte oder kürzer: ASCII-Werte, durch welche die Zeichen im Computer repräsentiert werden. Z.B. hat der Buchstabe *A* den ASCII-Wert *65*; und der Buchstabe *a* hat den ASCII-Wert *97*.

Mit dem folgenden BASIC-Befehl können Sie den ASCII-Wert einer Zeichenkette, die ein Zeichen lang ist, ermitteln:

```
Asc(Zeichen)
```

Die beiden folgenden Beispiele zeigen die Umwandlung von Zeichen in ihre zugehörigen ASCII-Werte:

```
X = Asc("A")    ' X = 65
X = Asc("a")    ' X = 97
```

Einen ANSI-Wert in eine Zeichenkette umwandeln

Microsoft Windows arbeitet nicht mit der ASCII-Tabelle, sondern mit der so genannten ANSI-Tabelle, die bei einigen Zeichen (bei Zahlenwerten über 127) von der ASCII-Tabelle abweicht. (Sie haben die ANSI-Tabelle bereits in Kapitel 17 kennengelernt.)

Mit dem folgenden BASIC-Befehl können Sie einen ANSI-Wert in ein Zeichen umwandeln:

```
Chr(Wert)
```

Sie benötigen den ANSI-Wert eigentlich nur für bestimmte Kontrollzeichen wie z.b. Seitenvorschübe, Zeilenvorschübe oder Wagenrückläufe.

Die folgenden Beispiele zeigen diese ANSI-Werte:

```
LineFeed = Chr(10) ' Zeilenvorschub
FormFeed = Chr(12) ' Seitenvorschub
Carriage = Chr(13) ' Wagenrücklauf
```

Mit den vielen Befehlen zur Manipulation von Zeichenketten können Sie Ihre Zeichenketten vor der Anzeige in einem Textfeld oder Bezeichnungsfeld genau in die gewünschte Form bringen.

 Um zu sehen, wie Visual Basic Zeichenketten manipulieren kann, sollten Sie das Programm ELIZA.VBP studieren, das auf der beiliegenden CD-ROM enthalten ist. Dieses berühmte Programm stammt aus den Anfängen der Forschungen über die so genannte künstliche Intelligenz und simuliert angeblich das Verhalten eines Psychiaters, der einfach Teile der Aussagen des Patienten (Benutzers) mit etwas anderen Worten an diesen zurückgibt.

Konstanten definieren und Code kommentieren

19

In diesem Kapitel

▶ Konstanten benennen und berechnen

▶ Die Reichweite von Konstanten deklarieren

▶ Die drei Arten von Kommentaren erstellen und benutzen

***

*E*ine *Konstante* ist ein festgelegter Wert, der sich in einem Programm nie ändert. Zahlen, Zeichenketten und Datumsangaben können als Konstanten definiert werden.

Aber warum sollten Sie mit Konstanten arbeiten? Dafür gibt es viele gute Gründe, die Sie allerdings erst dann verstehen, wenn Sie selbst anfangen zu programmieren.

Nehmen Sie z.B. an, dass Sie ein Programm schreiben sollen, in dem der Lohn von Arbeitern unter Verwendung des aktuellen Mindeststundenlohns berechnet werden soll. Bei einem angenommenen Mindeststundenlohn von 15,50 Euro müssten Sie die Zahl 15,50 überall in Ihrem Programm verwenden.

Leider sagt die Zahl 15,50 für sich betrachtet nicht viel aus. Und es kommt noch schlimmer: Wenn der Mindeststundenlohn von 15,50 Euro auf 16,50 Euro angehoben wird, müssten Sie die Zahl 15,50 an jeder Stelle Ihres Programms auf 16,50 abändern.

Konstanten dienen dazu, diese Art von Problemen zu vermeiden. Eine Konstante ist einfach ein Wort, das einen bestimmten Wert repräsentiert. Eine Konstante beschreibt die Bedeutung des Wertes in klarem Deutsch und ermöglicht es Ihnen darüber hinaus, den Wert schnell und einfach zu ändern.

Konstanten benennen

Konstanten haben einen Namen, der folgende Kriterien erfüllen muss:

✔ Er muss mit einem Buchstaben beginnen.

✔ Er darf maximal 255 Zeichen lang sein.

✔ Er darf nur Buchstaben, Zahlen und Unterstriche (_) enthalten. Satzzeichen und Leerzeichen sind nicht erlaubt.

✔ Er darf nicht wie ein reserviertes Schlüsselwort von Visual Basic lauten.

Um Konstanten klar hervorzuheben, benutzen Programmierer in der Regel nur Großbuchstaben für die Namen von Konstanten:

```
ALTER
MEIN_GEBURTSTAG
MINDEST_STUNDENLOHN
RETTUNGSBOOT_KAPAZITÄT
```

Um zusätzliche Informationen über den Datentyp zu geben, welcher von einer Konstante repräsentiert wird, fügen Sie dem Konstantennamen ein Präfix aus drei Buchstaben hinzu:

```
intALTER        ' Ganzzahl
curGEHALT       ' Geldbetrag
sngWERT         ' Wert vom Single-Datentyp
```

Tabelle 19.1 enthält die 3-Buchstaben-Präfixe, die Microsoft für Konstanten (und Variablen) empfiehlt:

Datentyp	Präfix	Beispiel
Boolean	bln	blnEingeschaltet
Byte	byt	bytDieseZahl
Currency	cur	curBonus
Date (Time)	dtm	dtmJahrestag
Double	dbl	dblHöhe
Integer	int	intAnzah
Long	lng	lngBreite
Single	sng	sngDurchschnitt
String	str	strMeinName
Variant	vnt	vntWasImmer

Tabelle 19.1: 3-Buchstaben-Präfixe für Konstanten und Variablen.

Konstanten deklarieren

Konstanten müssen vor ihrer Verwendung deklariert werden. Sie werden deklariert, indem man ihnen einen Namen gibt und einen bestimmten Wert zuweist. Konstanten können folgende Arten von Werten haben:

✔ Zahlen (numerisch)

✔ Zeichenketten (alphanumerisch)

✔ Datumsangaben

Der folgende Code deklariert eine numerische, eine alphanumerische und eine Datum-Konstante:

```
Private Sub Command1_Click()
    Const ALTER = 21
    Const FIRMA = "MARKETING-SOFTWARE"
    Const WEIHNACHTEN = #24/12/1999#
End Sub
```

 Setzen Sie alle Konstanten-Deklarationen an den Anfang einer Ereignisprozedur. Statt jede Deklaration in eine separate Zeile zu schreiben, können Sie die Deklarationen wie in dem folgenden Beispiel auch in eine Zeile schreiben und durch Kommata trennen:

```
Private Sub Command1_Click()
    Const ALTER = 21, FIRMA = "MARKETING-SOFTWARE"
End Sub
```

Numerische Konstanten bestehen nur aus Zahlen. Alphanumerische Konstanten bestehen aus einer beliebigen Folge von Zeichen, die in Anführungszeichen eingeschlossen sind. Datum-Konstanten bestehen aus einem (amerikanischen) Datum, das in Nummern-Zeichen (#) eingeschlossen ist.

Hier sind einige Beispiele, wie eine Datum-Konstante angegeben werden kann:

```
#12/12/99# (Achtung: Monat/Tag/Jahr, nicht Tag/Monat/Jahr)
#December 12, 1999#
#Dec-12-99#
#12 December 1999#
```

Konstanten berechnen

Konstanten repräsentieren normalerweise einen festgelegten Wert. Sie können aber auch einen mathematischen Ausdruck repräsentieren, der aus anderen Konstanten zusammengesetzt ist. Beispiel:

```
Const RENTEN_ALTER = 65
Const HALBZEIT = RENTEN_ALTER / 2
```

In diesem Beispiel hat die Konstante *RENTEN_ALTER* den Wert 65 und die Konstante *HALBZEIT* den Wert *65 / 2* oder *35,5*.

Konstanten benutzen

Nach der Deklaration können Sie Konstanten wie jeden anderen Wert benutzen. Beispiel:

```
Const MINDEST_LOHN = 15.50
Lohn = MINDEST_LOHN * 20
```

Im Programmcode muss das deutsche Dezimalkomma durch einen Punkt ersetzt werden.

Visual Basic verarbeitet diesen Code folgendermaßen:

1. Der erste Befehl sagt: »Erstelle eine Konstante mit dem Namen _MINDEST_ _LOHN_ und weise ihr den Wert _15.50_ zu.«

2. Der zweite Befehl sagt: "Multipliziere den Wert von _MINDEST_LOHN_ mit _20_ und weise das Ergebnis der Variablen mit dem Namen _Lohn_ zu." In diesem Fall hat die Konstante _MINDEST_LOHN_ den Wert _15.50_, so dass die Multiplikation mit _20_ den Wert _115_ ergibt. Visual Basic weist diesen Wert der Variablen _Lohn_ zu.

Gültigkeitsbereich von Konstanten

Als _Gültigkeitsbereich_ (engl. _scope_) einer Konstanten bezeichnet man den Bereich eines Visual Basic-Programmes, in dem die Konstante zugänglich ist. In Visual Basic werden drei Gültigkeitsbereiche unterschieden:

✔ Lokal (engl. _local_)

✔ Modul (engl. _modul_)

✔ Öffentlich (engl. _public_)

Lokale Konstanten

Eine _lokale_ Konstante existiert nur in der Prozedur, in der sie definiert wurde; und sie kann auch nur in dieser Prozedur benutzt werden. Lokale Konstanten dienen dazu, den Wirkungsbereich einer Konstanten auf eine einzige Prozedur zu beschränken und vom Rest des Programmes zu isolieren.

Lokale Konstanten werden in einer Ereignisprozedur folgendermaßen deklariert:

```
Private Sub Command1_Click()
    Const HÖCHSTGESCHWINDIGKEIT = 130
End Sub
```

Eine lokale Konstante kann nur in der Prozedur benutzt werden, in der sie deklariert wurde. In manchen Situationen ist es jedoch sinnvoll, Konstanten zu definieren, die in zwei oder mehr Prozeduren benutzt werden können. In solchen Fällen müssen Sie eine Modul-Konstante definieren.

Modulweite Konstanten

Modulweite Konstanten können nur von den Ereignisprozeduren benutzt werden, die in derselben Datei gespeichert sind.

Um eine Modul-Konstante zu deklarieren, gehen Sie folgendermaßen vor:

1. **Öffnen Sie das Code-Fenster, indem Sie auf** `F7` **drücken oder den Menübefehl** Ansicht/ Code **wählen oder im Fenster des Projekt-Explorers auf das Symbol** *Code anzeigen* **klicken.**

2. **Wählen Sie im Kombinationsfeld** *Objekt* **das Listenelement** *(Allgemein).*

3. **Wählen Sie im Kombinationsfeld** *Prozedur* **das Listenelement** *(Deklarationen).*

4. **Geben Sie die Deklarationen Ihrer Konstanten mit dem Befehl** Const **folgendermaßen ein:**

```
Const VOLLJÄHRIGKEIT = 18
```

Modul-Konstanten dienen zum Speichern von konstanten Werten, die von mehreren Prozeduren derselben Datei benutzt werden. Wenn Sie eine Konstante definieren wollen, die von allen Ereignisprozeduren in allen Dateien gemeinsam benutzt werden kann, müssen Sie eine öffentliche Konstante erstellen.

Öffentliche Konstanten

Öffentliche Konstanten können beim Programmieren sehr bequem sein, weil jede Ereignisprozedur in Ihrem Visual Basic-Programm Zugriff darauf hat. Doch die meisten Programmierer verwenden öffentliche Konstanten nur, wenn es sich absolut nicht vermeiden lässt. Es gilt als schlechter Programmierstil, ein Programm mit öffentlichen Konstanten zu verstopfen, die nur von einigen wenigen Prozeduren benutzt werden.

 Es gilt nur als schlechter Stil, sie zu verwenden, wenn es nicht notwendig ist. Erfahrene Programmierer werden sich für Sie schämen, wenn sie in Ihren Programmen Konstanten entdecken, die unnötigerweise als öffentlich deklariert wurden. Und Sie werden wahrscheinlich niemals auf die Parties der wirklich bedeutenden Programmierer eingeladen.

Öffentliche Konstanten müssen in einer BAS-Moduldatei deklariert werden. Um eine öffentliche Konstante zu deklarieren, gehen Sie folgendermaßen vor:

1. **Öffnen Sie das Projektfenster.**

   Drücken Sie auf `Strg`+`R`, und klicken Sie auf die BAS-Moduldatei, in der Sie die öffentliche Konstante deklarieren wollen. (Wenn Sie die BAS-Datei erst anlegen müssen, wählen Sie den Menübefehl Projekt/Modul hinzufügen.)

2. **Öffnen Sie das Code-Fenster, indem Sie auf** F7 **drücken oder den Menübefehl** ANSICHT/ CODE **wählen oder im Fenster des Projekt-Explorers auf das Symbol** *Code anzeigen* **klicken.**

   Visual Basic zeigt das Code-Fenster für eine BAS-Moduldatei an.

3. **Wählen Sie im Kombinationsfeld** *Objekt* **das Listenelement** *(Allgemein).*

4. **Wählen Sie im Kombinationsfeld** *Prozedur* **das Listenelement** *(Deklarationen).*

5. **Geben Sie die Deklarationen Ihrer öffentlichen Konstanten mit dem Befehl** Public **ein. Beispiel:**

```
Public Const HÖCHST_GESCHWINDIGKEIT = 130
```

Wenn Sie die öffentlichen (oder globalen) Konstanten identifizieren wollen, die in Ihrem Code vergraben sind, empfiehlt Ihnen Microsoft, den Buchstaben *g* vor den Namen der Konstante zu setzen. Beispiel:

```
Const gsngHÖHE_MAX = 21.67
```

Wenn Sie einen Überblick über alle Konstanten haben wollen, die in Visual Basic vordefiniert sind, gehen Sie folgendermaßen vor:

1. **Wählen Sie den Menübefehl** ?/INDEX.

   Die Online-Hilfe wird angezeigt.

2. **Geben Sie auf der Registerkarte** *Index* **im Textfeld** *Zu suchendes Schlüsselwort* **den Suchbegriff** *Konstanten* **ein und wählen Sie dann die Unterkategorie** *Visual Basic.*

3. **Klicken Sie auf** *Anzeigen.*

   Die Online-Hilfe zeigt das Thema *Visual Basic-Konstanten* an (siehe Abbildung 19.1).

Kommentare einsetzen

Zu dem Zeitpunkt, zu dem Sie Ihr Programm codieren (merken Sie, wie cool hier das Wort *codieren* wirkt?), mag Ihnen vielleicht klar sein, wie Ihr Programm funktioniert. Wenn Sie Ihr Programm beiseite legen und fünf Jahre später versuchen, es zu ändern, wartet eine Überraschung auf Sie: Wahrscheinlich haben Sie dann nämlich vergessen, warum Sie bestimmte Befehle benutzt haben. Vielleicht haben Sie sogar vergessen, wie bestimmte Befehle überhaupt funktionieren.

Aus diesem Grund sollten Sie es sich zur Gewohnheit machen, Ihre Programme ausreichend zu kommentieren. *Kommentare* sind kurze Beschreibungen, die Programmierer in ihre Programme einfügen, um zu erklären, was bestimmte Befehle bedeuten und was an bestimmten Stellen im Programm passieren soll.

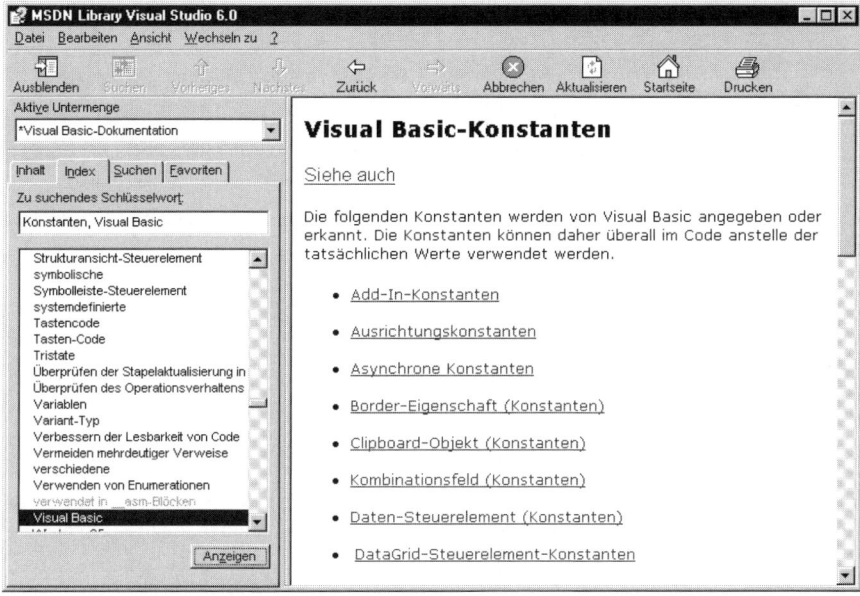

Abbildung 19.1: Verzeichnis der Visual Basic-Konstanten in der Online-Hilfe.

 Für den Computer sind Kommentare absolut bedeutungslos. Sie haben keinen Einfluß darauf, wie Ihr Programm funktioniert. Kommentare sind nur für den Programmierer da. Sie sollen ihm (und anderen Lesern des Programmes) helfen zu verstehen, wie und warum ein Programm funktioniert.

Kommentare erstellen

In Visual Basic werden Kommentare in einer Zeile durch ein Apostroph (') eingeleitet. Dahinter können Sie schreiben, was Sie wollen. Das folgende Beispiel zeigt einen gültigen Kommentar:

```
Private Sub Command1_Click()
    ' Diese Ereignisprozedur macht absolut gar nichts.
End Sub
```

Visual Basic ignoriert bis zum Ende einer Zeile alles, was rechts von einem Apostroph (') steht.

Kommentare können in einer separaten Zeile stehen oder Teil einer anderen Zeile sein. Beispiel:

```
Private Sub Command1_Click()
    ' Anzahl der Angestellten verdoppeln
    X = Y * 2  ' Y repräsentiert die Anzahl der Angestellten.
End Sub
```

Sie können auch mehrere Kommentare hintereinander in mehrere Zeilen schreiben:

```
Private Sub Command1_Click()
   Y = 200      ' Y repräsentiert die Anzahl der Angestellten.
   X = Y * 2
   ' X repräsentiert die Anzahl der Angestellten, die
   ' gerne die Autoreifen Ihres Chefs aufschlitzen würden.
End Sub
```

Merken Sie sich nur, dass der Computer alles als Kommentar betrachtet und ignoriert, was rechts von einem Apostroph (') steht.

Testen Sie Ihr neu erworbenes Wissen

1. **Warum sollten Sie Kommentare in Ihre Programme einfügen?**

   a) Um zusammenzufassen und zu erklären, wie der BASIC-Code funktioniert.

   b) Um Ihre Schreibfähigkeit zu üben und zu zeigen, dass Programmierer auch schreiben können.

   c) Um zu zeigen, dass Sie neben BASIC-Code auch sonst noch etwas zu sagen haben.

   d) Um verschlüsselte Botschaften für andere Programmierer zu hinterlassen.

2. **Kommentieren Sie die Einfachheit und Kürze dieser Lektion.**

   a) In Ordnung! Jetzt kann ich nach Hause gehen.

   b) Warum sind nicht alle Lektionen in diesem Buch so einfach und kurz?

   c) Ich kann zwar immer noch kein Programm schreiben, aber dafür kann ich Kommentare benutzen. Vielleicht sollte ich mir eine Stelle als Kommentator suchen.

   d) Kommentare sind cool. Wenn wir Kommentare in unsere Programme einfügen können, können wir dann die Programme mit unseren Textverarbeitungsprogrammen schreiben?

Lesbarkeit mit Kommentaren verbessern

Kommentare dienen hauptsächlich dazu, ein Programm leichter verstehbar zu machen. Deshalb beginnen die meisten erfolgreichen Programmierer jede Prozedur mit einem Kommentar.

Diese Kommentare erklären, welche Funktion die Prozeduren ausführen und welche Daten gegebenenfalls an die Prozeduren übergeben werden. Allein durch das Lesen des Kommentars kann so jeder schnell sehen, was eine Prozedur macht, ohne dazu mehrere Zeilen kryptischen

BASIC-Codes entziffern zu müssen. Können Sie z.B. sagen, was die folgende Ereignisprozedur macht?

```
Private Sub Command1_Click()
    A = SQR((B ^ 2 + C ^ 2))
End Sub
```

Indem Sie einige Kommentarzeilen am Anfang der Ereignisprozedur einfügen, können Sie die Funktion der Prozedur viel klarer machen:

```
Private Sub Command1_Click()
    ' Die folgende Gleichung benutzt den Satz des Pythagoras,
    ' um die Länge der Hypotenuse A in einem rechtwinkligen
    ' Dreieck zu berechnen, wenn die Längen der beiden
    ' Katheten B und C bekannt sind.
    A = SQR((B ^ 2 + C ^ 2))
End Sub
```

Wenn mehrere Leute an einer Prozedur arbeiten, können Sie mit Kommentaren den Namen des Programmierers und das Datum seines Beitrages/seiner Änderung in die Prozedur einfügen. (Auf diese Weise wissen Sie immer, wer die Schuld trägt, wenn die Prozedur nicht funktioniert.) Beispiel:

```
Private Sub Command1_Click()
    ' Programmierer: Hans Schmitz
    ' Geändert: 1.1.80 (Unsere Computeruhr ist defekt.)
    A = SQR((B ^ 2 + C ^ 2))
End Sub
```

 Natürlich können Kommentare auch nachteilig sein: Wenn Sie zu geschwätzig sind, wirken Kommentare nicht hilfreich, sondern aufdringlich – wie Werbetafeln an der Autobahn. Halten Sie einen goldenen Mittelweg ein: Geben Sie gerade so viele Informationen ein, wie zur Klärung notwendig sind, aber nicht so viele, dass die Leute beim Lesen Ihrer Kommentare einschlafen. Schließlich schreiben Sie hier keinen klassischen Roman, sondern eine kurze technische Dokumentation.

Verständlichkeit mit Kommentaren verbessern

Wenn Ihr Programm viel BASIC-Code enthält, können Sie das Programm mit Kommentaren und Leerzeilen lesbarer machen. Wenn Sie z.B. einzelne Code-Blöcke durch Leerzeilen voneinander absetzen, ist es viel leichter zu verstehen, was die einzelnen Code-Blöcke bewirken:

```
Private Sub Command1_Click()
    Const ZINS_SATZ = 0.055     ' 5,5% Zinssatz
    Const MB_ICONCRITICAL = 16  ' Icon-Critical-Meldung
                                ' anzeigen
    Dim Msg As String           ' Msg als Zeichenketten-
                                ' Variable deklarieren
```

```
BankSaldo = 500
BankSaldo = BankSaldo * ZINS_SATZ

' Bankgebühren abziehen
BankGebühren = BankSaldo * 2
BankSaldo = BankSaldo - BankGebühren

  ' Dem Benutzer mit einer Dialogfeld-Meldung sagen,
  ' dass er der Bank einen bestimmten Geldbetrag schuldet.
  Msg = "Bitte zahlen Sie diesen Betrag: " & -BankSaldo
  MsgBox Msg, Menübefehl_ICONCRITICAL, "Ihre Schulden"
End Sub
```

Dieses Beispiel zeigt Ihnen, wie Sie Leerzeilen zwischen den einzelnen Code-Blöcken einfügen und diese dadurch lesbarer machen können.

Wenn man alle Kommentare und Leerzeilen entfernt, erhält man folgenden kompakteren, aber schwerer zu lesenden Code:

```
Private Sub Command1_Click()
   Const ZINS_SATZ = 0.055
   Const MB_ICONCRITICAL = 16
   Dim Msg As String
   BankSaldo = 500
   BankSaldo = BankSaldo * ZINS_SATZ
   BankGebühren = BankSaldo * 2
   BankSaldo = BankSaldo - BankGebühren
   Msg = "Bitte zahlen Sie diesen Betrag: " & -BankSaldo
   MsgBox Msg, Menübefehl_ICONCRITICAL, "Ihre Schulden"
End Sub
```

Diese neue Version sieht eingeengt und unübersichtlich aus, ungefähr so wie das Abstellbord in Ihrem Badezimmer oder wie Ihre Garage.

Befehle mit Kommentaren unterdrücken

Mit Kommentaren können Sie nicht nur erklärenden Text in Ihren Code einfügen und den Code optisch auflockern, sondern auch einen oder mehrere BASIC-Befehle zeitweilig unterdrücken.

Wenn Sie z.B. beim Schreiben eines Programmes feststellen, dass ein Befehl nicht wie gewünscht funktioniert, können Sie Ihr Programm zunächst ohne diesen Befehl testen. Um den Befehl zu unterdrücken, haben Sie folgende zwei Möglichkeiten:

✔ Löschen Sie den Befehl.

✔ Kommentieren Sie den Befehl aus.

Wenn Sie den Befehl löschen und später wieder verwenden wollen, müssen Sie ihn komplett neu eintippen. Wenn Sie ihn jedoch *auskommentieren*, brauchen Sie nur den Apostroph zu löschen, um den Befehl wieder in das Programm einzufügen.

Das folgende Beispiel enthält eine ziemlich lange Zeile mit Zahlen:

```
Private Sub Command1_Click()
    X = 3.14 * 650 - (909 / 34.56) + 89.323
End Sub
```

Die zweite Zeile zu löschen und später wieder einzutippen wäre mühsam und fehleranfällig. Sie können sie aber auch einfach folgendermaßen auskommentieren:

```
Private Sub Command1_Click()
    ' X = 3.14 * 650 - (909 / 34.56) + 89.323
End Sub
```

Der Computer betrachtet alles, was rechts von einem Apostroph (') steht, als Kommentar und ignoriert es. Für den Computer sieht die Prozedur deshalb jetzt folgendermaßen aus:

```
Private Sub Command1_Click()
End Sub
```

Der Apostroph vor dem Befehl macht aus dem Befehl einen Kommentar und unterdrückt ihn demzufolge als BASIC-Befehl. Indem Sie den Apostroph entfernen, können Sie aus dem Kommentar schnell wieder einen funktionsfähigen BASIC-Befehl machen.

Durch intelligenten Einsatz von Kommentaren können Sie Ihre Programme für andere Programmierer leichter lesbar machen und für sich selbst eine dauerhafte Erinnerungshilfe schaffen. Wenn Sie andererseits ein Programmierprojekt ernsthaft sabotieren wollen, fügen Sie sinnlose Kommentare ein, oder lassen Sie Kommentare ganz weg, und beobachten Sie, was dann passiert.

 Wenn Sie mehrere Codezeilen schnell auskommentieren wollen, führen Sie folgende Schritte aus:

1. **Markieren Sie die Codezeilen, die Sie auskommentieren wollen.**

2. **Wählen Sie den Menübefehl** ANSICHT/SYMBOLLEISTEN/BEARBEITEN.

    Die Symbolleiste *Bearbeiten* wird angezeigt (siehe Abbildung 19.2).

Symbol *Block auskommentieren*

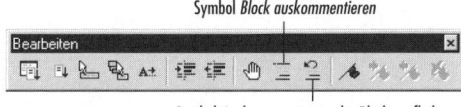

Symbol *Auskommentierung des Blocks aufheben*

Abbildung 19.2: Die Symbolleiste Bearbeiten.

3. Klicken Sie auf das Symbol *Block auskommentieren*.

Visual Basic fügt am Anfang jeder markierten Codezeile ein Apostroph ein.

 Um die Auskommentierung eines Blocks aufzuheben, wiederholen Sie die Schritte 1 und 2, und klicken Sie in Schritt 3 auf das Symbol *Auskommentierung des Blocks aufheben*.

Fehler ausmerzen (Debuggen)

In diesem Kapitel

▷ Verschiedene Arten von Fehlern

▷ Auf großer Jagd nach Fehlern

▷ Gefundene Fehler beseitigen

Selbst wenn Sie schon Millionen von Programmen geschrieben haben, machen Sie wahrscheinlich ab und zu einen Fehler. Möglicherweise buchstabieren Sie ein Wort falsch, oder Sie vergessen einfach, einen Befehl einzutippen. Deshalb kommt es trotz aller Sorgfalt beim Schreiben Ihres Programmes immer wieder vor, dass es nicht wie gewünscht funktioniert. Diese Probleme, die bewirken, dass ein Programm nicht oder nur fehlerhaft funktioniert, werden im Englischen als *bugs* (dt. wörtlich: Wanzen, Läuse, Flöhe oder Ungeziefer aller Art) und im Deutschen etwas weniger bildhaft als *Fehler* bezeichnet.

Jedes Programm in der Welt enthält Bugs oder Fehler, einschließlich *Netsacpe Navigator*, *WordPerfect*, *Lotus 1-2-3*, *Quicken* und *Microsoft Windows 98*. Der einzige Unterschied zu den Fehlern in Ihrem Programm und den Fehlern in den kommerziellen Programmen besteht darin, dass Sie nicht dafür bezahlt werden, die Fehler in Ihren Programmen zu beheben. Durch vernünftige Planung, intelligentes Design und gesunden Menschenverstand können Sie eine Reihe von möglichen Fehlern von vornherein vermeiden.

Und keine Bange! Viele Fehler sind ziemlich harmlos. Diese kleineren Fehler beeinträchtigen das korrekte Funktionieren Ihres Programmes nicht, sondern führen höchstens dazu, dass Ihr Computer langsamer läuft oder zu unmöglichen Zeitpunkten seltsame Farben auf dem Bildschirm anzeigt.

Größere Fehler haben ernsthaftere Folgen. So könnte z.B. ein größerer Fehler Dateien löschen, wenn der Benutzer einen Befehl zum Speichern gibt. In der Weltraumfahrt haben größere Fehler schon zum Verlust von Satelliten geführt, die mehere hundert Millionen Dollar gekostet haben.

Niemand ist perfekt. Deshalb kann auch niemand garantieren, dass ein Programm hundertprozentig fehlerfrei ist. Sogar ein erfahrener Diplom-Informatiker macht regelmäßig Fehler beim Programmieren.

Fehler gehören zum Leben wie Küchenschaben. Sie können sie nicht alle ausrotten, aber Sie können so viele wie möglich ausmerzen.

Warum werden Computerprobleme als Bugs bezeichnet?

Der erste Computer der Welt arbeitete mit mechanischen Relais statt mit elektronischen Bauteilen. Eines Tages blieb der Computer ohne ersichtlichen Grund stehen. Die Wissenschaftler prüften ihre Programme und stellten fest, dass sie eigentlich funktionieren sollten. Der Netzstecker war auch eingesteckt. Und die Drähte im Computer waren alle ordnungsgemäß verbunden.

Dann entdeckte jemand, dass eine Motte (engl. _bug_) in einem der Relais zerquetscht worden war, was dazu geführt hatte, dass sich das Relais nicht mehr vollständig schließen konnte. Weil diese zerquetschte Motte den Computer lahmgelegt hatte, werden Computerprobleme seitdem als _Bugs_ bezeichnet. (Das ist einfacher, als von _Chihuahuas_ zu sprechen. Seien wir deshalb froh, dass es nicht ein Hund war, der in dem ersten Computer zerquetscht wurde.)

Arten von Fehlern

Die Kunst, Fehler oder Bugs auszumerzen, wird als _Testen_ (engl. _Debugging_) bezeichnet. Ehe Sie einen Bug ausmerzen können, müssen Sie ihn finden. Bei kleinen Programmen, die nur eine Meldung wie _Hallo, Welt!_ auf dem Bildschirm anzeigen, gibt es nur eine geringe Anzahl von Stellen, an denen sich Bugs verstecken können. Bei großen Programmen dagegen können sich Bugs überall verbergen. Und die Suche nach ihnen kann genauso frustrierend sein wie der Versuch, eine einzelne Fliege in einem Hochhaus zu finden.

Um die Jagd nach Bugs zu vereinfachen, haben Computerwissenschaftler die Bugs in drei Klassen eingeteilt:

✔ Syntaxfehler

✔ Laufzeitfehler

✔ Logikfehler

Syntaxfehler

Ein _Syntaxfehler_ tritt auf, wenn Sie einen Befehl falsch buchstabieren. Wenn Sie z.B. _INTTEGER_ statt _INTEGER_ getippt haben, weiß Visual Basic nicht, was _INTTEGER_ bedeuten soll, und bricht deshalb das Programm ab.

Wenn Visual Basic auf einen Syntaxfehler stößt, hebt es das falsch geschriebene Wort auf dem Bildschirm hervor, um Ihnen genau zu zeigen, wo das Problem liegt. Tippen Sie einfach die korrekte Schreibweise ein, und führen Sie Ihr Programm erneut aus.

Wenn auch nur ein Syntaxfehler in Ihrem Programm vorhanden ist, wird das Programm nicht ausgeführt. Wenn Ihr Programm schließlich das erste Mal ausgeführt wird, dann wissen Sie, dass es keine Syntaxfehler (mehr) enthält. Dann müssen Sie sich um die Laufzeitfehler und die Logikfehler kümmern.

Laufzeitfehler

Ein *Laufzeitfehler* tritt auf, wenn Ihr Programm Daten erhält, mit denen es nichts Rechtes anzufangen weiß. Laufzeitfehler sind subtiler als Syntaxfehler. Ihr Programm kann voller Laufzeitfehler sein, von denen Sie erst etwas merken, wenn Sie Ihr Programm tatsächlich ausführen.

Sie können Laufzeitfehler auch in Ihrem normalen Leben simulieren. Gehen Sie einfach in ein Burger-King-Schnellrestaurant. Wenn die Bedienung Sie nach Ihrer Bestellung fragt, verlangen Sie einen Big Mac. Weil die Bedienung eine Bestellung aus Burger Kings Angebot erwartet, weiß sie nicht, was sie mit Ihrer Bestellung machen soll, und erleidet einen Laufzeitfehler.

Ein Beispiel für einen Laufzeitfehler in einem Programm finden Sie in folgender Formel:

```
SteuerSatz = GeschuldeteSteuern / JahresEinkommen
```

Die Gleichung funktioniert normalerweise nur bei einem *JahresEinkommen*, das größer als null ist. Bei einem *JahresEinkommen* von 0 gibt es ein Problem. Weil die Division durch Null verboten ist, bleibt das Programm bei einem *JahresEinkommen* von 0 stehen.

Um Laufzeitfehler zu entdecken, müssen Sie Ihr Programm mit jeder möglichen Eingabe testen: Angefangen vom Drücken einer falschen Taste bis hin zu einer negativen Zahl, die irgendein Trottel als sein Alter eingibt.

Weil die Anzahl der Dinge, die schiefgehen können, ins Unendliche geht (Murphy's Gesetz), verstehen Sie jetzt auch, warum jedes große Programm in der Welt Bugs hat. (Ist dieser Gedanke nicht beruhigend, wenn Sie beim nächsten Mal ein computerkontrolliertes Flugzeug besteigen?)

Logikfehler

Die vertrackteste Fehlerart ist der Logikfehler. Ein *Logikfehler* tritt auf, wenn ein Programm deshalb nicht korrekt funktioniert, weil Sie ihm die falschen Befehle oder Befehle in der falschen Reihenfolge gegeben haben. Wie das? Wie können Sie einem Programm die falschen Befehle geben, wenn Sie doch selbst das Programm schreiben? Glauben Sie es, es ist so einfach ...

Jeder, der Teenager aufzieht, weiß, dass sie manchmal den Rasen mähen oder ihr Zimmer aufräumen, wenn sie dazu aufgefordert werden – aber nicht immer so, wie Sie es gerne hätten. Statt den Rasen in sauberen Bahnen zu mähen, macht ein Teenager Kreise oder Schlangenlinien und hört mittendrin auf. Oder statt beim Aufräumen die schmutzige Wäsche in den Wäschekorb und das Papier in den Papierkorb zu werfen, schiebt ein Teenager oft den ganzen Haufen einfach unters Bett oder in den Flur.

In beiden Fällen hat der Teenager Ihre Anweisungen befolgt; aber Ihre Anweisungen waren nicht spezifisch genug. Ein Teenager findet instinktiv jedes Schlupfloch in Ihren Anweisungen. Und ein Computer ist nicht viel anders.

Da Sie davon ausgehen, dass Sie dem Computer die richtigen Befehle gegeben haben, haben Sie zunächst keine Ahnung, warum Ihr Programm nicht funktioniert. Jetzt müssen Sie exakt die eine Stelle finden, an der Ihre Befehle nicht deutlich genug waren. Wenn Ihr Programm groß ist, kann das bedeuten, dass Sie das ganze Programm Zeile für Zeile durchgehen müssen. (Ha! Ist Programmieren nicht das reinste Vergnügen?)

Auf Fehlerjagd

Im wesentlichen hat die Fehlersuche und Fehlerbeseitigung vier Phasen:

✔ Erkennen Sie, dass Ihr Programm einen Fehler hat.

✔ Suchen und finden Sie den Fehler.

✔ Stellen Sie fest, was den Fehler verursacht.

✔ Beseitigen Sie den Fehler.

Erkennen, dass Ihr Programm einen Fehler hat

Der beste Weg, Fehler in Ihrem Programm zu entdecken, besteht darin, unvoreingenommene Personen mit dem Programm arbeiten zu lassen. (In der Welt der kommerziellen Software werden diese unvoreingenommenen Personen als _zahlende Kunden_ bezeichnet.)

Je mehr Leute Sie zu Testzwecken mit Ihrem Programm arbeiten lassen, desto wahrscheinlicher werden Sie auf Fehler stoßen, von deren Existenz Sie nicht die geringste Ahnung hatten. Bugs können sehr auffällig daherkommen und z.B. Ihren Computer abstürzen lassen. Sie können aber auch ganz heimlich umherschleichen und z.B. Dezimalzahlen an der falschen Nachkommastelle aufrunden.

Wenn Sie festgestellt haben, dass Ihr Programm einen Bug hat, müssen Sie den Bug ausfindig machen. (Den Leichtgläubigen unter Ihren Kunden können Sie die Bugs als _undokumentierte Eigenschaften_ Ihres Programmes verkaufen.)

Den Fehler finden

Herausfinden, wo der Fehler steckt, ist der schwierigste Teil. Die einfachste (und mühsamste) Methode, das Versteck des Bugs zu finden, besteht darin, Ihr Programm auszuführen und Zeile für Zeile zu untersuchen. In dem Moment, in dem der Fehler auftritt, wissen Sie genau, welche Programmzeile ihn verursacht.

Bei kleinen Programmen ist diese Methode akzeptabel. Bei großen Programmen ist sie hirnrissig.

Als schnellere Alternative untersuchen Sie nur die Teile des Programmes, in denen Sie den Fehler vermuten. Wenn Ihr Programm z.B. nicht richtig druckt, steckt der Fehler wahrscheinlich in Ihrem BASIC-Code mit den Druckbefehlen für den Computer.

Herausfinden, was den Fehler verursacht

Wenn Sie den vermutlichen Aufenthaltsort des Bugs isoliert haben, müssen Sie herausfinden, was den Fehler ursprünglich verursacht.

Nehmen Sie an, Ihr Programm soll Ihren Namen auf dem Bildschirm anzeigen, zeigt aber stattdessen Ihre Rentenversicherungsnummer. Das Programm mag zwar alles richtig *anzeigen*, aber es erhält einfach nicht die richtigen Informationen zur Anzeige.

Da Sie unglaublich gut logisch denken können, schließen Sie, dass der Bug (wahrscheinlich) an der Stelle sitzt, an der Ihr Programm den Namen ermittelt.

Den Fehler beseitigen

Wenn Sie die Ursache Ihres Fehlers gefunden haben, können Sie die Ursache und damit den Fehler beseitigen. Aber seien Sie vorsichtig! Manchmal verursacht die Korrektur eines Fehlers – natürlich unabsichtlich – zwei oder drei neue Fehler. Was? Wie kann denn so etwas passieren?

Vergleichen Sie die Situation mit dem Problem, die Wasserleitungen in Ihrem Haus zu reparieren. Die einfachste Lösung wäre natürlich, die Wände aufzureißen und neue Rohre zu verlegen. Dies löst möglicherweise das Problem mit Ihren Wasserleitungen. Aber mit dem Aufreißen der Wände können auch elektrische Leitungen aus den Wänden gerissen werden. Sie haben jetzt zwar das Problem mit den Wasserleitungen gelöst, dafür aber ein neues Problem mit den elektrischen Leitungen geschaffen. Wenn Sie jetzt eine neue Mauer mit neuen elektrischen Leitungen hochziehen, können Sie aus Versehen den Abzug der Zentralheizung zumauern. Wenn Sie die Mauer um einen halben Meter zurücksetzen, könnte jetzt das Dach zu wenig Unterstützung haben usw. Wie Sie sehen, hat sich der kleine Wasserleitungs-Bug wie nichts multipliziert.

Deshalb gehen Sie sorgfältig vor, wenn Sie einen Fehler beseitigen. Manchmal ist es einfacher, einen großen Code-Block neu zu schreiben, als zu versuchen, einen Bug in diesem Code-Block zu korrigieren.

Fehler an der Quelle ausmerzen

Der beste Weg, Fehler zu vermeiden, besteht darin, sie gar nicht erst zu erzeugen. Natürlich hört sich das genauso an wie der Ratschlag, um Geldprobleme zu vermeiden, solle man sicherstellen, dass man immer genug Geld hat.

Weil Bugs auch in den besten Programmen vorkommen, können Sie bestenfalls darauf hinarbeiten, die Anzahl der Fehler in Ihrem Programm von vornherein zu verringern. Die folgenden Tipps können Ihnen dabei helfen:

 Um Fehler zu vermeiden, schreiben Sie erst viele kleine Programme, die Sie dann zu einem großen Programm zusammensetzen. Je kleiner Ihre Programme sind, desto leichter können Sie Fehler isolieren. Militärisch ausgedrückt heißt diese Methode: *Teile und herrsche.*

✔ Testen Sie Ihr Programm nach jeder Änderung. Wenn Ihr Programm korrekt funktionierte, bevor Sie drei Zeilen geändert haben, dann können Sie das Problem auf diese drei Zeilen eingrenzen.

✔ Suchen Sie jemanden, dem Sie die Schuld zuschieben können. Wenn Ihr Programm nicht funktioniert, geben Sie Ihrem Freund oder Ihrer Freundin, Ihrem Hund oder Ihrer bevorzugten Gottheit die Schuld. Das beseitigt zwar den Fehler in Ihrem Programm nicht, hilft Ihnen aber, sich für ein oder zwei Augenblicke besser zu fühlen.

Wie Visual Basic Fehler verfolgt und ausmerzt

In Visual Basic gibt es zwei grundlegende Methoden zur Fehlersuche und Fehlerbeseitigung: die schrittweise Programmverfolgung und die Anzeige der aktuellen Werte.

✔ Bei der *schrittweisen Programmverfolgung* gehen Sie Zeile für Zeile durch Ihr Programm und beobachten dabei jeden Befehl. Nach der Ausführung einer Zeile sehen Sie, was das Programm getan hat. Wenn Ihr Programm wie gewünscht funktioniert hat, ist die Zeile in Ordnung, wenn nicht, haben Sie einen Bug gefunden.

✔ Mit der *Anzeige der aktuellen Werte* können Sie verfolgen, welche Daten Ihr Programm zu einem beliebigen Zeitpunkt verwendet. Indem Sie bestimmte Daten wie z.B. einen Namen oder eine Telefonnummer beobachten, können Sie feststellen, ob Ihr Programm diese Daten korrekt speichert, druckt oder ändert.

Mit der schrittweisen Programmverfolgung und der Anzeige der aktuellen Werte können Sie alle Bugs in Ihrem Programm finden.

Zeile für Zeile durch ein Programm gehen

Wenn Sie absolut keine Ahnung haben, wo sich Ihr Bug befinden könnte, müssen Sie das gesamte Programm Zeile für Zeile untersuchen. Visual Basic stellt drei Befehle zur schrittweisen Prüfung zur Verfügung:

✔ Einzelschritt (drücken Sie auf [F8])

✔ Prozedurschritt (drücken Sie auf [Umschalt]+[F8])

✔ Herausspringen (drücken Sie auf [Strg]+[Umschalt]+[F8])

Testen Sie Ihr neu erworbenes Wissen

1. Was ist ein Bug (Fehler)?

a) Ein Fehler, der verhindert, dass ein Programm korrekt funktioniert.

b) Eine kleine, häßliche Kreatur mit sechs oder mehr Beinen und einem harten Panzer, der knirscht, wenn man drauftritt.

c) Eine Motte, die sich selbst umbringt, indem sie gegen Ihren Computer fliegt.

d) Etwas, das kleine Jungen essen, um kleine Mädchen zu erschrecken.

2. Wie unterstützt Sie Visual Basic, um Bugs zu finden?

a) Indem es selbst viele eigene an den Tag legt.

b) Mit Leim und einem Bug-Köder.

c) Indem es das Programmieren so schwierig macht, dass man keinen Bug schreiben kann, selbst wenn man wollte.

d) Indem es das schrittweise Abarbeiten eines Programmes und die Anzeige der aktuellen Werte der Variablen ermöglicht, so dass man kontrollieren kann, ob die Daten korrekt verarbeitet werden.

Der *Einzelschritt*-Befehl geht zeilenweise durch das gesamte Programm und arbeitet dabei jede Zeile in jeder Prozedur Ihres Programmes ab.

Falls Sie nicht jede Zeile in jeder Prozedur untersuchen wollen, können Sie mit dem *Prozedurschritt*-Befehl eine ganze Prozedur auf einmal durchgehen. Dieser Befehl geht einfach davon aus, dass eine Prozedur korrekt funktioniert und deshalb nicht Schritt für Schritt untersucht zu werden braucht.

Der *Herausspringen*-Befehl wird zusammen mit dem Einzelschritt-Befehl benutzt. Dieser zeigt Ihnen Zeile für Zeile, wie eine Prozedur funktioniert. Wenn Sie sich jedoch plötzlich dafür entscheiden, dass Sie den Rest der Prozedur nicht mehr zeilenweise untersuchen wollen, geben Sie den *Herausspringen*-Befehl.

Sie können diese Befehle jederzeit miteinander kombinieren. Benutzen Sie erst den *Einzelschritt*-Befehl, um eine Prozedur Zeile für Zeile zu untersuchen, springen Sie mit dem *Herausspringen*-Befehl wieder aus der Prozedur heraus, und springen Sie dann mit dem *Prozedurschritt*-Befehl über die Prozeduren, von denen Sie bereits wissen, dass sie korrekt funktionieren.

Um den Einzelschritt-Befehl oder den Prozedurschritt-Befehl zu benutzen, gehen Sie folgendermaßen vor:

1. **Drücken Sie auf** `F8` **oder** `Umschalt`+`F8`. **Oder wählen Sie den Menübefehl** DEBUGGEN/EINZELSCHRITT **oder** DEBUGGEN/PROZEDURSCHRITT.

   Visual Basic zeigt Ihr Programm an und hebt dabei die aktuelle Programmzeile hervor (siehe Abbildung 20.1).

2. **Wählen Sie den Menübefehl** AUSFÜHREN/BEENDEN, **um aufzuhören.**

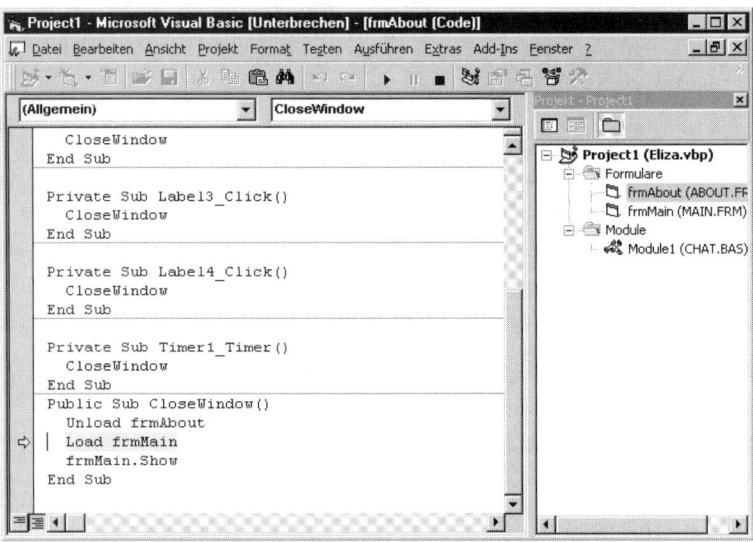

Abbildung 20.1: Programm im Einzelschritt-Verfahren ausführen.

Variablen beobachten

Ein Programm schrittweise Zeile für Zeile zu untersuchen ist nutzlos, wenn man nicht gleichzeitig verfolgen kann, wie das Programm dabei die Daten verarbeitet. Damit Sie verfolgen können, welche Werte Ihre Variablen zu einem gegebenen Zeitpunkt enthalten, stellt Visual Basic Ihnen ein so genanntes *Überwachungsfenster* zur Verfügung.

Das Überwachungsfenster teilt Visual Basic mit: »Dies sind die Variablen, die ich untersuchen möchte. Zeige mir ihren Inhalt, während ich Zeile für Zeile durch das Programm gehe!«

Um das Überwachungsfenster zur Überwachung Ihrer Variablen zu nutzen, gehen Sie folgendermaßen vor:

1. **Öffnen Sie das Code-Fenster, indem Sie auf `F7` drücken oder im Fenster des Projekt-Explorers auf das Symbol *Code anzeigen* klicken.**

2. **Markieren Sie die Variable, die Sie untersuchen möchten, und wählen Sie den Menübefehl** DEBUGGEN/ÜBERWACHUNG HINZUFÜGEN.

   Das Dialogfeld *Überwachung hinzufügen* wird angezeigt (siehe Abbildung 20.2).

3. **Klicken Sie auf OK.**

4. **Geben Sie mit `F8` oder `Umschalt`+`F8` einen Einzelschritt- oder Prozedurschritt-Befehl.**

   Das Überwachungsfenster zeigt den Wert der zu überwachenden Variablen bei jedem Schritt-Befehl an.

5. **Wählen Sie den Menübefehl** AUSFÜHREN/BEENDEN, **wenn Sie aufhören wollen.**

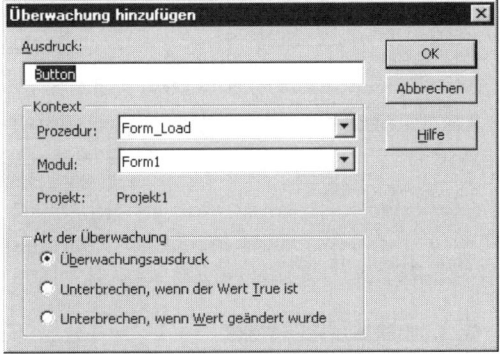

Abbildung 20.2: Das Dialogfeld Überwachung hinzufügen.

Haltepunkte setzen

Die Einzelschritt- und Prozedurschritt-Befehle beginnen am Anfang Ihres Programmes und arbeiten so lange weiter, bis sie das Ende des Programmes erreicht haben. Bei kleinen Programmen ist ein solches Verhalten akzeptabel, aber bei großen Programmen kann es sehr mühselig werden.

Wenn Sie wissen (oder hoffen), dass bestimmte größere Teile Ihres Programmes schon funktionieren, können Sie einen so genannten *Haltepunkt* setzen, um beim Testen direkt an die zu untersuchende Stelle zu gelangen. Ein Haltepunkt weist Visual Basic an:»Führe das Programm aus, bis du den Haltepunkt erreichst. Warte dort, bis ich dir einen *Einzelschritt*-Befehl, einen *Prozedurschritt*-Befehl oder *Fortsetzen*-Befehl gebe.«

Um einen Haltepunkt zu setzen, gehen Sie folgendermaßen vor:

1. **Öffnen Sie das Code-Fenster, indem Sie auf** F7 **drücken oder im Fenster des Projekt-Explorers auf das Symbol *Code anzeigen* klicken.**

2. **Klicken Sie auf die Zeile, in der Sie den Haltepunkt setzen wollen.**

3. **Drücken Sie auf** F9 **, oder wählen Sie den Menübefehl** Debuggen/Haltepunkt ein/aus**.**

Wenn Sie einen Haltepunkt gesetzt haben, können Sie Ihr Programm mit F5 starten. Das Programm wird bis zum Haltepunkt ausgeführt (siehe Abbildung 20.3). An dieser Stelle können Sie dann einen Einzelschritt-Befehl oder einen Prozedurschritt-Befehl geben und den Inhalt Ihrer Variablen überwachen.

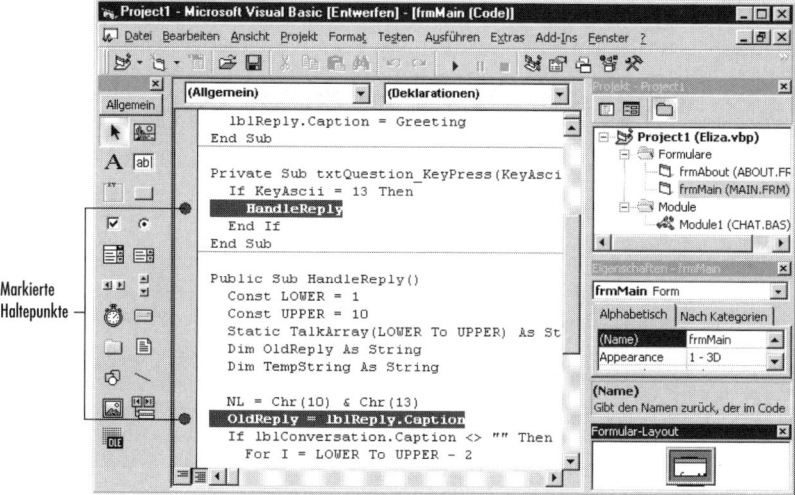

Abbildung 20.3: Haltepunkte im Code-Fenster.

Um einen Haltepunkt zu löschen, gehen Sie folgendermaßen vor:

1. **Öffnen Sie das Code-Fenster, indem Sie auf** F7 **drücken oder im Fenster des Projekt-Explorers auf das Symbol *Code anzeigen* klicken.**

2. **Klicken Sie auf die Zeile, aus der Sie den Haltepunkt löschen wollen.**

3. **Drücken Sie auf** F9 **, oder wählen Sie den Menübefehl** Debuggen/Haltepunkt ein/aus**.**

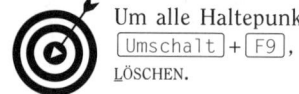 Um alle Haltepunkte in Ihrem Programm zu löschen, drücken Sie Strg + Umschalt + F9 , oder wählen Sie den Menübefehl Debuggen/Alle Haltepunkte löschen.

Teil V

Entscheidungen treffen (etwas, mit dem Sie aufhören, sobald Sie geheiratet haben)

»Man sagt, wir wären bei dem Versuch, das Produkt rechtzeitig auf den Markt zu bringen, etwas verrückt geworden.«

In diesem Teil ...

Programme sind eigentlich nur Anweisungen, die dem Computer sagen, was er als nächstes tun soll. Die einfachsten Programme sind einfach nur lange Listen, die der Computer von oben nach unten zeilenweise abarbeitet.

Aber das schematische Ausführen von Befehlen ergibt selten ein nützliches Programm. Programme nehmen Daten entgegen und müssen darauf sinnvoll – d.h. in Abhängigkeit von den Daten unterschiedlich – reagieren.

Durch diese Fähigkeit, Entscheidungen zu treffen, vermitteln Programme den Eindruck, auf den Benutzer einzugehen und lebendig und intelligent (na ja, zumindest lebendig) zu sein. Ein entscheidungsfähiges Programm kann sich nützlich machen.

Die Befehle If-Then und If-Then-Else

21

In diesem Kapitel

▶ Eine Bedingung spezifizieren

▶ Mit den Befehlen `If-Then` und `If-Then-End If` arbeiten

▶ Mit den Befehlen `If-Then-Else` und `If-Then-ElseIf` arbeiten

*W*ir alle treffen unsere Entscheidungen, indem wir von bestimmten Bedingungen – wie etwa in dem folgenden Beispiel – ausgehen: »Mach dir keine Sorgen, Schatz, wenn das Fußballspiel früh aufhört, werde ich den Rasen mähen.« Oder: »Wenn du die Katze nicht mehr füttern würdest, dann würde sie vielleicht nicht immer fetter werden.« Wenn es darum geht, Entscheidungen zu treffen, funktioniert Visual Basic ganz genauso. Es prüft bestimmte Bedingungen und macht sein Verhalten vom Ergebnis der Prüfung abhängig.

Bedingungen

Eine *Bedingung* muss einen Wert repräsentieren, der entweder *True* (= *Wahr*) oder *False* (= *Falsch*) ist. Bedingungen können folgende Form haben:

✔ Eine einzelne Variable

✔ Ein Ausdruck

Wenn eine Bedingung aus einer einzelnen Variablen besteht, muss diese Variable entweder den Wert *True* oder den Wert *False* haben. Sie können den Wert einer Variablen auf zwei Arten prüfen. Bei der ersten Methode prüfen Sie ausdrücklich, ob die Variable den Wert *True* hat. Beispiel:

```
If ZuHeiß = True Then
```

Bei der zweiten (kürzeren) Methode verzichten Sie auf das = *True* und schreiben einfach:

```
If ZuHeiß Then
```

Sie brauchen nicht anzugeben, ob diese Variable den Wert *True* hat, weil Visual Basic auf jeden Fall prüft, ob die Variable den Wert *True* oder *False* hat.

Wenn Sie prüfen wollen, ob eine Variable den Wert *False* hat, können Sie schreiben:

```
If ZuKalt = False Then
```

Sie können den Befehl auch abkürzen, indem Sie auf das = *False* verzichten und schreiben:

```
If Not ZuKalt Then
```

Wenn eine Bedingung aus einem Ausdruck besteht, muss dieser gesamte Ausdruck einen Wert repräsentieren, der entweder *True* (= *Wahr*) oder *False* (= *Falsch*) ist. Beispiel:

```
If Alter >= 21 Then
```

In dieser Bedingung hat der Ausdruck *Alter >= 21* den Wert *True*, wenn der Wert der Variable *Alter* größer als oder gleich *21* ist. Andernfalls hat er den Wert *False*.

Im folgenden Beispiel hat die Bedingung den Wert *True*, wenn die Zeichenkette, die in der Eigenschaft *Text* des Textfeldes mit dem Namen *txtName* gespeichert ist, den Wert "*Hans Schmitz*" hat. Andernfalls hat sie den Wert *False*.

```
If (txtName.Text = "Hans Schmitz") Then
```

Die Klammern in diesem Beispiel haben keinen Einfluss auf Ihren wertvollen Code, sondern dienen nur dazu, die Bedingung leichter zu identifizieren.

Im folgenden Beispiel hat der Ausdruck *KatzeAnwesend And KatzeBrav* den Wert *False*:

```
KatzeAnwesend = False
KatzeBrav = True
If KatzeAnwesend And KatzeBrav Then
```

Um die Bedingung in einem If-Befehl leichter lesbar zu machen, können Sie die Bedingung wahlweise auch in Klammern setzen:

```
If (KatzeAnwesend And KatzeBrav) Then
```

Jetzt wissen Sie, was Bedingungen sind und wie sie funktionieren, und Sie können sie in einem *If-Then*-Befehl benutzen.

Der Befehl If-Then

Um Entscheidungen zu treffen, prüft Visual Basic in dem Befehl `If-Then`, ob eine Bedingung *True* oder *False* ist.

Wenn die Bedingung den Wert *True* hat, führt Visual Basic eine bestimmte Anweisung aus. Wenn die Bedingung den Wert *False* hat, ignoriert Visual Basic diese Anweisung.

Da diese Beschreibung sehr wortreich ist, hier noch einmal die Kurzform:

```
If Bedingung Then Anweisung
```

Dieser Code weist Visual Basic an: »Wenn die Bedingung den Wert *True* hat, führe die dahinter stehende Anweisung aus.«

Wie auch immer die Bedingung lauten mag, sie muss auf jeden Fall den Wert *True* oder *False* haben.

Hier sind einige Beispiele aus dem Leben:

```
If Zahl > 25 Then txtNotiz.Text = "Voll"
```

Visual Basic interpretiert diesen Code folgendermaßen:

1. Der Befehl sagt: »Prüfe, ob die Variable mit dem Namen *Zahl* größer als *25* ist. Wenn dies der Fall ist, weise der Eigenschaft *Text* eines Textfeldes mit dem Namen *txtNotiz* den Wert *Voll* zu.«

2. "Andernfalls tue gar nichts und gehe weiter zum nächsten Befehl.«

```
If Hungrig Or Gelangweilt Then Meldung = "Komm, wir essen."
```

Visual Basic interpretiert diesen Code folgendermaßen:

1. Der Befehl sagt: »Prüfe den Wert der Variablen mit dem Namen *Hungrig* und den Wert der Variablen mit dem Namen *Gelangweilt*. Wenn eine der beiden Variablen den Wert *True* hat, erstelle die Variable *Meldung* und weise Ihr die Zeichenkette *"Komm, wir essen."* zu.«

2. »Andernfalls, wenn beide Variablen den Wert *False* haben, tue gar nichts und gehe weiter zum nächsten Befehl.«

Ein typischer `If-Then`-Befehl prüft, ob eine bestimmte Bedingung *True* oder *False* ist, und führt dann einen einzelnen Befehl aus. Was passiert jetzt, wenn das Programm eine Bedingung testen und dann zwei oder mehr Anweisungen ausführen soll? In diesem Fall müssen Sie eine andere Variante des `If-Then`-Befehls benutzen, nämlich den Befehl `If-Then-End If`.

Der Befehl If-Then-End If

Mit dem Befehl `If-Then-End If` können Sie eine Bedingung testen und mehrere Anweisungen ausführen, wenn die Bedingung den Wert *True* hat. Der Befehl `If-Then-End If` hat folgende Syntax:

```
If Bedingung Then
   Anweisung1
   Anweisung2
End If
```

Dieser Code weist Visual Basic an: »Wenn die Bedingung den Wert *True* hat, führe alle folgenden Anweisungen bis zum Befehl *End If* aus.«

Hier ist ein Beispiel aus dem Leben:

```
If Strom_ist_ausgefallen = True Then
    Kerzen_anzünden = True
    txtWarnung.Text = "Sie haben Ihre ganze Arbeit verloren."
End If
```

Visual Basic interpretiert diesen Code folgendermaßen:

1. Die erste Zeile sagt: »Prüfe den Wert der Variablen *Strom_ist_ausgefallen*. Wenn sie den Wert *True* hat, führe die folgenden beiden Anweisungen aus. Falls sie den Wert *False* hat, tue gar nichts.«

2. Die zweite Zeile sagt: »Weise der Variablen mit dem Namen *Kerzen_anzünden* den Wert *True* zu.«

3. Die dritte Zeile sagt: »Weise der Eigenschaft *Text* des Textfeldes mit dem Namen *txtWarnung* die Zeichenkette *"Sie haben Ihre ganze Arbeit verloren."* zu.«

Der Befehl If-Then-Else

Mit dem Befehl If-Then geben Sie Ihrem Programm die Fähigkeit, bestimmte Anweisungen auszuführen, wenn eine Bedingung den Wert *True* hat. Wenn Sie noch nicht den Zenit Ihrer Programmierkarriere erreicht haben, machen Sie sich jetzt auf die Mächtigkeit des Befehls If-Then-Else gefasst.

Wenn Sie nur die Befehle If-Then-ElseIf und If-Then-End If benutzen, um zu testen, ob eine Bedingung den Wert *True* oder den Wert *False* hat, kommen Sie sehr schnell auf eine sehr große Anzahl von Befehlen. Gibt es da nichts Besseres? Die Antwort lautet natürlich *Ja*! Für solche Zwecke gibt es in Visual Basic den Befehl If-Then-Else.

Die einfachste Form des Befehls If-Then-Else sieht folgendermaßen aus:

```
If Bedingung Then
    Anweisungen1
Else
    Anweisungen2
End If
```

Dieser Code weist Visual Basic an: »Wenn die Bedingung den Wert *True* hat, führe den ersten Block mit Anweisungen aus. Wenn die Bedingung den Wert *False* hat, führe den zweiten Block mit Anweisungen aus.«

Wie würden Sie die folgenden beiden Befehle ändern?

```
If Tag > 15 Then txtMeldung.Text = "Die Rechnungen sind überfällig."
If Tag <= 14 Then txtMeldung.Text = "Bezahlen Sie Ihre Rechnungen!"
```

Abhängig von der Bedingung, die Sie testen wollen, können Sie diese Befehle auf zwei verschiedene Arten umschreiben. Wenn Sie die Bedingung *Tag > 15* benutzen, erhalten Sie:

```
If Tag > 15 Then
    txtMeldung.Text = "Die Rechnungen sind überfällig."
Else
    txtMeldung.Text = "Bezahlen Sie Ihre Rechnungen!"
End If
```

Wenn Sie dagegen die Bedingung *Tag <= 14* benutzen, erhalten Sie:

```
If Tag <= 14 Then
    txtMeldung.Text = "Bezahlen Sie Ihre Rechnungen!"
Else
    txtMeldung.Text = "Die Rechnungen sind überfällig."
End If
```

Beide Varianten des Befehls If-Then-Else sind absolut korrekt. Welche Variante Sie wählen, ist eine Frage der persönlichen Präferenzen.

Die Anweisungsblöcke zwischen den Zeilen If Then und Else bzw. zwischen den Zeilen Else und End If können beliebig viele Anweisungen enthalten.

Der Befehl If-Then-Else hat einen möglichen Nachteil: Wenn die Bedingung in der ersten Zeile den Wert *False* hat, arbeitet Visual Basic blind die Anweisungen in dem zweiten Anweisungsblock ab. Wenn Sie dies verhindern wollen, müssen Sie auch für den zweiten Anweisungsblock eine Bedingung spezifizieren. Zu diesem Zweck müssen Sie den Befehl If-Then-ElseIf benutzen.

Testen Sie Ihr neu erworbenes Wissen

1. Was ist eine Bedingung?

a) Etwas, das Sie veranlasst, sich am Kopf zu kratzen.

b) Ein Zustand, den Sie als Ausrede benutzen können, um unangenehme Angelegenheiten zu vermeiden.

c) Etwas, mit dem Eltern ihren Kindern drohen: »Wenn du nicht gleich ruhig bist, verschwindest du sofort ins Bett.«

d) Eine Variable oder ein Ausdruck, die/der den Wert *True* oder den Wert *False* annehmen kann.

2. Wie lautet die alternative Form des folgenden Befehls?

```
If GeldAlle = False Then
```

a) `If GeldAlle Then "Schimpfe auf die Konkurrenz in Übersee."`

b) `If GeldAlle Then "Wähle einen anderen Bundeskanzler."`

c) `If Not GeldAlle Then`

d) `If GeldAlle = True Or False Then`

Der Befehl If-Then-ElseIf

Der Befehl `If-Then-ElseIf` hat die folgende Form:

```
If Bedingung1 Then
    Anweisungen1
ElseIf Bedingung2 Then
    Anweisungen2
End If
```

Dieser Code weist Visual Basic an:»Wenn die erste Bedingung den Wert *True* hat, führe den ersten Block mit Anweisungen aus. Wenn die erste Bedingung *Falsch* ist, prüfe die zweite Bedingung. Wenn die zweite Bedingung den Wert *True* hat, führe den zweiten Block mit Anweisungen aus. Wenn die zweite Bedingung den Wert *False* hat, tue gar nichts.«

Bei dem Befehl `If-Then-Else` führt der Computer auf jeden Fall einen der beiden Anweisungsblöcke aus. Aber bei dem Befehl `If-Then-ElseIf` ist es möglich, dass der Computer gar keine Anweisungen ausführt.

Beispiel:

```
If Tag > 15 Then
    txtMeldung.Text = "Die Rechnungen sind überfällig."
ElseIf Tag > 10
    txtMeldung.Text = "Bezahlen Sie Ihre Rechnungen!"
End If
```

Was passiert, wenn die Variable *Tag* den Wert 12 hat?

1. Visual Basic prüft die erste Bedingung und stellt fest, dass der Ausdruck *Tag > 15* den Wert *False* hat, weil die Variable *Tag* den Wert 12 hat, und ignoriert deshalb die erste Anweisung.

2. Dann prüft Visual Basic die zweite Bedingung und stellt fest, dass der Ausdruck *12 > 10* den Wert *True* hat. Deshalb weist es der Eigenschaft *Text* des

Textfeldes mit dem Namen *txtMeldung* die Zeichenkette *"Bezahlen Sie Ihre Rechnungen!"* zu.

Jetzt kommt der vertrackte Teil. Was passiert, wenn die Variable *Tag* den Wert 6 hat?

1. Visual Basic prüft die erste Bedingung und stellt fest, dass der Ausdruck *Tag > 15* den Wert *False* hat, weil *Tag* den Wert 6 hat, und ignoriert deshalb die erste Anweisung.

2. Dann prüft Visual Basic die zweite Bedingung und stellt fest, dass der Ausdruck *6 > 10* den Wert *False* hat, und ignoriert deshalb auch die zweite Anweisung.

3. Schließlich erreicht Visual Basic die Zeile *End If* des Befehls `If-Then-ElseIf`. Da keine der beiden Bedingungen den Wert *True* hatte, wurde auch keine der beiden Anweisungen ausgeführt.

Um Mehrweg-Entscheidungen zu treffen, müssen Sie mit mehreren `ElseIf`-Bedingungen arbeiten.

Mehrweg-Entscheidungen mit dem Befehl If-Then-ElseIf

Um mehrere Bedingungen zu prüfen, können Sie mehrere `ElseIf`-Befehle folgendermaßen kombinieren:

```
If Bedingung1 Then
    Anweisungen1
ElseIf Bedingung2 Then
    Anweisungen2
ElseIf Bedingung3 Then
    Anweisungen3
End If
```

Dieser Code weist Visual Basic an: »Wenn die erste Bedingung den Wert *True* hat, führe den ersten Block mit Anweisungen aus. Wenn die erste Bedingung *Falsch* ist, prüfe die zweite Bedingung. Wenn die zweite Bedingung den Wert *True* hat, führe den zweiten Block mit Anweisungen aus. Wenn die zweite Bedingung *Falsch* ist, prüfe die dritte Bedingung. Wenn die dritte Bedingung den Wert *True* hat, führe den dritten Block mit Anweisungen aus. Wenn die dritte Bedingung den Wert *False* hat, tue gar nichts.«

Noch einmal: Auch hier ist es möglich, dass alle Bedingungen den Wert *False* haben, so dass der Computer keinen der Anweisungsblöcke ausführt.

Sie können so viele `ElseIf`-Zeilen benutzen, wie Sie wollen. Je mehr Sie allerdings benutzen, desto verwirrender wird Ihr ganzer Befehl `If-Then-ElseIf`. (»Wenn jetzt die dritte Bedingung den Wert *False* hat, aber die vierte Bedingung den Wert *True* hat – warten Sie mal, was soll dann passieren?«)

Sicherstellen, dass der Computer wenigstens einen Anweisungsblock ausführt

Selbst wenn Sie einen riesigen `If-Then-ElseIf`-Befehl schreiben, kann es passieren, dass der Computer keine einzige Anweisung ausführt. Um sicherzustellen, dass der Computer wenigstens einen Anweisungsblock ausführt, fügen Sie am Ende des Befehls einen `Else`-Befehl ein:

```
If Bedingung1 Then
    Anweisungen1
ElseIf Bedingung2 Then
    Anweisungen2
Else
    StandardAnweisungen
End If
```

Dieser Code weist Visual Basic an: »Wenn die erste Bedingung den Wert *True* hat, führe den ersten Block mit Anweisungen aus. Wenn die erste Bedingung *Falsch* ist, prüfe die zweite Bedingung. Wenn die zweite Bedingung den Wert *True* hat, führe den zweiten Block mit Anweisungen aus. Wenn alle Bedingungen *Falsch* sind, führe den Block mit den Standardanweisungen aus.«

If-Then-Befehle verschachteln

Die Anweisungsblöcke in Ihren `If-Then-Else`-Befehlen können selbst weitere `If-Then-Else`-Befehle enthalten. Sie können deshalb schreiben:

```
If Alter > 21 Then
    If Bewertung = 10 Then
        txtAktion.Text = "Um Verabredung bitten."
    End If
Else
    txtAktion.Text = "Tut mir leid, du bist zu jung."
End If
```

 Wenn die Variable *Alter* den Wert *23* und die Variable *Bewertung* den Wert *10* hat, interpretiert Visual Basic den Code folgendermaßen:

1. Visual Basic prüft die erste Bedingung und stellt fest, dass der Ausdruck *Alter > 21* den Wert *True* hat, weil *Alter* den Wert *23* hat.

2. Dann prüft Visual Basic die zweite Bedingung und stellt fest, dass der Ausdruck *Bewertung = 10* den Wert *True* hat. Deshalb weist es der Eigenschaft *Text* des Textfeldes mit dem Namen *txtAktion* die Zeichenkette *"Um Verabredung bitten."* zu.

 Wenn die Variable *Alter* den Wert *23* und die Variable *Bewertung* den Wert *9* hat, interpretiert Visual Basic den Code folgendermaßen:

1. Visual Basic prüft die erste Bedingung und stellt fest, dass der Ausdruck *Alter > 21* den Wert *True* hat, weil *Alter* den Wert *23* hat.

2. Dann prüft Visual Basic die zweite Bedingung und stellt fest, dass der Ausdruck *Bewertung = 10* den Wert *False* hat, und macht deshalb gar nichts.

Wenn schließlich die Variable *Alter* den Wert *13* und die Variable *Bewertung* den Wert *10* hat, interpretiert Visual Basic den Code folgendermaßen:

1. Visual Basic prüft die erste Bedingung und stellt fest, dass der Ausdruck *Alter > 21* den Wert *False* hat, weil *Alter* den Wert *13* hat.

2. Visual Basic springt zum `Else`-Teil des `If-Then-Else`-Befehls und weist der Eigenschaft *Text* des Textfeldes mit dem Namen *txtAktion* die Zeichenkette *"Tut mir leid, du bist zu jung."* zu. Beachten Sie, dass in diesem Fall der Wert von *Bewertung* keine Rolle spielt.

Passen Sie auf, wenn Sie `If-Then-Else`-Befehle verschachteln. Denn dabei kann es leicht passieren, dass der Code nicht so funktioniert, wie Sie es sich vorgestellt haben. Wenn z.B. im vorhergehenden Code die Variable *Alter* den Wert *23* hat und die Varibale *Bewertung* nur den Wert *9*, könnten Sie zu Ihrer Überraschung feststellen, dass dieser Code der Eigenschaft *Text* des Textfeldes *txtAktion* überhaupt keine Zeichenkette zuweist.

Select Case und verschachtelte Kontrollstrukturen

22

In diesem Kapitel

▶ Der Befehl Select Case

▶ Sicherstellen, dass der Computer wenigstens einen Anweisungsblock ausführt

▶ Arbeiten mit verschachtelten Kontrollstrukturen

*U*mfangreiche If-Then-Befehle mit vielen ElseIf-Zweigen sehen häßlich aus, sind schwer zu lesen und zu verstehen und umständlich zu schreiben. Betrachten Sie folgendes Beispiel:

```
If Anrufer = "Frank" Then
    txtAntwort.Text = "Ja!"
ElseIf Anrufer = "Paul" Then
    txtAntwort.Text = "OK, aber nur wenn du kaufst."
ElseIf Anrufer = "Paula" Then
    txtAntwort.Text = "Ich werde mir heute abend die Haare waschen."
ElseIf Anrufer = "Markus" Then
    txtAntwort.Text = "Dies ist eine Aufzeichnung."
End If
```

Welche Alternative gibt es zu diesen vielen ElseIf-Befehlen?

Eine Alternative besteht darin, Ihre Kopie von Visual Basic aus dem Fenster zu werfen und jemanden zu suchen, der Ihre Programme für Sie schreibt. Die praktischere Alternative besteht darin, mit dem Befehl Select Case zu arbeiten.

Der Befehl Select Case

Der Befehl Select Case hat folgende Form:

```
Select Case VariablenName
    Case X
        Anweisungen1
    Case Y
        Anweisungen2
    Case Z
        Anweisungen3
End Select
```

Dieser Code weist Visual Basic an: »Prüfe die Variable mit dem Namen *VariablenName*. Wenn sie den Wert *X* hat, führe den Anweisungsblock *Anweisungen1* aus. Wenn sie den Wert *Y* hat, führe den Anweisungsblock *Anweisungen2* aus. Wenn sie den Wert *Z* hat, führe den Anweisungsblock *Anweisungen3* aus.«

Wenn wir den Befehl If-Then-ElseIf mit den Mehrfachverzweigungen vom Anfang dieses Kapitels durch den Befehl Select Case ersetzen, erhalten wir:

```
Select Case Anrufer
    Case "Frank"
        txtAntwort.Text = "Ja!"
    Case "Paul"
        txtAntwort.Text = "OK, aber nur wenn du kaufst."
    Case "Paula"
        txtAntwort.Text = "Ich wasche mir die Haare."
    Case "Markus"
        txtAntwort.Text = "Dies ist eine Aufzeichnung."
End Select
```

Dieser Befehl sieht übersichtlicher aus und enthält weniger Wiederholungen (wie ElseIf oder Then).

Die Anzahl der Case-Zeilen in dem Befehl Select Case ist nicht beschränkt.

Den Befehl Select Case mit Vergleichsoperatoren einsetzen

Normalerweise geben Sie bei einem Case-Befehl den genauen Wert an, den Sie prüfen wollen. Daneben hat dieser Befehl eine Variante, mit der Sie prüfen können, ob eine Variable in einen bestimmten Wertebereich fällt. Zu diesem Zweck verwenden Sie die bekannten Vergleichsoperatoren <, <=, =>, >, <> oder =.

Wenn Sie in einer Case-Zeile einen Vergleichsoperator verwenden wollen, müssen Sie hinter das reservierte Schlüsselwort Case das Wort is einfügen. Der Befehl sieht dann folgendermaßen aus:

```
Select Case Tag
    Case is > 15 Then
        txtMeldung.Text = "Die Rechnungen sind überfällig."
    Case is > 10
        txtMeldung = "Bezahlen Sie Ihre Rechnungen!"
End Select
```

Dieser Befehl entspricht dem folgenden If-Then-ElseIf-Befehl:

```
If Tag > 15 Then
    txtMeldung.Text = "Die Rechnungen sind überfällig."
ElseIf Tag > 10
    txtMeldung = "Bezahlen Sie Ihre Rechnungen!"
End If
```

Sicherstellen, dass der Computer wenigstens einen Anweisungsblock ausführt

Wie bei dem If-Then-ElseIf-Befehl kann es auch bei dem Befehl Select Case vorkommen, dass kein Anweisungsblock ausgeführt wird, weil keine Case-Zeile den Wert *True* ergibt. Um sicherzustellen, dass der Computer einen Anweisungsblock ausführt, müssen Sie auch hier mit dem magischen Else-Befehl arbeiten. Beispiel:

```
Select Case Tag
    Case 1
        Anweisungen1
    Case 2
        Anweisungen2
    Case 3
        Anweisungen3
    Case Else
        StandardAnweisungen
End Select
```

 Der Code weist Visual Basic an: »Wenn die Variable *Tag* den Wert *1* hat, führe den Anweisungsblock *Anweisungen1* aus. Wenn die Variable *Tag* den Wert *2* hat, führe den Anweisungsblock *Anweisungen2* aus. Wenn die Variable *Tag* den Wert *3* hat, führe den Anweisungsblock *Anweisungen3* aus. Andernfalls führe den Anweisungsblock *StandardAnweisungen* aus.«

Verschachtelte Kontrollstrukturen

Eins der einfachsten Spielzeuge, mit denen sich Kinder endlos beschäftigen können, sind die ineinander geschachtelten russischen Puppen. Jedesmal, wenn man eine Puppe öffnet, kommt in ihrem Inneren eine weitere, kleinere Puppe zum Vorschein. Natürlich kommt man irgendwann an ein Ende, an dem sich die Puppe nicht mehr öffnen lässt.

Normalerweise enthält ein Select-Case-Befehl einen oder mehrere Anweisungsblöcke. Beispiel:

```
Select Case ID
    Case 123
        chkFrank.Value = True
    Case 124
        chkPaul.Value = True
    Case 125
        chkMarta.Value = True
End Select
```

Statt gewöhnlicher Anweisungen können Sie auch einen Select-Case-Befehl in einen anderen Select-Case-Befehl einschachteln. Beispiel:

```
Select Case IQ
    Case 120
        Select Case Alter
            Case 9
                txtAnaylse.Text = "Du bist ein kluges Kind."
        End Select
End Select
```

Visual Basic interpretiert diesen Code folgendermaßen:

1. Die erste Zeile sagt: »Prüfe den Wert der Variablen mit dem Namen *IQ*. Fahre dann mit der zweiten Zeile fort.«

2. Die zweite Zeile sagt: »Wenn die Variable *IQ* den Wert *120* hat, fahre mit der dritten Zeile fort. Andernfalls springe zum End-Select-Befehl in der siebten Zeile.«

3. Die dritte Zeile sagt: »Prüfe den Wert der Variablen mit dem Namen *Alter*. Fahre dann mit der vierten Zeile fort.«

4. Die vierte Zeile sagt: »Wenn die Variable *Alter* den Wert *9* hat, fahre mit der fünften Zeile fort. Andernfalls springe zum End-Select-Befehl in der sechsten Zeile.«

5. Die fünfte Zeile sagt: »Weise der Eigenschaft *Text* des Textfeldes mit dem Namen *txtAnalyse* die Zeichenkette *Du bist ein kluges Kind.* zu.«

6. Die sechste Zeile sagt: »Hier endet der Select-Case-Befehl aus der dritten Zeile. Fahre mit der folgenden Zeile fort.«

7. Die siebte Zeile sagt: »Hier endet der Select-Case-Befehl aus der ersten Zeile.«

Aus lauter Spaß an der Freud können Sie die beiden Befehle auch kombinieren und If-Then-ElseIf-Befehle in den Anweisungsblöcken von Select-Case-Befehlen und umgekehrt verwenden.

Theoretisch gibt es keine Obergrenze für die Anzahl der If-Then-ElseIf- oder Select-Case-Befehle, die Sie ineinander schachteln können. Aber je weniger Schachtelungsstufen Sie verwenden, desto leichter ist Ihr Code zu verstehen. Die Faustregel besagt, dass Sie nicht mehr als drei Schachtelungsebenen benutzen sollten, weil Sie sonst den Überblick verlieren.

Beim Schachteln von If-Then-ElseIf- oder *Select-Case*-Befehlen sollten Sie die Befehle einrücken, damit besser zu erkennen ist, wo sie beginnen und enden. Betrachten Sie zum Beispiel, wie verwirrend der folgende Code ohne Einrückungen aussieht:

```
Select Case Gehalt
Case 2400
If Name = "Hans" Then"
txtBeurteilung.Text = "In diesem Jahr keine Erhöhung!"
ElseIf Name = "Karin" Then
txtBeurteilung.Text = "Fünf Prozent Erhöhung empfohlen."
End If
End Select
```

Und hier ist der gleiche Code mit Einrückungen:

```
Select Case Gehalt
   Case 2400
      If Name = "Hans" Then"
         txtBeurteilung.Text = "Heuer keine Erhöhung!"
      ElseIf Name = "Karin" Then
         txtBeurteilung.Text = "Fünf Prozent Erhöhung."
      End If
End Select
```

Für den Computer sind die beiden Varianten absolut gleichwertig. Aber für den Programmierer ist der Code mit den Einrückungen viel leichter zu verstehen als der Code ohne Einrückungen.

Testen Sie Ihr neu erworbenes Wissen

1. **Welche Obergrenze hat die Anzahl der Kontrollstrukturen (If-Then-ElseIf- oder Select-Case-Befehle), die Sie ineinander verschachteln können?**

   a) Die Obergrenze hängt von der Bereitschaft des Programmierers ab, immer wieder dieselben Befehle einzutippen.

   b) Die Obergrenze wird durch die Anwendung von Einsteins Relativitätstheorie auf das Programmieren bestimmt.

   c) Die Obergrenze ist 55. Wenn Sie diese Grenze überschreiten, werden Sie von der Polizei angehalten.

d) Es gibt keine Obergrenze. Doch je tiefer die Kontrollstrukturen verschachtelt sind, desto schwieriger ist ein Programm zu verstehen.

2. **Was können Sie tun, um verschachtelte Kontrollstrukturen lesbar und verstehbar zu machen?**

a) Keine verschachtelten Kontrollstrukturen benutzen.

b) Gar nicht erst programmieren.

c) Die Anzahl der verschachtelten Kontrollstrukturen begrenzen und die Kontrollstrukturen einrücken, damit jeder If-Then- oder Select-Case-Befehl leichter zu finden ist.

d) Die verschachtelten Kontrollstrukturen in großen, fetten Druckbuchstaben schreiben und kurze Sätze benutzen: »Da rennt Hans. Hans rennt schnell.«

Teil VI

Schleifen über Schleifen

The 5th Wave — By Rich Tennant

Echte Programmierer

Echte Programmierer HASSEN koffeinfreien Kaffee.

In diesem Teil ...

Jedes Programm enthält Anweisungen, die dem Computer sagen, was er tun soll. Manchmal werden diese Anweisungen nur einmal ausgeführt, z.B. wenn das Programm geladen wird.

Aber in den meisten Programmen gibt es Anweisungen, die immer wieder benutzt werden. Statt diese Anweisungen mehrfach zu schreiben, haben Programmierer die so genannten *Schleifen* erfunden.

Schleifen sind Anweisungen, die dem Computer sagen: »Führe die folgenden Anweisungen eine bestimmte Anzahl von Malen aus und höre dann auf.« Wenn ein Programmierer mit Schleifen arbeitet, braucht er dieselben Anweisungen nur einmal zu schreiben.

Die Do-While- und Do-Loop-While-Schleifen

In diesem Kapitel

▶ Mit der Do-While-Schleife arbeiten

▶ Die Funktionsweise der Do-Loop-While-Schleife untersuchen

▶ Mit der Do-Loop-While-Schleife arbeiten

Do-While-Schleifen prüfen zuerst, ob eine bestimmte Bedingung den Wert *True* hat, bevor sie etwas tun. Wenn diese den Wert *True* hat, werden die Anweisungen innerhalb der Schleife ausgeführt. Andernfalls fährt Visual Basic mit den Anweisungen nach der Schleife fort.

Do-While-Schleifen kommen auch im Alltag vor. Etwa wenn Eltern ihren Kindern sagen: »Schaue nach rechts und links, bevor du über die Straße gehst. Wenn kein Auto kommt, kannst du gehen.«

Eine Do-While-Schleife hat folgende Form:

```
Do While Bedingung
    Anweisungen
Loop
```

Die Bedingung muss aus einer Variablen oder einem Ausdruck bestehen, die/der den Wert True oder False repräsentiert. Eine Do-While-Schleife kann mehrere Anweisungen, also einen Anweisungsblock, enthalten.

Wie die Do-While-Schleife funktioniert

Der Code einer Do-While-Schleife sagt Visual Basic: »Prüfe, ob der Wert der Bedingung *True* oder *False* ist. Wenn die Bedingung den Wert *False* hat, ignoriere alle Anweisungen in der Do-While-Schleife. Wenn die Bedingung den Wert *True* hat, führe alle Anweisungen in der Do-While-Schleife aus.«

Das folgende Beispiel enthält eine Do-While-Schleife:

```
Zähler = 0
Do While Zähler <> 5
    Zähler = Zähler + 1
    txtZähler.Text = CStr(Zähler)
Loop
```

Visual Basic interpretiert diesen Code folgendermaßen:

1. Die erste Zeile sagt: »Erstelle eine Variable mit dem Namen *Zähler* und weise ihr den Wert *0* zu.«

2. Die zweite Zeile sagt: »Solange die Variable *Zähler* ungleich fünf ist, wiederhole alle Anweisungen zwischen der Do-While-Zeile und der Loop-Zeile.«

3. Die dritte Zeile sagt: »Erhöhe den Wert von *Zähler* um Eins.«

4. Die vierte Zeile sagt: »Wandle den Wert von *Zähler* in eine Zeichenkette um und weise diese der Eigenschaft *Text* eines Textfelds namens *txtZähler* zu.«

5. Die fünfte Zeile sagt: »Hier hört die Do-While-Schleife auf. Gehe an den Anfang der Do-While-Schleife in der zweiten Zeile zurück.« (Dort wird der Wert der Variablen *Zähler* erneut geprüft. Die Schleife wird so lange ausgeführt, bis *Zähler* den Wert fünf hat.)

Bei jedem Durchlauf wird der Wert von Zähler um Eins erhöht. Sobald Zähler den Wert fünf annimmt, nimmt die Bedingung Zähler <> 5 den Wert *False* an, und die Do-While-Schleife hält an.

Wie oft wird eine Do-While-Schleife durchlaufen?

Wenn die Bedingung einer Do-While-Schleife am Anfang den Wert *False* hat, werden die Anweisungen im Inneren der Schleife nicht ausgeführt. In diesem Fall wird die Schleife also nullmal durchlaufen.

Wenn die Bedingung einer Do-While-Schleife am Anfang den Wert *True* hat, wird die Schleife wenigstens einmal durchlaufen.

Wenn die Bedingung einer Do-While-Schleife immer den Wert *True* hat, wird die Schleife unendlich oft durchlaufen, bis Sie den Computer abschalten oder das Universum in einem weiteren Big Bang explodiert.

Eine Schleife, die endlos durchlaufen wird, heißt *Endlosschleife*.

Endlosschleifen schicken Ihr Programm ins Nirvana und führen dazu, dass es nicht korrekt funktioniert (weil die Schleife niemals endet). Um Endlosschleifen zu vermeiden, achten Sie immer darauf, dass wenigstens ein Befehl im Inneren der Schleife den Wahrheitswert der Anfangsbedingung der Schleife ändert.

Wann sollten Sie eine Do-While-Schleife verwenden?

Benutzen Sie eine `Do-While`-Schleife in folgenden Situationen:

✔ Wenn Sie eine Schleife null oder mehrere Male durchlaufen wollen

✔ Wenn Sie eine Schleife durchlaufen wollen, solange eine bestimmte Bedingung den Wert *True* hat

Wie die Do-Loop-While-Schleife funktioniert

Die `Do-Loop-While`-Schleife weist Visual Basic an: »Mach einfach weiter, bis eine bestimmte Bedingung dir sagt, dass es Zeit ist aufzuhören.«

`Do-Loop-While`-Schleifen kommen auch im Alltag vor. Etwa wenn ein Vater seinen Kindern sagt: »Macht was ihr wollt, solange ihr mich nicht stört.«

Eine `Do-Loop-While`-Schleife hat folgende Form:

```
Do
    Anweisungen
Loop While Bedingung
```

Die Bedingung muss aus einer Variablen oder einem Ausdruck bestehen, die/der den Wert *True* oder *False* repräsentiert. Eine `Do-Loop-While`-Schleife kann mehrere Anweisungen, also einen Anweisungsblock, enthalten.

Der Code einer `Do-Loop-While`-Schleife sagt Visual Basic: »Führe alle Anweisungen im Inneren der Schleife aus. Prüfe dann, ob der Wert der Bedingung *True* oder *False* ist. Wenn die Bedingung den Wert *False* hat, verlasse die Schleife. Wenn die Bedingung den Wert *True* hat, führe alle Anweisungen in der `Do-Loop-While`-Schleife noch einmal aus.«

Das folgende Beispiel zeigt eine typische `Do-Loop-While`-Schleife mit einem Zähler:

```
Zähler = 0
Do
    Zähler = Zähler + 1
Loop While Zähler < 5
```

Visual Basic interpretiert diesen Code folgendermaßen:

1. Die erste Zeile sagt: »Erstelle eine Variable mit dem Namen *Zähler* und weise ihr den Wert *0* zu.«

2. Die zweite Zeile sagt: »Hier beginnt die `Do-Loop-While`-Schleife.«

3. Die dritte Zeile sagt: »Nimm den Wert der Variablen *Zähler*, addiere *1* zu diesem Wert und speichere den neuen Wert wieder in der Variablen *Zähler*.«

4. Die vierte Zeile sagt: »Hier hört die Do-Loop-While-Schleife auf. Prüfe, ob die Variable *Zähler* kleiner als 5 ist. Wenn die Variable gleich oder größer als 5 ist, beende die Schleife. Wenn sie kleiner als 5 ist, gehe an den Anfang der Do-Loop-While-Schleife in der zweiten Zeile zurück und fange von vorne an.«

Mit jedem Durchlauf der Schleife wird der Wert der Variablen *Zähler* um eins erhöht. Wenn die Variable den Wert 5 erreicht, hat die Bedingung *Zähler* < 5 den Wert *False* und die Do-Loop-While-Schleife wird beendet.

Wie oft wird eine Do-Loop-While-Schleife durchlaufen?

Unabhängig vom Wert der Bedingung wird eine Do-Loop-While-Schleife wenigstens einmal durchlaufen. Solange die Bedingung den Wert *True* hat, wird die Schleife endlos durchlaufen.

Um Do-Loop-While-Endlosschleifen zu vermeiden, achten Sie immer darauf, dass wenigstens ein Befehl im Inneren der Schleife den Wahrheitswert der Endbedingung der Schleife ändert.

Wann sollten Sie eine Do-Loop-While-Schleife verwenden?

Benutzen Sie eine Do-Loop-While-Schleife in folgenden Situationen:

✔ Wenn Sie eine Schleife wenigstens einmal durchlaufen wollen

✔ Wenn Sie eine Schleife durchlaufen wollen, solange eine bestimmte Bedingung den Wert *True* hat

 Wählen Sie Ihre Schleifen sorgfältig aus! Die Schleifen sehen ähnlich aus, aber funktionieren unterschiedlich. Um Verwirrung zu vermeiden, versuchen Sie, in Ihrem gesamten Programm nur eine Art von Schleifen zu verwenden. Sie können dann leichter herausfinden, wie alle Schleifen in Ihrem Programm funktionieren.

Testen Sie Ihr neu erworbenes Wissen

1. **Was sind die beiden Hauptunterschiede zwischen einer** Do-While-**Schleife und einer** Do-Loop-While-**Schleife?**

   a) Die Wörter haben eine andere Reihenfolge und enthalten eine unterschiedliche Anzahl von Konsonanten.

   b) Die Do-While-Schleife wird null oder mehrere Male durchlaufen. Sie wird nur durchlaufen, wenn ihre Anfangsbedingung den Wert *True* hat. Dagegen wird die Do-Loop-While-Schleife unabhängig vom Wert ihrer Bedingung wenigstens einmal durchlaufen. Solange die Bedingung den Wert *True* behält, wird sie endlos durchlaufen.

   c) Beide Schleifenarten laufen endlos, schneller und schneller, bis der Computer an die Wand geschleudert wird, weil sie so schnell laufen.

   d) Vier von fünf Zahnärzten empfehlen die Do-While-Schleife, zuckerfreien Kaugummi und die Super-Strahler-Zahncreme.

2. Warum kann eine Do-While-Schleife null oder mehrere Male durchlaufen werden?

   b) Weil sie die Schleife Nummer Eins ist, die zwei von drei Programmierern bei Microsoft, Borland und Symantec bevorzugt benutzen.

   c) Das weiß niemand, aber ich erinnere mich an eine Folge von »XY – Ungelöst«, in der die Zuschauer gebeten wurden, zur Aufklärung des Rätsels beizutragen.

   d) Weil sie die Bedingung prüft, bevor sie das erste Mal durchlaufen wird.

   e) Weil sie Stereoide nimmt: Sie läuft deshalb nicht nur einmal, sondern auch schneller als die anderen Schleifen, die nicht gedopt sind.

Die Do-Until- und
Do-Loop-Until-Schleifen

In diesem Kapitel

▶ Mit der Do-Until-Schleife arbeiten

▶ Die Anzahl der Wiederholungen einer Do-Until-Schleife festlegen

▶ Mit der Do-Loop-Until-Schleife arbeiten

Do-Until-Schleifen werden ausgeführt, bis eine bestimmte Bedingung den Wert *True* hat. Ein Beispiel aus dem Leben: »Stiehl aus der Ladenkasse, bis jemand zuschaut.«

Eine Do-Until-Schleife hat folgende Form:

```
Do Until Bedingung
   Anweisungen
Loop
```

Die Bedingung muss aus einer Variablen oder einem Ausdruck bestehen, die oder der den Wert *True* oder *False* repräsentiert. Eine Do-Until-Schleife kann mehrere Anweisungen, also einen Anweisungsblock, enthalten.

Wie die Do-Until-Schleife funktioniert

Der Code einer Do-Until-Schleife sagt Visual Basic: »Prüfe, ob der Wert der Bedingung *True* oder *False* ist. Wenn die Bedingung den Wert *True* hat, ignoriere alle Anweisungen in der Do-Until-Schleife und beende die Schleife. Wenn die Bedingung den Wert *False* hat, führe alle Anweisungen in der Do-Until-Schleife aus.«

Das folgende Beispiel zeigt eine typische Do-Until-Schleife mit einem Zähler:

```
Zähler = 0
Do Until Zähler > 4
   Zähler = Zähler + 1
Loop
```

 Visual Basic interpretiert diesen Code folgendermaßen:

1. Die erste Zeile sagt: »Erstelle eine Variable mit dem Namen *Zähler* und weise ihr den Wert *0* zu.«

2. Die zweite Zeile sagt: »Hier beginnt die Do-Until-Schleife. Solange die Bedingung *Zähler > 4* den Wert *False* hat, führe alle Anweisungen im Inneren der Schleife aus. Falls die Bedingung *Zähler > 4* den Wert *True* hat, beende die Schleife.«

3. Die dritte Zeile sagt: »Nimm den Wert der Variablen *Zähler*, addiere *1* zu diesem Wert und speichere den neuen Wert wieder in der Variablen *Zähler*.«

4. Die vierte Zeile sagt: »Hier hört die Do-Until-Schleife auf.«

Mit jedem Durchlauf der Schleife wird der Wert der Variablen *Zähler* um Eins erhöht. Wenn die Variable den Wert *5* erreicht, hat die Bedingung *Zähler > 4* den Wert *True*, und die Do-Until-Schleife wird beendet.

Wie oft wird eine Do-Until-Schleife durchlaufen?

Eine Do-Until-Schleife kann null oder mehrere Male durchlaufen werden. Die Schleife wird so lange durchlaufen, bis ihre Bedingung den Wert *True* hat.

Die Do-Until-Schleife verhält sich in dieser Beziehung genau entgegengesetzt wie die Do-While-Schleife und die Do-Loop-While-Schleife: Während diese beiden Schleifen durchlaufen werden, solange ihre Bedingungen *True sind*, wird eine Do-Until-Schleife so lange durchlaufen, bis ihre Bedingung *True wird*. (Oder anders ausgedrückt: Eine Do-Until-Schleife wird so lange durchlaufen, wie ihre Bedingung den Wert *False* hat.)

Um eine Do-Until-Endlosschleife zu vermeiden, achten Sie immer darauf, dass wenigstens ein Befehl im Inneren der Schleife den Wahrheitswert der Anfangsbedingung der Schleife ändert.

Wann sollten Sie eine Do-Until-Schleife verwenden?

Benutzen Sie eine Do-Until-Schleife in folgenden Situationen:

✔ Wenn Sie eine Schleife null oder mehrere Male durchlaufen wollen

✔ Wenn Sie eine Schleife durchlaufen wollen, bis eine bestimmte Bedingung den Wert *True* annimmt

Die Do-Until-Schleife funktioniert wie die beiden folgenden Do-While-Schleifen:

```
Do While Not Bedingung          Do While Bedingung = False
   Anweisungen                     Anweisungen
Loop                            Loop
```

Wie die Do-Loop-Until-Schleife funktioniert

Eine Do-Loop-Until-Schleife wird so lange durchlaufen, bis eine bestimmte Bedingung den Wert *True* annimmt.

Eine Do-Loop-Until-Schleife hat folgende Form:

```
Do
    Anweisungen
Loop Until Bedingung
```

Die Bedingung muss aus einer Variablen oder einem Ausdruck bestehen, die/der den Wert *True* oder *False* repräsentiert. Eine Do-Loop-Until-Schleife kann mehrere Anweisungen, also einen Anweisungsblock, enthalten.

Der Code einer Do-Loop-Until-Schleife sagt Visual Basic: »Führe alle Anweisungen im Inneren der Schleife einmal aus. Prüfe dann, ob der Wert der Bedingung *True* oder *False* ist. Wenn die Bedingung den Wert *True* hat, verlasse die Schleife. Wenn die Bedingung den Wert *False* hat, führe alle Anweisungen in der Do-Loop-Until-Schleife noch einmal aus.«

Das folgende Beispiel zeigt eine typische Do-Loop-Until-Schleife mit einem Zähler:

```
Zähler = 0
Do
    Zähler = Zähler + 1
Loop Until Zähler > 4
```

Visual Basic interpretiert diesen Code folgendermaßen:

1. Die erste Zeile sagt: »Erstelle eine Variable mit dem Namen *Zähler* und weise ihr den Wert 0 zu.«

2. Die zweite Zeile sagt: »Hier beginnt die Do-Loop-Until-Schleife.«

3. Die dritte Zeile sagt: »Nimm den Wert der Variablen *Zähler*, addiere *1* zu diesem Wert und speichere den neuen Wert wieder in der Variablen *Zähler*.«

4. Die vierte Zeile sagt: »Hier hört die Do-Loop-Until-Schleife auf. Prüfe, ob die Variable *Zähler* größer als *4* ist. Wenn die Variable gleich oder kleiner als *4* ist, gehe an den Anfang der Do-Loop-Until-Schleife in der zweiten Zeile zurück und fange von vorne an. Andernfalls beende die Schleife.«

Mit jedem Durchlauf der Schleife wird der Wert der Variablen *Zähler* um Eins erhöht. Wenn die Variable den Wert *5* erreicht, hat die Bedingung *Zähler > 4* den Wert *True*, und die Do-Loop-Until-Schleife wird beendet.

Testen Sie Ihr neu erworbenes Wissen

1. **Wenn Sie eine Schleife durchlaufen müssen, bis eine bestimmte Bedingung den Wert *True* annimmt, welche Art von Schleife würden Sie wählen?**

   a) Entweder eine `Do-Until`-Schleife oder eine `Do-While-Not`-Schleife.

   b) Eine Schleife in der Form einer Brezel.

   c) Ein Hula-Hopp.

   d) Ist Ihnen schon aufgefallen, dass das Wort *Loop* anfängt, komisch auszusehen, wenn man es lange anstarrt?

2. **Wann verwenden Sie eine `Do-Until`-Schleife und wann eine `Do-Loop-Until`-Schleife?**

   b) Wenn ich mein tägliches Maß an Verwirrung noch nicht erreicht habe.

   c) Wenn ich durcheinander komme und die Schleifen aus Versehen verwechsle.

   d) Ich benutze die `Do-Until`-Schleife, wenn die Schleife null oder mehrere Male durchlaufen wird. Ich benutze die `Do-Loop-Until`-Schleife, wenn die Schleife wenigstens einmal durchlaufen werden soll.

   e) Wenn ich nicht mehr weiß, wie man eine `Do-While`-Schleife benutzt. Können Sie mir das bitte noch einmal erklären?

Wie oft wird eine Do-Loop-Until-Schleife durchlaufen?

Unabhängig vom Wert der Bedingung wird eine `Do-Loop-Until`-Schleife wenigstens einmal durchlaufen. Solange die Bedingung den Wert *False* hat, wird sie endlos durchlaufen.

Die `Do-Loop-Until`-Schleife verhält sich in dieser Beziehung genau entgegengesetzt wie die `Do-While`-Schleife und die `Do-Loop-While`-Schleife: Während diese beiden Schleifen durchlaufen werden, solange ihre Bedingung *True* ist, wird eine `Do-Loop-Until`-Schleife durchlaufen, solange ihre Bedingung *False* ist.

Um `Do-Loop-Until`-Endlosschleifen zu vermeiden, achten Sie immer darauf, dass wenigstens ein Befehl im Inneren der Schleife den Wahrheitswert der Endbedingung der Schleife ändert.

Wann sollten Sie eine Do-Loop-Until-Schleife verwenden?

Benutzen Sie eine `Do-Loop-Until`-Schleife in folgenden Situationen:

✔ Wenn Sie eine Schleife wenigstens einmal durchlaufen wollen.

✔ Wenn Sie eine Schleife durchlaufen wollen, bis eine bestimmte Bedingung den Wert *True* annimmt.

Die `Do-Loop-Until`-Schleife funktioniert wie die beiden folgenden `Do-Loop-While`-Schleifen:

```
Do                               Do
    Anweisungen                      Anweisungen
Loop While Not Bedingung         Loop While Bedingung = False
```

Wenn Sie Schleifen programmieren, achten Sie immer darauf, dass die Schleifen irgendwann beendet werden und dass sie genau das bewirken, was Sie erreichen wollen. Wenn Ihr Programm aus irgendeinem Grunde nicht funktioniert, prüfen Sie zunächst, ob der Fehler in Ihren Schleifen liegen könnte.

For-Next-Schleifen: Schleifen, die zählen können

25

In diesem Kapitel

▶ Arbeiten mit For-Next-Schleifen

▶ Vorwärts und rückwärts zählen

▶ Die Schrittweite ändern

---

*W*enn Sie eine Schleife durchlaufen wollen, bis eine bestimmte Bedingung eintritt, können Sie eine der bisher verwendeten Schleifenarten verwenden:

	Solange Bedingung = *True*	Solange Bedingung = *False*
Schleife wenigstens einmal durchlaufen	Do Loop While *Bedingung*	Do Loop Until *Bedingung*
Schleife null oder mehrere Male durchlaufen	Do While *Bedingung* Loop	Do Until *Bedingung* Loop

Alle vier Schleifenarten werden durchlaufen, bis eine bestimmte Bedingung *True* oder *False* wird. Wenn Sie allerdings vorher schon wissen, wie oft die Schleife durchlaufen werden soll, benutzen Sie einen anderen Schleifentyp, nämlich die For-Next-Schleife.

Die For-Next-Schleife hat folgende Form:

```
For Zähler = Startwert To Endwert Step Schrittweite
    Anweisungen
Next Zähler
```

Der *Zähler* ist eine ganzzahlige Variable. *Startwert* repräsentiert die erste Zahl, die dem Wert der Variablen *Zähler* zugewiesen wird. *Endwert* repräsentiert die letzte Zahl, die dem Wert der Variablen *Zähler* zugewiesen wird. *Schrittweite* ist ein Intervall, um das der Startwert schrittweise erhöht oder vermindert wird. Wenn die *Schrittweite* ausgelassen wird, hat dieses Intervall den Standardwert *1*.

Wie die For-Next-Schleife funktioniert

Wenn Sie eine Schleife genau dreimal durchlaufen wollen, können Sie folgenden Code verwenden:

```
For X = 1 To 3
    Anweisungen
Next X
```

Visual Basic interpretiert diesen Code folgendermaßen:

1. Die erste Zeile sagt: »Erstelle eine Variable mit dem Namen X und weise ihr den Wert *1* zu. Durchlaufe die Schleife für die X-Werte *1*, *2* und *3*. Wenn X nicht mehr einen dieser Werte hat, beende die Schleife.«

2. Die zweite Zeile sagt: »Führe den Anweisungsblock aus, der zwischen der ersten und letzten Zeile der Schleife steht. Der Anweisungsblock kann selbst auch weitere For-Next-Schleifen enthalten.«

3. Die dritte Zeile sagt: »Erhöhe den Wert der Variablen X um *1* und gehe zum Anfang der Schleife in Zeile 1 zurück.« (Nach dem ersten Durchlauf hat X an dieser Stelle den Wert *2*.)

Die folgende Zeile weist Visual Basic an, die Schleife dreimal zu durchlaufen:

```
For X = 1 To 3
```

Standardmäßig erhöht Visual Basic den Zähler bei jedem Durchlauf um *1*. Sie können an dieser Stelle beliebige Zahlenwerte für den Zähler benutzen, z.B.:

```
For X = 1209 To 1211
    Anweisungen
Next X
```

Die Schleife wird ebenfalls dreimal durchlaufen, obwohl dies auf den ersten Blick nicht so einfach zu erkennen ist:

```
Beim ersten Durchlauf: X = 1209.
Beim zweiten Durchlauf: X = 1210.
Beim dritten und letzten Durchlauf: X = 1211.
```

Wenn es für Ihr Programm einen Sinn ergibt, können Sie auch solche bizarren Zahlenwerte für Ihren Zähler benutzen. Z.B. könnten Sie auf diese Weise eine Schleife mit Personalnummern durchlaufen:

```
For PersonalNummer = 11250 To 11290
    ' Benutzen Sie hier die PersonalNummer,
    ' um eine Datenbank mit Personaldaten zu durchsuchen
    ' und Informationen über die Mitarbeiter anzuzeigen.
Next PersonalNummer
```

In diesem Fall verwenden die Anweisungen im Inneren Ihrer For-Next-Schleife den Wert der Variablen *PersonalNummer*, um einen bestimmten Mitarbeiter zu suchen.

 Wenn Sie eine Schleife nur eine bestimmte Anzahl von Malen, z.B. fünfmal, durchlaufen wollen, benutzen Sie am besten die einfachste Zählweise:

```
For X = 1 To 5
    Anweisungen
Next X
```

Bizarre und schwer lesbare Zahlen sollten Sie in einer For-Next-Schleife nur dann verwenden, wenn sich dies nicht vermeiden lässt:

```
For Zähler = 3492 To 12909
    Anweisungen
Next Zähler
```

Rückwärts und vorwärts zählen

Normalerweise zählen For-Next-Schleifen in Einser-Schritten vorwärts. Sie können auf Wunsch die Schrittweite ändern und in Sprüngen von 5, 10 oder 29 zählen. Wenn Sie nicht in Einser-Schritten zählen wollen, müssen Sie eine Schrittweite angeben. Beispiel:

```
For Zähler = Startwert To Endwert Step Schrittweite
    Anweisungen
Next Zähler
```

Die zusätzliche Angabe einer Schrittweite sagt Visual Basic: »Statt den Zähler jeweils um Eins zu erhöhen, erhöhe ihn um den Wert, der in der *Schrittweite* angegeben ist.« Wenn Sie z.B. in 16er-Schritten zählen wollen, können Sie folgenden Code verwenden:

```
For X = 0 To 32 Step 16
    Anweisungen
Next X
```

Die For-Next-Schleife wird dreimal durchlaufen:

✔ Erster Durchlauf: X = 0.

✔ Zweiter Durchlauf: X = 16.

✔ Dritter und letzter Durchlauf: X = 32.

Wenn Sie wollen, können Sie sogar rückwärts zählen. Um dreimal rückwärts zu zählen, können Sie folgenden Code verwenden:

```
For X = 3 To 1 Step -1
    Anweisungen
Next X
```

Visual Basic interpretiert diesen Code folgendermaßen:

1. Die erste Zeile sagt: »Erstelle eine Variable mit dem Namen *X* und weise ihr den Wert *3* zu. Zähle dann jeweils um *-1* rückwärts.«

2. Die zweite Zeile sagt: »Führe den Anweisungsblock aus, der zwischen der ersten und letzten Zeile der Schleife steht.«

3. Die dritte Zeile sagt: »Berechne den nächsten Wert der Variablen *X* und gehe zum Anfang der Schleife in Zeile 1 zurück.« (Weil wir rückwärts zählen, wird *X* um *1* vermindert und hat nach dem ersten Durchlauf an dieser Stelle den Wert *2*.)

Obwohl es für Visual Basic keine Rolle spielt, welche Zählweise Sie benutzen, sollten Sie nach Möglichkeit immer die einfachste Zählweise verwenden. Auf diese Weise können Sie und andere Programmierer schnell sehen, wie oft eine `For-Next`-Schleife durchlaufen wird.

Zählen Sie nur dann rückwärts, oder benutzen Sie nur dann ungewöhnliche Werte zum Zählen (Schrittweiten von 3, 5, 16 usw.), wenn diese Werte von den Anweisungen im Inneren der `For-Next`-Schleife verwendet werden. Andernfalls vermindern Sie unnötigerweise die Lesbarkeit Ihres Programmes.

Was passiert, wenn Sie eine `For-Next`-Schleife der folgenden Art schreiben?

```
For J = 1 To 7 Step 5
   Anweisungen
Next J
```

Dieser Code funktioniert folgendermaßen:

1. Die `For-Next`-Schleife wird zweimal durchlaufen. Beim ersten Mal hat die Variable *J* den Wert *1*.

2. Beim zweiten Mal hat die Variable *J* den Wert *1+5* oder *6*; denn die Schrittweite beträgt *5*.

3. Ein drittes Mal gibt es nicht. Denn nach dem zweiten Mal hat die Variable *J* den Wert *6+5* oder *11*. Weil dieser Wert größer ist als die Obergrenze *7* des für *J* angegebenen Wertebereiches (*1 bis 7*), wird die `For-Next`-Schleife beendet.

Vorsicht bei einer For-Next-Schleife mit Schrittweite

Eine `For-Next`-Schleife muss zum Zählen ihre eigenen Variablen anlegen. So legt z.B. der folgende Code die Variable *XYZ* an, die schrittweise um *10* erhöht wird.

```
For XYZ = 10 To 50 Step 10
   Anweisungen
Next XYZ
```

Und der folgende Code legt eine Variable mit dem Namen *TUV* an, die schrittweise um *1.5* erhöht wird:

```
For TUV = 1 to 7 Step 1.5
   Anweisungen
Next TUV
```

For-Next-Schleifen zählen normalerweise mit Ganzzahlen wie *1*, *2*, *5* oder *58*. Deshalb ist es nicht schwierig, die Anzahl der Schleifendurchläufe zu ermitteln. Das erste Code-Beispiel zählt in 10er-Schritten, so dass die Anzahl der Schleifendurchläufe leicht zu berechnen ist: Die Schleife wird fünfmal durchlaufen.

Das zweite Beispiel dagegen arbeitet mit einer Schrittweite von *1.5*. Weil dies eine Dezimalzahl ist, ist die Berechnung nicht ganz so einfach: Die Schleife wird viermal (ganzzahlige Division: 7 \ 1.5 = 4) durchlaufen. Wenn Sie mit Schrittweiten arbeiten, sollten Sie möglichst ganze Zahlen benutzen, damit Sie die Anzahl der Durchläufe leichter berechnen können.

Wenn Sie mit einer For-Next-Schleife arbeiten, ändern Sie niemals (und ich meine *niemals*) den Wert der Zählervariablen im Inneren der Schleife. Das folgende Beispiel zeigt, wie eine For-Next-Schleife durch Nichtbeachtung dieser Warnung zu Code-Schrott wird:

```
For X = 1 To 5
   X = 3
Next X
```

Visual Basic interpretiert diesen Code folgendermaßen:

1. Die erste Zeile sagt: »Erstelle eine Variable mit dem Namen *X* und weise ihr den Wert *1* zu.«

2. Die zweite Zeile sagt: »Weise der Variablen mit dem Namen *X* den Wert *3* zu.«

3. Die dritte Zeile sagt: »Erhöhe den Wert der Variablen *X* um *1*. Weil *X* den Wert *3* hat, setze *X* jetzt auf den Wert *4*.«

Weil die Variable *X* jetzt den Wert *4* hat, wird aus der For-Next-Schleife eine Endlosschleife. Wenn Sie also mit For-Next-Schleifen arbeiten, achten Sie peinlichst darauf, dass die Anweisungen im Inneren der Schleife den Wert der Zählervariablen nicht verändern. Andernfalls tut es Ihnen bestimmt einmal leid ...

Wann sollten Sie eine For-Next-Schleife verwenden?

Benutzen Sie eine For-Next-Schleife, wenn Sie eine Schleife eine bestimmte Anzahl von Malen durchlaufen wollen.

Sie können natürlich auch andere Schleifenarten benutzen, um eine Schleife eine bestimmte Anzahl von Malen zu durchlaufen. Nur um Ihnen zu zeigen, wie das möglich ist, sind im folgenden Beispiel zwei Schleifen einander gegenübergestellt, die beide genau fünfmal durchlaufen werden:

```
X = 1                    For X = 1 To 5
Do While X < 6               Anweisungen
   X = X + 1             Next X
   Anweisungen
Loop
```

Beachten Sie, wie einfach und übersichtlich die For-Next-Schleife im Vergleich zur Do-While-Schleife aussieht. Sie werden die Erfahrung machen, dass es eine unendlich große Anzahl von Methoden gibt, um ein funktionierendes Programm zu schreiben (und eine noch weit größere Anzahl, um Programme zu schreiben, die nicht funktionieren). Normalerweise ist aber der einfachste Weg auch der beste.

Testen Sie Ihr neu erworbenes Wissen

1. **Wie oft wird die folgende For-Next-Schleife durchlaufen?**

   ```
   For ID = 15 to 1 Step -1
      Anweisungen
   Next ID
   ```

   a) Fünfzehnmal.

   b) Einmal, aber fünfzehnmal so schnell.

   c) Null oder mehrere Male, irgendetwas in der Richtung. Moment mal, ich glaube, ich bin in der falschen Lektion.

   d) Keinmal; denn nur die Geschichte kann sich selbst wiederholen.

2. **Welchen Hauptvorteil hat eine For-Next-Schleife im Vergleich zu einer Do-While-Schleife?**

   a) Eine Do-While-Schleife ist komplizierter; und eine For-Next-Schleife funktioniert überhaupt nicht.

   b) Es hängt alles von deinem Standpunkt ab, Mann. Alle Dinge sind gut, wenn wir uns lieben und in Frieden und Harmonie leben.

   c) Sie können angeben, wie oft die For-Next-Schleife durchlaufen werden soll.

   d) Visual Basic zu lernen bringt nichts. Sie sollten lieber C++ lernen.

Probieren Sie es selbst

 Wenn Sie den Code nicht eintippen wollen, laden Sie den Quellcode dieses Kapitels von der beiliegenden CD-ROM.

Das folgende Beispielprogramm durchläuft eine For-Next-Schleife und zeigt den Wert von X bei jedem Schleifendurchlauf auf dem Bildschirm an. Benutzen Sie die Objekte und Eigenschaften in der folgenden Tabelle, wenn Sie dieses Programm erstellen:

Objekt	Eigenschaft	Wert
Formular	Caption	Beispiel für eine For-Next-Schleife
Command1	Caption	Next X
	Name	cmdNext

Geben Sie im Code-Fenster folgenden Code ein:

```
Private Sub cmdNext_Click()
    For X = 1 To 10 Step 2
        Print X
    Next X
End Sub
```

Dieses Programm ist nicht besonders aufregend. Es durchläuft die For-Next-Schleife fünfmal und zeigt bei jedem Durchlauf den Wert von X auf dem Formular an.

Verschachtelte Schleifen und schnelle Ausgänge

26

In diesem Kapitel

▶ Mit verschachtelten Schleifen arbeiten

▶ Verschachtelte Schleifen schreiben, die funktionieren

▶ Schleifen schnell verlassen

*U*m die größtmögliche Flexibilität und Komplexität zu erzeugen, können Sie Schleifen ineinander verschachteln und endlose Ketten von Schleifen bilden. Eine Schleife, die in eine andere Schleife eingebettet ist, wird als *verschachtelte Schleife* bezeichnet. Welche Schleife wird zuerst ausgeführt und beendet? Die Antwort ist einfach.

Arbeiten mit verschachtelten Schleifen

Statt Sie mit einer schwer verstehbaren Erklärung zu verwirren, auf die ein Beispiel folgt, das dann erklärt wird, zeige ich Ihnen zunächst ein Beispiel einer verschachtelten Schleife und erkläre dann, wie dieses Beispiel funktioniert.

```
Do While Angestellter = "Meister"
   For J = 1 to 5
         Anweisungen
   Next J
Loop
```

Visual Basic interpretiert diesen Code folgendermaßen:

1. Die erste Zeile sagt: »Suche die Variable mit dem Namen *Angestellter* und prüfe, ob sie den Wert *Meister* hat. Wenn dies der Fall ist, fahre mit der zweiten Zeile fort. Falls dies nicht der Fall ist, kümmere dich nicht um die `For-Next`-Schleife, sondern springe einfach zur fünften Zeile.«

2. Die zweite Zeile sagt: »Suche die Variable mit dem Namen *J* und weise ihr den Wert *1* zu.«

3. Die dritte Zeile sagt: »Führe diesen Anweisungsblock aus.«

4. Die vierte Zeile sagt: »Erhöhe den Wert von *J* um *1*. Mache dies, bis der Wert von *J* größer als *5* ist.«

5. Die fünfte Zeile sagt: »Hier hört die Do-While-Schleife auf. Gehe zurück an den Anfang zur Zeile 1, solange die Variable *Angesteller* den Wert *Meister* hat.«

In diesem Beispiel wird die For-Next-Schleife vor der Do-While-Schleife beendet. Die For-Next-Schleife wird also bei jeder Ausführung der Do-While-Schleife einmal komplett durchlaufen.

Verschachtelte Schleifen, die funktionieren

In Visual Basic können Sie so viele Schleifen ineinander schachteln, wie Sie wollen. Wenn Sie Schleifen verschachteln, rücken Sie die innere Schleife ein, um den Anfang und das Ende jeder Schleife deutlich erkennbar zu machen. Sehen Sie z.B., wie verwirrend das folgende Beispiel mit verschachtelten Schleifen ohne Einrückung aussieht:

```
Do While Name = "Hans"
Do
For K = 20 to 50 Step 10
Do
Do Until Geschlecht = "Männlich"
' Einige Anweisungen
Loop
Loop While Alter > 21
Next K
Loop Until NachName = "Schmitz"
Loop
```

Und so sieht derselbe Code mit Einrückungen aus:

```
Do While Name = "Hans"
    Do
        For K = 20 to 50 Step 10
            Do
                Do Until Geschlecht = "Männlich"
                    ' Einige Anweisungen
                Loop
            Loop While Alter > 21
        Next K
    Loop Until NachName = "Schmitz"
Loop
```

Für den Computer sind beide verschachtelten Schleifen absolut gleichwertig. Aber für den Programmierer sind die verschachtelten Schleifen mit Einrückung viel einfacher zu lesen und zu verstehen.

Achten Sie darauf, dass bei verschachtelten Schleifen die inneren Schleifen nicht aus Versehen die Zählvariablen oder Bedingungen der äußeren Schleifen verändern. Sonst kann es passieren, dass Sie eine Endlosschleife erzeugen und alle Schleifen überprüfen müssen, um das Problem zu finden.

Ein anderes Problem, das bei Schleifen auftreten kann, ist die Verzahnung von Schleifen:

```
For K = 1 To 4
  For J = 2 To 20 Step 2
Next K
  Next J
```

In diesem Beispiel sind die beiden Schleifen miteinander verzahnt, weil die erste For-Next-Schleife vor der zweiten For-Next-Schleife beendet wird.

Glücklicherweise ist Visual Basic in der Lage, Verzahnungen von Schleifen zu entdecken, so dass es leicht ist, diese Art von Fehler zu korrigieren.

Schnelle Ausgänge aus Schleifen

Eine Do-Schleife wird so lange durchlaufen, bis eine bestimmte Bedingung eintritt. Eine For-Next-Schleife wird durchlaufen, bis ihr Zähler die Obergrenze erreicht hat. Was passiert, wenn Sie eine Schleife vorzeitig verlassen wollen oder müssen? In diesem Fall können Sie eine Schleife mit dem magischen Exit-Befehl abbrechen.

Um eine *Do*-Schleife abzubrechen, benutzen Sie den Befehl Exit Do. Beispiel:

```
X = 0
Do While X < 6
  X = X + 1
  If X = 4 Then Exit Do
Loop
```

Diese Do-While-Schleife wird durchlaufen, solange die Variable mit dem Namen *X* kleiner als *6* ist. Wenn *X* den Wert *4* annimmt, führt Visual Basic den Exit-Do-Befehl aus.

Der Exit-Do-Befehl bricht die Schleife ab, obwohl die Variable *X* noch kleiner als *6* ist.

Um eine For-Next-Schleife abzubrechen, benutzen Sie den Befehl:

```
Exit For
```

Beispiel:

```
For Y = 1 To 100
  If Y = 50 Then Exit For
Next Y
```

Diese For-Next-Schleife wird normalerweise 100mal durchlaufen, aber die zweite Zeile weist Visual Basic an, die Schleife zu verlassen, wenn *Y* den Wert *50* annimmt, auch wenn der Wert von *Y* noch kleiner als *100* ist.

Es ist *normalerweise* (achten Sie auf die Betonung von *normalerweise*) sinnvoll, dem Benutzer die Möglichkeit zu geben, eine Schleife vorzeitig abzubrechen. Achten Sie jedoch darauf, dass dies nicht passiert, bevor der Zweck der Schleife erfüllt ist. Andernfalls müssen Sie einen weiteren Fehler suchen und beseitigen.

 Wenn Sie den Befehl Exit Do/For in der inneren von zwei verschachtelten Schleifen benutzen, dann bricht der Befehl nur die innere Schleife ab und übergibt die Kontrolle an die äußere Schleife.

Testen Sie Ihr neu erworbenes Wissen

1. Wie viele Schleifen können Sie ineinander verschachteln?

a) Theoretisch ist die Anzahl der Schleifen nicht begrenzt. Praktisch hängt die Obergrenze von Ihrer Bereitschaft ab, die Schleifen einzutippen. Dabei sollten Sie beachten, dass die Schleifen umso schwerer zu verstehen sind, je tiefer sie ineinander verschachtelt sind.

b) Die Anzahl der Schleifen ist durch eine jährliche Zuteilung begrenzt, die Sie von Microsoft erhalten, wenn Sie Ihre Registrierkarte einsenden.

c) Fünf.

d) Wie Einstein entdeckt hat, ist die Obergrenze für die Anzahl verschachtelter Schleifen gleich der Lichtgeschwindigkeit.

2. Wie können Sie verschachtelte Schleifen leichter lesbar und verstehbar machen?

a) Vermeiden Sie Schleifen, Kontrollstrukturen, Variablen und alles andere, bei dem Sie denken müssen.

b) Gar nicht. Wenn die Leute meine verschachtelten Schleifen nicht verstehen, dann ist das ihr Problem.

c) Vermeiden Sie die Einrückung. Nur Amateure brauchen solche Editiertricks, um Programme zu schreiben.

d) Benutzen Sie Einrückungen, um den Anfang und das Ende jeder Schleife deutlich sichtbar zu machen.

Teil VII

Unterprogramme schreiben (damit Sie nicht auf einen Schlag verrückt werden)

The 5th Wave — By Rich Tennant

Das Großartige an der objektorientierten Programmierung ist, dass sie die Software-Entwicklung so einfach macht, wie einen Schritt vor den anderen zu setzen.

In diesem Teil ...

Jetzt ist es an der Zeit zu lernen, wie Sie Ereignisprozeduren (oder Unterprogramme) in noch kleinere Einheiten zerlegen können, die leichter zu schreiben und einfacher zu verstehen und zu ändern sind. Ein großes Programm zu erstellen besteht im Grunde darin, viele kleine Programme zu schreiben und zu testen und dann diese kleinen Programme wie Bausteine zu einem großen, funktionierenden Programm zusammenzusetzen.

Wenn Sie ein großes Programm in viele kleinere Programme zerlegen, die Sie separat testen und dann zusammenfügen können, meistern Sie auch große Software-Projekte, ohne dabei vor Stress Ihre Lebensfreude zu verlieren.

Allgemeine Prozeduren (Unterprogramme, die jeder benutzen kann)

27

In diesem Kapitel

▶ Allgemeine Prozeduren erstellen

▶ Allgemeine Prozeduren benennen

▶ Mit allgemeinen Prozeduren arbeiten

*P*rozeduren sind kleine Programme, die zusammen ein einziges, größeres Programm ergeben, ähnlich wie Ziegelsteine zu einer Mauer zusammengefügt werden. Visual Basic unterscheidet zwei Arten von Prozeduren: Ereignisprozeduren und allgemeine Prozeduren.

Eine *Ereignisprozedur* ist Bestandteil eines Objektes der Benutzeroberfläche, also z.B. einer Befehlsschaltfläche, eines Kontrollkästchens oder einer Bildlaufleiste. Eine Ereignisprozedur wird nur ausgeführt, wenn ein bestimmtes Objekt von einem bestimmten Ereignis betroffen ist, also wenn z.b. der Benutzer das Objekt mit der Maus anklickt oder auf eine Taste drückt.

Eine *allgemeine Prozedur* ist nicht an ein bestimmtes Objekt der Benutzeroberfläche gebunden. Sie wird nur ausgeführt, wenn sie ausdrücklich von einer Ereignisprozedur (oder einer anderen allgemeinen Prozedur) aufgerufen wird.

Braucht man Ereignisprozeduren? Ja! Ereignisprozeduren geben der Benutzeroberfläche die Fähigkeit, auf den Benutzer zu reagieren. Braucht man allgemeine Prozeduren? Nein! Allgemeine Prozeduren existieren nur, um dem Programmierer das Leben leichter zu machen.

Wenn zwei oder mehr Ereignisprozeduren fast identische Anweisungen enthalten, wäre es unnötige Doppelarbeit, dieselben Anweisungen mehrfach einzutippen. Und noch schlimmer: Bei Änderungen müssten die Anweisungen in jeder einzelnen Ereignisprozedur geändert werden.

Allgemeine Prozeduren bieten eine Lösung dieses Problems. Ihr ganzer Zweck besteht darin, gleichartige Anweisungen, die in mehreren Prozeduren vorkommen, an einer einzigen Stelle zu speichern und bei Änderungen den Code nur an einer einzigen Stelle zu ändern.

Wie man eine allgemeine Prozedur erstellt

Visual Basic erstellt für jedes Objekt Ihrer Benutzeroberfläche automatisch leere Ereignisprozeduren.

Leider erstellt Visual Basic nicht eine einzige allgemeine Prozedur automatisch. Sie müssen solche Prozeduren selbst erstellen. Allgemeine Prozeduren können in den folgenden Dateitypen erstellt und gespeichert werden:

✔ FRM-Dateien (Formular-Dateien)

✔ BAS-Dateien (Modul-Dateien)

Wenn Sie eine allgemeine Prozedur in einer FRM-Datei (Formular-Datei) speichern, kann diese allgemeine Prozedur nur von den Ereignisprozeduren und anderen allgemeinen Prozeduren in derselben FRM-Datei aufgerufen werden. (Sie können diese Einschränkung umgehen, wenn Sie die Prozedur in einer anderen FRM-Datei gemeinsam mit dem Namen der FRM-Datei aufrufen; dazu erfahren Sie später mehr. Dies setzt aber voraus, dass die FRM-Datei in den Speicher geladen wurde.) Wenn Sie dagegen eine allgemeine Prozedur in einer BAS-Datei (Modul-Datei) speichern, kann diese allgemeine Prozedur von jeder Ereignisprozedur und anderen allgemeinen Prozeduren in Ihrem Visual Basic-Programm aufgerufen werden.

 Wenn Sie Ihre allgemeine Prozedur in einer BAS-Datei speichern, können Sie eine Bibliothek mit allgemein verwendbaren Prozeduren erstellen, die Sie auch in Ihren anderen Visual Basic-Programmen wiederverwenden können. Wenn Ihre allgemeine Prozedur nur für ein spezifisches Programm von Nutzen ist, sollten Sie die Prozedur in einer FRM-Datei speichern.

Um eine allgemeine Prozedur in einer FRM-Datei (Formular-Datei) zu erstellen und zu speichern, gehen Sie folgendermaßen vor:

1. **Öffnen Sie das Code-Fenster, indem Sie auf ⌷F7⌷ drücken oder den Menübefehl A**NSICHT**/C**ODE **wählen oder im Fenster des Projekt-Explorers auf das Symbol *Code anzeigen* klicken.**

2. **Klicken Sie im Fenster des Projekt-Explorers auf die FRM-Datei.**

3. **Wählen Sie im Kombinationsfeld *Objekt* das Listenelement *(Allgemein)*.**

4. **Wählen Sie den Menübefehl E**XTRAS**/P**ROZEDUR HINZUFÜGEN**.**

   Visual Basic zeigt das Dialogfeld *Prozedur hinzufügen* an (siehe Abbildung 27.1).

5. **Markieren Sie das Optionsfeld *Sub* in der Gruppe *Typ*, und geben Sie in das Textfeld *Name* den Namen Ihrer Prozedur ein. Drücken Sie dann auf ⌷Eingabe⌷, oder klicken Sie auf OK.**

   Visual Basic zeigt eine leere allgemeine Prozedur an.

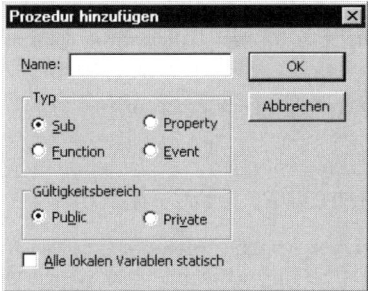

Abbildung 27.1: Das Dialogfeld Prozedur hinzufügen*.*

Um eine allgemeine Prozedur in einer neuen BAS-Datei (Modul-Datei) zu erstellen und zu speichern, gehen Sie folgendermaßen vor:

1. **Wählen Sie den Menübefehl PROJEKT/MODUL HINZUFÜGEN.**

   Visual Basic zeigt das Dialogfeld *Modul hinzufügen* an.

2. **Klicken Sie auf das Symbol *Modul* und dann auf *Öffnen*.**

3. **Wählen Sie den Menübefehl EXTRAS/PROZEDUR HINZUFÜGEN.**

   Visual Basic zeigt das Dialogfeld *Prozedur hinzufügen* an (siehe oben Abbildung 27.1).

4. **Markieren Sie das Optionsfeld *Sub* in der Gruppe *Typ*, und geben Sie in das Textfeld *Name* den Namen Ihrer Prozedur ein. Drücken Sie dann auf** $\boxed{\text{Eingabe}}$**, oder klicken Sie auf OK.**

   Visual Basic zeigt eine leere allgemeine Prozedur an.

Um eine allgemeine Prozedur in einer vorhandenen BAS-Datei (Modul-Datei) zu erstellen und zu speichern, gehen Sie folgendermaßen vor:

1. **Öffnen Sie das Fenster des Projekt-Explorers, indem Sie den Menübefehl ANSICHT/PROJEKT-EXPLORER wählen oder auf** $\boxed{\text{Strg}}$+$\boxed{\text{R}}$ **drücken oder auf das Symbol *Projekt-Explorer* in der Symbolleiste klicken.**

2. **Markieren Sie das BAS-Modul, in dem Sie Ihre allgemeine Prozedur erstellen und speichern wollen. Klicken Sie dann auf das Symbol *Code anzeigen*.**

   Visual Basic zeigt das Code-Fenster für die gewählte BAS-Datei (Modul-Datei) an.

3. **Wählen Sie den Menübefehl EXTRAS/PROZEDUR HINZUFÜGEN.**

   Visual Basic zeigt das Dialogfeld *Prozedur hinzufügen* an (siehe oben Abbildung 27.1).

4. **Markieren Sie das Optionsfeld** *Sub* **in der Gruppe** *Typ*, **und geben Sie in das Textfeld** *Name* **den Namen Ihrer Prozedur ein. Drücken Sie dann auf** ⌷Eingabe⌷, **oder klicken Sie auf OK.**

Visual Basic zeigt eine leere allgemeine Prozedur an.

Benennung allgemeiner Prozeduren

Im Gegensatz zu den Namen von Ereignisprozeduren, die den Namen des Objektes und des Ereignisses enthalten, können allgemeine Prozeduren einen beliebigen Namen haben, der allerdings den folgenden Regeln folgen muss:

✔ Der Name darf maximal 255 Zeichen lang sein.

✔ Der Name muss mit einem Buchstaben beginnen und darf nur Buchstaben, Ziffern und Unterstriche (_) enthalten.

✔ Der Name darf kein reserviertes Schlüsselwort von Visual Basic sein.

Idealerweise sollte der Name die Funktion der allgemeinen Prozedur widerspiegeln:

```
KubikWurzel
KennwortAbfragen
FensterAnzeigen
```

Im Code-Fenster werden diese Prozedurnamen folgendermaßen angezeigt:

```
Public Sub KubikWurzel()
End Sub
```

Und:

```
Public Sub KennwortAbfragen()
End Sub
```

Und:

```
Public Sub FensterAnzeigen()
End Sub
```

Der vollständige Name einer allgemeinen Prozedur besteht aus vier Komponenten:

✔ Public (oder Private)

✔ Sub

✔ Ihr Name für die allgemeine Prozedur

✔ Ein Paar runder Klammern: ()

Das Wort `Public` teilt Visual Basic mit, dass diese Prozedur öffentlich ist. Falls diese Prozedur in einer BAS-Datei gespeichert ist, bedeutet dies, dass jede Ereignisprozedur oder jede andere allgemeine Prozedur in anderen FRM- oder BAS-Dateien auf die Prozedur zugreifen kann. (Falls Prozeduren, die in anderen Dateien gespeichert sind, keinen Zugriff auf Ihre allgemeine Prozedur haben sollen, benutzen Sie stattdessen das Wort `Private`.)

Das Wort `Sub` identifiziert die Prozedur als Unterprozedur. Der Name Ihrer Prozedur wird von Ereignisprozeduren und anderen allgemeinen Prozeduren benutzt, um Ihre allgemeine Prozedur aufzurufen. Eine Prozedur *aufrufen* bedeutet, der Prozedur zu sagen: »Jetzt bist du an der Reihe, deine Anweisungen auszuführen.«

Die runden Klammern schließen die so genannte *Argumentliste* ein. (Mehr darüber erfahren Sie in Kapitel 28.) Bei einfachen allgemeinen Prozeduren ist die Argumentliste leer. Eine leere Argumentliste wird durch ein Paar leerer runder Klammern repräsentiert.

Wie man eine allgemeine Prozedur verwendet

Eine allgemeine Prozedur enthält eine oder mehrere Anweisungen. Wenn eine andere Prozedur die Anweisungen ausführen möchte, die in einer allgemeinen Prozedur gespeichert sind, ruft sie die allgemeine Prozedur mit ihrem Namen auf.

Es gibt zwei Methoden, eine Prozedur aufzurufen. Bei der ersten Methode geben Sie einfach den Namen der Prozedur an:

```
ProzedurName
```

Bei der zweiten Methode setzen Sie das reservierte Schlüsselwort `Call` vor den Namen der Prozedur:

```
Call ProzedurName
```

Wenn Sie eine allgemeine Prozedur aufrufen wollen, die in einer anderen FRM-Datei gespeichert ist, müssen Sie den Namen des Formulars vor dem Prozedurnamen angeben:

```
FormularName.ProzedurName
```

Sie können auch hier zusätzlich das reservierte Schlüsselwort `Call` verwenden:

```
Call FormularName.ProzedurName
```

 Für den Computer sind beide Methoden gleichwertig. Sie sollten eine der beiden Methoden wählen und konsistent verwenden, um Ihre Programme leichter lesbar zu machen.

Nur den Prozedurnamen anzugeben ist einfacher, als das Wort `Call` zu verwenden. Aber das Wort `Call` hilft Ihnen später, alle Prozeduraufrufe in Ihrem Programm zu identifizieren. Betrachten Sie beispielsweise die folgende allgemeine Prozedur, die in einem Formular namens *frmMainForm* gespeichert ist:

```
Public Sub Warnung()
   MsgBox "Ihr Computer wird gleich explodieren.", 16, _
       "Warnung!"
End Sub
```

Diese allgemeine Prozedur zeigt einfacht eine Meldung an (siehe Abbildung 27.2).

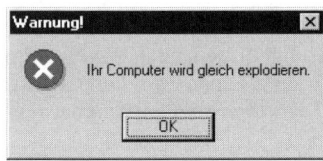

Abbildung 27.2: Ein Dialogfeld, das von einer allgemeinen Prozedur erstellt wurde.

Wenn eine Ereignisprozedur, die in einem anderen Formular gespeichert ist, diese allgemeine Prozedur benutzen oder aufrufen wollte, sähe der Code folgendermaßen aus:

```
Public Sub cmdAchtung_Click()
   frmMainForm.Warnung
End Sub
```

Wenn die Ereignisprozedur diese allgemeine Prozedur mit der `Call`-Methode benutzen oder aufrufen wollte, sähe der Code folgendermaßen aus:

```
Public Sub cmdAchtung_Click()
   Call frmMainForm.Warnung
End Sub
```

Beide Ereignisprozeduren sowie der folgende Code sind gleichwertig:

```
Public Sub cmdAchtung_Click()
   MsgBox "Ihr Computer wird gleich explodieren. ", 16, _
       "Warnung!"
End Sub
```

Auch wenn dieses Beispiel einfach ist, können Sie daran erkennen, dass Sie sich Arbeit sparen können, wenn Sie Anweisungen, die Sie mehrfach verwenden wollen, in einer allgemeinen Prozedur speichern und dann aufrufen, statt die Anweisungen an verschiedenen Stellen doppelt und dreifach einzugeben.

Testen Sie Ihr neu erworbenes Wissen

1. Warum verwendet man allgemeine Prozeduren?

a) Weil eine spezifische Prozedur die Funktion nicht erfüllen würde.

b) Um gemeinsam verwendete Anweisungen an einer Stelle zu speichern und so leichter ändern zu können.

c) Um zu verhindern, dass Ihre Ereignisprozeduren sich einsam fühlen.

d) Dafür gibt es keinen Grund. Coole Programmierer brauchen solche Krücken nicht.

2. Welche beiden Methoden gibt es, allgemeine Prozeduren zu benutzen oder aufzurufen?

a) Nehmen Sie das Telefon, und rufen Sie MCI, die Telekom oder CompuServe an.

b) Geben Sie den Namen der Prozedur an, oder verwenden Sie den Namen der Prozedur mit dem vorangestellten Schlüsselwort `Call`.

c) Besuchen Sie Ihr Lieblingsmedium, und nehmen Sie an einer Séance teil.

d) Lassen Sie die beiden besten Marktschreier um die Wette schreien.

Argumente übergeben

In diesem Kapitel

▶ Argumente an eine Prozedur übergeben

▶ Argumente als Werte übergeben

▶ Eine Prozedur vorzeitig verlassen

Eine Prozedur ruft eine allgemeine Prozedur auf, indem sie deren Namen wie eine Anweisung in den eigenen Code einfügt. Der Aufruf fordert die allgemeine Prozedur auf:»Jetzt bist du an der Reihe, deine Anweisungen auszuführen.«

Oft benötigt die aufgerufene Prozedur keine weiteren Informationen, um ihre Anweisungen auszuführen. Manchmal jedoch ist sie auf zusätzliche Informationen angewiesen, ehe sie mit ihrer Arbeit anfangen kann.

Eine Prozedur kann eine allgemeine Prozedur aufrufen und ihr dabei zusätzlich Daten übergeben. Diese Daten werden als *Argumente* bezeichnet. Ein solcher Aufruf mit Übergabe von Argumenten fordert die allgemeine Prozedur auf:»Jetzt bist du an der Reihe, deine Anweisungen auszuführen. Benutze dabei die Daten, die ich dir übergeben habe.«

Warum mit Argumenten arbeiten?

Argumente sind Daten in Form von Zahlen, Zeichenketten oder Variablen, die Zahlen oder Zeichenketten repräsentieren, welche die allgemeine Prozedur benötigt, um ihre Anweisungen ausführen zu können. Wenn Sie mit Argumenten arbeiten, können Sie eine einzige nichtspezifische Prozedur schreiben, die mehrere andere, spezifischere Prozeduren ersetzt.

So könnten Sie z.B. die folgenden zwei allgemeinen Prozeduren schreiben:

```
Private Sub WarnungAnzeigen()
    txtLiesMich.Text = "Warnung! Kern ist geschmolzen!"
End Sub
```

Und:

```
Private Sub HinweisAnzeigen()
    txtLiesMich.Text = "Achtung! Reaktor abschalten!"
End Sub
```

Sie können beide Prozeduren mit den folgenden zwei Methoden aufrufen:

✔ `WarnungAnzeigen` oder `Call WarnungAnzeigen`

✔ `HinweisAnzeigen` oder `Call HinweisAnzeigen`

Zwei Prozeduren mit ähnlichen Funktionen zu schreiben ist mühsam und verschwendet Ressourcen.

Stattdessen können Sie die beiden Prozeduren z.B. folgendermaßen durch eine einzige ersetzen:

```
Public Sub MeldungAnzeigen(Meldung As String)
    txtLiesMich.Text = Meldung
End Sub
```

Diese neue Prozedur sagt: »Erstelle eine Variable mit dem Namen *Meldung*, die jede Information speichern kann, die eine andere Prozedur an mich übergibt. Welcher Wert auch immer dies sein mag, speichere ihn in der Eigenschaft *Text* des Textfeldes mit dem Namen *txtLiesMich*.«

Mit einer allgemeinen Prozedur können Sie den Text wählen, den Sie durch Aufruf der Prozedur `MeldungAnzeigen` anzeigen wollen. Beispiel:

```
MeldungAnzeigen("Achtung! Reaktor abschalten!")
```

oder

```
MeldungAnzeigen("Achtung! Reaktor abschalten!")
```

Argumente an eine Prozedur übergeben

Um eine Prozedur aufzurufen und dabei ein Argument zu übergeben, können Sie eine der folgenden drei Methoden verwenden:

✔ `ProzedurName Argument`

✔ `ProzedurName (Argument)`

✔ `Call ProzedurName (Argument)`

Betrachten Sie als Beispiel folgende allgemeine Prozedur:

```
Public Sub Anzeigen(Meldung As String)
    txtLiesMich.Text = Meldung
End Sub
```

Um diese Prozedur aufzurufen und die Meldung *"Warnung! Kernschmelze steht bevor!"* anzuzeigen, können Sie die folgenden drei Methoden verwenden:

✔ `Anzeigen "Warnung! Kernschmelze steht bevor!"`

✔ `Anzeigen ("Warnung! Kernschmelze steht bevor!")`

✔ `Call Anzeigen ("Warnung! Kernschmelze steht bevor!")`

Alle drei Methoden sind gleichwertig (siehe Abbildung 28.1).

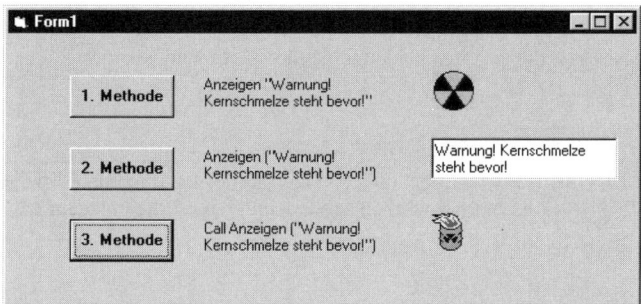

Abbildung 28.1: Diese drei Methoden zur Übergabe eines Arguments haben dasselbe Ergebnis.

Das oben genannte Beispiel funktioniert folgendermaßen:

1. Zuerst erhält Visual Basic die Anweisung: »Suche eine Prozedur mit dem Namen *Anzeigen* und übergib ihr ein Argument.« In diesem Fall ist das Argument die Zeichenkette *"Warnung! Kernschmelze steht bevor!"*

2. Visual Basic lokalisiert die allgemeine Prozedur mit dem Namen *Anzeigen*. Diese Prozedur weist das Argument der Variablen *Meldung* zu.

3. Dann sagt die Prozedur *Anzeigen*: »Weise der Eigenschaft *Text* des Textfeldes mit dem Namen *txtLiesMich* den Wert der Variablen *Meldung* zu.« Weil die Variable Meldung den Wert *"Warnung! Kernschmelze steht bevor!"* hat, wird der Eigenschaft *Text* des Textfeldes *txtLiesMich* dieser Wert zugewiesen.

Wenn Sie die Prozedur folgendermaßen aufrufen:

`Anzeigen ("Achtung! Schalten Sie den Reaktor sofort ab!")`

wird der Eigenschaft *Text* des Textfeldes *txtLiesMich* der Wert *"Achtung! Schalten Sie den Reaktor sofort ab!"* zugewiesen.

Indem Sie dieselbe Prozedur mit unterschiedlichen Argumenten füttern, haben Sie zwei spezialisierte allgemeine Prozeduren durch eine einzige allgemeine Prozedur ersetzt.

Argumente annehmen

Ehe eine allgemeine Prozedur Argumente annehmen kann, müssen Sie die Argumentliste der Prozedur definieren. Im wesentlichen definiert diese Liste die Anzahl der Argumente, welche die Prozedur übernehmen kann.

Wenn Sie z.B. eine allgemeine Prozedur definieren wollen, die keine Argumente übernehmen kann, benutzen Sie leere Klammern folgendermaßen:

```
Public Sub OhneArgumente()
End Sub
```

Sie können diese Prozedur mit den beiden folgenden Methoden aufrufen:

✔ `OhneArgumente`

✔ `Call OhneArgumente`

Wenn Sie eine allgemeine Prozedur definieren wollen, deren Argumentliste ein Element enthält und die deshalb ein Argument übernehmen kann, definieren Sie die Prozedur folgendermaßen:

```
Public Sub MitArgument(Irgendetwas)
End Sub
```

In diesem Falle hat die Variable _Irgendetwas_ standardmäßig den Datentyp _Variant_, der sowohl eine Zahl als auch eine Zeichenkette repräsentieren kann. Um diese Prozedur aufzurufen und ihr das Argument _4_ zu übergeben, können Sie eine der drei folgenden Methoden verwenden:

✔ `MitArgument 4`

✔ `MitArgument(4)`

✔ `Call MitArgument(4)`

Wenn Sie eine allgemeine Prozedur definieren wollen, deren Argumentliste zwei oder mehr Elemente enthält, müssen Sie für jedes Argument eine Variable definieren und die Variablen durch Kommata trennen. Im folgenden Beispiel werden drei Argumente definiert:

```
Public Sub Wortreich(Meldung, Antwort, Geschwätz)
End Sub
```

Die Argumentliste definiert drei Argumente, die jeweils eine Zahl oder eine Zeichenkette repräsentieren können. Um diese Prozedur aufzurufen und ihr die Argumente _20_, _"Hallo"_ und _12.9_ zu übergeben, können Sie eine der beiden folgenden Methoden verwenden:

✔ `Wortreich 20, "Hallo", 12.9`

✔ `Call Wortreich(20, "Hallo", 12.9)`

Es gibt praktisch keine Obergrenze für die Anzahl der Argumente, die Sie an eine Prozedur übergeben können. Je länger Ihre Argumentliste jedoch ist, desto komplizierter muss Ihre Prozedur sein, und desto schwieriger ist die genaue Funktionsweise der Prozedur zu verstehen.

Argumenttypen definieren

Neben der Anzahl der Argumente in einer Argumentliste können Sie wahlweise auch den Datentyp jedes Arguments definieren.

Sie können den Datentyp eines Arguments zum Beispiel auf folgende Typen beschränken:

✔ Integer

✔ Long

✔ Single

✔ Double

✔ Currency

✔ String

Der Argumenttyp muss in der Argumentliste wie in folgendem Beispiel angegeben werden:

```
Public Sub Umwandeln(Fahrenheit As Integer,_
                 Celsius As Integer)
```

Dadurch werden zwei Argumente definiert, die beide eine Ganzzahl repräsentieren. Der folgende Code zeigt den einzigen Prozeduraufruf, der funktioniert:

```
Private Sub cmdTest_Click()
    Dim X, Y As Integer
    Dim A, B As String
    Dim M, N As Single
    Call Umwandeln(X, Y)        ' Das funktioniert.
    Call Umwandeln(A, B)        ' Nein. A und B sind
                                ' keine Ganzzahlen.
    Call Umwandeln(M, N)        ' Nein. M und N sind
                                ' keine Ganzzahlen.
    Call Umwandeln("Hallo", X)) ' Nein. "Hallo" ist
                                ' keine Ganzzahl.
End Sub
```

Der Hauptgrund dafür, den Datentyp von Argumenten zu definieren, ist zu verhindern, dass Ihre Prozedur mit falschen Daten arbeitet. Wenn Ihre Prozedur z.B. eine Zahl erwartet, aber eine Zeichenkette erhält, kann das Programm abstürzen. Oder noch schlimmer: Die Prozedur könnte zwar korrekt funktionieren, aber mit den falschen Daten arbeiten. In diesem Fall läge dann ein Logikfehler vor. (Mehr über Logikfehler erfahren Sie in Kapitel 20.)

Obwohl Sie den Datentyp eines Arguments nicht deklarieren müssen, ist es immer besser, einen Datentyp anzugeben, um von vornherein zu verhindern, dass im Inneren Ihres wertvollen Codes irgendwelche Bugs ausgebrütet werden.

Probleme bei der Übergabe von Argumenten

Beim Aufrufen von Prozeduren können zwei Probleme auftreten. Beim ersten Problem stimmt die Anzahl der übergebenen Argumente nicht mit der Anzahl der Argumente überein, die in der Prozedur definiert sind. Beim zweiten Problem stimmen die Datentypen der übergebenen Argumente nicht mit den Datentypen der Argumente überein, die in der Prozedur definiert sind.

Die falsche Anzahl von Argumenten übergeben

Wenn Sie eine Prozedur mit einer Argumentliste definieren, dann definiert die Argumentliste zugleich die Anzahl der Argumente, die an die Prozedur übergeben werden müssen. Wenn Sie die Prozedur aufrufen und die Anzahl der übergebenen Argumente nicht mit der Anzahl der definierten Argumente übereinstimmt, funktioniert die Prozedur nicht. Beispiel:

```
Public Sub Streiten(Angriff)
End Sub
```

Diese Prozedur erwartet ein Argument, das aus einer Zahl oder einer Zeichenkette bestehen kann. Keiner der folgenden Prozeduraufrufe funktioniert, weil die Anzahl der Argumente in keinem Aufruf eins beträgt:

✔ `Streiten`

✔ `Streiten 9, "Halt's Maul."`

✔ `Call Streiten("Warum", "Verschwinde!", 4500, "OK.")`

Die falschen Argumenttypen übergeben

Wenn Sie eine Prozedur aufrufen und die Datentypen der übergebenen Argumente nicht mit den definierten Datentypen der Argumente übereinstimmen, funktioniert die Prozedur auch nicht. Beispiel:

```
Public Sub Streiten(Angriff As String)
End Sub
```

Diese Prozedur erwartet ein Argument, das aus einer Zeichenkette bestehen muss. Keiner der folgenden Prozeduraufrufe funktioniert, weil die Argumente nicht den Datentyp Zeichenkette haben:

✔ `Streiten(78.909)`

✔ `Streiten(9)`

✔ `Call Streiten(34)`

Argumente als Werte übergeben

Um Prozeduren noch stärker voneinander abzuschotten und um zu verhindern, dass sie gegenseitig die Werte ihrer Variablen ändern, können Sie die Argumente auch als Werte übergeben. Normalerweise kann eine Prozedur, an die Sie eine Variable als Argument übergeben, den Wert der Variablen ändern. Das ist so, wie wenn Sie jemandem ein Buch leihen, sehen, wie er das Buch mit Randbemerkungen vollschmiert, und es dann verunstaltet zurückerhalten.

Wenn eine Prozedur bestimmte Daten benötigt, Sie aber verhindern wollen, dass die Prozedur die Daten in anderen Teilen Ihres Programms verändert, können Sie das *Argument als Wert* übergeben. Dabei übergeben Sie der Prozedur ein Argument, das die Prozedur beliebig verändern kann. Jedoch bleiben alle Veränderungen an den Daten auf die Reichweite dieser einen Prozedur beschränkt. Das ist so, wie wenn Sie die Kopie eines Buches erstellen und jemandem diese Kopie geben. Wenn er das Buch mit Randbemerkungen vollschmiert, berührt das Ihr Originalexemplar nicht.

Ein Argument wird als Wert übergeben, wenn Sie das Argument in der Argumentliste folgendermaßen mit dem Schlüsselwort `ByVal` versehen:

```
Public Sub Schalter(ByVal Name As String)
```

 Sie brauchen das Schlüsselwort ByVal nicht beim Aufruf der Prozedur anzugeben.

Nehmen Sie z.B. an, dass Sie mit folgender Ereignisprozedur arbeiten:

```
Private Command1_Click()
   Dim MeinString As String
   MeinString = "Hans Schmitz"
   ZeigMir MeinString
   txtMeldung.Text = MeinString
End Sub
```

Dazu soll folgende allgemeine Prozedur gehören:

```
Public ZeigMir(ByVal Name As String)
   Name = UCase(Name)
   txtNeueMeldung.Text = NeuerString
End Sub
```

 Visual Basic würde die Anweisungen in der Ereignisprozedur `Command1_Click()` folgendermaßen verarbeiten:

1. Wenn der Benutzer auf die Schaltfläche *Command1* klickt, führt Visual Basic die Anweisungen in der Ereignisprozedur `Command1_Click()` aus.

2. Die zweite Zeile in dieser Prozedur weist Visual Basic an, die Variable *MeinString* zu deklarieren, die nur Strings speichern kann.

3. Die dritte Zeile weist der Variablen den String *"Hans Schmitz"* zu.

4. Die vierte Zeile ruft die allgemeine Prozedur `ZeigMir` auf und übergibt dabei die Variable *MeinString* als Argument.

5. Visual Basic springt sofort zu der Prozedur `ZeigMir`. Das Schlüsselwort `ByVal` weist Visual Basic an, alle Änderungen an dem Argument auf die Prozedur `ZeigMir` zu beschränken.

6. Die erste Zeile der allgemeinen Prozedur `ZeigMir` deklariert eine *String*-Variable mit dem Namen *Name*.

7. Die zweite Zeile wandelt mit der `Ucase`-Funktion den Inhalt der Variablen *Name* in Großbuchstaben um und weist das Ergebnis wieder der Variablen *Name* zu. In diesem Fall enthält die Variable *Name* danach den Wert *"HANS SCHMITZ"*.

8. Die dritte Zeile weist den Inhalt der Variablen *Name* der Eigenschaft *Text* eines Textfelds mit dem Namen *txtNeueMeldung* zu. In diesem Fall zeigt das Textfeld *"HANS SCHMITZ"* an.

9. Die vierte Zeile markiert das Ende der allgemeinen Prozedur. Visual Basic springt zurück zur fünften Zeile der Ereignisprozedur `Command1_Click()`.

10. Die fünfte Zeile der Ereignisprozedur `Command1_Click()` weist den Inhalt der Variablen *MeinString* der Eigenschaft *Text* eines Textfelds mit dem Namen *txtMeldung* zu. In diesem Fall zeigt das Textfeld *"Hans Schmitz"* an.

11. Die sechste Zeile der Ereignisprozedur `Command1_Click()` markiert das Ende dieser Prozedur. Visual Basic ist fertig.

Wenn Sie das Schlüsselwort `ByVal` aus der Prozedur `ZeigMir` entfernen, zeigt das Textfeld *txtMeldung* in Schritt 10 *"HANS SCHMITZ"* an. Das Schlüsselwort `ByVal` verhindert, dass die Änderungen der Variablen in der Prozedur `ZeigMir` Auswirkungen auf den Rest des Programms haben.

 Um ein Argument als Wert zu übergeben, müssen Sie das Schlüsselwort `ByVal` vor das betreffende Argument setzen:

```
Public Sub BlackBox(ByVal X As Integer, Y As Integer)
```

In dem vorhergehenden Beispiel wird das Argument *X* als Wert übergeben, das Argument *Y* nicht. Wenn Sie auch das Argument *Y* als Wert übergeben wollen, müssen Sie sagen:

```
Public Sub BlackBox(ByVal X As Integer, ByVal Y As Integer)
```

Eine Prozedur vorzeitig verlassen

Normalerweise läuft eine Prozedur, bis alle ihre Anweisungen ausgeführt worden sind. In manchen Situationen kann es notwendig sein, eine Prozedur schon vorzeitig abzubrechen.

Um eine Prozedur vorzeitig zu verlassen, müssen Sie den folgenden Code benutzen:

```
Exit Sub
```

Beispiel:

```
Public Sub EndlosSchleife()
    X = 0
    Do
        X = X + 1
        If (X = 13) Then
            Exit Sub
        End If
    Loop Until X = 25
End Sub
```

Normalerweise würde diese Schleife wiederholt werden, bis *X* den Wert *25* annimmt. Durch den If-Then-Befehl innerhalb der Schleife, wird diese aber bereits beendet, wenn *X* den Wert *13* annimmt.

Versuchen Sie es selbst

Auf der CD finden Sie ein Programm, mit dem Sie die Übergabe von Argumenten weiter studieren und ausprobieren können. Sie können Text in ein Textfeld eingeben und beobachten, wie die Übergabe einer Variablen mit dem Befehl ByVal dazu führt, dass deren Wert nur innerhalb einer bestimmten Prozedur geändert wird. Das Programm heißt CALL.VBP.

Testen Sie Ihr neu erworbenes Wissen

1. **Erklären Sie, warum die Übergabe von Argumenten beim Schreiben eines Programms nützlich ist.**

   a) Argumente übergeben ist dasselbe wie den Schwarzen Peter weiterschieben. Programmierer machen es gewohnheitsmäßig, um die Verantwortung abzuwälzen, wenn ihr Projekt hinter dem Zeitplan zurückliegt.

   b) Mit der Übergabe von Argumenten ist es möglich, eine einzige, generalisierte Prozedur zu schreiben, die mehrere andere, spezialisierte Prozeduren ersetzt.

c) Mit Argumenten können Sie falsche Informationen an Ihre Prozeduren übergeben, so dass Sie viel mehr Möglichkeiten haben, Ihr ganzes Projekt zum Scheitern zu bringen.

d) Das Übergeben von Argumenten ist wie eine Schreitherapie. Jede Seite vertritt so lange lautstark ihren Standpunkt, bis beide Seiten erschöpft sind. Das hindert die Leute daran, sich am Arbeitsplatz gegenseitig zu erschießen.

2. Erklären Sie, was die folgende Argumentliste bedeutet:

```
Public Sub Verwirrung(ByVal Haken As String, X As Integer, Z)
```

a) Ich habe die Lektion nicht kapiert und muss noch mal von vorne anfangen.

b) Jetzt verstehe ich endlich, warum Programmierer so aussehen und handeln, wie sie es tun. Kein Wunder, wenn sie acht Stunden täglich kryptische Befehle wie diesen entziffern müssen.

c) Jemand hat diesen Code nicht korrekt kommentiert, um seine Argumente verstehbar zu machen.

d) Die Prozedur erwartet genau drei Argumente. Das erste Argument mit dem Namen *Haken* wird als Wert übergeben und muss den Datentyp *String* haben. Das zweite Argument heißt *X* und muss den Datentyp *Integer* haben. Das dritte Argument heißt *Z* und kann jeden Datentyp haben.

Funktionen: eine spezielle Art von Unterprogramm

29

In diesem Kapitel

▶ Funktionen aufrufen

▶ Argumenttypen definieren

▶ Funktionen vorzeitig verlassen

*F*unktionen geben einen einzelnen Wert zurück. Prozeduren dagegen geben null oder mehrere Werte zurück. Betrachten Sie eine Funktion als eine einfachere Form der Prozedur. Wenn Sie nur einen einzelnen Wert berechnen müssen, benutzen Sie eine Funktion statt einer Prozedur.

Eine typische Funktion sieht folgendermaßen aus:

```
Public Function FunktionsName(ArgumentListe) As DatenTyp
   FunktionsName = IrgendeinWert
End Function
```

Das Wort `Public` teilt Visual Basic mit, dass diese Funktion öffentlich ist. Falls diese Funktion in einer BAS-Datei gespeichert ist, kann jede Ereignisprozedur oder jede andere allgemeine Prozedur in anderen FRM- oder BAS-Dateien darauf zugreifen. (Falls die Funktion in einer FRM-Datei gespeichert ist, kann sie nur von Ereignisprozeduren oder allgemeinen Prozeduren in derselben FRM-Datei benutzt werden.)

Das Wort `Function` definiert das Unterprogramm als Funktion. Der `FunktionsName` darf ein beliebiger Name sein, der nach den Namensregeln von Visual Basic gebildet ist. Idealerweise beschreibt er die Aufgabe, die mit der Funktion gelöst wird. Die `Argumentliste` darf null oder mehr Argumente enthalten. Der `DatenTyp` legt fest, welchen Datentyp (Integer, String usw.), die Funktion zurückgibt.

Visual Basic enthält zahlreiche eingebaute Funktionen, die Sie in Ihren Programmen verwenden können. Tabelle 29.1 zeigt einige davon.

Eingebaute Visual Basic-Funktion	Funktion
Abs(Zahl)	Gibt den absoluten Betrag einer Zahl zurück
Date	Gibt das aktuelle Systemdatum zurück
LCase(Zeichenkette)	Wandelt eine Zeichenkette in Kleinbuchstaben um
Sqr(Zahl)	Gibt die Quadratwurzel einer Zahl zurück

Tabelle 29.1: Einige häufig gebrauchte Visual Basic-Funktionen.

Wie man eine Funktion erstellt

Funktionen können in den folgenden Dateitypen erstellt und gespeichert werden:

✔ FRM-Dateien (Formular-Dateien)

✔ BAS-Dateien (Modul-Dateien)

Wenn Sie eine Funktion in einer FRM-Datei (Formular-Datei) speichern, kann diese Funktion nur von den Ereignisprozeduren und Funktionen in derselben FRM-Datei aufgerufen werden. Wenn Sie dagegen eine Funktion in einer BAS-Datei (Modul-Datei) speichern, kann diese Funktion von jeder Ereignisprozedur und Funktion in Ihrem Visual Basic-Programm aufgerufen werden.

 Wenn Sie Ihre Funktion in einer BAS-Datei speichern, können Sie eine Bibliothek mit allgemein verwendbaren Funktionen erstellen, die Sie auch in Ihren anderen Visual Basic-Programmen wiederverwenden können. Wenn Ihre Funktion nur für ein spezifisches Programm von Nutzen ist, sollten Sie die Funktion in einer FRM-Datei speichern.

Um eine Funktion in einer FRM-Datei (Formular-Datei) zu erstellen und zu speichern, gehen Sie folgendermaßen vor:

1. **Öffnen Sie das Code-Fenster, indem Sie auf** F7 **drücken oder den Menübefehl** Aɴsɪᴄʜᴛ/ Cᴏᴅᴇ **wählen oder im Fenster des Projekt-Explorers auf das Symbol** *Code anzeigen* **klicken.**

2. **Wählen Sie im Kombinationsfeld** *Objekt* **das Listenelement** *(Allgemein).*

3. **Wählen Sie den Menübefehl** Eₓᴛʀᴀs/Pʀᴏᴢᴇᴅᴜʀ ʜɪɴᴢᴜꜰüɢᴇɴ.

   Visual Basic zeigt das Dialogfeld *Prozedur hinzufügen* an.

4. **Markieren Sie das Optionsfeld** *Function* **in der Gruppe** *Typ,* **und geben Sie in das Textfeld** *Name* **den Namen Ihrer Funktion ein. Drücken Sie dann auf** Eingabe , **oder klicken Sie auf OK.**

   Visual Basic zeigt eine leere Funktion an.

Um eine Funktion in einer neuen BAS-Datei (Modul-Datei) zu erstellen und zu speichern, gehen Sie folgendermaßen vor:

1. **Wählen Sie den Menübefehl PROJEKT/MODUL HINZUFÜGEN.**

   Visual Basic zeigt das Dialogfeld _Modul hinzufügen_ an.

2. **Klicken Sie auf das Symbol _Modul_ und dann auf _Öffnen_.**

3. **Wählen Sie den Menübefehl EXTRAS/PROZEDUR HINZUFÜGEN.**

   Visual Basic zeigt das Dialogfeld _Prozedur hinzufügen_ an.

4. **Markieren Sie das Optionsfeld _Function_ in der Gruppe _Typ_, und geben Sie in das Textfeld _Name_ den Namen Ihrer Funktion ein. Drücken Sie dann auf ⌷Eingabe⌷, oder klicken Sie auf OK.**

   Visual Basic zeigt eine leere Funktion an.

Um eine Funktion in einer vorhandenen BAS-Datei zu erstellen und zu speichern, gehen Sie folgendermaßen vor:

1. **Öffnen Sie das Fenster des Projekt-Explorers, indem Sie den Menübefehl ANSICHT/PROJEKT-EXPLORER wählen oder auf ⌷Strg⌷+⌷R⌷ drücken oder auf das Symbol _Projekt-Explorer_ in der Symbolleiste klicken.**

2. **Markieren Sie das BAS-Modul, in dem Sie Ihre Funktion erstellen und speichern wollen. Klicken Sie dann auf das Symbol _Code anzeigen_.**

   Visual Basic zeigt das Code-Fenster für die gewählte BAS-Moduldatei an.

3. **Wählen Sie den Menübefehl EXTRAS/PROZEDUR HINZUFÜGEN.**

   Visual Basic zeigt das Dialogfeld _Prozedur hinzufügen_ an.

4. **Markieren Sie das Optionsfeld _Function_ in der Gruppe _Typ_, und geben Sie in das Textfeld _Name_ den Namen Ihrer Funktion ein. Drücken Sie dann auf ⌷Eingabe⌷, oder klicken Sie auf OK.**

   Visual Basic zeigt eine leere Funktion an.

Einen Wert mit einer Funktion verknüpfen

Irgendwo im Inneren einer Funktion müssen Sie dem Funktionsnamen einen Wert zuweisen. Beispiel:

```
Public Function YardsInMeter(Yards)
   Const Umrechnung = 0.9
   YardsInMeter = Yards * Umrechnung
End Function
```

Wenn Sie dem Funktionsnamen keinen Wert zuweisen, gibt die Funktion keinen Wert zurück – und läuft damit dem Hauptzweck einer Funktion, nämlich einen einzigen Wert zurückzugeben, zuwider.

Sie können den Datentyp (beispielsweise *Integer*, *String* oder *Currency*) des Wertes definieren, den eine Funktion zurückgeben soll.

Die drei Hauptunterschiede zwischen einer Funktion und einer Prozedur lauten folgendermaßen:

✔ Eine Funktion kann nur einen Wert zurückgeben. Eine Prozedur kann null oder mehr Werte zurückgeben.

✔ Irgendwo im Inneren einer Funktion müssen Sie dem Funktionsnamen einen Wert zuweisen. In einer Prozedur ist das nicht notwendig.

✔ Sie können den Datentyp definieren, der durch die Funktion zurückgegeben wird. Bei einer Prozedur können Sie keinen solchen Datentyp definieren. (Bei einer Prozedur können Sie Datentypen nur in der Argumentliste der Prozedur definieren.)

Funktionen aufrufen

Funktionen werden anders aufgerufen als Prozeduren. Weil Funktionen einen einzelnen Wert repräsentieren, rufen Sie eine Funktion auf, indem Sie einer Variablen den Namen der Funktion zuweisen:

```
Public Function YardsInMeter(Yards As Double)
    Const Umrechnung = 0.9
    YardsInMeter = Yards * Umrechnung
End Function

Private Sub cmdUmwandeln_Click()
    Dim Meter As Double
    Meter = YardsInMeter(CDbl(txtYards.Text))
    txtMetric.Text = CStr(Meter)
End Sub
```

Diese Ereignisprozedur sagt: »Wenn der Benutzer auf eine Befehlsschaltfläche mit dem Namen *cmdUmwandeln* klickt, führe folgende Aktionen aus:«

1. Erstelle eine Variable mit dem Namen *Meter* und dem Datentyp *Double*.

2. Nimm den Wert, der in der Eigenschaft *Text* eines Textfeldes mit dem Namen *txtYards* gespeichert ist, und übergib ihn als Argument an die Funktion *YardsInMeter*.

3. Die Funktion `YardsInMeter` multipliziert das Argument mit *0.9* und weist das Ergebnis dem Funktionsnamen *YardsInMeter* zu.

4. Weise das Ergebnis, das im Funktionsnamen *YardsInMeter* gespeichert ist, der Variablen mit dem Namen *Meter* zu, wandle den Wert der Variablen *Meter* in eine Zeichenkette um und weise das Ergebnis der Eigenschaft *Text* des Textfeldes mit dem Namen *txtMetric* zu.

Beachten Sie die Unterschiede zwischen dem Aufruf einer Prozedur und dem Aufruf einer Funktion. Wenn Sie eine Prozedur aufrufen, können Sie eine der folgenden drei Methoden verwenden:

✔ `ProzedurName ArgumentListe`

✔ `ProzedurName (ArgumentListe)`

✔ `Call ProzedurName (ArgumentListe)`

Dagegen gibt es nur eine Methode, um eine Funktion aufzurufen:

`Variable = FunktionsName(ArgumentListe)`

Weil ein Funktionsname einen einzelnen Wert repräsentiert, können Sie einen Funktionsnamen in jedem mathematischen Ausdruck verwenden. Beispiel:

`Variable = FunktionsName(ArgumentListe) + Variable`

Deshalb kann eine Prozedur, die eine Funktion aufruft, auch folgendermaßen aussehen:

```
Private Sub cmdUmwandeln_Click()
   Dim Zentimeter As Single
   Zentimeter = YardsInMeter(txtYards.Text) * 100
   txtMetric.Text = CStr(Zentimeter)
End Sub
```

Funktionen mit einem bestimmten Datentyp definieren

Weil Funktionen einen einzelnen Wert zurückgeben, können Sie den Datentyp dieses Wertes definieren. Beispiel:

```
Public Function YardsInMeter(Yards As Single) As Single
   Const Umrechnung = 0.9
   YardsInMeter = Yards * Umrechnung
End Function
```

Dadurch wird der Wert der Funktion `YardsInMeter` als Single-Datentyp definiert. Das bedeutet, dass die einzig möglichen Werte, welche die Funktion `YardsInMeter` repräsentieren kann, Dezimalzahlen sind. Eine Funktion kann zum Beispiel die folgenden Datentypen repräsentieren:

✔ Integer

✔ Long

✔ Single

✔ Double

✔ Currency

✔ String

Die Variable, welcher der Wert einer Funktion zugewiesen wird, muss auf jeden Fall den Datentyp haben, der durch die Funktion repräsentiert wird. Beispiel:

```
Public Function YardsInMeter(Yards As Double) As Double
    Const Umrechnung = 0.9
    YardsInMeter = Yards * Umrechnung
End Function

Private Sub cmdUmwandeln_Click()
    Dim Meter As Double
    Meter = YardsInMeter(CDbl(txtYards.Text))
    txtMetric.Text = CStr(Meter)
End Sub
```

In diesem Beispiel hat die Variable _Meter_ den Datentyp _Double_, und die Funktion YardsInMeter hat ebenfalls den Datentyp _Double_.

Wenn die Variable _Meter_ folgendermaßen definiert wäre:

```
Dim Meter As String
```

würde die Zeile

```
Meter = YardsInMeter(CDbl(txtYards.Text))
```

nicht funktionieren, weil die Variable _Meter_ den Datentyp _String_ hat und die Funktion YardsInMeter den Datentyp _Double_ zurückgibt. Die Variable _Meter_ erwartet eine Zeichenkette, aber die Funktion YardsInMeter gibt eine Zahl zurück, so dass das Programm nicht funktioniert.

Argumenttypen definieren

Argumente sind Daten in Form von Zahlen, Zeichenketten oder Variablen, die Zahlen oder Zeichenketten repräsentieren, welche die Funktion benötigt, um ihre Anweisungen ausführen zu können.

Neben der Anzahl der Argumente in einer Argumentliste können Sie wahlweise auch den Datentyp jedes Arguments definieren.

Sie können den Datentyp eines Arguments zum Beispiel auf folgende Typen beschränken:

✔ Integer

✔ Long

✔ Single

✔ Double

✔ Currency

✔ String

Der Argumenttyp muss in der Argumentliste wie in folgendem Beispiel angegeben werden:

```
Public Sub Umwandeln(Fahrenheit As Integer, Celsius As
                     Integer)
```

Dadurch werden zwei Argumente definiert, die beide eine Ganzzahl repräsentieren müssen. Der folgende Code zeigt den einzigen Funktionsaufruf, der funktioniert:

```
Private Sub cmdTest_Click()
    Dim X, Y As Integer
    Dim A, B As String
    Dim M, N As Single
    Z = Umwandeln(X, Y)        ' Das funktioniert.
    C = Umwandeln(A, B)        ' Nein. A und B sind
                               ' keine Ganzzahlen.
    L = Umwandeln(M, N)        ' Nein. M und N sind
                               ' keine Ganzzahlen.
    Z = Umwandeln("Hallo", X)) ' Nein. "Hallo" ist
                               ' keine Ganzzahl.
End Sub
```

 Der Hauptgrund, warum Sie den Datentyp von Argumenten definieren sollten, ist es zu verhindern, dass Ihre Funktion mit falschen Daten arbeitet. Wenn Ihre Funktion beispielsweise eine Zahl erwartet, aber eine Zeichenkette erhält, kann das Programm abstürzen. Oder noch schlimmer: Der Fehler bleibt als Logikfehler zunächst unentdeckt. Obwohl Sie die Datentypen der Argumente nicht deklarieren müssen, sollten Sie dies immer tun, um mögliche Fehler von vornherein zu vermeiden.

Testen Sie Ihr neu erworbenes Wissen

1. Wann würden Sie eine Funktion und wann eine Prozedur verwenden?

a) In Kapitel 27 haben wir etwas über Prozeduren gelernt, so dass dort Prozeduren verwendet werden. In diesem Kapitel geht es um Funktionen, so dass wir hier nur Funktionen verwenden.

b) Benutzen Sie eine Funktion, wenn Sie einen einzelnen Wert berechnen wollen. Benutzen Sie eine Prozedur, wenn Sie null oder mehr Werte berechnen wollen.

c) Funktionen und Prozeduren sind identisch, bis auf die Tatsachen, dass sie andere Namen und Aufgaben haben und unterschiedlich aussehen.

d) Benutzen Sie eine Funktion, wenn Sie zu ängstlich sind, eine Prozedur zu benutzen, wie es ein richtiger Programmierer machen würde.

2. Welche Zeile enthält einen Funktionsaufruf, und welche Zeile enthält einen Prozeduraufruf?

```
Private Sub cmdDisplay()
    Dim Alex, Pete, George As Double
    Pete = 3
    George = 0
    Alex = ClockWorkOrange(Pete, George) ' Zeile 5
    ConditionedBehavior(Alex) ' Zeile 6
End Sub
```

a) Zeile fünf enthält einen Funktionsaufruf, weil der Variablen *Alex* der Wert einer Funktion zugewiesen wird. Zeile sechs ist ein Prozeduraufruf, weil der Name nicht einer Variablen zugewiesen wird.

b) Die beiden Zeilen fünf und sechs enthalten Prozeduraufrufe, weil ich glaube, dass dies eine Fangfrage ist, und weil ich auch nach 99 Prozent falsch geratenen Antworten immer noch nicht davon überzeugt bin, dass die offensichtliche Antwort immer auch die richtige Antwort ist.

c) Zeile sechs ist eine Funktion, weil sie anders aussieht als Zeile fünf, die ebenfalls ein Funktionsaufruf ist.

d) Ich weiß die Antwort nicht, aber die Frage sieht so seltsam aus wie Clockwork Orange von Stanley Kubrick. Haben Sie übrigens diesen Film gesehen?

Probleme bei der Übergabe von Argumenten

Beim Aufrufen von Funktionen können zwei Probleme auftreten. Beim ersten Problem stimmt die Anzahl der übergebenen Argumente nicht mit der Anzahl der Argumente überein, die in der Funktion definiert sind.

Beim zweiten Problem stimmen die Datentypen der übergebenen Argumente nicht mit den Datentypen der Argumente überein, die in der Funktion definiert sind.

Die falsche Anzahl von Argumenten übergeben

Wenn Sie eine Funktion mit einer Argumentliste definieren, dann definiert die Argumentliste zugleich die Anzahl der Argumente, die an die Funktion übergeben werden müssen. Wenn Sie die Funktion aufrufen und die Anzahl der übergebenen Argumente nicht mit der Anzahl der definierten Argumente übereinstimmt, funktioniert die Funktion nicht. Beispiel:

```
Public Function Streiten(Angriff)
End Sub
```

Diese Funktion erwartet ein Argument, das aus einer Zahl oder einer Zeichenkette bestehen kann. Keiner der folgenden Funktionsaufrufe funktioniert, weil die Anzahl der Argumente in keinem Aufruf eins beträgt:

✔ `Ergebnis = Streiten()`

✔ `Ergebnis = Streiten(9, "Halt's Maul.")`

✔ `Ergebnis = Streiten("Warum", "Verschwinde!", 4500, "OK.")`

Die falschen Argumenttypen übergeben

Wenn Sie eine Funktion aufrufen und die Datentypen der übergebenen Argumente nicht mit den definierten Datentypen der Argumente übereinstimmen, funktioniert die Funktion ebenfalls nicht. Beispiel:

```
Public Function Streiten(Angriff As String)
End Sub
```

Diese Funktion erwartet ein Argument, das aus einer Zeichenkette bestehen muss. Keiner der folgenden Funktionsaufrufe funktioniert, weil die Argumente nicht den Datentyp *String* haben:

✔ `Ergebnis = Streiten(78.909)`

✔ `Ergebnis = Streiten(9)`

Eine Funktion vorzeitig verlassen

Normalerweise läuft eine Funktion, bis alle ihre Anweisungen ausgeführt worden sind. In manchen Situationen kann es notwendig sein, eine Funktion schon vorzeitig abzubrechen.

Um eine Funktion vorzeitig zu verlassen, müssen Sie den folgenden Code benutzen:

```
Exit Function
```

Achten Sie vor dem Verlassen einer Funktion darauf, dass Sie dem Funktionsnamen einen Wert zugewiesen haben. Andernfalls kann es passieren, dass Ihr Programm nicht korrekt funktioniert.

Versuchen Sie es selbst

Mit dem folgenden Programm können Sie die Arbeitsweise einer Funktion studieren. Die Funktion wandelt Yards in Meter um.

Falls Sie das Programm nicht manuell eingeben wollen, können Sie es von der CD laden. Es heißt FUNCTION.VBP.

Objekt	Eigenschaft	Einstellung
Form	Caption	Yards in Meter umwandeln
Label1	Caption	Yards:
	Height	495
	Left	360
	Top	360
	Width	1215
Textbox1	Height	495
	Left	1680
	Name	txtYards
	Text	(Empty)
	Width	1215
Label2	Caption	Meter:
	Height	495
	Left	360
	Top	1320
	Width	1215
Textbox2	Height	495
	Left	1680
	Name	txtMetric
Object	Property	Setting
	Text	(Empty)
	Width	1215

Objekt	Eigenschaft	Einstellung
Command1	Caption	&Umwandeln
	Height	495
	Left	840
	Name	cmdConvert
	Top	2400
	Width	1215
Command2	Caption	&Ende
	Height	495
	Left	2520
	Name	cmdExit
	Top	2400
	Width	1215

Geben Sie folgenden Code im Code-Fenster ein:

```
Public Function YardsToMeters(Yards) As Single
Const Conversion = 0.9
  YardsToMeters = Yards * Conversion
End Function

Private Sub cmdExit_Click()
  Unload Me
End Sub

Private Sub cmdConvert_Click()
  Dim Meters As Single
  Meters = YardsToMeters(CSng(txtYards.Text))
  txtMetric.Text = CStr(Meters)
End Sub
```

Klassen und objektorientierte Programmierung

30

In diesem Kapitel

▶ Was ist objektorientierte Programmierung?

▶ Objekte in Visual Basic erstellen

▶ Visual Basic-Objekte benutzen

Die Programmiertechnik der objektorientierten Programmierung hat jetzt auch Visual Basic eingeholt. Wenn Sie nicht wissen, was diese Technik leisten kann, hat sie für Sie allerdings keinen großen Nutzen.

Deshalb wollen wir uns zunächst damit befassen, was objektorientierte Programmierung überhaupt ist.

Was ist objektorientierte Programmierung?

Trotz der vielen Informatik-Curricula an den Hochschulen ist das Programmieren immer noch mehr Kunst als Wissenschaft, d.h., dass ein Abschluss in Informatik noch keine Garantie dafür ist, dass Sie bessere Programme schreiben können als jemand, der vom Gymnasium abgegangen ist.

Um das Programmieren zu einer Wissenschaft zu machen, hat die Computerindustrie versucht, Richtlinien zu entwickeln, um Leuten zu helfen, so schnell und so leicht wie möglich fehlerfreie Programme zu schreiben. Der erste Versuch, diesen »Heiligen Gral« der Programmierung zu finden, wurde als *Strukturierte Programmierung* bezeichnet. Diese Technik empfahl, Programme in Unterprogramme zu zerlegen, die nur eine einzige Funktion ausführten.

Die strukturierte Programmierung half den Programmierern zwar, Programme zu entwickeln, die leichter zu schreiben und zu ändern waren, aber ein Problem bestand nach wie vor. Oft greifen verschiedene Teile eines Programms auf dieselben Daten, z.B. eine Datei auf einer Festplatte, zurück. D.h., wenn Sie den Zugriffsmechanismus auf bestimmte Daten ändern wollten, mussten Sie das gesamte Programm nach allen Befehlen durchsuchen, welche auf die Daten zugriffen. Wenn Sie dabei einen Befehl übersahen, fügten Sie damit einen Fehler in Ihr Programm ein. Falls Sie Grafiken besser als Text verstehen, zeigt Ihnen Abbildung 30.1 den Unterschied zwischen der Arbeitsweise eines objektorientierten Programms und eines nicht objektorientierten Programms.

Nicht objektorientiertes Programm	Objektorientiertes Programm
Befehle zum Öffnen einer Datei	(Datei-Objekt)
Befehle zum Anzeigen des Fensters	Befehle zum Öffnen einer Datei
Befehle zum Verschieben des Fensters	Befehle zum Umbenennen einer Datei
Befehle zum Umbenennen einer Datei	Befehle zum Speichern einer Datei
Befehle zum Schließen des Fensters	(Fenster-Objekt)
Befehle zum Speichern einer Datei	Befehle zum Anzeigen des Fensters
	Befehle zum Verschieben des Fensters
	Befehle zum Schließen des Fensters
BASIC-Befehle können überall im Programm gespeichert sein, so dass man nicht weiß, wo man zuerst nachschauen soll.	BASIC-Befehle sind in Objekten isoliert, die leicht zu finden und zu ändern sind.

Abbildung 30.1: Objektorientierte Programmierung und nicht objektorientierte Programmierung.

Deshalb liegt der Schwerpunkt in der Computerwissenschaft seit einiger Zeit auf der objektorientierten Programmierung, abgekürzt *OOP*.

Die Grundidee der objektorientierten Programmierung besteht darin, ein Programm in isolierte Komponenten zu zerlegen, die als *Objekte* (was sonst?) bezeichnet werden. Jedes Objekt besteht aus zwei Gruppen von Komponenten:

✔ Daten

✔ Methoden (Prozeduren, Funktionen)

Wenn Ihr Programm auf Daten zugreifen möchte, gibt es dem Objekt, welches die betreffenden Daten enthält, einen entsprechenden Befehl. Das Objekt liefert dann die Daten zurück. Wie das geht, weiß Ihr Programm nicht. Ihr Programm greift niemals direkt auf die Daten zu, sondern gibt immer nur dem Objekt den entsprechenden Befehl.

Auf diese Weise brauchen Sie, falls Sie jemals die Zugriffsmethode auf die Daten ändern müssen, nur die Befehle innerhalb des Objekts zu modifizieren, statt die betreffenden Befehle in Ihrem ganzen Programm ändern zu müssen. Die objektorientierte Programmierung sorgt in diesem Fall dafür, dass die Befehle, die bestimmte Daten betreffen, an einer Stelle zusammengefasst und isoliert sind, und reduziert damit die Gefahr, bei Änderungen neue Fehler in Ihr Programm einzufügen.

Man sagt der objektorientierten Programmierung nach, dass sie das Erstellen, Ändern und Wiederverwenden von Programmen erleichtert. Aber die objektorientierte Programmierung allein garantiert Ihnen keine nützlichen und fehlerfreien Programme. Ein schlechter Programmierer, der die objektorientierte Programmierung benutzt, ist immer noch weniger gut als ein guter Programmierer, der die objektorientierte Programmierung nicht benutzt. Lassen Sie sich durch den

Wirbel, der um die objektorientierte Programmierung gemacht wird, nicht dazu verleiten anzunehmen, dass Sie allein durch den Einsatz dieser Programmiertechnik bessere Programme schreiben oder mehr Kopien Ihrer Programme verkaufen werden.

Theoretisches über Klassenmodule

Jetzt haben Sie eine allgemeine Vorstellung davon, wie Objekte funktionieren. Doch wie arbeiten sie in Visual Basic? Um ein Objekt in Visual Basic zu erstellen, müssen Sie ein so genanntes *Klassenmodul* erzeugen, das die Dateierweiterung *.CLS* hat, wie z.B. NOCLASS.CLS.

Ein Klassenmodul definiert:

✔ Den Typ der Daten, die ein Objekt speichern kann (aber nicht die Daten selbst)

✔ Die BASIC-Befehle zur Manipulation der Daten in dem Objekt

Die Daten werden auch als *Eigenschaften* des Objekts bezeichnet. Die BASIC-Befehle zur Manipulation der Daten heißen auch *Methoden* des Objekts. Falls die Ausdrücke *Eigenschaften* und *Methoden* die Sache nicht klarer werden lassen, machen Sie sich keine Sorgen – Sie sind damit nicht allein!

 Ein Klassenmodul ist mit einem Backförmchen vergleichbar. Es legt fest, wie das Objekt beschaffen ist, enthält selbst aber kein Objekt, so wie ein Backförmchen die Form eines Plätzchens bestimmt, aber keinen Teig enthält.

Ein typisches Klassenmodul besteht aus drei Komponenten (siehe unten):

✔ Variablen-Deklarationen

✔ Eigenschaft-Deklarationen

✔ Methoden, bei denen es sich um BASIC-Befehle in Prozeduren handelt, welche die Variablen und Eigenschaften manipulieren

In dem Beispielcode des folgenden Klassenmoduls besteht die Variablen-Deklaration aus der Zeile *Private mvarMessage As String*.

Die erste Eigenschaft-Deklaration beginnt mit der Zeile *Public Property Let Message (ByVal vData As String)*, und die zweite Eigenschaft-Deklaration beginnt mit der Zeile *Public Property Get Message() As String*.

Die Methode beginnt mit der Zeile `Public Sub CorporateSpeak()`.

```
Private mvarMessage As String 'lokale Kopie
Public Property Let Message(ByVal vData As String)
   mvarMessage = vData
End Property
```

```
Public Property Get Message() As String
  Message = mvarMessage
End Property
Public Sub CorporateSpeak()
  Dim NewString As String, FrontString As String, TailString As String
  Dim Location As Integer, PickOne As Integer
NewString = ""
  TailString = ""
  PickOne = CInt((4 * Rnd) + 1)
  Select Case PickOne
    Case 1
      NewString = "produzieren hochklassige, kundengerechte "
    Case 2
      NewString = "liefern und betreuen wettbewerbsfähige "
    Case 3
      NewString = "erzeugen materialtreue, erfolgssichere "
    Case Else
      NewString = "adaptieren funktionale, kreative "
  End Select
  Location = InStr(mvarMessage, "machen")
  If Location = 0 Then
    mvarMessage = "Sie müssen eine Missionsformulierung eingeben, die das
Wort 'machen' enthält."
  Else
    FrontString = Left(mvarMessage, Location - 1)
    TailString = Right(mvarMessage, Len(mvarMessage) - (Location + 4))
    mvarMessage = FrontString & NewString & TailString
  End If
End Sub
```

Ihre Variablen deklarieren

Es ist sinnvoll, die Variablen, die in der Klasse benutzt werden, am Anfang der Klasse zu deklarieren, damit Sie wissen, welche Art von Informationen in den Variablen gespeichert wird. Wenn Sie eine Variable deklarieren wollen, die von jedem Teil Ihres Programms benutzt werden kann, können Sie die Variable als `Public` deklarieren. Beispiel:

```
Public GestohlenesGeld As Currency
```

 Wenn Sie eine Variable als Public deklarieren, kann jeder Teil Ihres Programms (einschließlich anderer Objekte) der Variablen einen Wert zuweisen. Dadurch wird das Testen Ihres Programms sehr erschwert. Im Allgemeinen sollten Sie eine Variable nur dann als Public deklarieren, wenn es dafür einen triftigen Grund gibt.

Wenn Sie eine Variable deklarieren wollen, die nur innerhalb der Klasse benutzt werden kann, können Sie die Variable als `Private` deklarieren. Beispiel:

```
Private Counter As Integer
```

Die Eigenschaften eines Objekts definieren

Für den Rest Ihres Visual Basic-Programms existieren nur zwei Arten von Eigenschaften:

✔ Eigenschaften, denen das Programm einen Wert zuweisen kann

✔ Eigenschaften, aus denen das Programm einen Wert entnehmen kann

Nehmen Sie z.B. an, dass Sie mit einer Eigenschaft mit dem Namen *Direction* arbeiten und ihr einen Wert zuweisen wollen. Dann müssen Sie in der Klasse die die Eigenschaft *Direction* folgendermaßen deklarieren:

```
Private mWay As Integer
Property Let Direction(ByVal WhichWay As Integer)
  mWay = WhichWay
End Property
```

Visual Basic interpretiert diesen Code wie folgt:

1. Die erste Zeile definiert eine private Variable mit dem Namen *mWay* vom Typ *Integer*.

2. Die zweite Zeile sagt Visual Basic: »Laß einen anderen Teil des Programms der privaten Variablen *mWay* einen ganzzahligen Wert zuweisen.« Um einer Eigenschaft eines Objekts einen Wert zuzuweisen, benutzen Sie Code in der Weise:

   ```
   Set m_Object = New cObject
   m_Object.Direction = 5
   ```

   Diese beiden Codezeilen weisen Visual Basic an, mit den Schlüsselwörtern Set und New ein Objekt zu erstellen (mehr über diese Schlüsselwörter erfahren Sie später in diesem Kapitel im Abschnitt *Ein Objekt erstellen*) und dann der Eigenschaft *Direction* des Objekts einen Wert zuzuweisen, genau wie Sie der Eigenschaft *Text* eines Textfelds auf einem Formular einen Wert zuweisen.

3. Die dritte Zeile weist Visual Basic an, den Wert, welcher der Eigenschaft *Direction* zugewiesen wird, in der privaten Variablen *mWay* zu speichern.

4. Die vierte Zeile beendet die Eigenschaft-Deklaration.

Um die Information in der Eigenschaft des Objekts abzufragen, müssen Sie die Eigenschaft *Direction* in der Klasse folgendermaßen deklarieren:

```
Property Get Direction() As Integer
  Direction = mWay
End Property
```

Visual Basic interpretiert diesen Code folgendermaßen:

1. Die erste Zeile sagt Visual Basic, dass die Eigenschaft *Direction* nur Ganzzahlen speichern kann.

2. Die zweite Zeile weist Visual Basic an, den Wert, der in der privaten Variablen *myWay* gespeichert ist, der Eigenschaft *Direction* zuzuweisen.

3. Die dritte Zeile beendet die Deklaration.

Um die Information in der Eigenschaft des Objekts abzufragen, können Sie folgenden BASIC-Code benutzen:

```
txtDirection.Text = CStr (mObject.Direction)
```

Beachten Sie die feinen Unterschiede zwischen den beiden Eigenschaftsdefinitionen. Damit ein anderer Teil Ihres Programms der Eigenschaft einen Wert zuweisen kann, müssen Sie

✔ Das Schlüsselwort `Let` benutzen

✔ Eine Variable und ihren Datentyp in Klammern definieren, wie beispielsweise (`WhichWay As Integer`)

✔ Einer privaten Variablen, die vorher in dem Klassenmodul deklariert wurde, den Wert zuweisen, der in den Klammern spezifiziert wurde, wie z.B. `mWay = WhichWay`.

Damit ein anderer Teil Ihres Programms den Wert einer Eigenschaft des Objekts abfragen kann, müssen Sie

✔ Das Schlüsselwort `Get` benutzen und der Eigenschaft einen Datentyp (z.B. *Integer*) zuweisen.

✔ Die Klammern leer lassen, z.B. `( )`.

✔ Der Eigenschaft den Wert einer privaten Variablen zuweisen, wie z.B. `Direction = mWay`.

 Sie benötigen die Befehle Property Let und Property Get für jede Eigenschaft des Objekts.

Die Methoden eines Objekts schreiben

Nachdem Sie die benötigten Variablen deklariert und die Eigenschaften des Objekts definiert haben, schreiben Sie die Methoden (Prozeduren oder Funktionen) des Objekts, welche die Daten des Objekts manipulieren.

Eine Prozedur zu schreiben ist unkompliziert (siehe Kapitel 27, 28 und 29). Der Hauptunterschied besteht darin, dass Sie vor die Deklarationen der Prozeduren und Funktionen das Schlüsselwort `Public` statt `Private` setzen:

```
Public Sub Move ()
  ' nützlicher BASIC-Code
End Sub
```

oder

```
Public Function XLocation () As Integer
  ' nützlicher BASIC-Code
End Function
```

Wenn Sie die Methoden eines Objekts aufrufen wollen, geben Sie einfach den Namen des Objekts und den Namen der Methode an:

```
m_Object.Move
```

Dieser Befehl weist Visual Basic an: »Suche das Objekt mit dem Namen *m_Object* und rufe die Prozedur mit dem Namen *Move* auf.« Das aufrufende Programm hat keine Ahnung davon, wie die Prozedur *Move* funktioniert.

Eine Klasse auf Papier entwerfen

Obwohl Sie gleich damit anfangen könnten, den BASIC-Code des Klassenmoduls zu schreiben, sollten Sie sich etwas Zeit dafür nehmen, Ihr Klassenmodul vorher zu entwerfen. Welche Methode ist dafür am besten geeignet? Keine. (Sind Sie nicht froh darüber, dass Sie ein Buch gekauft haben, dass Ihnen diese Antwort gibt?)

Tatsächlich hängt das beste Design eines Klassenmoduls von dem Zweck ab, für den es eingesetzt werden soll. Was für ein Programm gut ist, kann für ein anderes schrecklich sein. Hier nur einige Hinweise:

 Um die Eigenschaften eines Klassenmoduls zu ermitteln, überlegen Sie, welche grundlegenden Daten Ihr Programm manipulieren muss. Wenn Sie ein Programm zur Verwaltung von Mitarbeitern schreiben, muss Ihr Klassenmodul Eigenschaften enthalten, die die Namen, Adressen, Telefonnummern usw. speichern. Wenn Sie ein Video-Ballerspiel schreiben, müssen Sie die X- und Y-Koordinaten der Ziele auf dem Bildschirm festhalten.

✔ Um die Methoden eines Klassenmoduls zu ermitteln, müssen Sie feststellen, was Ihr Visual Basic-Programm mit den Informationen in dem Klassenmodul machen soll. Wenn das Klassenmodul z.B. Mitarbeiterdaten enthält, soll das Hauptprogramm diese wahrscheinlich durchsuchen, sortieren oder drucken. Ein Klassenmodul mit den X- und Y-Koordinaten feindlicher Raumschiffe braucht Methoden, um die Raumschiffe zu bewegen, anzuzeigen oder explodieren zu lassen.

✔ Nachdem Sie die Eigenschaften und Methoden Ihres Klassenmoduls skizziert haben, können Sie das Klassenmodul erstellen.

Ein Klassenmodul mit dem VB-Klassengenerator erstellen

Weil das Erstellen von Klassen recht chaotisch sein kann, wenn Sie nicht genau wissen, was Sie tun, stellt Visual Basic ein praktisches Programm, den *VB-Klassengenerator*, bereit, mit dem Sie Ihre Klassen, Eigenschaften und Methoden definieren können. Der VB-Klassengenerator erstellt dann den zugehörigen Code für Sie.

Natürlich können Sie die Klassen auch manuell von Grund auf erstellen, aber mit dem VB-Klassengenerator brauchen Sie Ihre Zeit nicht damit zu verschwenden.

 Statt gleich damit zu beginnen, das Klassenmodul zu definieren, sollten Sie sich etwas Zeit dafür nehmen, die Eigenschaften und Methoden Ihres Klassenmoduls vorher auf Papier zu entwerfen. Erst wenn Sie davon überzeugt sind, dass Ihr Entwurf korrekt ist, sollten Sie das Klassenmodul am Computer definieren.

Eine neue Klasse erstellen

Sie müssen für jedes Objekt, das Sie in Ihrem Programm verwenden wollen, eine separate Klasse erstellen. Um ein Klassenmodul zu erstellen (oder ein vorhandenes zu ändern), führen Sie folgende Schritte aus:

1. **Wählen Sie P**ROJEKT**/K**LASSENMODUL HINZUFÜGEN.

   Das Dialogfeld *Klassenmodul hinzufügen* wird angezeigt (siehe Abbildung 30.2).

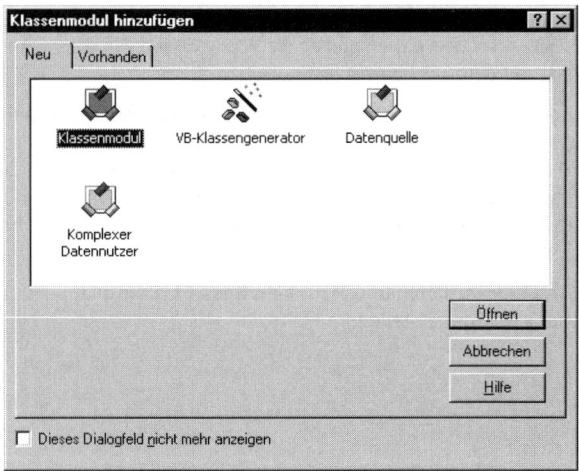

Abbildung 30.2: Das Dialogfeld Klassenmodul hinzufügen.

2. Klicken Sie auf das Symbol *VB-Klassengenerator* und dann auf *Öffnen*.

Das Fenster *Klassengenerator* wird angezeigt (siehe Abbildung 30.3).

Symbol *Neue Klasse hinzufügen*

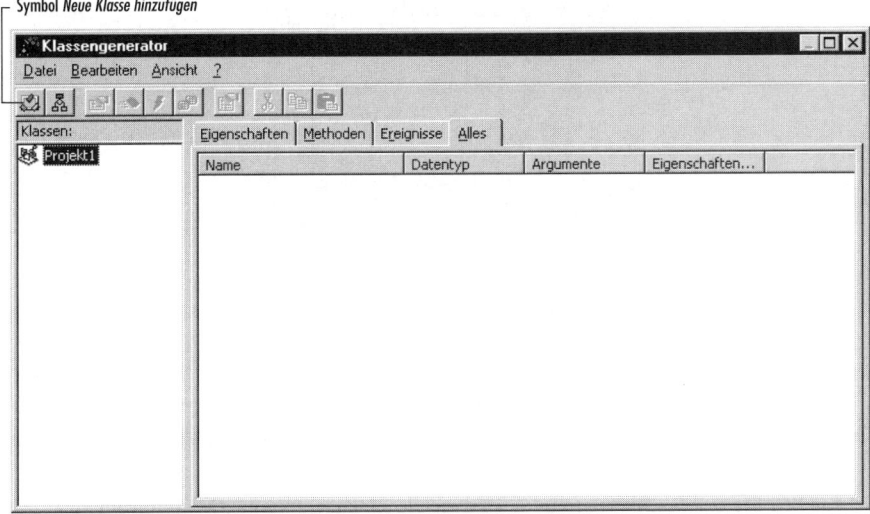

Abbildung 30.3: Das Fenster des Visual Basic-Klassengenerators zur Erstellung von Klassen.

3. Wählen Sie DATEI/NEU/KLASSE, oder klicken Sie auf das Symbol *Neue Klasse hinzufügen* in der Symbolleiste.

Das Dialogfeld *Klassenmodulgenerator* wird angezeigt (siehe Abbildung 30.4). (Wenn Sie nur ein vorhandenes Klassenmodul ändern wollen, überspringen Sie die Schritte 3 und 4, und klicken Sie einfach auf den Klassennamen, der im Klassenfenster angezeigt wird.)

4. Geben Sie den Namen Ihrer Klasse im Textfeld *Name* ein, und klicken Sie auf OK.

Falls Sie keinen Namen eingeben, verwendet Visual Basic einen generischen Namen wie beispielsweise *Class1*.

Mit den obengenannten Schritten können Sie nur das Klassenmodul erstellen und benennen. Zusätzlich müssen Sie noch die Eigenschaften und Methoden in Ihrer Klasse definieren.

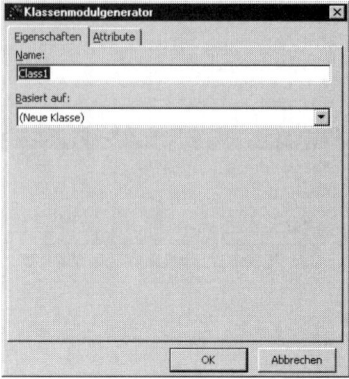

Abbildung 30.4: Das Dialogfeld Klassenmodulgenerator.

Eigenschaften der Klasse definieren

Um die Eigenschaften des Klassenmoduls zu erstellen, führen Sie folgende Schritte aus (Annahme: der VB-Klassengenerator ist bereits geladen):

1. **Klicken Sie auf das Klassenmodul, in dem Sie Eigenschaften definieren wollen.**

2. **Wählen Sie** Datei/Neu/Eigenschaft, **oder klicken Sie auf das Symbol** *Neue Eigenschaft zu aktuellen Klasse hinzufügen* **in der Symbolleiste.**

   Das Dialogfeld *Eigenschaftengenerator* wird angezeigt (siehe Abbildung 30.5).

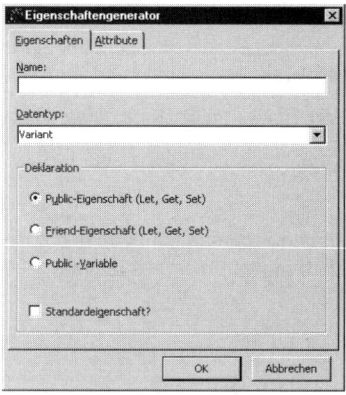

Abbildung 30.5: Das Dialogfeld Eigenschaftengenerator *zur Definition der Eigenschaften eines Objekts.*

3. Geben Sie im Textfeld *Name* den Namen der Eigenschaft ein.

4. Wählen Sie im Kombinationsfeld *Datentyp* den Datentyp der Eigenschaft aus.

5. Klicken Sie auf OK.

Methoden der Klasse definieren

Um die Methoden des Klassenmoduls zu erstellen, führen Sie folgende Schritte aus (Annahme: der VB-Klassengenerator ist bereits geladen):

1. Klicken Sie auf das Klassenmodul, in dem Sie Methoden definieren wollen.

2. Wählen Sie DATEI/NEU/METHODE, oder klicken Sie auf das Symbol *Neue Methode zu aktuellen klasse hinzufügen* in der Symbolleiste.

   Das Dialogfeld *Methodengenerator* wird angezeigt (siehe Abbildung 30.6).

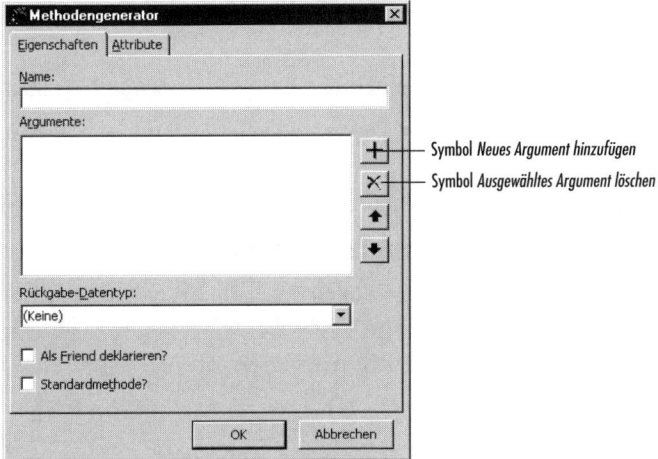

Abbildung 30.6: Das Dialogfeld Methodengenerator *zur Definition der Methoden eines Objekts.*

3. Geben Sie im Textfeld *Name* den Namen der Methode ein.

4. Klicken Sie auf die Schaltfläche *Neues Argument hinzufügen* (das Pluszeichen), wenn Ihre Methode Argumente benötigt.

   Das Dialogfeld *Argument hinzufügen* wird angezeigt (siehe Abbildung 30.7).

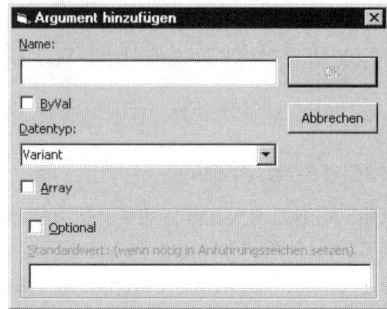

Abbildung 30.7: Das Dialogfeld Argument hinzufügen.

5. **Geben Sie den Namen des Arguments im Textfeld *Name* ein.**

6. **Wählen Sie im Kombinationsfeld *Datentyp* den Datentyp des Arguments.**

7. **Klicken Sie auf OK.**

8. **Wählen Sie im Kombinationsfeld *Rückgabe-Datentyp* den Datentyp des Rückgabewerts.**

   (Überspringen Sie diesen Schritt, wenn die Methode keinen Rückgabewert hat.)

9. **Klicken Sie auf OK.**

Den VB-Klassengenerator verlassen

Wenn Sie Ihr Klassenmodul definiert oder geändert haben, können Sie das VB-Klassenerstellungs-Programm mit den beiden folgenden Methoden verlassen:

✔ Klicken Sie auf die Schaltfläche *Schließen* des *Klassengenerator*-Fensters.

✔ Wählen Sie DATEI/BEENDEN.

Ein Klassenmodul in einem Visual Basic-Programm verwenden

Nachdem Sie das Klassenmodul erstellt haben, müssen Sie noch den BASIC-Code in Ihrem Hauptprogramm schreiben, um das Klassenmodul zu benutzen. Ehe Sie ein Objekt benutzen können, müssen Sie es erstellen. Nachdem Sie ein Objekt erstellt haben, können Sie seine Methoden benutzen oder Informationen in seinen Eigenschaften speichern oder aus diesen herauslesen.

Ein Objekt erstellen

Auch wenn Sie schon das Klassenmodul erstellt haben, müssen Sie noch ein Objekt erstellen, das auf diesem Klassenmodul basiert. In der Welt der objektorientierten Programmierung wird ein Objekt, das auf einem Klassenmodul beruht, auch als *Instanz* bezeichnet. (Sie sehen, dass Computerwissenschaftler bei der Wahl ihrer Fachbegriffe auch nicht besser sind als Experten auf anderen Gebieten.)

Um die Instanz einer Klasse zu erstellen, müssen Sie folgenden Befehl verwenden:

```
Set ObjektName = New KlassenName
```

Visual Basic interpretiert diese Zeile folgendermaßen:

1. Das Schlüsselwort `Set` weist Visual Basic an, ein neues Objekt zu erstellen.

2. Die Variable `ObjektName` speichert das neue Objekt.

3. Das Schlüsselwort `New` weist Visual Basic an, einen neuen Speicherbereich für das Objekt zu reservieren.

4. Der Platzhalter `KlassenName` gibt das Klassenmodul an, auf dem das Objekt basiert.

Ein Objekt benutzen

Nachdem Sie das Objekt erstellt haben, können Sie es folgendermaßen benutzen:

✔ Weisen Sie einer Eigenschaft des Objekts einen Wert zu.

✔ Lesen Sie den Wert einer Eigenschaft des Objekts.

✔ Rufen Sie eine Methode des Objekts auf, um seine Daten zu manipulieren.

Um einer Eigenschaft des Objekts einen Wert zuzuweisen, verwenden Sie folgenden Code:

```
ObjektName.Eigenschaft = Wert
```

Um den Wert einer Eigenschaft des Objekts abzufragen, verwenden Sie folgenden Code:

```
Variable = ObjektName.Eigenschaft
```

Um eine Methode des Objekts aufzurufen, verwenden Sie folgenden Code:

```
ObjektName.Methode
```

Versuchen Sie es selbst mit einem Klassenmodul

Natürlich lernen Sie auch hier am besten, wenn Sie es selbst ausprobieren. Das Beispielprogramm zeigt, wie ein Hauptprogramm ein Objekt mit einem Klassenmodul erstellen, mit einer Methode des Objekts dessen Daten manipulieren und schließlich die Daten abfragen kann.

In diesem speziellen Programm geht es um die Formulierung der »Mission« eines Unternehmens. Achten Sie darauf, dass diese Formulierung das Wort »machen« enthält, wie z.B. »Wir machen Software.« Das Programm ersetzt dann dieses Wort durch einen anderen Ausdruck, welcher der Unternehmenskultur eher entspricht, wie z.B.: »Wir produzieren hochklassige, kundengerechte Software.«

 Dieses Programm befindet sich auf der CD, so dass Sie es nicht manuell einzugeben brauchen. Es heißt MISSION.VBP.

 Wenn Sie aus diesem Kapitel nichts mitnehmen, sollten Sie wenigstens behalten, dass die objektorientierte Programmierung dazu dienen soll, Programme so zu organisieren, dass die Gefahr verringert wird, Fehler in Programme einzubauen.

Objekt	Eigenschaft	Einstellung
Form	Caption	Missionsformulierer
	Height	3195
	Width	4680
Text1	Height	615
	Left	480
	MultiLine	True
	Name	txtInput
	Text	(Empty)
	Top	360
	Width	3850
Text2	Height	615
	Left	480
	MultiLine	True
	Name	txtOutput
	Text	(Empty)
	Top	1440
	Width	3850

Objekt	Eigenschaft	Einstellung
Command1	Caption	&Erstellen
	Height	495
	Left	600
	Name	cmdCreate
	Top	2400
	Width	1750
Command2	Caption	&Beenden
	Height	495
	Left	2640
	Name	cmdExit
	Top	2400
	Width	1575

Doppelklicken Sie auf die beiden Schaltflächen auf dem Formular, und erstellen Sie die folgenden Ereignisprozeduren:

```
Private Sub cmdCreate_Click()
  Set DoubleSpeak = New CorporateTalk
  DoubleSpeak.Message = txtInput.Text
  DoubleSpeak.CorporateSpeak
  txtOutput.Text = DoubleSpeak.Message
End Sub

Private Sub cmdExit_Click()
  Unload Me
End Sub
```

Erstellen Sie ein separates Klassenmodul, geben Sie diesem Modul den Namen *CorporateTalk*, und geben Sie folgenden Code in das Modul ein:

```
Private mvarMessage As String 'lokale Kopie

Public Property Let Message(ByVal vData As String)
  mvarMessage = vData
End Property

Public Property Get Message() As String
  Message = mvarMessage
End Property

Public Sub CorporateSpeak()
  Dim NewString As String, FrontString As String,
    TailString As String
```

```
   Dim Location As Integer, PickOne As Integer
   NewString = ""
   TailString = ""
   PickOne = CInt((4 * Rnd) + 1)
   Select Case PickOne
     Case 1
       NewString = "produzieren hochklassige, kundengerechte "
     Case 2
       NewString = "liefern und betreuen wettbewerbsfähige "
     Case 3
       NewString = "erzeugen materialtreue, erfolgssichere "
     Case Else
       NewString = "adaptieren funktionale, kreative "
   End Select
   Location = InStr(mvarMessage, "machen")
   If Location = 0 Then
     mvarMessage = "Sie müssen eine Missionsformulierung eingeben, die das
Wort 'machen' enthält."
   Else
     FrontString = Left(mvarMessage, Location - 1)
     TailString = Right(mvarMessage, Len(mvarMessage) - (Location + 4))
     mvarMessage = FrontString & NewString & TailString
   End If
End Sub
```

Dateien verwalten

In diesem Kapitel

▶ Ermitteln, wie Visual Basic ein Programm speichert

▶ Mit dem Fenster des Projekt-Explorers spielen

▶ Formular-, Modul- und Klassendateien hinzufügen

▶ ActiveX-Controls in Ihre Programme einfügen

*F*rüher bestand ein einzelnes Programm aus einer einzigen Datei. Sie brauchten nur diese eine Datei zu ändern, um das gesamte Programm zu modifizieren. Aber die Programme wurden immer komplizierter und bestehen heute aus zwei oder mehr Dateien, die insgesamt ein einziges Programm bilden. Dieses Kapitel beschreibt, wie Visual Basic diese vielen Dateien verwaltet, damit Sie den Überblick darüber behalten können.

Wie Visual Basic ein Programm speichert

Wenn Sie ein Textverarbeitungsprogramm benutzen, speichert dieses den gesamten Text in einer einzigen Datei, egal ob Sie nur einen Satz oder dreitausend Seiten eingeben. Visual Basic speichert dagegen Ihre Dateien immer (jawohl: *immer*) in zwei oder mehr separaten Dateien. Tabelle 31.1 zeigt die häufigsten Dateitypen, die Visual Basic zum Speichern benutzt, sowie ihre Dateierweiterungen.

Dateityp	Dateierweiterung	Beispiel-Dateiname
Projektdatei	.VBP	VIRUS.VBP
Formulardatei	.FRM	MAINMENU.FRM
Moduldatei	.BAS	LIBRARY.BAS
ActiveX-Control	.OCX	RICHT32.OCX
Klassendatei	.CLS	OBJECTS.CLS

Tabelle 31.1: Typische Visual Basic-Dateien und ihre Dateierweiterungen.

Jedes Visual Basic-Projekt enthält genau eine Projektdatei (.VBP). Eine Projektdatei enthält alle separaten Dateien (Formulardateien, Moduldateien, ActiveX-Steuerelemente und Klassendateien), aus denen ein Visual Basic-Programm besteht.

Eine *Formulardatei* (FRM) enthält ein Fenster, das die Benutzeroberfläche Ihres Programms bildet, sowie den BASIC-Code, der das Verhalten der Benutzeroberfläche bestimmt. Die meisten Visual Basic-Programme enthalten eine oder mehrere Formulardateien.

Eine *Moduldatei* (BAS) enthält BASIC-Code, der Funktionen ausführt, die von der Benutzeroberfläche unabhängig sind. Ein Visual Basic-Programm kann null oder mehrere Moduldateien enthalten.

Ein *ActiveX-Control* (OCX) ist ein Miniaturprogramm, das Sie in Ihr eigenes Programm einfügen können, um dessen Funktion zu erweitern. Es gibt einige populäre ActiveX-Controls, mit denen Sie ein Visual Basic-Programm schnell um die Funktionen eines Textverarbeitungsprogramms, einer Tabellenkalkulation oder eines Grafikprogramms erweitern können. Sie können ActiveX-Controls selbst schreiben oder käuflich erwerben. Ein Visual Basic-Programm kann null oder mehrere ActiveX-Controls (OCX) enthalten.

Eine *Klassendatei* (CLS) enthält BASIC-Code, der verschiedene Klassen definiert, die von Ihrem Visual Basic-Programm benutzt werden. Eine Klasse ist eine spezielle Methode, um die Daten und den Code Ihres Programms zu ordnen (siehe Kapitel 30). Ein Visual Basic-Programm kann null oder mehrere Klassendateien (CLS) enthalten.

Sie können Ihre Projektdatei in einem Ordner und die anderen Dateien (Formulardateien, Moduldateien, ActiveX-Steuerelemente und Klassendateien) in anderen Ordnern speichern. Aber wenn Sie nicht alle Dateien eines Programms im selben Ordner speichern, verlieren Sie schnell den Überblick und finden möglicherweise später nicht mehr alle Dateien des Programms wieder.

VBP-Projektdateien

Eine *VBP-Projektdatei* enthält eine Liste aller FRM-, BAS- und OCX-Zusatzsteuerelement-Dateien, aus denen ein einzelnes Visual Basic-Programm besteht. Das folgende Beispiel zeigt alle Dateien in einer VBP-Projektdatei (siehe Abbildung 31.1):

Um den Überblick über die Dateien zu erleichtern, verwendet das Fenster des Projekt-Explorers verschiedene Ordner:

✔ Formulare

✔ Module

✔ Klassenmodule

Das Fenster des Projekt-Explorers zeigt nicht alle ActiveX-Controls an, die Ihr Visual Basic-Programm benutzt. Wenn Sie eine Liste der ActiveX-Controls sehen wollen, die Ihr Programm verwendet, drücken Sie auf ⌈Strg⌉+⌈T⌉.

Wenn Sie nicht alle Dateien in einem Ordner sehen wollen, doppelklicken Sie auf den Ordnernamen, so dass neben ihm ein Pluszeichen angezeigt wird. Wenn Sie wieder alle Dateien sehen wollen, doppelklicken Sie noch einmal auf den Ordnernamen.

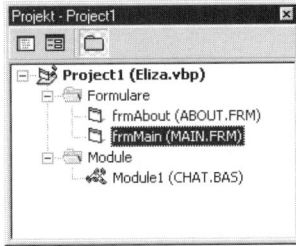

Abbildung 31.1: Das Fenster des Projekt-Explorers zeigt alle Dateien eines Visual Basic-Programms.

Um eine neue VBP-Projektdatei anzulegen, gehen Sie wie folgt vor:

1. **Wählen Sie den Menübefehl DATEI/NEUES PROJEKT oder drücken Sie auf** ⸢Strg⸥+⸢N⸥**.**

   Visual Basic zeigt das Dialogfeld *Neues Projekt* an.

2. **Wählen Sie den Programmtyp, den Sie erstellen wollen (wie beispielsweise *Standard-EXE*, *ActiveX-EXE* usw.), und klicken Sie dann auf OK.**

Um eine vorhandene VBP-Projektdatei zu öffnen, gehen Sie wie folgt vor:

1. **Wählen Sie den Menübefehl DATEI/PROJEKT ÖFFNEN, oder drücken Sie auf** ⸢Strg⸥+⸢O⸥**.**

   Visual Basic zeigt das Dialogfeld *Projekt öffnen* an.

2. **Wählen Sie den Namen der Projektdatei, die Sie öffnen wollen, und klicken Sie dann auf *Öffnen*.**

Wenn Sie eine VBP-Projektdatei öffnen, lädt Visual Basic automatisch alle Dateien, die in der VBP-Projektdatei aufgelistet sind.

Um eine Projektdatei zu speichern, gehen Sie folgendermaßen vor:

1. **Wählen Sie den Menübefehl DATEI/PROJEKT SPEICHERN, oder klicken Sie auf das Symbol *Speichern* in der Symbolleiste.**

   Wenn Sie Ihre Dateien (FRM- oder BAS-Dateien) noch nicht gespeichert haben, wird das Dialogfeld *Speichern unter* geöffnet.

2. **Geben Sie für jede FRM-Datei einen Namen ein, und klicken Sie dann auf *Speichern*.**

   Wenn Sie alle Formulardateien gespeichert haben, zeigt Visual Basic das Dialogfeld *Projekt speichern unter* an.

3. **Geben Sie für die Projektdatei einen Namen ein, und klicken Sie dann auf *Speichern*.**

Achten Sie darauf, Ihre Dateien zu speichern, bevor Sie ein Programm ausführen. Oft enthält ein Programm Fehler, die den Computer zum Absturz bringen können. Das bedeutet, dass Sie alle (jawohl: *alle*) Änderungen verlieren, wenn Sie Ihr Programm vor dem Ausführen nicht gespeichert haben.

Wenn Visual Basic alle Änderungen vor der Ausführung eines Programms automatisch speichern soll, führen Sie folgende Schritte aus:

1. **Wählen Sie EXTRAS/OPTIONEN.**

   Das Dialogfeld _Optionen_ wird angezeigt.

2. **Klicken Sie auf die Registerkarte _Umgebung_.**

3. **Markieren Sie das Optionsfeld _Änderungen speichern_ oder das Optionsfeld _Speichern der Änderungen bestätigen_.**

Dateien in eine Projektdatei einfügen

Je mehr Visual Basic-Programme Sie schreiben, desto häufiger werden Sie Unterprogramme schreiben, die Sie auch in zukünftigen Projekten wiederverwenden können. Glücklicherweise ist es in Visual Basic leicht, FRM-, BAS- und CLS-Dateien, die für andere Projekte erstellt wurden, in ein neues Projekt zu übernehmen.

Um die Funktionen und Prozeduren vorhandener FRM-, BAS- oder CLS-Dateien in Ihrem neuen Projekt zu nutzen, wählen Sie den Menübefehl PROJEKT/DATEI HINZUFÜGEN und dann den Typ der Datei (Formular, Modul usw.), die Sie hinzufügen wollen.

Wenn Sie ein Formular, ein Modul oder eine Klassendatei eines anderen Visual Basic-Programms hinzufügen, sollten Sie die betreffende Datei unter einem anderen Namen speichern. Wenn zwei oder mehr Visual Basic-Programme dieselbe Formulardatei, dasselbe Modul oder dieselbe Klassendatei benutzen, haben Änderungen an der Datei Auswirkungen auf alle Visual Basic-Programme, welche diese Datei benutzen.

Dateien aus einer Projektdatei entfernen

Umgekehrt wollen Sie manchmal eine Datei aus einem Projekt dauerhaft entfernen. Um eine Datei aus einer VBP-Projektdatei zu entfernen, gehen Sie folgendermaßen vor:

1. **Drücken Sie auf ⎡Strg⎤+⎡R⎤, oder wählen Sie den Menübefehl ANSICHT/PROJEKT-EXPLORER, oder klicken Sie auf das Symbol _Projekt-Explorer_ in der Symbolleiste.**

2. **Markieren Sie die Datei (Formular, Modul, Klasse), die Sie aus dem Projekt entfernen wollen.**

3. **Wählen Sie den Menübefehl PROJEKT/ENTFERNEN VON <DATEINAME>.**

Sie können in Schritt 2 auch auf die rechte Maustaste klicken und dann aus dem Popup-Menü den Befehl ENTFERNEN VON <DATEINAME> wählen.

Wenn Sie eine Datei aus einer Projektdatei entfernt haben, existiert die entfernte Datei nach wie vor auf Ihrer Festplatte oder Diskette. Das Entfernen einer Datei teilt Visual Basic einfach mit:»Siehst du diese Datei? Ich möchte sie nicht mehr in meinem Projekt haben, entferne sie deshalb aus dem Projekt. Verwahre sie aber weiterhin auf der Festplatte, falls ich sie noch einmal brauche.« Um eine Datei endgültig von der Festplatte oder einer Diskette zu löschen, benutzen Sie den Windows-Explorer.

ActiveX-Controls hinzufügen oder entfernen

Ein ActiveX-Control (.OCX) ist ein Miniaturprogramm, das Sie in Ihr eigenes Programm einfügen können, um dessen Funktion zu erweitern, ohne dass Sie selbst viel BASIC-Code zu schreiben brauchen. Weil man mit ActiveX-Controls ein Visual Basic-Programm schnell und einfach erstellen kann, sind viele Visual Basic-Programme nicht mehr als Sammlungen von ActiveX-Controls, die durch ein wenig BASIC-Code zusammengehalten werden.

Obwohl Visual Basic mit mehreren ActiveX-Controls geliefert wird, können Sie Massen von ActiveX-Controls zusätzlich per Mail-Order oder über das Internet kaufen. Achten Sie nur darauf, sich nicht zu sehr auf ActiveX-Controls zu verlassen. Wenn eine Firma ein ActiveX-Control geschrieben hat, das nicht zuverlässig funktioniert, dann funktioniert auch Ihr Visual Basic-Programm nicht zuverlässig.

Wenn Sie ein zusätzliches Steuerelement in eine Projektdatei einfügen, erscheint das Symbol dieses Steuerelements in der Visual Basic-Werkzeugsammlung.

Um ein ActiveX-Control in ein Visual Basic-Projekt einzufügen, gehen Sie folgendermaßen vor:

1. **Wählen Sie den Menübefehl** Pʀᴏᴊᴇᴋᴛ/Kᴏᴍᴘᴏɴᴇɴᴛᴇɴ, **oder drücken Sie auf** ⟨Strg⟩+⟨T⟩.

   Visual Basic zeigt das Dialogfeld *Komponenten* an (siehe Abbildung 31.2).

2. **Aktivieren Sie das Kontrollkästchen des ActiveX-Controls, das Sie einfügen wollen, und klicken Sie dann auf OK.**

   Visual Basic zeigt das Symbol des ActiveX-Controls in der Visual Basic-Werkzeugsammlung an.

Wenn Sie das ActiveX-Control in Ihr Programm eingefügt haben, müssen Sie es in Ihre Benutzeroberfläche einfügen und BASIC-Code schreiben, um sein Verhalten festzulegen.

Weitere Informationen über die populärsten und nützlichsten marktgängigen ActiveX-Controls finden Sie im Anhang A.

Ob Sie es glauben oder nicht: Sie können Visual Basic benutzen, um Ihre eigenen ActiveX-Controls zu schreiben. Obwohl das Schreiben von ActiveX-Controls nicht mehr zum Thema dieses Buches gehört, sollten Sie daran denken, dass Sie einen besonders nützlichen, vielseitig verwendbaren Teil eines Programms als ActiveX-Control speichern und an andere Leute verkaufen können.

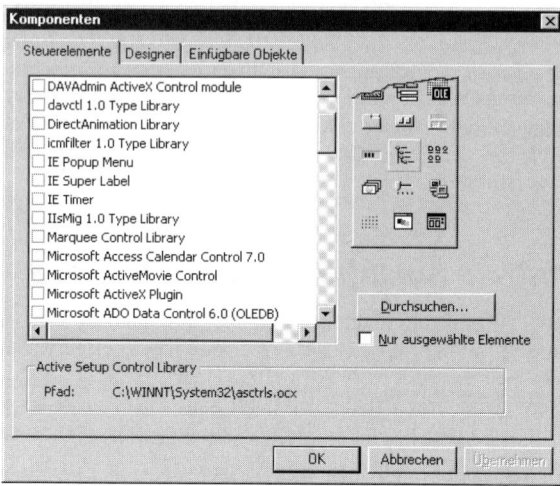

Abbildung 31.2: Das Dialogfeld Komponenten.

Teil VIII

Datenbank-Programme und Drucken

»Wir hätten das schon in Version 2 korrigieren sollen.«

In diesem Teil ...

Die meisten Leute interessieren sich nicht für Datenbank-programme. Und noch weniger Leute interessieren sich für die verschiedenen Dateiformate, in denen Daten gespeichert werden. Um auch diesen Leuten dienlich sein zu können, stellt Visual Basic Funktionen bereit, mit denen man eine Vielzahl verschiedener Datenbankformate erstellen, lesen und schreiben kann, ohne diese Formate selbst zu kennen. Zu den Datenbankformaten zählen Microsoft Access, dBase, Paradox und FoxPro.

Neben ihrer Funktion, Hunderten von Autoren und Verlegern Arbeit zu verschaffen, dienen die meisten Programme dazu, Informationen zu speichern und dann zu drucken. Denn welchen Nutzen hätte das beste Programm, wenn Sie mit ihm Informationen nur eintippen, aber nicht drucken könnten? In diesem Teil lernen Sie alles über das Speichern und Drucken von Informationen mit Ihren eigenen Visual Basic-Programmen.

Datenbankendateien erstellen

In diesem Kapitel

▷ Was ist eine Datenbank?

▷ Datenbanken organisieren

▷ Eine eigene Datenbank erstellen

*F*alls Sie ein Programm schreiben müssen, das Informationen, wie z.B. Adreßdaten oder Artikelstammdaten, speichern und wiedergewinnen soll, haben Sie zwei Möglichkeiten. Sie können entweder ein umfangreiches Visual Basic-Programm schreiben, um die Daten auf der Festplatte zu speichern, zu ordnen und wiederzugewinnen, oder Sie können ein spezielles Datenbankprogramm benutzen.

Wenn Sie Datenbankdateien benutzen, können Sie sich auf den Entwurf der Benutzeroberfläche konzentrieren, ohne sich um die eigentliche Speicherung, Verwaltung, Sortierung und Wiedergewinnung der Daten kümmern zu müssen.

Sie haben zwei Möglichkeiten, eine Datenbankdatei zu erstellen. Entweder geben Sie Hunderte von Mark aus, um ein spezielles Datenbankprogramm, wie beispielsweise Microsoft Access, Paradox oder FoxPro, zu kaufen, oder Sie benutzen ein spezielles Visual Basic-Add-In-Programm mit dem Namen *Visual Data Manager*. Weil sich dieses Buch damit befaßt, wie man Aufgaben leicht lösen kann, beschäftigt sich dieses Kapitel hauptsächlich mit dem Visual Data Manager. Schließlich wird dieses Programm kostenlos mit Visual Basic geliefert.

Was sind Datenbankdateien?

Eine Datenbankdatei ist im Grunde nichts anderes als eine spezielle Datei, die Informationen in geordneter Form speichern soll. So wie ein Textverarbeitungsprogramm Sätze und Absätze enthält, speichert eine Datenbankdatei Namen, Adressen, Telefonnummern, Geburtstage usw.

Typischerweise besteht eine Datenbankdatei aus folgenden Komponenten (siehe Abbildung 32.1):

✔ Eine oder mehrere Tabellen

✔ Datensätze

✔ Felder

Die *Datenbank* ist (normalerweise) eine einzige Datei, die Ihre gesamten Informationen enthält.

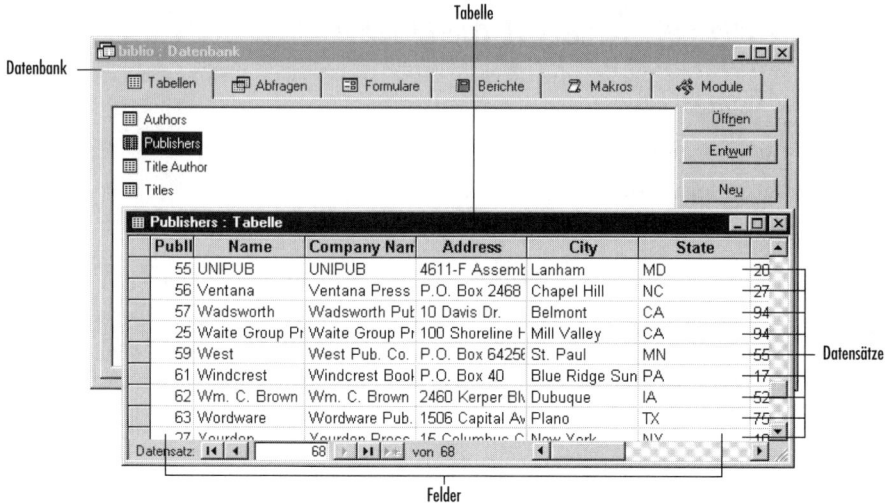

Abbildung 32.1: Komponenten einer Datenbank.

Um die Informationen zu strukturieren, werden gleichartige Informationen in einer Datenbank in so genannten *Tabellen* zusammenfasst. Eine Tabelle ist eine Untermenge Ihrer gesamten Datenbank. Sie enthält nur ganz bestimmte Informationen, wie z.B. Adresse, Kunden, Lieferanten, Artikel usw. Jede Datenbank muss wenigstens eine Tabelle enthalten

Jede Tabelle besteht aus einem oder mehreren *Datensätzen*, wobei ein Datensatz alle Informationen über ein bestimmtes Subjekt oder Objekt, wie z.B. einen Kunden, einen Lieferanten oder einen Artikel, enthält. Ein Datensatz ist im Büroalltag mit einer einzelnen Karteikarte vergleichbar.

Jeder Datensatz besteht aus einem oder mehreren *Feldern*, wobei ein Feld ein bestimmtes Datenelement, wie z.B. den Vornamen, den Nachnamen, die Artikelbezeichnung oder den Preis, enthält.

Die Struktur einer Datenbank festlegen

Nachdem Sie eine allgemeine Vorstellung vom Aufbau einer Datenbank bekommen haben, müssen Sie festlegen, wie Sie die Informationen in der Datenbank organisieren wollen. Ehe Sie eine Datenbank erstellen, müssen Sie sich fragen: »Welche Art von Informationen benötige ich in Zukunft?«

Wenn Sie z.B. eine Datenbank mit Ihren Geschäftskontakten erstellen wollen, müssen Sie die Namen, Telefon- und Faxnummern und E-Mail-Adressen Ihrer Geschäftspartner speichern.

Wenn Sie ein Programm zur Lagerverwaltung schreiben wollen, müssen Sie Artikelnummern, Artikelbezeichnungen, Lagermengen und Preise speichern.

Nachdem Sie die Art der zu speichernden Informationen festgelegt haben, müssen Sie die Feldnamen festlegen, um jedes Datenelement zu identifizieren. Felder haben zwei Aufgaben:

✔ Sie speichern einzelne Datenelemente.

✔ Sie ermöglichen es, die Daten zu sortieren und die Datenbank zu durchsuchen.

Wenn Sie z.B. den Namen »Hans Schmitz« speichern wollen, können Sie zwei Methoden verwenden:

Methode	Feldname	Daten
1	Name	Hans Schmitz
2	Vorname	Hans
	Nachname	Schmitz

Die erste Methode speichert den Namen als Einheit ab. Das bedeutet, dass Sie Ihre Datenbank nicht (ohne weiteres) nach Vornamen oder Nachnamen durchsuchen können.

Die zweite Methode speichert die Namen in zwei getrennten Feldern ab. Das bedeutet zwar einen (ärgerlichen) Mehraufwand bei der Erfassung der Daten, dafür können Sie aber Ihre Datenbank leicht nach Vornamen oder Nachnamen durchsuchen.

Keine der beiden Methoden ist an sich richtig oder falsch. Welche Methode Sie verwenden, hängt nur von dem Zweck ab, den Sie erreichen wollen. Wenn Sie alle Felder in Ihrer Datenbank identifiziert und benannt haben, müssen Sie festlegen, wie Sie diese Felder zu Tabellen zusammenfassen (gruppieren, klassifizieren oder kategorisieren) wollen. Wenn Sie beispielsweise Ihre Visitenkarten speichern wollen, können Sie persönliche und geschäftliche Kontakte unterscheiden. Abbildung 32.2 zeigt ein typisches Design einer Datenbank.

 Sie müssen Ihre Datenbank nicht in mehrere Tabellen aufteilen, wenn Ihnen eine Tabelle ausreicht.

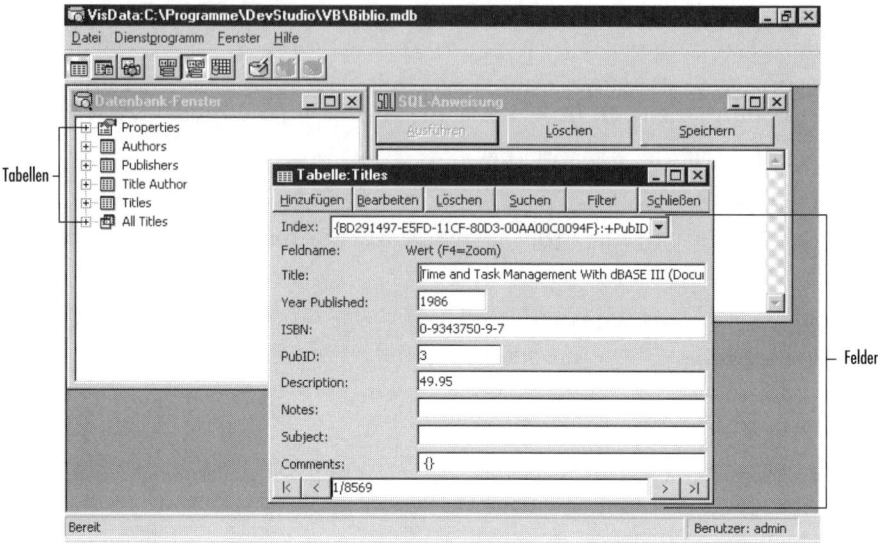

Abbildung 32.2: Design einer typischen Datenbank mit Tabellen und Feldern.

Eine Datenbankdatei erstellen

Nachdem Sie die Struktur Ihrer Datenbank auf dem Papier entworfen haben, können Sie die Datenbank auf Ihrem Computer erstellen. Sie können dazu ein separates Datenbankprogramm wie Microsoft Access oder dBase benutzen oder das Visual Basic-Add-In-Programm *Visual Data Manager* benutzen.

Den Visual Data Manager ausführen

Um den Visual Data Manager auszuführen, gehen Sie folgendermaßen vor:

1. **Laden Sie Visual Basic.**

2. **Wählen Sie den Menübefehl ADD-INS/VISUAL DATA MANAGER.**

   Das Fenster des Visual Data Managers wird angezeigt.

3. **Wählen Sie den Menübefehl DATEI/NEU.**

   Eine Liste mit Datenbankformaten, wie z.B. Microsoft Access, Paradox oder FoxPro, wird angezeigt.

4. **Wählen Sie *Microsoft Access/Version 7.0 MDB*.**

   (Wenn Sie nicht aus irgendwelchen Gründen ein anderes Format benötigen, ist dieses am besten geeignet.) Ein Dialogfeld wird angezeigt.

5. **Geben Sie den Namen Ihrer Datenbank ein, und klicken Sie auf *Speichern*.**

   Der Visual Data Manager zeigt ein *Datenbank-Fenster* an.

6. **Klicken Sie mit der rechten Maustaste auf das Symbol *Properties* im Datenbank-Fenster.**

   Ein Popup-Menü wird angezeigt.

7. **Klicken Sie auf *Neue Tabelle*.**

   Das Dialogfeld *Tabellenstruktur* wird angezeigt.

8. **Geben Sie im Textfeld *Tabellenname* den Namen Ihrer Datenbank ein.**

9. **Klicken Sie auf die Schaltfläche *Feld hinzufügen*.**

   Das Dialogfeld *Feld hinzufügen* wird angezeigt.

10. **Geben Sie im Textfeld *Name* den Feldnamen (z.B. *Vorname* oder *Geburtsdatum*) ein.**

11. **Wählen Sie im Kombinationsfeld *Type* den Datentyp (*Text, Currency, Date/Time* usw.), und geben Sie im Textfeld *Size* die Feldlänge ein. Klicken Sie dann auf OK.**

12. **Wiederholen Sie die Schritt 10 und 11 für jedes Feld, das Sie in die Tabelle einfügen wollen. Klicken Sie danach auf *Schließen*.**

13. **Klicken Sie auf die Schaltfläche *Tabelle erstellen*.**

    Das Datenbank-Fenster zeigt Ihre neue Tabelle als Symbol an.

 Sie können eine Tabelle später folgendermaßen ändern: Klicken Sie im Datenbank-Fenster mit der rechten Maustaste auf das Tabellensymbol, und wählen Sie im Kontextmenü Entwerfen.

Informationen in der Datenbank speichern

Nachdem Sie die Datenbank, die Tabellen und die Felder erstellt haben, können Sie Informationen in der Datenbank speichern.

 Sie brauchen keine Informationen in der Datenbank zu speichern, sondern können diese leer lassen, damit ein Benutzer Ihres Visual Basic-Programms seine Daten darin speichern kann.

Um mithilfe von Visual Data Manger Informationen in der Datenbank zu speichern, gehen Sie folgendermaßen vor:

1. **Klicken Sie im Datenbank-Fenster mit der rechten Maustaste auf das Tabellensymbol, und klicken Sie im Kontextmenü auf** ÖFFNEN.

   Ein Dialogfeld wird angezeigt.

2. **Klicken Sie auf** *Hinzufügen.*

3. **Geben Sie die Informationen in die Felder ein.**

4. **Wenn Sie damit fertig sind, klicken Sie auf** *Aktualisieren.*

5. **Klicken Sie auf** *Schließen.*

Den Visual Data Manager verlassen

Um den Visual Data Manager zu verlassen, wählen Sie den Menübefehl DATEI/BEENDEN.

Der Visual Data Manager ist ein einfaches Programm zur Erstellung von Datenbanken. Wenn Sie mit komplizierten Datenbanken arbeiten, machen Sie sich das Leben leichter, indem Sie Microsoft Access kaufen und benutzen, um Ihre Datenbanken zu erstellen.

Auf Datenbankdateien zugreifen

In diesem Kapitel

▷ Die Verbindung zu einer Datenbankdatei herstellen

▷ Datensätze anzeigen

▷ Bestimmte Datensätze suchen

*W*enn Sie sehr viele Daten speichern wollen, sollten Sie zu diesem Zweck eine Datenbank verwenden. Visual Basic kann auf die Datenbankdateien der folgenden Datenbanken zugreifen:

✔ Microsoft Access MDB-Dateien

✔ Microsoft FoxPro DBF-Dateien

✔ Borland dBase DBF-Dateien

✔ Paradox DB-Dateien

Wenn Sie keine Ahnung haben, was sich hinter diesen Dateien oder Datenbanken verbirgt, schätzen Sie sich glücklich.

 Visual Basic enthält ein separates Programm mit dem Namen *Visual Data Manager*, mit dem Sie Dateien im MDB-Format der Microsoft Access-Datenbank erstellen können, ohne eine Kopie von Microsoft Access kaufen zu müssen. Wenn Sie wirklich aufwändige Datenbanken erstellen wollen, sollten Sie sich ein separates Datenbank-Programm wie Microsoft Access, dBase oder Paradox kaufen.

Was sind Datenbankdateien?

Wenn ein hochgestochenes Datenbankprogramm wie Paradox, Access oder dBASE Informationen speichert, werden diese Informationen in einer Datei auf der Festplatte gespeichert. Weil diese Datei einen Haufen von Daten enthält, die irgend jemand für wichtig hält, wird sie als *Datenbank* bezeichnet. Im Grunde ist eine Datenbank wie eine Rolodexkartei, die mit Mist vollgestopft ist.

Eine Datenbankdatei besteht aus einem oder mehreren Datensätzen, die dazu dienen, die Informationen geordnet zu speichern. Ein Datensatz ist mit einer Karteikarte vergleichbar. Jeder Datensatz besteht aus so genannten *Feldern*, in denen bestimmte Informationen (Namen, Adressen, Geburtstage u.ä.) gespeichert werden. Abbildung 33.1 zeigt ein Beispiel eines Datensatzes.

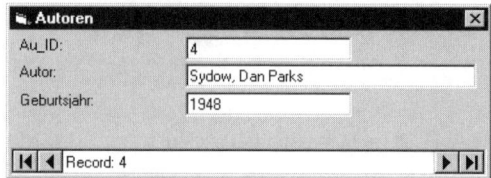

Abbildung 33.1: Ein typischer Datensatz in einer Datenbank.

Um die Informationen besser zu strukturieren, können Sie die Informationen in einer Datenbank in so genannten *Tabellen* zusammenfassen. Eine Tabelle ist eine Untermenge Ihrer gesamten Datenbank. Sie enthält nur ganz bestimmte Informationen, wie z.B. die Namen aller Leute, die in Bayern wohnen, oder die Telefonnummern aller Leute, die Sie nicht ausstehen können.

Wie man die Verbindung zu einer Datenbankdatei herstellt

Wenn Sie mit Visual Basic eine Datenbankdatei lesen und ändern wollen, müssen Sie folgende Informationen angeben:

✔ Die Datenbank, auf die Sie zugreifen wollen

✔ Das Recordset, das Sie benutzen wollen

✔ Die Tabelle, die Sie benutzen wollen

✔ Die Datenfelder, die Sie anzeigen wollen

Sich manuell mit einer Datenbank verbinden

Um Ihr Programm mit einer Datenbankdatei zu verbinden, gehen Sie wie folgt vor:

1. **Prüfen Sie, ob die Datenbankdatei vorhanden ist, mit der Sie Ihr Programm verknüpfen wollen.**

   Falls die Datenbankdatei nicht vorhanden ist, müssen Sie sie mit einem Datenbankprogramm oder dem *Visual Data Manager* erstellen.

2. **Wählen Sie das *Data*-Symbol in der Visual Basic-Werkzeugsammlung, und zeichnen Sie das *Data*-Steuerelement auf Ihrem Formular.**

   Abbildung 33.2 zeigt das *Data*-Symbol in der Werkzeugsammlung und auf dem Formular. Nähere Informationen über dieses Symbol finden Sie weiter unten in diesem Kapitel im Abschnitt *Verschiedene Datensätze manipulieren*.

Pfeil *Erster Datensatz* — ┌ Pfeil *Vorhergehender Datensatz*

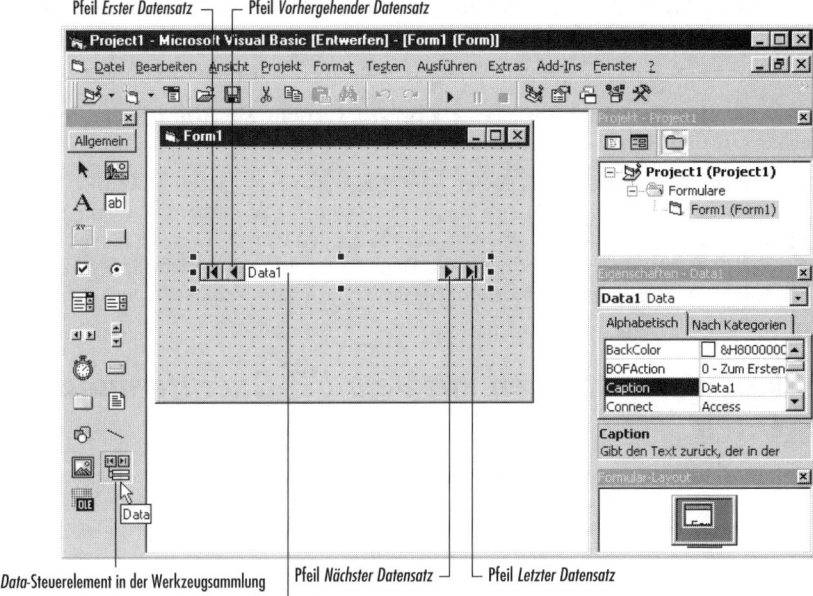

Data-Steuerelement in der Werkzeugsammlung | Pfeil *Nächster Datensatz* — └ Pfeil *Letzter Datensatz*
Data-Steuerelement auf dem Formular

Abbildung 33.2: Das Data-*Steuerelement in der Werkzeugsammlung und auf einem Formular.*

3. **Öffnen Sie das Eigenschaftenfenster, indem Sie auf** ⌞F4⌝ **drücken oder den Menübefehl** ANSICHT/EIGENSCHAFTENFENSTER **wählen.**

4. **Doppelklicken Sie auf die Eigenschaft** *DatabaseName*.

   Visual Basic öffnet das Dialogfeld *DatabaseName*.

5. **Wählen Sie die Datenbankdatei, die Sie benutzen wollen (z.B. BIBLIO.MDB, die Beispieldatenbank, die mit Visual Basic geliefert wird), und klicken Sie auf** *Öffnen*.

6. **Wählen Sie die Eigenschaft** *RecordsetType*, **und klicken Sie auf den nach unten gerichteten Pfeil im Eigenschaftenfeld.**

   Visual Basic zeigt eine Liste mit den verfügbaren Recordset-Typen an:

   0 – Tabelle

   1 – Dynaset

   2 – Snapshot

7. **Wählen Sie einen Recordset-Typ wie beispielsweise** *0 - Tabelle*.

8. **Wählen Sie die Eigenschaft** *RecordSource*, **und klicken Sie auf den nach unten gerichteten Pfeil im Eigenschaftenfeld.**

   Visual Basic zeigt eine Liste mit den verfügbaren Tabellen in der Datenbank an.

9. **Wählen Sie eine Datenbanktabelle (wie z.B.** *Titles*, **wenn Sie** *BIBLIO*, **die Beispieldatenbank, die mit Visual Basic geliefert wird, gewählt haben.)**

 Wenn Sie nur mit MDB-Dateien von Microsoft Access arbeiten, wählen Sie in Schritt 7 den Wert *0 - Tabelle* für die Eigenschaft *RecordsetType*. Wenn Sie mit einer anderen Datenbank arbeiten, wählen Sie den Wert *1 - Dynaset* für die Eigenschaft *RecordsetType*. Wenn Sie die Daten nur lesen, aber nicht ändern wollen, wählen Sie den Wert *2 - Snapshot* für die Eigenschaft *RecordsetType*.

Datenbankverbindungen mit dem VB-Datenformular-Assistenten

Falls Sie nicht alles auf die schwere Tour machen wollen, können Sie den *VB-Datenformular-Assistenten* verwenden, der speziell dazu dient, Formulare zu erstellen, die Daten aus einer Datenbank anzeigen und bearbeiten sollen.

 Wenn Sie die Standardeinstellungen des Formulars übernehmen wollen, klicken Sie bei den folgenden Schritten an beliebiger Stelle auf *Fertig*.

Um den *VB-Datenformular-Assistenten* zu verwenden, gehen Sie folgendermaßen vor:

1. **Wählen Sie den Menübefehl** Projekt/Formular hinzufügen.

   Das Dialogfeld *Formular hinzufügen* wird angezeigt.

2. **Klicken Sie auf das Symbol** *VB-Datenformular-Assistent* **und dann auf** *Öffnen*.

   Das Dialogfeld *Datenformular-Assistent - Einführung* wird angezeigt (siehe Abbildung 33.3). Falls Sie ein Formular erstellt haben, auf dem Ihr neues Formular basieren soll, wählen Sie das Formular (Profil) aus dem Kombinationsfeld.

3. **Klicken Sie auf** *Weiter*.

   Das Dialogfeld *Datenformular-Assistent - Datenbanktyp* wird angezeigt.

4. **Klicken Sie auf den gewünschten Datenbanktyp (beispielsweise** *Access*) **und klicken dann auf** *Weiter*.

   Das Dialogfeld *Datenformular-Assistent - Datenbank* wird angezeigt.

5. **Klicken Sie auf** *Durchsuchen*.

   Das Dialogfeld *Access-Datenbank* wird angezeigt.

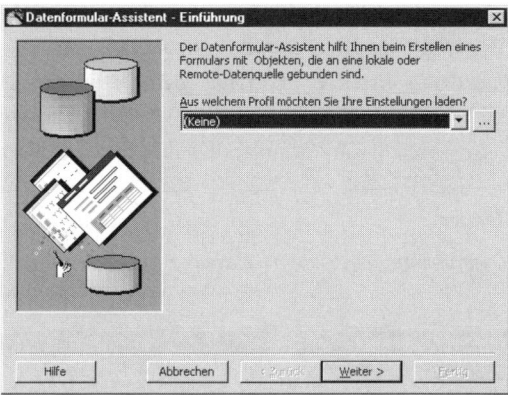

Abbildung 33.3: Das Dialogfeld Datenformular-Assistent - Einführung.

6. Klicken Sie auf die gewünschte Datenbank, klicken Sie auf *Öffnen*, und klicken Sie dann auf *Weiter*.

Das Dialogfeld *Datenformular-Assistent - Formular* wird angezeigt (siehe Abbildung 33.4).

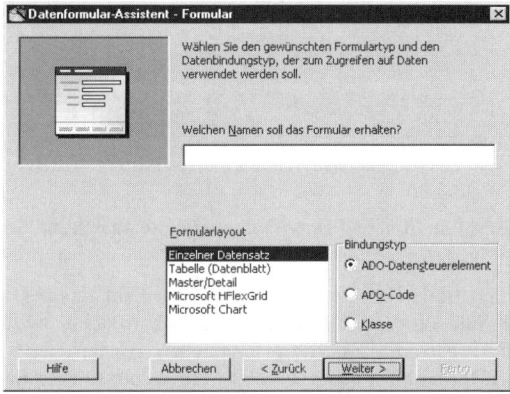

Abbildung 33.4: Das Dialogfeld Datenformular-Assistent - Formular.

7. Geben Sie den Namen des Formulars ein, markieren Sie das gewünschte Formular- layout, und klicken Sie dann auf *Weiter*.

◆ *Einzelner Datensatz* – erstellt ein Formular, das einzelne Datensätze anzeigt.

◆ *Tabelle (Datenblatt)* – erstellt ein Formular, das Datensätze in Tabellenform anzeigt.

◆ *Master/Detail* – erstellt ein Formular, das einen einzelnen Master-Datensatz und eine Tabelle mit Detaildatensätzen anzeigt.

◆ *Microsoft HFlexGrid* – erstellt ein Formular, das in der Form einer Tabellenkalkulation mit Pivottabellen zur Zusammenfassung von Daten anzeigt.

◆ *Microsoft Chart* – erstellt ein Formular, das Ihre Daten in Form eines Diagramms anzeigt.

8. Klicken Sie auf *Weiter*.

Das Dialogfeld *Datenformular-Assistent - Datensatzquelle* wird angezeigt (siehe Abbildung 33.5).

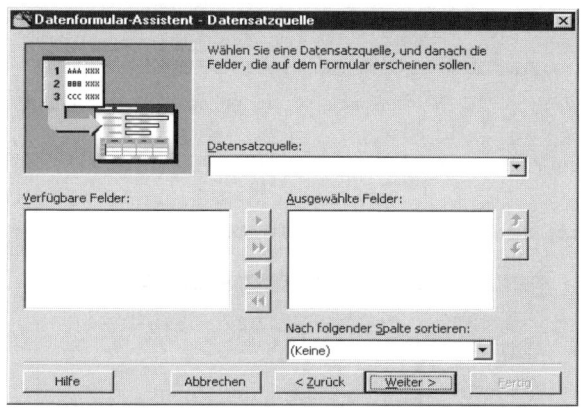

Abbildung 33.5: Das Dialogfeld Datenformular-Assistent - Datensatzquelle.

9. Wählen Sie im Kombinationsfeld *Datensatzquelle* die Tabelle, in der die Informationen gespeichert sind.

10. Klicken Sie im Listenfeld *Verfügbare Felder* auf ein Feld, das auf dem Formular angezeigt werden soll, und klicken Sie dann auf die >-Schaltfläche, um das ausgewählte Feld in das Listenfeld *Ausgewählte Felder* zu verschieben. Wiederholen Sie diesen Schritt für jedes Feld, das auf Ihrem Formular angezeigt werden soll. Klicken Sie danach auf *Weiter*.

Das Dialogfeld *Datenformular-Assistent - Steuerelementauswahl* wird angezeigt (siehe Abbildung 33.6).

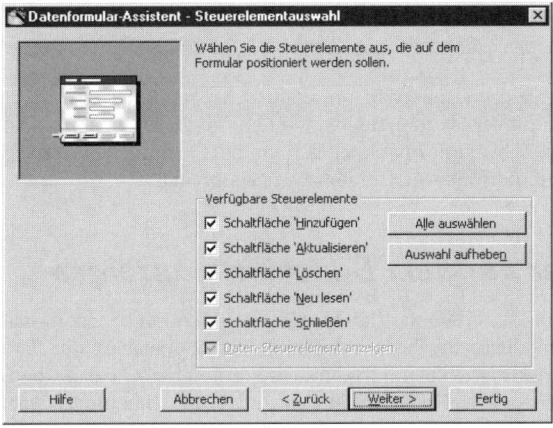

Abbildung 33.6: Das Dialogfeld Datenformular-Assistent - Steuerelementauswahl.

11. Aktivieren Sie die Kontrollkästchen der Schaltflächen, die auf Ihrem Formular angezeigt werden sollen, und klicken Sie dann auf *Weiter*.

Das Dialogfeld *Datenformular-Assistent - Fertig!* wird angezeigt (siehe Abbildung 33.7).

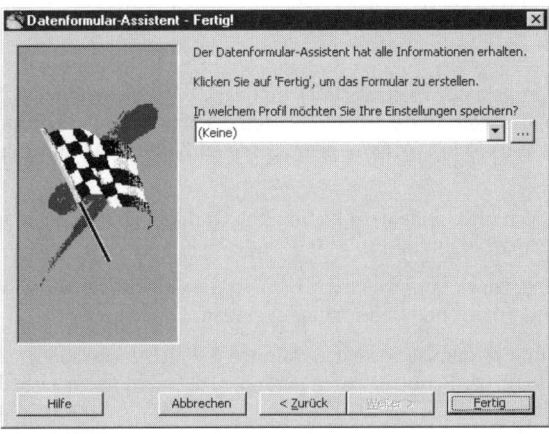

Abbildung 33.7: Das Dialogfeld Datenformular-Assistent - Fertig!.

12. Klicken Sie auf die Schaltfläche mit den drei Punkten, falls Sie das Formular als Profil für eine spätere Wiederverwendung speichern wollen. Klicken Sie dann auf *Fertig*.

Visual Basic erstellt Ihr Formular.

13. Klicken Sie auf OK.

Das Formular wird zur weiteren Bearbeitung angezeigt.

 Wenn Sie den Visual Basic-Anwendungsassistenten benutzen, um automatisch ein Programmgerüst zu erstellen, können Sie gleich ein Formular zur Bearbeitung von Datenbankinformationen generieren. Sie brauchen dann später nicht auf den VB-Datenformular-Assistenten zurückzugreifen.

Datenfelder auf dem Bildschirm anzeigen

Wenn Sie Ihr Programm mit einer Datenbankdatei verknüpft haben, müssen Sie als nächstes die Daten anzeigen, die in den Feldern der Datenbank gespeichert sind. (Wenn Sie den Visual Basic-Datenbank-Assistenten benutzen, um ein Formular zur Anzeige der Daten zu erstellen, können Sie das generierte Formular ändern und Felder hinzufügen oder löschen.) Visual Basic stellt Ihnen mehrere Methoden zur Verfügung, um die Felder einer Datenbank anzuzeigen:

✔ Kontrollkästchen

✔ Abbildungsfelder und Bildfelder

✔ Bezeichnungsfelder und Textfelder

✔ Listenfelder und Kombinationsfelder

✔ Datengitter (Grids)

Kontrollkästchen zeigen Wahrheitswerte (*True* oder *False*) an. Wenn ein Feld den Wert *Ja*, *Yes*, *True* oder *Wahr* enthält, ist das Kontrollkästchen auf dem Bildschirm aktiviert (markiert). Wenn ein Feld den Wert *Nein*, *No*, *False* oder *Falsch* enthält, ist das Kontrollkästchen auf dem Bildschirm leer.

Mit Abbildungsfeldern und Bildfeldern können Sie Grafiken anzeigen, die in den Feldern der Datenbankdatei gespeichert sind.

Mit Textfeldern und Bezeichnungsfeldern können Sie Informationen wie z.B. Namen, Anschriften, Telefonnummern und Geburtstage anzeigen.

Mit Listenfeldern und Kombinationsfeldern können Sie Mehrfachwahlen anzeigen. Bei einem Kombinationsfeld kann der Benutzer Daten eintippen, die nicht in der Liste des Kombinationsfeldes enthalten sind.

Mit Datengittern (Grids) können Sie Datensätze in Tabellenform anzeigen.

 Benutzen Sie ein Textfeld, wenn der Benutzer die Möglichkeit haben soll, Daten einzugeben. Benutzen Sie ein Bezeichnungsfeld, wenn der Benutzer die angezeigten Daten nicht ändern soll.

Um ein Textfeld, Bezeichnungsfeld, Kontrollkästchen, Bildfeld, Listenfeld, Kombinationsfeld oder Abbildungsfeld zum Anzeigen eines Feldes einer Datenbank zu erstellen, gehen Sie wie folgt vor:

1. **Zeichnen Sie das Textfeld, Bezeichnungsfeld, Kontrollkästchen, Bildfeld, Listenfeld, Kombinationsfeld oder Abbildungsfeld auf dem Formular, welches das Data-Steuerelement enthält.**

2. **Öffnen Sie das Eigenschaftenfenster, indem Sie auf** F4 **drücken oder den Menübefehl** ANSICHT/EIGENSCHAFTENFENSTER **wählen.**

3. **Wählen Sie die Eigenschaft** *DataSource*, **und klicken Sie auf den nach unten gerichteten Pfeil im Eigenschaftenfeld.**

   Visual Basic zeigt eine Liste mit allen *Data*-Steuerelementen auf dem Formular an.

4. **Wählen Sie ein** *Data*-**Steuerelement (wie beispielsweise** *Data1*)**.**

5. **Wählen Sie die Eigenschaft** *DataField*, **und klicken Sie auf den nach unten gerichteten Pfeil im Eigenschaftenfeld.**

   Visual Basic zeigt eine Liste aller Felder an, die Sie anzeigen können. (Überspringen Sie diesen Schritt, wenn Sie in Schritt 1 ein Datengitter gezeichnet haben.)

6. **Wählen Sie einen Feldnamen.**

Wenn Sie den Feldnamen für ein Kontrollkästchen wählen, prüfen Sie, ob das Feld in der Datenbank nur die Wahrheitswerte (*Ja/Nein*, *Yes/No*, *True/False* oder *Wahr/Falsch*) enthält. Wenn Sie den Feldnamen für ein Bildfeld oder Abbildungsfeld wählen, prüfen Sie, ob das Feld in der Datenbank nur Grafiken enthält. Andernfalls kommt Visual Basic durcheinander und weiß nicht, wie es die Daten verarbeiten soll.

Verschiedene Datensätze manipulieren

Wenn Visual Basic eine Datenbank lädt, macht es den ersten Datensatz der Datenbank zum aktuellen Datensatz. Alle Befehle, die Sie geben, betreffen nur diesen ersten Datensatz.

Andere Datensätze zu wählen ist vergleichbar mit dem Durchblättern einer Kartei in einer Bücherei. (Jüngere Leute, die noch nie eine Kartei in einer Bücherei gesehen haben, können diesen Vorgang besser mit dem Durchflippen der CDs in einem CD-Laden vergleichen.)

Visual Basic stellt zwei Methoden zur Verfügung, um einen anderen Datensatz zum aktuellen Datensatz zu machen:

✔ Das *Data*-Steuerelement

✔ BASIC-Code

Datensätze mit dem Data-Steuerelement manipulieren

Das *Data*-Steuerelement enthält vier Pfeile, mit denen der Benutzer die Datensätze durchblättern kann (siehe weiter oben Abbildung 33.2).

Das *Data*-Steuerelement entspricht in seinem Aussehen den Schaltknöpfen eines Kassettendecks oder eines Videorecorders. (Aber wie viele Leute können schon ihren Videorecorder programmieren?)

Mit den Pfeilen links und rechts außen können Sie zum ersten bzw. letzten Datensatz der Datenbank springen. Mit den beiden anderen Pfeilen können Sie jeweils einen Datensatz in der Datenbank rückwärts bzw. vorwärts blättern.

Mit dem *Data*-Steuerelement kann der Benutzer einen bestimmten Datensatz wählen. Achten Sie darauf, dass auf dem Bildschirm ein Textfeld oder Bezeichnungsfeld Daten aus dem aktuellen Datensatz anzeigt, sonst weiß der Benutzer nicht, welcher Datensatz aktuell ist.

Die Datensätze einer Datenbank mit BASIC-Code anzeigen

Um den *ersten Datensatz* mit BASIC-Code anzuzeigen, benutzen Sie den folgenden Befehl:

```
Data1.Recordset.MoveFirst
```

> In allen Befehlen bezeichnet *Data1* den Namen Ihres *Data*-Steuerelementes. Wenn Sie den Namen des *Data*-Steuerelementes ändern, müssen Sie stattdessen den neuen Namen verwenden.

Um den *letzten Datensatz* mit BASIC-Code anzuzeigen, benutzen Sie folgenden Befehl:

```
Data1.Recordset.MoveLast
```

Um den *nächsten Datensatz* mit BASIC-Code anzuzeigen, benutzen Sie folgenden Befehl:

```
Data1.Recordset.MoveNext
```

Um den *vorherigen Datensatz* mit BASIC-Code anzuzeigen, benutzen Sie folgenden Befehl:

```
Data1.Recordset.MovePrevious
```

Einen Datensatz hinzufügen

Um einen Datensatz in eine Datenbank einzufügen, gehen Sie folgendermaßen vor:

1. **Erstellen Sie mit dem folgenden Code einen neuen Datensatz:**

    ```
    Data1.Recordset.AddNew
    ```

2. Füllen Sie die Felder des neuen Datensatzes mit Daten. Benutzen Sie dafür folgenden Code:

```
Data1.Recordset.Fields("FeldName") = "NeueDaten"
```

FeldName bezeichnet das bestimmte Feld, in das Sie neue Daten einfügen wollen. Sie müssen den Feldnamen in Anführungszeichen setzen. *NeueDaten* enthält die neuen Daten, die Sie in dem Feld speichern wollen. Dabei kann es sich um Zahlen oder Zeichenketten handeln. Eine Zeichenkette muss in Anführungszeichen gesetzt werden. Zahlen werden ohne Anführungszeichen angegeben.

3. Speichern Sie den Datensatz mit folgendem Code in der Datenbank:

```
Data1.Recordset.Update
```

 Visual Basic fügt neue Datensätze immer am Ende einer Datenbankdatei ein.

Einen Datensatz editieren

Um einen vorhandenen Datensatz in einer Datenbank zu ändern, gehen Sie wie folgt vor:

1. Zeigen Sie den Datensatz an, den Sie ändern wollen.

2. Teilen Sie Visual Basic durch folgenden Befehl mit, dass Sie den Datensatz ändern wollen:

```
Data1.Recordset.Edit
```

3. Weisen Sie den Feldern, die Sie ändern wollen, die neuen Daten zu. Benutzen Sie dafür folgenden Code:

```
Data1.Recordset.Fields("FeldName") = "NeueDaten"
```

4. Speichern Sie den Datensatz mit folgendem Code in der Datenbank:

```
Data1.Recordset.Update
```

Einen Datensatz löschen

Um einen Datensatz aus einer Datenbank zu löschen, müssen Sie diesen Datensatz zum aktuellen Datensatz machen und dann die beiden folgenden Befehle eingeben:

```
Data1.Recordset.Delete
Data1.RecordSet.MoveNext
```

 Diese Befehle sagen: »Siehst du den aktuellen Datensatz? Lösche ihn und zeige dann den nächsten Datensatz an, damit der gelöschte Datensatz nicht mehr zu sehen ist.«

Die Anzahl der vorhandenen Datensätze zählen

Wenn Sie wissen wollen, wie viele Datensätze in einer Datenbankdatei enthalten sind, benutzen Sie folgende Befehle:

```
Dim AnzahlDerDatensätze As Integer
Data1.Recordset.MoveLast
AnzahlDerDatensätze = Data1.Recordset.RecordCount
```

Visual Basic interpretiert diesen Code wie folgt:

1. Die erste Zeile sagt: »Erstelle eine Variable mit dem Namen *AnzahlDerDatensätze* und dem Datentyp *Integer*.«

2. Die zweite Zeile sagt: »Gehe zu dem letzten Datensatz in der Datenbankdatei.«

3. Die dritte Zeile sagt: »Ermittle die Anzahl der Datensätze und speichere diese Anzahl in der Variablen *AnzahlDerDatensätze*.«

Einen bestimmten Datensatz finden

Um einen bestimmten Datensatz in einer Datenbank zu finden, können Sie einen der folgenden Befehle verwenden:

✔ `Data1.Recordset.FindFirst "Kriterium"`

✔ `Data1.Recordset.FindNext "Kriterium"`

✔ `Data1.Recordset.FindPrevious "Kriterium"`

✔ `Data1.Recordset.FindLast "Kriterium"`

Das Suchkriterium spezifiziert das Feld, das Sie durchsuchen wollen, und die Daten, nach denen Sie in diesem Feld suchen wollen. Wenn Sie z.B. alle Datensätze suchen wollen, die Informationen über Leute enthalten, die den Nachnamen *Schmitz* haben, müssen Sie Ihr Suchkriterium wie folgt formulieren:

```
"NachName = 'Schmitz'"
```

Beachten Sie: Die Daten, nach denen Sie suchen wollen, müssen in einfache Anführungszeichen eingeschlossen sein. Wenn Sie keine einfachen Anführungszeichen verwenden, weiß Visual Basic nicht, wonach Sie suchen wollen, und macht deshalb gar nichts. Natürlich geht dieses Beispiel davon aus, dass ein Feld mit dem Namen *NachName* existiert.

Wenn Sie versuchen, nach Daten in einem Feld zu suchen, das nicht existiert, erhalten Sie eine Fehlermeldung.

Um den *ersten Datensatz* zu finden, der Ihr Suchkriterium erfüllt, müssen Sie folgenden Befehl geben:

```
Data1.Recordset.FindFirst "Nachname = 'Schmitz'"
```

Wenn Sie einen Datensatz gefunden haben, der Ihr Suchkriterium erfüllt, können Sie nach einem weiteren Datensatz suchen, der das Suchkriterium erfüllt. Um den *nächsten Datensatz* zu finden, bei dem dies der Fall ist, müssen Sie folgenden Befehl geben:

```
Data1.Recordset.FindNext "Nachname = 'Schmitz'"
```

Um den *vorhergehenden Datensatz* zu finden, der das Suchkriterium erfüllt, müssen Sie folgenden Befehl geben:

```
Data1.Recordset.FindPrevious "Nachname = 'Schmitz'"
```

Um den *letzten Datensatz* zu finden, der Ihr Suchkriterium erfüllt, müssen Sie folgenden Befehl geben:

```
Data1.Recordset.FindLast "Nachname = 'Schmitz'"
```

Daten aus einem Datenbankfeld herauslesen

Ehe Sie Daten aus einem Datenbankfeld herauslesen können, müssen Sie mit den Befehlen *FindFirst*, *FindNext*, *FindPrevious* oder *FindLast* den Datensatz mit dem betreffenden Feld finden. Dann können Sie die Daten mit einer der beiden folgenden Methoden aus dem Datenbankfeld herauslesen:

✔ Erstellen Sie ein Textfeld oder Bezeichnungsfeld, und weisen Sie seiner Eigenschaft *DataField* das gewünschte Feld zu.

✔ Lesen Sie die Daten mit BASIC-Code aus dem Feld heraus, und weisen Sie die Daten einer Variablen zu:

```
Dim Speicher As String
Speicher = Data1.Recordset.Fields("FeldName").Value
```

1. Die erste Zeile sagt: »Erstelle eine Variable mit dem Namen *Speicher* und dem Datentyp *String*.«

2. Die zweite Zeile sagt: »Hole die Daten aus dem Feld mit dem Namen *FeldName* heraus und speichere sie in der Variablen mit dem Namen *Speicher*.«

Daten in einer Datenbank ändern

Um den Inhalt eines Datenbankfeldes zu ändern, das in einem Textfeld, Kontrollkästchen, Bildfeld oder Abbildungsfeld angezeigt wird, brauchen Sie nur die neuen Daten in das Feld einzugeben oder zu kopieren.

Um den Inhalt eines Datenbankfeldes mit BASIC-Code zu ändern, benutzen Sie die folgenden Befehle:

```
Data1.Recordset.Edit
Data1.Recordset.Fields("FeldName").Value = NeuerWert
Data1.Recordset.Update
```

1. Der erste Befehl sagt Visual Basic: »Bereite dich darauf vor, einige Daten in der Datenbank zu ändern.«

2. Der zweite Befehl ersetzt den aktuellen Wert des Feldes mit Namen *FeldName* durch den Wert, der in der Variablen *NeuerWert* gespeichert ist.

3. Die dritte Zeile sagt Visual Basic: »Speichere meine Änderungen in der Datenbank.«

Wenn Sie einen Datensatz mit BASIC-Code hinzufügen, ändern oder löschen, müssen Sie den Befehl Update geben, um die Datenbankdatei zu aktualisieren.

Testen Sie Ihr neu erworbenes Wissen

1. **Welche Schritte müssen Sie ausführen, um Ihr Visual Basic-Programm mit einer Datenbankdatei zu verknüpfen?**

   a) Erstelle zuerst eine Datenbankdatei mit einem separaten Datenbankprogramm wie Access oder Paradox. Füge dann ein Data-Steuerelement in ein Formular ein, füge den Namen der Datenbankdatei in die Eigenschaft *DatabaseName* des *Data*-Steuerelements ein und wähle in der Eigenschaft *RecordSource* des *Data*-Steuerelements eine Datenbanktabelle.

   b) Kaufe einen Computer, bringe ihn zurück in den Laden, weil er nicht funktioniert, engagiere einen Datenbankprogrammierer, wirf ihn wieder raus und raufe dir vor Verzweiflung die Haare.

   c) Visual Basic kann Datenbankdateien benutzen? Hört sich gut an, wo kann ich mehr darüber erfahren?

   d) Keine. Das ist eine Fangfrage. Ich weigere mich, meine Dummheit bloßzustellen, indem ich eine dieser Möglichkeiten wähle.

2. **Was bewirken die folgenden vier Zeilen BASIC-Code?**

   ```
   Data1.Recordset.AddNew
   Data1.Recordset.Fields("Frage") = "Haben Sie jemals etwas Illegales
   geraucht?"
   ```

```
Data1.Recordset.Fields("Antwort") = "Ja, aber ich habe niemals inha-
liert."
Data1.Recordset.Update
```

a) Die erste Zeile löscht eine vorhandene Datenbank auf Ihrer Festplatte. Die zweite und die dritte Zeile sind überflüssig. Und die vierte Zeile löscht alle anderen Dateien auf Ihrer Festplatte.

b) Die erste Zeile fügt einen neuen Datensatz in Ihre Datenbank ein. Die zweite Zeile speichert die Zeichenkette *"Haben Sie jemals etwas Illegales geraucht?"* in dem Datenbankfeld mit dem Namen *Frage*. Die dritte Zeile speichert die Zeichenkette *"Ja, aber ich habe niemals inhaliert."* in dem Datenbankfeld mit dem Namen *Antwort*. Die vierte Zeile speichert die neuen Informationen in der Datenbank, indem sie den neuen Datensatz am Ende der Datenbank einfügt.

c) Die erste Zeile verwirrt Visual Basic, die zweite Zeile stellt Visual Basic eine Frage, die dritte Zeile zeigt Visual Basics Antwort an, die nach Konsultation mit einem Anwalt formuliert wurde. Die vierte Zeile ignoriert das ganze Problem und hofft, dass jedermann vergisst, was wirklich passiert ist.

d) Komm, ich hab's durchschaut! Du willst eine bekannte Persönlichkeit auf den Arm nehmen, nicht wahr?

Einen bestimmten Datensatz mit einem Lesezeichen markieren

Sie können einen Datensatz mit einem Lesezeichen versehen, so dass Sie jederzeit schnell zu diesem Datensatz springen können. Um ein Lesezeichen zu erstellen, müssen Sie eine Variable vom Datentyp Variant oder String erstellen. Beispiel:

```
Dim LeseZeichen1 As Variant
```

oder

```
Dim LeseZeichen2 As String
```

Jedes Lesezeichen kann zu einem bestimmten Zeitpunkt nur einen einzigen Datensatz markieren.

Um ein Lesezeichen mit einem Datensatz zu verknüpfen, zeigen Sie den betreffenden Datensatz an, und geben Sie dann folgenden Befehl:

```
LeseZeichen1 = Data1.Recordset.Bookmark
```

Um zu einem bestimmten Lesezeichen zu springen, benutzen Sie folgenden Befehl:

```
Data1.Recordset.Bookmark = LeseZeichen1
```

Anmerkung: Nicht alle Datenbankdateien unterstützen Lesezeichen. Bei den MDB-Dateien von Microsoft Access können Sie jederzeit mit Lesezeichen arbeiten (ist das nicht toll?). Bei anderen Datenbanken hängt das davon ab, ob die betreffende Datenbank einen Index hat oder nicht. (Falls Sie nicht wissen, was ein Index ist, macht das auch nichts.) Um festzustellen, ob eine Datenbankdatei Lesezeichen unterstützt, können Sie die Eigenschaft *Bookmarkable* mit folgendem Code prüfen:

```
If Data1.recordset.Bookmarkable = True Then
    ' Sie können Lesezeichen benutzen.
ElseIf Data1.recordset.Bookmarkable = False Then
    ' Sie können keine Lesezeichen benutzen.
End If
```

Passen Sie bei Datenbankformaten auf. Oft arbeitet eine neue Version eines Datenbankprogrammes (wie z.B. Microsoft Access) auch mit einem neuen Dateiformat. Das bedeutet, dass Visual Basic möglicherweise nicht mit dem Dateiformat der neuen Version arbeiten kann.

Informationen mit Ihrem Programm drucken

34

In diesem Kapitel

▶ Ein Visual Basic-Projekt drucken

▶ Ein Formular drucken

▶ Das *Drucker*-Objekt zum Drucken von Linien und Kreisen benutzen

▶ Seiten zählen

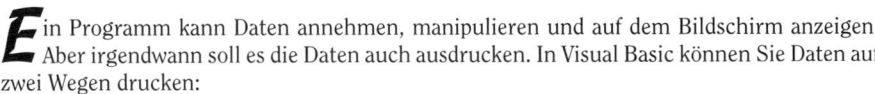

Ein Programm kann Daten annehmen, manipulieren und auf dem Bildschirm anzeigen. Aber irgendwann soll es die Daten auch ausdrucken. In Visual Basic können Sie Daten auf zwei Wegen drucken:

✔ Daten in einem Formular anzeigen und dann das Formular drucken

✔ Daten mit dem *Drucker*-Objekt direkt zum Drucker schicken

Ein Formular drucken

Die einfachste Methode besteht darin, ein Formular zu drucken. Um ein Formular zu drucken, benutzen Sie folgende Syntax:

```
FormularName.PrintForm
```

Dieser Befehl weist Visual Basic an: »Suche das Formular mit dem Namen *FormularName* und sende es zum Drucker.«

Um ein Formular mit dem Namen *frmAbout* zu drucken, benutzen Sie folgenden Befehl:

```
frmAbout.PrintForm
```

 Sie können jedes Formular in Ihrem Programm drucken einschließlich der unsichtbaren und der minimierten Formulare. Der einzige Nachteil beim Drucken von Formularen kann darin liegen, dass die Druckauflösung möglicherweise nicht besonders hoch ist.

Die Auflösung der meisten Bildschirme beträgt 96 Punkte pro Zoll. Die meisten Laserdrucker können wenigstens mit Auflösungen von 300 Punkten pro Zoll drucken. Um ein Formular schnell zu drucken, ist der Befehl `PrintForm` gut geeignet. Um mit höheren Auflösungen zu drucken, sollten Sie stattdessen das *Drucker*-Objekt benutzen.

Mit dem Drucker-Objekt drucken

Das _Drucker_-Objekt ist ein temporärer Speicher, in dem die Daten abgefangen, aufbereitet und dann in einer sauberen Version zum Drucker gesendet werden. Um ein Formular mit dem _Drucker_-Objekt zu drucken, müssen Sie gewissermaßen Ihr Formular mit BASIC-Code auf dem _Drucker_-Objekt neu zeichnen.

Das _Drucker_-Objekt hat den Vorteil, dass es mit der Auflösung Ihres Druckers arbeitet. Es hat den Nachteil, dass Sie schon für das Drucken eines einfachen Formulars eine Menge BASIC-Code schreiben müssen.

Vor dem Drucken mit dem _Drucker_-Objekt können Sie den oberen und linken Seitenrand definieren.

Um den _oberen_ Seitenrand zu definieren, benutzen Sie folgende Syntax, wobei _TopValue_ die Größe des oberen Rands angibt:

```
Printer.ScaleTop = TopValue
```

Um den _linken_ Seitenrand zu definieren, benutzen Sie folgende Syntax, wobei _LeftValue_ die Größe des linken Rands angibt:

```
Printer.ScaleLeft = LeftValue
```

Möglicherweise müssen Sie verschiedene Werte ausprobieren, um das gewünschte Aussehen Ihres Ausdrucks zu erzielen.

Text mit dem Drucker-Objekt drucken

Um Text mit dem _Drucker_-Objekt zu drucken, müssen Sie zunächst die _X_- und _Y_-Position definieren, an welcher der Text auf der Seite gedruckt werden soll.

Um diese Position zu definieren, benutzen Sie folgende Syntax:

```
Printer.CurrentX = XValue
Printer.CurrentY = YValue
```

Diese Befehle sagen: »Beginne den Druck an der Position, die durch den Wert der Eigenschaften _CurrentX_ und _CurrentY_ definiert wird.«

Um den Druck in der oberen linken Ecke einer Seite zu beginnen, benutzen Sie folgende Befehle:

```
Printer.CurrentX = 0
Printer.CurrentY = 0
```

Wenn Sie festgelegt haben, wo der Druck beginnen soll, können Sie anfangen zu drucken. Um Text auf dem *Drucker*-Objekt zu drucken, benutzen Sie folgende Syntax:

```
Printer.Print "Zeichenkette"
```

Dieser Befehl sagt: »Sende eine Zeichenkette zum *Drucker*-Objekt und drucke sie an der Position, die vorher in den Eigenschaften *CurrentX* und *CurrentY* definiert wurde.«

Testen Sie Ihr neu erworbenes Wissen

1. **Warum sollten Sie mit Visual Basic etwas drucken wollen?**

   a) Um Papier zu verschwenden und dabei zu helfen, die Länder der dritten Welt zu entwalden.

   b) Damit ich den Kauf eines Laserdruckers für 750 Euro rechtfertigen kann.

   c) Um Hard-Copies der wichtigen Informationen zu erzeugen, die mein Visual Basic erzeugt.

   d) Es gibt niemals einen Grund, etwas zu drucken. Haben Sie nicht aus der Beobachtung der deutschen Politik gelernt, dass Sie niemals etwas zu Papier bringen sollten, was in der Zukunft gegen Sie verwendet werden könnte?

2. **Warum müssen Sie die *X*- und *Y*-Koordinaten angeben, wenn Sie Text drucken oder mit dem Drucker Linien und Kreise zeichnen wollen?**

   a) Damit Sie das Gefühl bekommen, dass Sie im Geometrieunterricht in der Schule etwas Nützliches gelernt haben.

   b) Damit Sie Visual Basic genau sagen können, wo der Text oder die Linien und Kreise auf dem Papier erscheinen sollen. Ist das zu viel verlangt?

   c) Die *X*- und *Y*-Koordinaten definieren die Position Ihres Druckers in bezug auf Ihren Computer. Wenn Sie die Koordinaten falsch angeben, kommen Ihre Dokumente nicht aus dem Drucker, sondern aus Ihrem Toaster oder aus der Klimaanlage.

Linien und Kreise mit dem Drucker-Objekt drucken

Einfachen Text zu drucken kann ziemlich langweilig sein. Deshalb können Sie in Visual Basic Ihre Ausdrucke mit Linien und Kreisen aufpeppen.

Linienstärke definieren

Vor dem Drucken von Linien und Kreisen müssen Sie die Linienstärke definieren, mit der die Linien und Kreise gedruckt werden sollen. Je kleiner die Linienstärke ist, desto dünner sehen Ihre Linien aus.

Um die Linienstärke zu definieren, benutzen Sie folgende Syntax:

```
Printer.DrawWidth = Wert
```

Um die kleinstmögliche Linienstärke zu definieren, geben Sie folgenden Befehl:

```
Printer.DrawWidth = 1
```

Um eine fettere Linienstärke zu definieren, geben Sie folgenden Befehl:

```
Printer.DrawWidth = 5
```

 Für diejenigen, die es wirklich interessiert: Die Linienstärke hat einen Wertebereich von 1 bis 32.767. Der Wert 1 definiert eine Linienstärke von 1 Pixel. Der Wert 32.767 definiert eine Linienstärke von 32.767 Pixeln, was wahrscheinlich mehr ist, als Sie jemals brauchen werden.

 Das Drucken einer 1 Pixel breiten Linie auf einem Laserdrucker mit einer 600-dpi-Auflösung führt wahrscheinlich zu einem anderen Ergebnis als das Drucken einer 1 Pixel breiten Linie auf einem 300-dpi-Tintenstrahldrucker.

Linien auf dem Drucker-Objekt drucken

Um eine Linie auf dem _Drucker_-Objekt zu drucken, benutzen Sie die folgende Syntax:

```
Printer.Line (X1, Y1) - (X2, Y2)
```

Dabei definieren _X1_ und _Y1_ den Anfangspunkt und _X2_ und _Y2_ den Endpunkt der Linie.

Kreise auf dem Drucker-Objekt drucken

Um einen Kreis auf dem _Drucker_-Objekt zu drucken, benutzen Sie die folgende Syntax:

```
Printer.Circle (X, Y), Radius
```

Dabei definieren _X_ und _Y_ den Mittelpunkt und _Radius_ definiert den Radius des Kreises.

Mehrere Seiten drucken

Normalerweise druckt Visual Basic so lange Daten auf eine Seite, bis die Seite voll ist. Dann schneidet es den Text ab und beginnt automatisch mit einer neuen Seite.

Wenn Sie selbst steuern wollen, wann Visual Basic eine neue Seite beginnen soll, benutzen Sie den folgenden Befehl:

```
Printer.NewPage
```

Dieser Befehl weist Visual Basic an, den Druck auf einer neuen Seite zu beginnen. (Toll! Was bringen die wohl demnächst?)

Die Druckqualität festlegen

Abhängig von den Möglichkeiten Ihres Druckers können Sie auch die Auflösung beim Drukken festlegen. Der magische Befehl zur Steuerung der Druckauflösung lautet:

```
Printer.PrintQuality = X
```

Dabei repräsentiert *X* eine ganze negative Zahl zwischen *-4* und *-1* oder eine positive ganze Zahl, die eine bestimmte gewünschte Auflösung, gemessen in dpi (= dots per inch = Punkte pro Zoll), definiert. Die folgende Tabelle zeigt die Bedeutung der negativen Werte *-1* bis *-4*:

```
Printer.PrintQuality = -1   Entwurfsauflösung

Printer.PrintQuality = -2   Geringe Auflösung

Printer.PrintQuality = -3   Mittlere Auflösung

Printer.PrintQuality = -4   Hohe Auflösung
```

Wenn Sie die vordefinierten Visual Basic-Konstanten benutzen wollen, können Sie folgende Daten einsetzen:

Konstante	Wert	Druckerauflösung
vbPRPQDraft	-1	Entwurfsauflösung
vbPRPQLow	-2	Geringe Auflösung
vbPRPQMedium	-3	Mittlere Auflösung
vbPRPQHigh	-4	Hohe Auflösung

Wenn Sie lieber die genaue Druckauflösung spezifizieren wollen, geben Sie einfach eine positive ganze Zahl an. Um beispielsweise eine Auflösung von 300 dpi zu spezifizieren, was heutzutage die meisten preiswerten Laserdrucker leisten, benutzen Sie folgenden Befehl:

```
Printer.PrintQuality = 300
```

Die Anzahl der Seiten mitzählen

Wenn Sie mehrere Seiten drucken, zählt Visual Basic automatisch die Seitenzahl mit und speichert sie in der Eigenschaft _Page_. Um auf diese Seitenzahl zuzugreifen, benutzen Sie den folgenden BASIC-Befehl:

```
Printer.Page
```

Nach dem Drucken

Um Visual Basic mitzuteilen, dass Sie mit dem Drucken fertig sind, benutzen Sie folgenden BASIC-Befehl:

```
Printer.EndDoc
```

Was passiert wohl, wenn Sie diesen Befehl vergessen? Visual Basic nimmt trotzdem an, dass der Befehl vorhanden ist, so dass sie ihn eigentlich nicht zu geben brauchen. Es zeugt jedoch von einem guten Programmierstil, wenn Sie den Befehl trotzdem verwenden, um in Ihrem Programm deutlich zu machen, wann das Drucken beendet ist.

Falls Sie den Druckvorgang abbrechen wollen, benutzen Sie folgenden Befehl:

```
Printer.KillDoc
```

Dieser Befehl sagt Visual Basic: »Pass auf, ich hab's mir anders überlegt. Hör mit dem Drucken auf.«

 Wie Sie sehen, kann das Drucken mit Visual Basic recht umständlich sein. Wenn Sie die Zeit dazu haben, schreiben Sie Ihre eigenen Druckroutinen, und verwenden Sie sie in Ihren Programmen. Wenn Sie eine schnellere Alternative suchen, kaufen Sie ein ActiveX-Control namens _vsView_ von _VideoSoft_ (www.videosoft.com). Mit diesem ActiveX-Control können Sie auf einfache Weise Druckfunktionen in ein Programm einfügen, ohne viel BASIC-Code schreiben zu müssen.

Probieren Sie es selbst

Das folgende Beispielprogramm druckt eine kurze Meldung, wenn Sie auf die Schaltfläche _Druck starten_ klicken. Um dieses Programm zu erstellen, benutzen Sie die folgenden Einstellungen:

Objekt	Eigenschaft	Wert
Formular	Caption	Druck-Beispiel
Command1	Caption	Druck starten
	Name	cmdPrint

Wenn Sie den folgenden Code nicht manuell eingeben wollen, laden Sie die Datei PRINTEXAMPLE.VBP von der beiliegenden CD-ROM.

Geben Sie folgenden Code im Code-Fenster ein:

```
Private Sub cmdPrint_Click()
    Dim TotalPages As Integer
    Dim PageCount As String

    ' Textposition definieren
    Printer.CurrentX = 100
    Printer.CurrentY = 100
    Print.Print "Dies erscheint am oberen Rand der Seite."

    ' Linienstärke und -position definieren
    Printer.DrawWidth = 3
    Printer.Line(100, 100)-(10000, 100)
    Printer.Line(100, 350)-(10000, 350)
    TotalPages = Printer.Page

    ' Position der Seitenzahl definieren
    Printer.CurrentX = 1000
    Printer.CurrentY = 400
    PageCount = "Seitenzahl = " & CStr(TotalPages)
    Printer.Print PageCount
    Printer.EndDoc

End Sub
```

Ein Visual Basic-Projekt drucken

Dieses Kapitel hat Ihnen bis jetzt gezeigt, wie Sie mit einem Programm Daten ausdrucken können. Aber wie können Sie den Quellcode Ihres Visual Basic-Projekts selbst ausdrucken?

Visual Basic stellt für diesen Zweck drei Methoden bereit:

✔ *Formulardarstellung* – druckt Ihr Formular genau so, wie es auf dem Bildschirm erscheint

✔ *Code* – druckt nur Ihren BASIC-Code

✔ *Formular als Text* – druckt die Werte der Eigenschaften aller Objekte und Formulare, aus denen Ihre Benutzeroberfläche besteht

Um ein Visual Basic-Projekt zu drucken, gehen Sie folgendermaßen vor:

1. **Wählen Sie den Menübefehl DATEI/DRUCKEN, oder drücken Sie auf [Strg]+[P].**

   Visual Basic zeigt das Dialogfeld *Drucken* an.

2. **Markieren Sie das Optionsfeld *Aktuelles Modul*, wenn Sie nur die markierte Datei im Fenster des Projekt-Explorers drucken wollen, oder das Optionsfeld *Aktuelles Projekt*, wenn Sie das gesamte Visual Basic-Projekt drucken wollen.**

3. **Aktivieren Sie eins oder mehrere der folgenden Kontrollkästchen: *Formulardarstellung*, *Code* oder *Formular als Text*.**

4. **Prüfen Sie, ob Ihr Drucker bereit ist, und klicken Sie auf OK.**

Teil IX

Der Top-Ten-Teil

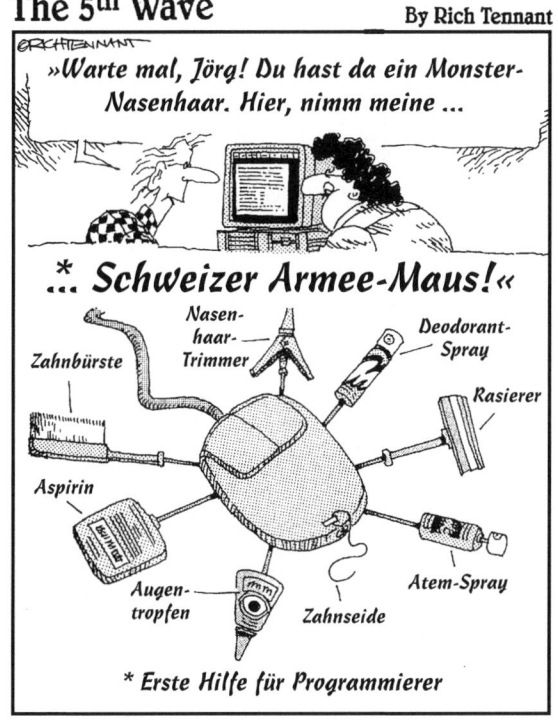

The 5th Wave — By Rich Tennant

»Warte mal, Jörg! Du hast da ein Monster-Nasenhaar. Hier, nimm meine ...

... Schweizer Armee-Maus!«

Zahnbürste · Nasenhaar-Trimmer · Deodorant-Spray · Rasierer · Aspirin · Augentropfen · Zahnseide · Atem-Spray

* Erste Hilfe für Programmierer

In diesem Teil ...

Jetzt, wo Sie in diesem Buch so weit gekommen sind (und nicht vorschnell hierher gesprungen sind), sollen Sie einige Hinweise erhalten, wie Sie die bestmöglichen Visual Basic-Programme schreiben können, ohne dabei den Verstand zu verlieren.

Mithilfe dieses Buches und Visual Basic sind Sie jetzt in der Lage, Programme für sich selbst oder andere zu schreiben. Egal, was Sie planen, lesen Sie diesen Teil des Buches durch, um herauszufinden, wie Sie noch mehr aus Ihren neu erworbenen Visual Basic-Programmierfähigkeiten herausholen können.

Visual Basic-Themen, die sonst nirgends hineingepasst haben

35

In diesem Kapitel

▷ Zeitschriften und Newsletter

▷ Visual Basic-Websites besuchen

▷ Technische Konferenzen besuchen

▷ Eigene DLL-Dateien schreiben

▷ Visual Basic-Programme für den Macintosh und Linux schreiben

---

*N*achdem Sie das Ende dieses Buches erreicht haben (auch wenn Sie nur im Buchladen bis hierher geblättert haben), fragen Sie sich vielleicht, wie Sie Ihre Visual Basic-Programmierkenntnisse weiter ausbauen können, ohne durch Versuch und Irrtum verrückt zu werden.

In diesem Kapitel erfahren Sie, wo Sie zusätzliche Informationen finden, die für Ihre nächste Killer-Applikation in Visual Basic nützlich und interessant sein könnten.

Kaufen, lesen oder stehlen Sie das Visual Basic-Programmer's Journal

Jeden Monat gibt es eine neue, frische Kopie des *Visual Basic Programmer's Journal* im Bahnhofszeitschriftenhandel oder bei Ihrem Computerfachbuchhändler. Die Zeitschrift enthält Artikel über viele Details von Visual Basic, Besprechungen von Visual Basic-Zusatzprogrammen und Beispiel-Code in Visual Basic, den Sie für Ihre eigenen Zwecke kopieren können.

In Deutschland gibt es *basic pro, Das Fachmagazin für Basic-Profis*, das den besten Zugang zu den weiteren Quellen (Hersteller, Lieferanten, Literatur, Zusatzssoftware usw.) auf dem deutschsprachigen Mark bietet. Die Zeitschrift enthält auch die Adressen der deutschen Lieferanten der weiter oben genannten amerikanischen Produkte sowie von Visual Basic-Zusatzprodukten aus deutscher Entwicklung. Die Zeitschrift *basic pro* ist im Fachbuchhandel und bei großen Zeitschriftenhändlern erhältlich.

Abo-Informationen erhalten Sie unter den folgenden Adressen:

Visual Basic Programmer's Journal	In Deutschland:
Fawcette Technical Publications 209 Hamilton Avenue Palo Alto, CA 94301-2500 Tel: +1 415-833-7100 Fax: +1 415-853-0230 http://www.windx.com	Im Bahnhofszeitschriftenhandel und in Computer- buchabteilungen größerer Buchhandlungen und bei: MicroBasic GmbH für EDV-Service Am Sommerfeld 11 85622 Weißenfeld Tel.: 089 / 9049 9049 Fax: 089 / 9049 9090 http://www.MicroBasic.com

basic pro
Steingräber Fachverlag basic pro Dreiecksplatz 9 24103 Kiel Tel: 0431/5578-100 Fax: 0431/5578-109

Lesen Sie einen Visual Basic-Newsletter

Die Fima *The Cobb Group* gibt eine Reihe von monatlichen Newslettern für eine Reihe von Programmen heraus einschließlich Paradox, Microsoft Office und Visual Basic. Der Jahres-bezugspreis beträgt ca. 50 Euro. Dafür bietet der *Inside Visual Basic*-Newsletter viele Beispiele im Quellcode, die Sie studieren und ändern können.

Die Firma *Pinnacle Publishing* veröffentlicht ebenfalls einen monatlichen Newsletter, *Visual Basic Developer*, mit Quellcode und beiliegender Diskette. Dieser Newsletter ist natürlich etwas teurer (US $ 179 pro Jahr), aber vielleicht bringen Sie Ihre Firma dazu, das Abo zu bezahlen.

Inside Visual Basic	Visual Basic Developer
The Cobb Group 9420 Bunsen Parkway Louisville, KY 40220 Tel: +1 502-493-3300 Fax: +1 502-491-8050 http://www.cobb.com	Pinnacle Publishing, Inc. P.O. Box 888 Kent, WA 98035-0888 Tel: +1 206-251-1900 Fax: +1 206-251-5057 http://www.pinpub.com

Besuchen Sie eine Visual Basic-Website

Im Internet finden Sie ganze Websites, die sich ausschließlich mit Visual Basic beschäftigen. Die Zahl der Sites, die sich mit spezielleren Themen befassen, wächst ständig. Hier ist eine Aufstellung der Sites, die ein breites Publikum ansprechen:

Carl and Gary's Visual Basic-Homepage:

www.apexsc.com/vb

Chris & Tim's VB Programming Resources:

www.zetnet.co.uk/rad/index.html

Visual Basic Tipps & Tricks Home Page:

www.vbtt.com

Besuchen Sie eine technische Konferenz über Visual Basic

Alle paar Monate sponsern Microsoft und das Visual Basic Programmer's Journal in den USA und anderen Ländern eine technische Konferenz über Visual Basic, auf der Sie die neuesten Gerüchte über Visual Basic hören, Werbeseminare von Microsoft-Vertretern hören, Visual Basic-Add-Ons billig von den Herstellern kaufen und Kontakte zu anderen Visual Basic-Programmierern knüpfen können. Informationen über diese technischen Konferenzen erhalten Sie bei:

Visual Basic Programmer's Journal

Fawcette Technical Publications
209 Hamilton Avenue
Palo Alto, CA 94301-2500
Tel: +1 415-833-7100
Fax: +1 415-853-0230
www.windx.com

Suchen Sie nach Versandhändlern

Kaufen Sie Visual Basic oder Visual Basic-Zusatzprogramme nicht direkt vom Hersteller. Die meisten Softwarehersteller berechnen, ohne mit der Wimper zu zucken, den vollen Endverkaufspreis für ihre Programme.

Kaufen Sie solche Zusatzprogramme nicht beim Softwarehersteller, sondern bei einem Versandhändler. Versandhändler geben Ihnen oft noch größere Preisnachlässe (manchmal bis zu 50 Prozent).

Populäre Versandhändler, die sich darauf spezialisiert haben, Programmierwerkzeuge und Zusatzprogramme zu verkaufen, sind *MicroBasic*, *VBxtras*, *Programmer's Paradise* und *SOS Software-Service*. Von diesen Händlern hat sich MicroBasic auf Visual Basic spezialisiert. Die Firma gibt zudem gegen eine Versandkostenpauschale eine CD (MicroBasic Tools-CD) mit Demoprogrammen zu diversen Visual Basic-Produkten heraus.

Versandhändler	
MicroBasic	VBxtras
GmbH für EDV-Service	1905 Powers Ferry, Suite 100
Am Sommerfeld 11	Atlanta, GA 30339
85622 Weißenfeld	USA
Tel: 089 / 9049 9049	Tel: 001-770-952-6356
Fax: 089 / 9049 9090	Fax: 001-770-952-6388
www.MicroBasic.de	www.vbxtras.com
SOS Software-Service-GmbH	Programmers Paradise
Alter Postweg 101	Gruberstraße 46b
86159 Augsburg	85586 Poing bei München
Tel: 0821/25782-0	Tel: 08121/79073
Fax: 0821/25782-50	Fax: 08121/76566
www.activex.de/sos.htm	www.pparadise.de

Erweitern Sie Visual Basic, indem Sie Ihre eigenen DLL-Dateien schreiben

Wenn Sie viele Visual Basic-Programme schreiben wollen, sollten Sie Ihre häufig verwendeten Prozeduren in separaten BAS-Moduldateien speichern. Auf diese Weise können Sie eine BAS-Moduldatei in vielen Programmen wiederverwenden.

Leider können BAS-Moduldateien nur Visual Basic-Befehle enthalten. Weil Sprachen wie C++ und Pascal sich besser dazu eignen, in den Eingeweiden Ihres Computers herumzuwühlen und einzelne Bits und Bytes zu manipulieren, schreiben viele Programmierer allgemein nutzbare Prozeduren in C++ oder Pascal und speichern sie in separaten DLL-Dateien (DLL=*Dynamic Link Library*). Eine DLL-Datei enthält allgemein nutzbare Prozeduren, die von mehreren Programmen genutzt werden können.

Man kann eine DLL mit C++, Pascal und sogar Visual Basic schreiben. Egal, welche Sprache Sie benutzen, wenn Sie DLL-Dateien statt BASIC-Code in einem BAS-Modul benutzen, werden Ihre Visual Basic-Programme schneller.

Das Arbeiten mit DLL-Dateien ist nicht einfach; aber wenigstens ist es einfacher als die andere Alternative, nämlich das Windows-Application-Interface (API) zu verwenden (siehe den folgenden Abschnitt).

Erweitern Sie die Fähigkeiten von Visual Basic, indem Sie das Windows Application Interface (API) benutzen

Visual Basic macht das Programmieren so einfach, weil es Sie von den vielen haarigen Details abschirmt, die beim Schreiben von Windows-Programmen berücksichtigt werden müssen. Der Preis, den Sie für diese Abschirmung bezahlen, besteht in einem Verlust an Flexibilität, mit der C++-Programmierer so gerne angeben (während sie durch den Umgang mit der Komplexität der Windows-Programmierung langsam in den Wahnsinn gleiten).

Irgendwann wird Sie jedoch die leichte Bedienbarkeit von Visual Basic frustrieren, weil Sie bestimmte Aufgaben einfach nicht mit Visual Basic lösen können. Die schnellste und einfachste Alternative besteht im Kauf eines Visual Basic-Zusatzprogrammes, das Ihnen die gewünschten Features bereitstellt. Aber wenn Sie ein solches Programm nicht finden können, müssen Sie selbst in den Innereien von Windows herumwühlen.

Um Programmierer beim Schreiben von Windows-Programmen zu unterstützen, gibt es unter Windows viele Befehle, die in dem so genannten *Windows-Application-Interface* (API) zusammengefasst sind. Obwohl diese Befehle schwer zu erlernen und zu verstehen sind, geben sie Ihnen die Möglichkeit, Windows nach Herzenslust zu manipulieren (und natürlich auch zum Absturz zu bringen).

Wenn Sie das Leben auf des Messers Schneide lieben, sollten Sie sich näher mit dem Windows-API befassen. Andernfalls tun Sie einfach so, als sei dieser Abschnitt gar nicht vorhanden, und lesen Sie an einer anderen Stelle des Buches weiter.

Kaufen Sie ein Programm, um Hilfedateien zu erstellen

Jedes gute Windows-Programm enthält ein Online-Hilfesystem, damit die Benutzer direkt am Bildschirm den Hypertext durchstöbern können, statt Handbücher mit mehreren hundert Seiten zu wälzen. Wenn Sie ernsthaft Visual Basic-Programme schreiben wollen, müssen Sie dafür auch ein Hilfesystem erstellen.

Das Erstellen eines Hilfesystems ist nicht schwer, aber unglaublich langweilig und mühsam. Glücklicherweise gibt es einige Spezialprogramme, die Ihnen einen Teil der Mühe abnehmen können. Drei populäre Programme für diesen Zweck sind *RoboHelp*, *ForeHelp* und *Doc-to-Help*, mit denen Sie Hilfethemen so leicht wie ein Dokument in einem Textverarbeitungsprogramm erstellen können. Wenn Sie damit fertig sind, zeigen Ihnen die Programme genau, wie die fertigen Hilfethemen in Ihrem Visual Basic-Programm aussehen.

Ein gutes Hilfesystem verleiht Ihrem Programm eine professionelle Erscheinung. Aber wenn Sie nicht daran interessiert sind, Ihre Programme leichter bedienbar zu machen, sollten Sie lieber für eine der großen Softwarefirmen arbeiten.

Weitere Informationen über *RoboHelp*, *ForeHelp* und *Doc-To-Help* finden Sie bei:

RoboHelp	ForeHelp
Blue Sky Software	ForeFront, Inc.
7777 Fay Avenue, Suite 201	4710 Table Mesa Drive, Suite B
La Jolla, CA 92037	Boulder, CO 80303
Tel: +1 619-459-6365	Tel: +1 303-499-9181
Fax: +1 619-459-6366	Fax: +1 303-494-5446
http://www.blue-sky.com	www.ff.com

Doc-To-Help
MicroBasic
GmbH für EDV-Service
Am Sommerfeld 11
85622 Weißenfeld
Tel: 089 / 9049 9049
Fax: 089 / 9049 9090
www.MicroBasic.de

Kaufen Sie ein Programm, um Installationsdisketten zu erstellen

Wenn Sie ein Programm in Visual Basic geschrieben haben, besteht der letzte Schritt darin, das Programm an andere zu verkaufen. Sie können natürlich Ihr Programm einfach auf eine Diskette kopieren und darauf hoffen, dass die andere Person schon weiß, wie sie es installieren soll. Besser jedoch ist es, wenn Sie ein spezielles Installationsprogramm benutzen.

Installationsprogramme führen den Benutzer Schritt für Schritt durch den oft komplizierten Vorgang der Installation eines Programms. Visual Basic enthält zwar ein eigenes Installations-programm, den *Application Setup Wizard*, aber bei einem speziellen Installationsprogramm können Sie die Installation anpassen, Ihr Firmenlogo verwenden sowie Werbung oder Sound-Effekte einfügen.

Zwei populäre Installationsprogramme sind *InstallShield* und *PC-Install*. Beide helfen Ihnen, bombensichere Installationsroutinen für Ihre Visual Basic-Programme zu erstellen.

PC-Install	InstallShield
20/20 Software, Inc.	MicroBasic
8196 SW Hall Blvd., Suite 200	GmbH für EDV-Service
Beaverton, OR 97008	Am Sommerfeld 11
Tel: +1 503-520-0504	85622 Weißenfeld
Fax: +1 503-520-9118	Tel: 089 / 9049 9049
www.twenty.com	Fax: 089 / 9049 9090
	www.MicroBasic.de

Schreiben Sie Visual Basic-Programme für den Macintosh und Linux

Als Microsoft Visual Basic im Jahre 1991 einführte, gerieten Programmierer ganz aus dem Häuschen, weil das Programmieren plötzlich so schnell und einfach war. Deshalb versprach Microsoft, Visual Basic auch auf andere Betriebssysteme zu portieren und damit das Schreiben von Visual Basic-Programmen für andere Computer zu ermöglichen.

Nachdem Microsoft Visual Basic für MS-DOS herausgegeben und dann wieder sterben gelassen hatte, ließ Microsoft nichts mehr über die Herausgabe weiterer Visual Basic-Versionen für andere Plattformen verlauten. Wenn Sie also daran denken, Visual Basic-Programme für den Macintosh zu schreiben, vergessen Sie es.

Es gibt jedoch (Überraschung!) einen Visual Basic-Clone namens *Visual MacStandard Basic 6.0*, mit dem Sie auf ähnliche Weise Benutzeroberflächen erstellen und BASIC-Programme schreiben können.

Obwohl Visual MacStandard Basic 6.0 über viele der fortgeschrittenen Visual Basic-Funktionen nicht verfügt, können Sie damit schnell und leicht Macintosh-Programme erstellen – ähnlich wie dies 1991 mit Visual Basic 1.0 für Windows möglich war. Dabei können Sie Ihre Visual Basic-Programmierfähigkeiten für das Schreiben von Visual MacStandard Basic-Programmen verwenden.

Wenn Sie wirklich auf der Suche nach Abenteuern sind, versuchen Sie es mit *XBasic*, einem BASIC-Compiler, der sowohl unter Windows als auch unter Linux läuft. XBasic ist zwar nicht so intuitiv zu bedienen wie Visual Basic, aber Sie können damit Programme für Windows und Linux schreiben, ohne auf C oder C++ zurückgreifen zu müssen. Da Linux möglicherweise das Betriebssystem der Zukunft ist, können Sie Ihre BASIC-Programmierfähigkeiten für das Schreiben von Linux-Programmen nutzen und so auch künftig Ihr Einkommen sichern.

Visual MacStandard Basic	XBasic
ZCurve Software	Basmark Corporation
8206 Rockville Road #280	P.O. Box 40450
Indianapolis, IN 46214	Cleveland, OH 44140
www.zcurve.com	Tel: 440-871-8855
	Fax: 440-871-1715
	www.basmark.com

Über die CD

*F*alls niemand die Hülle hinten im Buch herausgenommen hat, finden Sie dort eine CD. Auf dieser CD befindet sich neuerdings die Working-Model-Version von Visual Basic 6. Die Programme, die Sie mit dieser Übungsversion erstellen, funktionieren allerdings nur auf Rechnern, auf denen auch Visual Basic 6 installiert ist. Also, falls Sie Ihre in mühevoller Kleinstarbeit kreierten Programme Ihren Freunden vorführen wollen, vergewissern Sie sich, dass sich auf dem benutzten Rechner Visual Basic 6 befindet!

Und sobald Visual Basic 6 Ihr Herz dann endgültig erobert hat, sollten Sie sich dazu durchringen, auch die Vollversion von Microsofts Visual Basic 6 zu erwerben.

Außerdem finden Sie auf der CD auch den Visual Basic-Quellcode der Übungen aus den verschiedenen Kapiteln dieses Buches sowie einige Demoprogramme diverser Software-Hersteller. Dabei handelt es sich um Visual Basic ActiveX-Programme, die Sie in Ihre eigenen Programme einfügen und damit Ihre Arbeit erleichtern können.

Die Visual Basic-Programme zeigen lauffähige Beispiele der BASIC-Befehle, die in den einzelnen Kapiteln besprochen wurden. Indem Sie den Code studieren, können Sie mehr Zeit mit Lernen statt mit mühsamem Eintippen verbringen.

Systemanforderungen

Für die Benutzung der CD muss Ihr Computer folgende Mindestanforderungen erfüllen:

✔ 486er oder besserer Prozessor

✔ Windows 95/98/NT

✔ Wenigstens 8 MB RAM. Die beste Leistung erzielen Sie, wenn in dem PC wenigstens über 16 MB RAM installiert sind (je mehr RAM, desto besser)

✔ Ein CD-ROM-Laufwerk – doppelte Geschwindigkeit oder schneller

Falls Sie mehr Informationen über die Grundlagen benötigen, empfehlen wir Ihnen die Bücher *PCs für Dummies* von Dan Gookin und *Windows 98 für Dummies* von Andy Rathbone (beide bei MITP erschienen).

Wie Sie an das Material herankommen

Falls Sie mit Windows 95/98/NT arbeiten, gehen Sie folgendermaßen vor, um die Dateien auf der CD zu laden:

1. **Legen Sie die CD in Ihr CD-ROM-Laufwerk ein.**

   Lassen Sie dem Computer einen Moment Zeit, um die CD zu laden.

2. **Wenn die Anzeige des CD-ROM-Laufwerks ausgeht, doppelklicken Sie auf das Symbol *Arbeitsplatz* auf Ihrem Desktop.**

   Damit öffnen Sie das Fenster *Arbeitsplatz*, das alle Laufwerke zeigt, die an Ihren Computer angeschlossen sind, sowie die Systemsteuerung und einige andere Dinge.

3. **Doppelklicken Sie auf das Symbol Ihres CD-ROM-Laufwerks.**

   Ein weiteres Fenster wird geöffnet, das alle Ordner und Dateien auf der CD anzeigt.

Um die CD zu nutzen, gehen Sie folgendermaßen vor:

1. **Doppelklicken Sie auf die Datei namens README.TXT.**

   Diese Datei enthält Anweisungen über die Installation der Software von der CD. Es ist hilfreich, wenn Sie diese Textdatei geöffnet lassen, während Sie die CD benutzen.

2. **Doppelklicken Sie auf das Symbol des Ordners, welcher die Software enthält, für die Sie sich interessieren.**

   Lesen Sie die Beschreibungen der Programme im nächsten Abschnitt dieses Anhangs (ein großer Teil dieser Informationen befindet sich auch in der README-Datei). Diese Beschreibungen sagen Ihnen genauer, was Sie in den Ordnern finden und wie Sie die Software installieren können.

3. **Suchen Sie nach einer Datei namens SETUP.EXE, INSTALL.EXE oder ähnlich, und doppelklicken Sie auf diese Datei.**

   Das Installationsprogramm der Software führt Sie durch die Einrichtung der neuen Software.

 Um einige der Programme auf der CD auszuführen, muss diese möglicherweise in Ihrem CD-ROM-Laufwerk verbleiben. Dies ist in Ordnung. Andernfalls müssten Sie einen sehr großen Teil des betreffenden Programms auf Ihrer Festplatte installieren und würden dadurch Speicherplatz verlieren, der Ihnen möglicherweise für die Installation anderer Programme fehlen würde.

Inhalt der CD

Visual Basic 6 Working-Model-Version

Mit dieser Version können Sie alles Mögliche ausprobieren. Allerdings funktionieren die hiermit erstellten Programme nur auf Rechnern, auf denen auch Visual Basic 6 installiert ist.

Die Installation des Programmes ist recht einfach. Doppelklicken Sie einfach auf den Ordner WM_VB6. Das Installationsprogramm startet dann automatisch – falls nicht, doppelklicken Sie auf die Datei Setup.exe. Spätestens jetzt erscheint der Installations-Assistent auf Ihrem Bildschirm, der Sie während des Installationsprozesses begleitet.

In den meisten Fällen brauchen Sie nur den Anweisungen des Assistenten zu folgen. Wenn Sie sich für eine bestimmte Option entscheiden sollen, empfehle ich Ihnen die Standard- bzw. Voreinstellungen zu wählen.

Hinweis: Dieses Programm ist vom MITP-Verlag im Rahmen einer Sondervereinbarung mit der Microsoft Corporation reproduziert worden. Deshalb ist der MITP-Verlag für die Produktgarantie und den Support zuständig. Wenn Ihre CD defekt ist, wenden Sie sich bitte an den MITP-Verlag, der sich um Ersatz kümmern wird. Auch bei Support-Fragen ist MITP der richtige Ansprechpartner. **Bitte schicken Sie keine CDs an Microsoft zurück. Wenden Sie sich bei Fragen nicht an Microsoft.** Benutzer dieses Microsoft-Programms sind keine registrierten Benutzer und sind daher von Updates, Sonderangeboten und anderen Vorteilen, die registrierten Benutzern gewährt werden, ausgeschlossen.

Die CD enthält außerdem den Visual Basic-Quellcode in verschiedenen Ordnern, die nach den Kapiteln benannt sind. Sie können die Programme direkt von der CD-ROM laden oder vorher auf Ihre Festplatte kopieren. (Denken Sie daran, dass Sie Programme nicht modifizieren können, wenn Sie sie von der CD-ROM aus laden.)

Kapitel 3

Enthält die beiden Programme *Hello1* und *Hello2*.

Kapitel 4

Enthält das endgültige *Hello*-Programm.

Kapitel 5

Enthält das *Caption*-Programm, das zeigt, wie Sie mit BASIC-Code die Caption eines Objekts auf der Benutzeroberfläche ändern können.

Kapitel 6

Enthält das Programm mit den Formularen und Schaltflächen, das zeigt, wie Sie mit Schaltflächen das Aussehen eines Formulars verändern können. (Als Bonus zeigt dieses Programm, wie Sie Dialogfelder verwenden können. Mehr darüber finden Sie in Kapitel 13.)

Kapitel 7

Enthält das Programm mit den Kontrollkästchen und Optionsfeldern, das Ihnen zeigt, wie Sie Kontrollkästchen, Optionsfelder, Kombinationsfelder und Listenfelder verwenden können.

Kapitel 8

Enthält das Programm mit den Textfeldern, das Ihnen zeigt, wie Sie Textfelder und Kennwortfelder erstellen können.

Kapitel 9

Enthält das Programm mit den Bildlaufleisten, das Ihnen zeigt, wie Sie Bildlaufleisten verwenden und ihren Wert anzeigen können.

Kapitel 10

Enthält das Programm mit den verschiedenen Figuren, das Ihnen zeigt, wie Sie die Größe eines Kreises zur Laufzeit von der Benutzeroberfläche aus ändern können.

Kapitel 13

Enthält das Dialogfeld-Programm, das Ihnen zeigt, wie Sie das integrierte Objekt *Standarddialogfeld* benutzen können.

Kapitel 15

Enthält das Variablen-Programm, das Ihnen zeigt, wie Sie die Eigenschaften von Objekten in verschiedenen Formularen ändern können.

Kapitel 16

Enthält das Listenfeld-Programm, das Ihnen zeigt, wie Sie ein Listenfeld in Visual Basic benutzen können.

Kapitel 17

Enthält das Programm, das Ihnen zeigt, wie der Vorrang von Operatoren mit und ohne Klammern bei der Berechnung von Zahlenwerten funktioniert.

Kapitel 18

Enthält das *ELIZA*-Programm, das Ihnen zeigt, wie Sie Strings manipulieren können. ELIZA simuliert einen Psychotherapeuten, der einfach alles, was Sie eintippen, wie ein Echo zurückgibt und Ihnen damit die Illusion gibt, dass der Computer tatsächlich das versteht, was Sie eintippen. Das Programm ist auf die Eigenheiten der englischen Sprache abgestimmt und in der Form nicht übersetzbar.

Kapitel 23

Enthält das `Do-While`-Programm, das Ihnen zeigt, wie eine einfache `Do-While`-Schleife funktioniert.

Kapitel 25

Enthält das `For-Next`-Programm, das Ihnen zeigt, wie eine einfache `For-Next`-Schleife funktioniert.

Kapitel 28

Enthält das *Argumente*-Programm, das Ihnen zeigt, wie Sie Argumente an Prozeduren übergeben können.

Kapitel 29

Enthält das Programm, das Ihnen zeigt, wie Sie mithilfe einer Funktion Yards in Meter umwandeln können.

Kapitel 30

Enthält das *Mission*-Programm, das Ihnen zeigt, wie Klassenmodule funktionieren und wie Sie diese in einem Visual Basic-Programm benutzen können.

Kapitel 34

Enthält das *DruckBeispiel*-Programm, das Ihnen zeigt, wie Sie aus einem Visual Basic-Programm heraus drucken können.

Der Inhalt des ActiveX-Ordners

Der ActiveX-Ordner enthält eine Reihe von ActiveX-Demo- und -Testprogrammen (siehe die folgenden Abschnitte), die von anderen Software-Herstellern zur Verfügung gestellt wurden, welche Ihnen ihre Produkte zeigen und deren Vollversionen verkaufen möchten. Sie dürfen diese Testversionen ausprobieren, aber nicht in Programme einbinden, die Sie verkaufen oder auf andere Weise kommerziell verwerten möchten.

Jedes ActiveX-Testprogramm verfügt über ein Installationsprogramm (normalerweise SETUP. EXE). Führen Sie einfach dieses Programm aus, indem Sie im Windows-Explorer auf dessen Namen doppelklicken.

Einige Programme auf der CD wurden vor der Freigabe von Visual Basic 6.0 entwickelt. Bei diesen Programmen ist angegeben, dass sie nur mit Visual Basic 4 und/oder 5 funktionieren. Jedoch wurden alle Programme auf der CD mit Visual Basic 6 getestet, wobei festgestellt wurde, dass sich alle mit Visual Basic 6 laden und ausführen lassen. Bitte besuchen Sie die Website des jeweiligen Herstellers (siehe README-dateien auf der CD), um festzustellen, ob es ein Update des Produkts für Visual Basic 6 gibt.

Crescent Internet ToolPak 4.1

Werkzeugsammlung für Visual Basic zur Erstellung von Anwendungen, mit denen man im World Wide Web browsen, E-Mail versenden, FTP-Dateitransfers ausführen und anderes tun kann. Diese Werkzeugsammlung vereinfacht den Umgang mit der Buchstabensuppe der diversen Internet-Standards, wie beispielsweise IMAP4, TCP/IP-Server und FTP-Proxy-Unterstützung.

HASHcipher

ActiveX-Control, das den Secure Hash Standard (SHS), der von der National Security Agency der USA entwickelt wurde, zur Sicherung durch Authentifizierung benutzt. Der benutzte Hash-Algorithmus (SHA-1) gilt bei vielen Kryptographen als der stärkste, heute verfügbare Hash-Algorithmus für Anwendungen, welche die Authentifizierung von Dateien oder Meldungen erfordern.

InstallShield Express 2.02

Installationsprogramm, das bessere Installationsfunktionen bietet als das magere Programm, das mit Visual Basic geliefert wird. InstallShield ist das beliebteste Installationsprogramm, das von kommerziellen Entwicklern auf der ganzen Welt verwendet wird.

True DBList

Programm, das eine Reihe anpassbarer Listen- und Kombinationsfelder zum Zugriff auf Daten in einer Datenbank anbietet. Das Programm unterstützt mehrere Spalten, Gruppenüberschriften, mehrere Zeilen pro Datensatz, alternierende Zeilenfarben und -stile, Zellen mit Text und Grafiken, datenabhängige Farben und Schriftarten sowie eine Reihe anderer geheimnisvoller Funktionen, deren Sinn sich Ihnen erst erschließt, wenn Sie selbst versuchen, mit Visual Basic auf Daten zuzugreifen.

True DBInput

Datensensitive ActiveX-Eingabe-Controls zur Entwicklung von Datenbankanwendungen mit Visual Basic. Das Programm enthält Funktionen zur Eingabe und Validierung von Daten, anpassbare Anzeigefunktionen für Datums- und Zeitangaben, Text und Zahlen sowie andere Funktionen, die Ihre Datenbank vor Fehleingaben schützen.

VBAssist 5.0

Verschiedene Werkzeuge, die dazu dienen, Visual Basic-Programme schneller und leichter zu erstellen. Mit dem Programm können Sie die Tabulatorreihenfolge der Steuerelemente auf einem Formular festlegen, Zugriffstasten definieren, Steuerelemente genau positionieren sowie andere zeitsparende Funktionen einsetzen.

VBPartner

Add-In für Visual Basic, das 11 zeitsparende, so genannte *Partner* enthält, die dazu dienen, zeitaufwändige Routineaufgaben bei der Anwendungsentwicklung, der Fehlerbehandlung und bei anderen Aspekten der Programmentwicklung zu rationalisieren.

VSData

Das Programm ermöglicht Visual Basic-Anwendungen den Zugriff auf Datenbanken, ohne dafür die umfangreichen Visual Basic-Datenbankdateien zu benötigen, die Speicherplatz auf der Festplatte fressen. Es enthält mehr Funktionen, als Sie wahrscheinlich jemals brauchen werden.

VSDirect

Routinen für den Zugriff auf Mircosofts DirectX-Technologie zur Erstellung von Grafiken, Sounds und Animationen. Das Produkt ist hauptsächlich für die Entwicklung von Multimedia-Anwendungen gedacht. Es enthält auch Routinen, um über eine Modemverbindung oder ein Netzwerk spielen zu können.

VSDocX

Programm zur Erstellung von Hilfedateien und gedruckten Dokumentationen von Visual Basic-Anwendungen. Das Programm vereinfacht die Aufgabe, eine Anwendung zu dokumentieren – eine Aufgabe, welche die meisten Programmierer verachten, wie die weltweit schlechte Qualität von Computerhandbüchern beweist.

VSFlex 3.0

Neuere Version des Visual Basic-eigenen ActiveX-Controls *MSFlexGrid*. Mit diesem Programm können Sie Daten in Tabellenform darstellen, mischen, gruppieren und sortieren. Das Programm enthält auch Funktionen zur Mustererkennung, mit denen Sie mathematische Ausdrücke auswerten sowie natürlichsprachliche Ausdrücke in Anwendungen verarbeiten können.

VS-OCX 6.0

Programm, das die Konstruktion von Eigenschaftenregistern vereinfacht sowie eine Reihe fortgeschrittener Funktionen zur Analyse und Manipulation von Zeichenketten enthält. Diese Demoversion enthält außerdem ein Steuerelement zur Anpassung an die Bildschirmauflösung (vergleichbar mit *ElasticLight*).

VSReports

Reportgenerator für MS-Access-Datenbanken. Mit dem Programm können Sie die umständlichen Berichtsfunktionen in Visual Basic vermeiden.

VSSpell

Rechtschreibprüfung und Thesaurus für Visual Basic-Anwendungen. Mit diesem Programm können Sie Ihr eigenes Textverarbeitungsprogramm schreiben, um Microsoft Word aus dem Feld zu schlagen.

Wenn Sie Probleme mit der CD haben

Weil Computer von Natur aus gerade dann unzuverlässig sind, wenn wir sie am meisten brauchen, gehören Sie vielleicht zu den wenigen Unglücklichen, die Probleme bei der Benutzung der beiliegenden CD haben.

Wenn Ihr Computer die Dateien nicht von der CD lesen kann, ist möglicherweise Ihre CD defekt. Trotz größter Anstrengungen unsererseits entschließt sich eine CD gelegentlich dazu, »der dunklen Seite der Macht zu folgen«, und versucht, Computerprobleme auf den Benutzer abzuwälzen.

Wenn also Ihr Computer andere CDs ohne Probleme lesen kann, aber bei der beiliegenden CD streikt, wenden Sie sich an MITP, Tel. 0228/970240, um eine Ersatz-CD anzufordern.

Stichwortverzeichnis